中国劳模史

1932—1979

姚荣启 编著

中国工人出版社

图书在版编目（CIP）数据

中国劳模史：1932-1979 / 姚荣启编著. —北京：中国工人出版社，2020.4
ISBN 978-7-5008-7384-6

Ⅰ.①中…　Ⅱ.①姚…　Ⅲ.①劳动模范—历史—研究—中国　Ⅳ.①D412.6

中国版本图书馆CIP数据核字（2020）第038769号

中国劳模史：1932-1979

出 版 人	王娇萍
责任编辑	罗荣波
责任印制	栾征宇
出版发行	中国工人出版社
地　　址	北京市东城区鼓楼外大街45号　邮编：100120
网　　址	http://www.wp-china.com
电　　话	（010）62005043（总编室）　（010）62005039（印制管理中心） （010）82075935（工会与劳动关系分社）
发行热线	（010）62005996　82029051
经　　销	各地书店
印　　刷	三河市国英印务有限公司
开　　本	710毫米×1000毫米　1/16
印　　张	29.25
字　　数	390千字
版　　次	2020年6月第1版　2024年6月第4次印刷
定　　价	88.00元

目录

CONTENTS

CHAPTER ONE 第一章

中国劳模的起源

一、中华苏维埃共和国在瑞金

1927年“大革命”失败后，中国共产党继续探索中国革命的道路。党领导中国人民的反帝反封建斗争进入了土地革命战争时期。在艰苦卓绝探索中国革命的道路上，以毛泽东为代表的中国共产党人在实践中开辟了农村包围城市、武装夺取政权的道路。

1927年9月9日，毛泽东领导了湘赣边界秋收起义，之后率领秋收起义的部队上了井冈山，创建了中国共产党第一个农村革命根据地。1928年4月下旬，朱德、陈毅率领南昌起义的一部分队伍和湘南起义的农民军陆续到达井冈山地区，和毛泽东领导的部队实现了胜利会师。后来，彭德怀、滕代远领导的平江起义的部队也到达井冈山，这样更增强了井冈山的革命武装力量，井冈山革命根据地日益扩大。

井冈山革命根据地的巩固与发展，同土地革命是分不开的。在根据地建立之初，只有个别地区实行“耕者有其田”的政策，随着根据地的逐步巩固，1928年5月至7月，各县都掀起了分田的热潮，并于年底颁布了井冈山《土地法》。广大农民分到了土地，看到中国共产党领导的军队是为老百姓服务的，都衷心地拥护中国共产党、拥护红军。

根据革命形势的变化，1929年1月14日，毛泽东、朱德、陈毅率红军主力离开井冈山，到赣南、闽西寻求更大的发展空间。1929年4月1日，毛泽东、朱德率领中国工农红军第四军（以下简称红四军）进驻赣南瑞金，和彭德怀率领的部队会合。

毛泽东、朱德率领红四军进军赣南、闽西后，便迅速开展土地革命。毛泽东亲自主持制定了兴国县的《土地法》，根据形势的发展，对井冈山

《土地法》中的一些内容做了修改。在三年多的土地革命实践中，基本形成了一套比较切实可行的土地革命路线、政策和方法。其主要内容是：依靠贫农、雇农，联合中农，限制富农，消灭地主阶级，变封建土地所有制为农民土地所有制，以乡为单位，按人口分配土地，在原耕地的基础上，抽多补少，抽肥补瘦，等等。

在中国共产党的领导下，各根据地普遍开展了土地革命。获得土地的农民生产积极性很高，人民生活逐步改善，根据地日益巩固和发展。在各根据地和红军不断发展的形势下，尤其是伴随赣南、闽西根据地的巩固和发展，政权建设被提上中国共产党的议事日程。

1931 年 11 月 7 日，中华苏维埃第一次全国代表大会在瑞金叶坪大祠堂隆重开幕。毛泽东代表中共苏区中央局向大会作报告。大会选出毛泽东、周恩来、朱德等 63 人组成中华苏维埃共和国中央执行委员会。11 月 27 日，在中华苏维埃共和国中央执行委员会第一次会议上，毛泽东当选为主席，项英、张国焘当选为副主席。在中央执行委员会之下，组织人民委员会，作为中华苏维埃共和国中央行政机关，毛泽东当选为人民委员会主席，项英、张国焘当选为副主席。中华苏维埃第一次全国代表大会的胜利召开，向全世界庄严宣告中华苏维埃共和国临时中央政府正式成立，定都瑞金，开始了人民共和国的一次“伟大预演”。

二、毛泽东出席武阳劳模表彰大会

瑞金时期，孕育在中华大地，有着中国特色，被人们誉为时代精神、民族脊梁、社会中坚的中国劳模就已经开始涌现。

在 1933 年的春耕生产运动中，瑞金武阳区，特别是该区石水乡“发动了生产比赛，激发了群众积极性和革命热忱……家与家比，屋（小村）与屋比，村与村比，乡与乡比。比什么？比耕耘，比肥料，比杂粮蔬菜种植……比赛起了积极的推动作用”[①]。据武阳部分革命老同志回忆，“由于武阳区在备耕中取得了很好的经验，中央政府为了总结和推广经验，决定在武阳召开春耕生产运动代表大会”[②]。

这次会议在武阳区苏维埃政府所在地——邹家祠召开，毛泽东出席武阳劳模表彰大会，向模范单位赠送锦旗，并在大会上作了重要讲话。中央政府土地部长胡海、秘书王观澜出席大会。会议代表有江西省的于都、兴国、瑞金、会昌、宁都、石城、广昌等地以及福建省长汀县的苏维埃政府主席、土地部长，还有瑞金县的妇女委员会、水利建设科、农业生产科等部门负责人。此外，瑞金各区、乡的苏维埃政府主席，武阳区的妇女委员会、贫农团、少共区委及各乡的耕田队、贫农小组均有代表参加。会议代表共有 80 多人。

据《毛泽东年谱（1893—1949）》记载：

（毛泽东）率中华苏维埃共和国临时中央政府代表团前往瑞金县武阳区，准备出席在武阳区举行的赠旗大会，以这个典型推动夏耕运动。途经该区石水乡，听取乡苏干部的汇报，视察生产劳动。晚上召开乡苏干部座谈会，了解土地、劳动、优抚红军家属、耕田追肥等情况，还着重调查苏维埃代表制度和代表联系群众的情形。十八日，到达武阳区苏维埃所在地。晚上，同干部座谈，了解他们动员群众搞好春耕生产的经验，鼓励他们继续搞好夏季生产。十九日，出席临时中央政府召开的武阳区赠旗万人大会，并发表演讲，称赞武阳区特别是石水乡的春耕生产，号召瑞金全县人民向武阳区学习，搞好夏耕生产运动。会上，代表临时中央政府将写有

---

① 《上、新、武、代四县土地部长联席会议关于各种运动的竞赛条约》（1933 年 12 月 10 日），才溪乡调查纪念馆编：《才溪革命史资料》，才溪乡调查纪念馆，1983 年。

② 陈毅、肖华等著：《回忆中央苏区》，江西人民出版社，1981 年。

“春耕模范”的奖旗赠给武阳区和石水乡群众。[①]

武阳劳模表彰大会从1933年5月18日开到22日，一共开了五天。毛泽东在会上对当前革命战争的形势以及革命战争与发展生产的关系、改善群众的生活等工作作了报告，表扬了武阳区全体干部群众参军支前、发展生产的精神；号召到会人员学习武阳的好经验，把它推广到全苏区去。毛泽东还结合武阳生产经验起草了“春耕生产运动大纲”，会议代表对该大纲进行了认真讨论。[②]毛泽东在武阳劳模表彰大会上发表的讲话是毛泽东经济建设思想和工作方法的重要体现。

值得一提的是，妇女劳动模范也于此时开始涌现。在战争年代，青壮年男子大量参加红军，而在农村的村村寨寨，前山后沟，大小片的土地上，妇女成了生产劳动的主力。据毛泽东在《长冈乡调查》中的记载：长冈乡十六岁至四十五岁的全部青壮年七百三十三人，出外当红军做工作去了三百二十人，在乡四百一十三人，其中男子只八十七人，女子竟占三百二十六人（一与四之比），因此长冈乡的生产绝大部分是依靠女子。长冈乡提出了“妇女学习犁耙”的口号，女子已是成群地进入生产战线中，这证明有组织地调剂人工与推动女子参加生产，是不可分离的任务。长冈乡扩大红军如此之多，生产不减少，反增加了，即因为他们把这个问题很好地解决了。[③]

在中国共产党和苏维埃政府的领导下，一个个妇女走出家门，摆脱枷锁，走向田园，在妇女劳动模范们的带动下，她们也同男人一样耙地犁田，开展劳动。对此，老一辈革命家、曾任中央局妇女部长的李坚真曾回

① 中共中央文献研究室：《毛泽东年谱（1893—1949）（修订本）》上册，中央文献出版社，2013年。

② 陈毅、肖华等著：《回忆中央苏区》，江西人民出版社，1981年。

③ 《毛泽东农村调查文集》，人民出版社，1982年。

忆道：

中央局妇女部提出了“每个劳动妇女英勇地踏上生产战线，像红军战士上火线一样英勇”的口号，来鼓动妇女积极参加生产。过去江西的妇女多数是做家务和参加田间辅助劳动，犁田、耙田和播种这些活都是男人干的。现在妇女要承担主要劳动，必须学会犁田、耙田。于是，我们在各乡组织了生产教育委员会，请犁耙田能手直接教妇女们学会生产技能。但是，江西妇女有不少是小脚，小脚怎么下田呢？我们就动员青年妇女放脚。第一步，要她们解开裹脚布，穿上鞋袜，先在旱地干活，每天晚上用热水烫脚，让她们慢慢习惯在地里走路、干活；第二步，穿上草鞋下地；第三步，打赤脚下水田。江西的妇女真好，为了支援革命战争，她们硬是咬着牙下水田劳动。

苏维埃政府为了表彰和推动妇女参加生产劳动，于1934年春，在瑞金叶坪召开了苏区妇女劳动模范代表大会，福建、湘赣、粤赣省的妇女代表都来参加，代表中的部分犁耙田能手还到瑞金武阳区进行了劳动现场示范表演。毛主席亲自参加了现场会，那时毛主席被剥夺对红军的领导职务，只担任苏维埃政府的主席。他为了掌握第一手材料，看看妇女学犁田、耙田到底行不行，有什么困难，如果妇女能把犁田、耙田的担子挑起来，那么后方生产的任务也就有办法完成了。毛主席那天穿了一身便衣，脖子上搭了一条毛巾，裤腿卷得高高的，站在田埂上。他看到那些妇女犁耙田能手，扶着犁把在水田里操作得很好，学习犁田的妇女劲头也很高，高兴极了，对大家说：“封建社会有种迷信说法，说妇女犁田会遭雷公打，现在时代不同了，男女平等，男同志能做到的事情，你们女同志也可以做到，今天你们不是也做到了吗……”毛主席讲完话，又亲自给学犁田、耙田的妇女劳动模范发了奖状和奖品。奖品是一条围裙和一顶竹笠，围裙上绣了“学犁耙能手”的字样，竹笠上印有“劳动模范妇女”几个大字。由于我当时也和妇女们一起学犁耙田，并做了示范表演，因此也得到了奖状和奖品。[①]

值得注意的是，在毛泽东给苏区妇女颁发的奖品中，竹笠上印有“劳动模范妇女”这几个大字，这应是中国首次使用“劳动模范”这一称谓来称呼在生产建设中成绩卓越的劳动者。这一名词的出现在中国劳模史上有重要意义。此后，劳动模范阵营日益发展扩大，其影响贯穿了整个新中国发展建设史。

1934 年 1 月，中华苏维埃第二次全国代表大会在瑞金召开，毛泽东代表中华苏维埃共和国中央执行委员会和人民委员会向代表们作了长篇报告。会上通过的《关于苏维埃经济建设决议》（以下简称《决议》）充分体现了毛泽东的经济建设思想。《决议》提出：必须更进一步来发扬与提高苏区工农群众的劳动热忱。乡村中由农民自己所组织的生产突击队、冲锋劳动队以及国家企业中的革命竞赛等，应该广泛地散布出去，以提高生产。苏维埃政府应该特别奖励模范乡村的农户，模范的工厂、生产队以及个别的劳动战线上的英雄。鼓励广大妇女群众参加农业上与工业上的生产，对于发展苏区生产是非常必要的。私人资本企业中，在工人自愿，改善工人生活，苏维埃政府与工会监督的条件之下，亦得增加劳动生产率。必须让每个工人群众了解，苏维埃政权下生产的发展，是和全体民众生活的改善不能分开的。共产主义礼拜六必须真正开始。对于劳动的共产主义态度，首先应该在国家企业内极大地发扬起来，教育工人群众为苏维埃政府劳动，即是为了无产阶级自身的最后解放与社会主义的胜利而劳动。在苏维埃企业内的劳动纪律，应该是无产阶级纪律的模范。一切提高生产力

① 李坚真：《李坚真回忆录》，中共党史出版社，1991 年。

的发明都应该得到苏维埃政府的奖励。[①]

时任苏区中央政府国民经济部长的吴亮平曾在《毛泽东同志在中央苏区领导经济建设和作长冈乡调查》一文中谈道：中央苏区的经济建设，是在毛泽东同志的亲自领导下进行的。为了团结群众，发动群众搞好经济建设，毛泽东同志亲手制定在经济建设方面的一系列方针政策和具体措施。因为王明路线主要是在军事路线（上）表现最激烈，而对中央苏区的经济建设干扰，不像军事上那么严重、那么激烈……抓典型是毛泽东同志的一贯思想。毛泽东同志为了做到“胸中有全局，手中有典型”，广泛向社会作调查。既调查农村，也调查城市。[②]

毛泽东在 1931 年 11 月和 1934 年 1 月先后经中华苏维埃第一次全国代表大会、中华苏维埃第二次全国代表大会选举担任中华苏维埃共和国中央执行委员会主席的近三年时间里，紧紧依靠群众，放手发动群众，集中精力抓苏区的经济建设，在工厂、农村的各行各业广泛开展革命竞赛［即现在常讲的生产（劳动）竞赛、工作竞赛等多种形式的竞赛活动］，有力地调动了中央苏区群众的工作积极性，经济建设取得了很大成绩，有力地保障了前线的供给，中央苏区群众的生活也逐步改善。

三、革命竞赛在苏区蓬勃开展

中央苏区开展的革命竞赛形式多样，广泛而又深入。不同地区、不同行业、不同时间，竞赛的内容不尽相同，但目的都是一个，即广泛调动群众的积极性，努力做好各方面的工作。通过革命竞赛这种形式，在群众中，在单位与单位之间，形成一个你追我赶的生动活泼的争当先进模范的

① 中央档案馆编：《中共中央文件选集》（第 10 册），人民出版社，1991 年。

② 陈毅、肖华等著：《回忆中央苏区》，江西人民出版社，1981 年。

可喜局面。

中央苏区创办的报纸《苏区工人》于1932年8月25日刊载《江西省职工联合会提出各县职工联合会革命竞赛条约草案》，对竞赛的单位、内容、目的、组织领导等方面都作了明确规定。

该草案显示，从1932年9月1日至11月1日，兵工厂与中央印刷局等国家企业需：第一，加强参战工作，帮助红军家属，组织慰劳队自愿募捐慰劳红军。第二，努力增加生产，在这两个月内生产要超过以前的10%，节省材料，生产完美优良，组织义务劳动。第三，组织文化教育工作，在这两个月内要建立（识字班、读报班）墙报政治讨论俱乐部，军事研究组要按时上课训练。瑞金、会昌、胜利、兴国、于都、赣县等16个县需：第一，各自负责几十到百余不等的扩大红军工作，拟扩红总数达1850人。第二，动员工人群众参加各种抗战组织，如工人赤卫军、模范营、慰劳队、侦探队、破坏队，参加修理道路桥梁等工作，在两个月内必须做到99%的工人参加上述各种组织。第三，发展经济斗争及保护经济利益。第四，扩大与健全工会的组织。第五，加强文化教育工作。同时特别提出，各县职工会9月1日必须派代表到中心县开会订立革命竞赛合同，到11月1日，各中心县职工会召集邻县工会代表，将两个月革命竞赛进行总结，检阅工作成绩优良者特别奖励。这就强调了工会对革命竞赛的组织领导和对先进模范的奖励。

从上述材料中不难看出，当时的江西省工会对革命竞赛的内容要求具体、工作组织到位。在艰苦的战争年代，工会用这种竞赛的形式来调动广大职工群众的积极性，用先进集体和个人的事迹来推动竞赛广泛深入地开展，其工作发挥着巨大作用。

革命竞赛在中央苏区开展得如火如荼，尤其是在国家企业，职工的精神面貌为之一新，职工的觉悟明显提高，生产效率大幅度增长。1934年6月26日的《红色中华》刊载的《我们是苏维埃的主人，我们是为自己劳动》一文中写道：

跟着前方战事的日益紧急，我们兵工弹药厂工友的工作积极性也极大地提高起来了，我们每月所定出的计划都能超过，特别是从六月份起，与五月份的生产量比起来，每天的生产更增加到百分之五十以上。有时我们更能做到不管是下工的钟响了，停工的哨子吹了，我们还是不觉疲劳地努力工作，因为这时我们的心里只有这样一句话："多造一颗子弹，就多消灭一个敌人呀！"

这里我们有好多模范的工友，他们不断地研究生产技术的发明。现在他们已经发明了两件军用品，试验的结果（效果）非常灵（好），并且还可以节省大批的材料。兹将这几位光辉（荣）的发明家写上我们的红匾：

赖祥瑞同志，罗吉昌同志。

上列两位发明家已由厂部报告供给部，由总供给部奖了最光荣的奖品和奖金。现在还有陈嫩娣同志正在继续研究，也许不久就有新的发明。

通过该文章可以看出，在红色政权领导下，职工的身份、地位、精神面貌、价值取向等各方面都发生了巨大变化。他们对为什么劳动、以什么态度对待劳动已有了较明确的认识。时任全总苏区中央执行局委员长刘少奇在 1934 年 3 月专门为革命根据地的工人所写的《用新的态度对待新的劳动》一文中指出：在苏维埃政权下，苏维埃的工厂企业与合作社企业，是工农大众所共有的财产。它不是为着剥削工人、生产利润去供养一部分寄生虫，而是为着供给战争，为着供给工农大众的需要，为着创造人类最大的幸福而生产。因此，国家企业与合作社企业中的工人、职员，应该爱护自己的——民众的工厂企业，把自己所有的技能与天才贡献出来，为着发展和巩固苏维埃企业与合作社企业而斗争、而努力生产。我们国家企业中的工人，大多数能够了解这一点。他们用新的态度来对待新的劳动，他们感觉到现在是为着自己而工作了，很大地发挥了他们的劳动热忱，创造了劳动新的形式——生产竞赛、生产突击队、义务劳动，及为苏维埃与合作社工作而自动减低工资等。他们了解这不是为着哪个生产利润，而是为着战争，为着工人、农民自己，应该如此地去劳动。他还强调，把那些真正的突击队员——劳动的英雄们，列在红板上去！极大地在群众中奖励他们。因为他们是革命战争中生产战线上的先锋与模范。[①]

在中央苏区开展的革命竞赛中，各级工会组织和妇女组织发挥着重要的作用。1934年4月14日第4版的《红色中华》曾在《纪念“五一”，以新的态度对待新的劳动》这一大标题下，发表了《在提高劳动纪律、实行节省声中，十一个机关职工会订立竞赛条约》的消息。消息中称：在彻底粉碎敌人五次“围剿”前，为争取战争的全部胜利，中央财政部、粮食部、对外贸易总局、粮食调剂总局、国家银行总行、中央印刷厂、财政部印刷所、造币厂、中革军委印刷所、合作总社、国家银行瑞金支行十一个机关，共同服务于战争的前线，于上月十六日在全总的领导下互派全权代表订立下列提高劳动纪律、实行节省运动的革命竞赛条约。条约如下：

一、竞赛时间：竞赛时间定为一百天，自一九三四年三月二十一日起到六月三十日止。

二、竞赛事项：

子：劳动纪律

（一）遵守办公时间：按时上工，无故不得迟到早退，无故不得离开办公场所。在办公时间内不谈笑吵闹，以犯规次数和人数比例为标准。（二）做义务劳动：机器生产的，因班数与机器限制者，在可能范围内每天增加半小时到一小时。机器工作的，以工作需要每天增时间不得少过一

① 中央苏区工运史征编协作小组编著：《中央革命根据地工人运动史》，改革出版社，1989年。

小时，以每个月所做的义务劳动时间与全体人数为标准。（三）每天应该做的工作应当日完成，每天汇报时检查一次，以汇报记录为标准。

丑：节省

（一）节省工资津贴帮助战费，按照实际工资额数（伙食除外）节省比率如下：一元至二元的节省百分之二十；二元至五元的节省百分之三十；五元至十元的节省百分之四十；十元以上的节省百分之五十（以全体等级人数为标准）。（二）每人每天节省二两米帮助红军给养。附注：参加此条例者计中央财政部、国家银行总行、造币厂（全体工人在内）、国家银行瑞金支行及财政部印刷所、中央印刷厂、中革军委印刷所的工作人员。（三）每人每天节省一个铜圆帮助战费，以参加人数与工作人数比例为标准。（四）节省办公费，按照预定决算来估计，由中央审计委员会评判。（五）种菜园，要做到在百天内可自给五天菜（但国家银行总行最低十天）。（六）养猪，除猪本外，以养猪的只数和长的重量，以伙食单位的人数比例为标准。（七）卫生，机关周围每星期大扫除一次（厨房沟渠在内）；厕所每星期日大扫除一次，平日由各自规定；不吃塘水，吃河水要过滤；吃菜每人分开一份；减少病人的百分比，按人数与请病假人数比例为标准。（八）储蓄，以人数及每人工资津贴的百分比为标准。

上列八项中以第（一）、第（二）两项为竞赛的中心，百分比以第（一）、第（二）两项各占百分之二十，其余各占百分之十。

三、检查工作

为切实执行工作起见，特组织下列两种检查会议。

（一）经各参加机关职工会代表联席会推选陈冲虚、吕汉勋、黄亚光、钟声湖、××五同志组织一个总的检查委员会，以黄亚光为主任，每逢二号、十七号下午一时在国家银行总行集中开会一次，进行总的检查。

（二）分下列四组，按各组自己所规定的时间，每周互相检查一次。造币厂、中央印刷厂、财政部印刷所，三个厂的代表合组一个检查委员会，在中央印刷厂集中会同检查，以陈冲虚为主任。合作总社、粮食调剂总局、对外贸易总局、国家银行瑞金支行，四个部门代表合组一个检查委员会，在国家银行瑞金支行集中会同检查，以吕汉勋为主任。中央财政部、国家银行总行、粮食部，三部代表合组一个检查委员会，在中央财政部集中会同检查，以钟声湖为主任。中革军委印刷所单独组织一个检查委员会，主任另选，总检查会须另有专人检查。

四、评判员

公（恭）请下列各机关负责人为本条约的评判员（名单略）。

党中央局组织部、中央印刷厂古厂长、国家银行毛行长、中央政府谢秘书长、中央印刷所戴所长、全总国家企业部倪主任、中央财政部林部长、中央造币厂杨厂长、合作总社胡社长、粮食部陈部长、中央审计委员会阮主任、中革军委印刷所左所长、对外贸易总局钱局长、粮食调剂总局姜局长、国家银行瑞金支行吕行长。

五、本条约参加机关各执一份。

六、竞赛优胜者给奖旗一面，并由参加各机关派代表，用军乐鸣爆迎送前去。

十一个机关的职工会代表签字（名单略）

公历一九三四年三月十六日

这则消息从一个侧面生动而具体地展示了当时开展革命竞赛的方方面面。一是领导重视，由中央有关部门和国家部委的主要领导担任评判员。二是竞赛具体，可操作性强。三是广泛发动群众，评比条件中非常明确地指出以人数比率为标准，强调了参加竞赛中群众参与的广泛性。四是以精神奖励为主，竞赛条约中提出，竞赛优胜者给奖旗一面，并由参加竞赛的各个单位派代表，用军乐鸣爆迎送。五是担任具体组织竞赛工作的是各级工会，竞赛条约的签字代表是这 11 个单位的职工会代表。

中央苏区开展的生产竞赛、工作竞赛在各级苏维埃政府的大力支持下，各级工会组织积极投入、精心谋划、大胆组织，不断扩大竞赛的范围和领域，从工厂发展到机关和学校。当时中华苏维埃共和国临时中央政府许多部门的领导也亲自动员，并参加竞赛活动的评审工作，将“学先进评模范”的工作开展得有声有色。

关于中央苏区开展的生产竞赛，1934 年 3 月 1 日的《中华全国总工会给赤色职工国际报告》中特地作了说明。该报告中指出：在苏维埃国家企业中，工会提出了为巩固和发展苏维埃企业而斗争的任务，提出了“增加生产”“节约材料”“改良技术”“提高劳动纪律”等口号，并且组织生产突击队及生产竞赛等。工人常在 8 小时工作时间之外自动延长工作时间到 9 小时、10 小时。一般的工人生产劳动热忱是很高的……这个报告中还特别强调：在发展农业生产与恢复工业生产方面，工会也进行了许多工作。①

中央苏区开展的生产竞赛、工作竞赛，从 1932 年开始，到 1934 年 10 月红军主力开始长征，在这三年左右的时间里，由于苏维埃政府从中央到地方各级领导的大力支持，工会组织的精心组织，竞赛活动呈现出三个显著的特点。一是参与的群众面广，农村、机关广大人员积极参加革命竞赛，而国家工厂的职工参加生产竞赛的达 90% 以上；二是奖励以精神奖励为主；三是表彰先进模范是以表彰先进单位、先进地区为主。

中央苏区开展的生产竞赛、工作竞赛和涌现出来的先进单位及先进模范人物受到表彰的经验，很快影响到其他建立了政权的根据地。其他根据地也纷纷展开革命竞赛，对在竞赛中涌现出来的先进单位和个人进行表彰，川陕革命根据地就是其中的一个例子。

1933 年 2 月，川陕苏维埃政府宣告成立，被毛泽东称为“中华苏维

① 中华全国总工会中国职工运动史研究室编：《中国工会历史文献》（第 3 册），工人出版社，1958 年。

埃共和国第二大疆域”，在川陕20多个县的有600多万人的广大地区上，建立了巩固的川陕革命根据地。建立了苏维埃政权的各县普遍掀起了土地革命，分到了土地的农民积极性很高，拥护党的领导，积极参军，仅仅1年多时间，中国工农红军第四方面军就从由湘鄂皖赣转战到川陕时的1万多人发展到8万多人。

为了发展经济，保障战争物资储备及生活需求，川陕革命根据地积极建立了兵工厂、被服厂、造币厂、造纸厂、印刷厂等一批国家企业。为了调动员工的生产积极性，川陕总工会和各工厂工会组织员工开展革命（劳动）竞赛，按产量对员工进行奖励。在企业开展革命（劳动）竞赛，企业的员工生产积极性很高，不断掀起生产的高潮。如川陕革命根据地的兵工厂1933年就生产子弹千万发，炮弹13.8万枚，修理枪炮3.01万杆（门），生产手榴弹10万多枚，生产迫击炮弹和重迫击炮弹3万余发，有力地支援了前线，保障了战争的需要。一批先进模范人物也在竞赛中涌现了出来，受到了表彰。

四、组织革命竞赛的背景条件

在中央苏区，广大工人农民积极参加革命（劳动）竞赛，竞赛活动开展得如火如荼。中央苏区为什么要组织革命（劳动）竞赛？究其原因，这是特定历史时期的产物，有其深刻的社会原因和客观的政治、经济原因。

第一，中华苏维埃共和国临时中央政府的成立确立了劳动者的主人翁地位。几千年来，中国劳动者是奴隶、雇工，除了出卖苦力一无所有。而自从中华苏维埃共和国临时中央政府成立后，土地革命迅速开展，产生了一批国家企业，使劳动者获得了新生。广大劳动群众在政治上、经济上和思想上获得了解放。在苏区广大的土地上，骑在劳动人民头上的贪官污吏、土豪劣绅被打倒了，千百年来受剥削的劳动者一跃成为社会的主人，成为苏维埃政权的阶级领导。他们的劳动“是为自己、为自己的阶级”，他们开始“用新的态度对待新的劳动”。这种社会、经济、政治和思想上的巨大变化必然引发劳动者极大的积极性和创造力，劳动者主人翁地位的确立，是中央苏区革命（劳动）竞赛得以开展的根本原因。据记载，兴国长冈乡“群众热烈订立革命竞赛，村与村，这丘田与那丘田，你和我等，自动的竞赛，热闹得很，没有一个人愿意做春耕战线上的落后者”。[①]彼时劳动者的热烈情绪可见一斑。

第二，开展革命（劳动）竞赛是发展经济和改善人民生活的需要。赣南和闽西是山区，经济落后，群众生活困难，在红军进驻后，国民党军队一次次对中央苏区进行反革命围剿，他们滥杀无辜、烧毁房屋、抢走耕牛，在苏区制造“无人区”。与此同时，国民党南昌行营颁布“封锁办法”，对苏区进行封锁，对出入苏区的一切物资“非有护照及通行证，不准放行”，企图把红军消灭掉，将新生的红色政权置于死地。面对艰难困苦的战争环境和人民群众生活的困难，发展经济、保障战争供给和改善人民生活的任务，摆在了新诞生的红色政权面前。毛泽东指出，只有开展经济建设方面的工作，发展红色区域的经济，才能使革命战争得到相当的物质基础，才能顺利地开展我们军事上的进攻，给敌人的围剿以有力的打击。为此，毛泽东在江西南部17县经济工作会议上号召，在全体政府工作人员中，在广大工农群众中，形成一种热烈的经济建设的氛围。正是在毛泽东的正确指导下，中央苏区的革命（劳动）竞赛热火朝天地开展起来了。革命（劳动）竞赛中涌现出一批又一批先进单位和先进模范人物，又带动了革命（劳动）竞赛的开展，促进了经济的发展，保证了军事上的供给，人民生活也逐步得到了改善。

第三，公有制经济的初步建立和发展为开展革命（劳动）竞赛创造

---

① 廖醒中：《长冈乡春耕又做了光荣的模范》，《红色中华》第167期，1934年3月27日。

了条件。处在崇山峻岭中的中央苏区，在红军没有到来以前，基本上没有工业，只有少数的个体手工业，经济很不发达。苏区中央政府建立后及时制定了一系列法令法规和工业政策，大力发展工农业生产，并陆续建起了印刷厂、织布厂、炮厂等一批国家工业企业。1931 年 11 月第一次全国工农兵代表大会通过的《经济政策决议案》明确规定："为保障完成独立的苏维埃政府，将操纵在帝国主义手中的一切的经济命脉实行国有，对尚不实行国有的资本主义企业与手工业由工厂委员会和工人群众监督生产。"同时还要求各级苏维埃政府"竭力促进工业的发展，特别注意保障供给红军的一切企业的发展"。[①] 由于政策及时到位，中央苏区工业得到迅速发展。到 1934 年初，中央苏区的工人数量达到 11 万人，较大的国家工厂达到 32 个，还有众多的地方政府的工业企业和手工企业，当地建立了各种合作社 2300 多个，社员数量达 572658 人。

在国家企业开展革命（劳动）竞赛，评选先进模范人物，发挥劳动模范的榜样带头作用，对于调动企业广大员工的积极性效果很好。对产量高、有发明的工人采用"上红板"（光荣榜）的形式进行表彰，进一步推动了革命（劳动）竞赛的广泛开展，先进模范人物不断涌现。据记载，"在革命竞赛底下，更是涌现出不少的生产战线上的个人英雄，如博生会同区南塘乡主席十四天内领导群众开荒田八百担，并修堵垱三十丈。濯田左拔乡张庆有一家一个半月开荒一百二十一担，下坊村松橱头夫妻二人，开荒七十担，宁化一个女同志开了十五担荒田，兴国上沙区杨登乡杨牛村红属钟氏一人开十八担荒田。胜利车头区中段乡十五岁女孩王春发，自己学会犁耙后，领导妇女及红军家属的妇女十多人学习。这些都应该高高地放在我们的红板上"[②]。

---

① 柯华主编：《中央苏区财政金融史料选编》，中国发展出版社，2016 年。

② 王观澜：《春耕运动总结与夏耕运动的任务》，《红色中华》第 194 期，1934 年 5 月 28 日。

对于中央苏区开展的革命（劳动）竞赛和奖励先进模范人物，毛泽东、刘少奇等领导人也给予了充分肯定。毛泽东在中华苏维埃第二次全国代表大会上强调："提高劳动热忱，开展生产竞赛，激励生产战线上的成绩昭著者，是提高生产力的重要方法。"[①] 刘少奇在《论国家工厂的管理》一文中也曾指出：在国家工厂中，我们应该把组织与提高公认的劳动热情作为最重要的任务。组织群众的生产竞赛，组织生产突击队，发现新技术，增加工作的速度与效能，应该看作是提高国家工厂生产力的主要方法。[②] 党和政府的支持是革命（劳动）竞赛和先进模范人物不断涌现的有力保障。

五、井冈山精神与中国第一代劳模

土地革命时期，井冈山精神哺育了中国第一代劳动模范。在中央苏区开展的劳动竞赛，当时被称为革命竞赛、生产竞赛，从农村到城市，从农业到工业，从机关到学校，在苏维埃政府的领导下蓬勃发展。

1932 年 3 月 23 日，中共中央组织局发出《关于革命竞赛与模范队的问题》的通知，号召全党要"发动群众积极性，用组织模范队和革命竞赛的新方式……转变全部工作"。中华苏维埃共和国临时中央政府土地部也发布训令，要求各级苏维埃政府"组织生产竞赛，乡与乡赛，村与村赛，家与家赛，团体与团体赛"，并制定了有关竞赛的评比标准和奖励办法。而始于农村的革命竞赛，也很快在根据地的国家企业中开展起来。

中央苏区开展的革命竞赛，虽然时间不长，仅有三年左右，随着红军主力撤出中央苏区，革命竞赛这种调动劳动者积极性的工作也告一段落。但通过竞赛评选劳动模范和先进模范单位、树立劳动榜样、推动经济

① 中国现代史资料编辑委员会辑：《苏维埃中国》，中国现代史资料编辑委员会，1957 年。

② 中共中央文献研究室中央档案馆编：《建党以来重要文献选编（1921—1949）》（第 11 册），中央文献出版社，2011 年。

发展，这种创造性的办法却影响深远。这是中国共产党相信群众，依靠群众，在群众运动中发现总结出来的，具有中国特色劳动运动思想的成果。这个成果虽然不成熟，只是中国劳模运动的雏形，但它却揭开了中国劳模运动的序幕，为中国革命和建设，尤其是红色政权建立后如何发展经济、改善人民生活、巩固人民政权进行了成功实践。追根溯源，诞生于中央苏区的中国第一代劳动模范是在井冈山精神哺育下发展起来的。

1927 年 9 月 9 日，毛泽东在湘赣边界领导了秋收起义，1927 年 11 月，在罗霄山脉中段开始创建以宁冈为大本营的井冈山革命根据地。1928 年 4 月，朱德率领湘南起义的主力部队和毛泽东领导的秋收起义的部队在井冈山胜利会师，正式成立了中国工农红军第四军。从此，在毛泽东、朱德的领导下，建立了湘赣边界工农政权，成为中国共产党领导的革命武装的第一个立足点，这是中国共产党领导的民主革命进程中的一座历史丰碑。与此相应的是，怀有救国救民崇高革命理想的一批中国共产党人，在井冈山斗争时期，创造性地提出了“工农武装割据”和“以农村为中心”的思想，将马克思主义基本原理同中国革命相结合，开创了马克思主义中国化的成功典范，在艰苦卓绝的斗争中形成了“坚定执着追理想、实事求是闯新路、艰苦奋斗攻难关、依靠群众求胜利”的井冈山精神。这是中国共产党由小到大、由弱到强的磅礴力量，是跨越时空的精神动力，是中国革命制胜的法宝。

在革命进程中，毛泽东、朱德领导的中国工农红军第四军从井冈山到赣南瑞金，是为了获得更大的发展空间。事实证明，在毛泽东、朱德的领导下，红军在赣南发展很快，革命根据地也逐渐扩大，将赣南、闽西广大地区连成一片，建立了红色政权。正是井冈山精神哺育了红军，壮大了红军，扩大了革命根据地，同时也催生了中国劳模在中央苏区的诞生。

井冈山精神哺育的中国第一代劳模，他们身上闪烁的民族精神和时代精神，如同井冈山精神一样，都是中国人民和中国革命的宝贵财富。

CHAPTER TWO **第二章**

劳模运动与延安大生产运动

1937 年 7 月 7 日，日本侵略者在卢沟桥挑起事变，悍然发动全面侵华战争，在世界的东方点燃了战火。日本侵略者的野蛮行径，激起了中国四万万同胞的愤怒与反抗，在中国人民英勇不屈的顽强斗争及美苏等世界反法西斯同盟国家的共同努力下，日本统治集团最终失败。

在抗日战争中，中国共产党凝聚全民族的力量，在全民族抗战中发挥了中流砥柱的作用，是抗战胜利的关键。抗日战争期间，中国共产党在延安开展的大生产运动，极大地改善了人民和军队的生活，壮大了革命力量，为争取抗日战争的胜利奠定了物质基础，在抗战史上留下了光辉的篇章，同时为中国人民留下了宝贵的精神财富。毛泽东曾指出："这是中国历史上从未有过的奇迹，这是我们不可征服的物质基础。"① 大生产运动中产生的"自力更生、艰苦奋斗"精神，是中国人民学习、生活、发展的重要精神支柱。

一、延安大生产运动的缘起

延安大生产运动，是对当时大生产运动的一种总称，不仅指在延安开展的大生产运动，也泛指中国共产党在抗日战争时期，为了生存和发展，领导各抗日根据地军民开展的以自给自足为目标的大规模生产自救运动。大生产运动首先在以延安为中心的陕甘宁边区展开，而后逐步在各抗日根据地开展起来。

① 延安陕甘宁革命根据地史研究会编：《中共中央在延安十三年资料汇编》，现代出版社，2008 年。

抗日战争初期，国民党政府在第二次国共合作后一定程度上承认了中国共产党领导的陕甘宁边区等地的红色政权和八路军、新四军等武装力量的合法地位，在财政上也给予了一定的支持。同时，陕甘宁边区还有国内外人民和有关国家的援助，边区军民的生产和税收等多种方式筹款，当时陕甘宁边区政府的财政经济状况还是比较好的。1937 年至 1940 年，陕甘宁边区政府财政经济每年都有结余。但是，毛泽东对边区的财政经济状况始终保持高度警惕，居安思危。

1937 年 11 月 8 日太原失陷后，毛泽东当日就致电周恩来、朱德、彭德怀、任弼时，并告八路军各师主要负责人，指出："太原失后，华北正规战争阶段基本结束，游击战争阶段开始。这一阶段，游击战争将以八路军为主体，其他则附于八路军，这是华北总的形势。""八路军将成为全山西游击战争之主体。应该在统一战线之原则下，发动群众，扩大自己，征集给养，收编散兵，应照每师扩大三个团之方针，不靠国民党发饷，而自己筹集供给之。"①

同年 11 月 15 日，毛泽东复电周恩来，并告朱德、彭德怀、任弼时，指出不要寄希望于国民党方面，"因为他们答应的东西很多不能兑现。我们计划要放在他们不答应、不兑现、不可靠时我们还是能够干下去这样一个基点上"②。

1938 年 11 月，武汉会战结束以后，中国抗战进入了战略相持阶段。在此阶段，国民党在抗日方面趋于消极、保守，而在防共、限共和反共方面明显加强。同时，日本侵略者逐步将主要作战力量转向占领区内的抗日武装，中国共产党领导的敌后战场的地位与作用显著提升，成为全国抗战

---

① 中共中央文献研究室：《毛泽东年谱（1893—1949）（修订本）》上册，中央文献出版社，2013 年。

② 中共中央文献研究室：《毛泽东年谱（1893—1949）（修订本）》中册，中央文献出版社，2013 年。

的主战场。在这种形势下，外援减少，日本侵略者和国民党对抗日根据地实行经济封锁，加之陕甘宁边区一些地方又遇到了严重的自然灾害，抗日根据地的财政经济遇到了很大困难。但毛泽东对此已有预料，并及时提出了对策，即发动群众、自己动手、发展经济、保障供给。

1938年下半年，驻陕甘宁边区的八路军留守兵团在战斗和训练之余开展了生产运动，通过创办合作社、种菜、养猪等生产经营活动，改善了部队的生活。毛泽东对他们的做法给予了充分肯定，并要求推广到其他部队。

1938年12月8日，毛泽东在后方军事系统干部会上作报告时指出，目前我们有许多困难，我们的力量还不够，要克服困难，要增加力量，做好生产、统一战线和党的生活等方面的工作。“生产，即生产运动，我们现在钱虽少但还有，饭不好但有小米饭，要想到有一天没有钱、没有饭吃，那该怎么办？无非三种办法，第一，饿死；第二，解散；第三，不饿死也不解散，就得要生产。我们来一个动员，我们几万人下一个决心，自己弄饭吃，自己搞衣服穿，衣、食、住、行统统自己解决，我看有这种可能。”①

毛泽东居安思危，将生产运动的问题尖锐地提了出来，引起了我党我军高层的高度重视，经多次会议研究，形成共识。

1939年，陕甘宁边区政府正式提出生产自给的任务。1939年1月17日至2月4日，陕甘宁边区第一届参议会在延安召开，毛泽东代表中共中央在参议会上讲话时提出了“发展生产、自力更生”的口号，号召边区的广大人民群众、部队、机关、学校等各行各业都要开展必要的生产。陕甘宁边区政府主席林伯渠向大会作的《政府工作报告》中，在讲到边区政府的任务时说：为要支持长期抗战，应付日益剧增的经济困难，同时建立国

① 中共中央文献研究室：《毛泽东年谱（1893—1949）（修订本）》上册，中央文献出版社，2013年。

防经济基础，改善人民生活，以加强抗战力量，扩大生产运动，成为目前重要战斗任务之一。[①] 此次参议会还通过了高克林等提议的《工作人员参加生产运动案》，提交边区政府实行。

1939年1月26日，中国共产党中央书记处开会讨论边区生产问题，决定成立以林伯渠为主任的总生产委员会，负责领导整个边区的生产工作。同年2月2日，中共中央在延安召开党政军生产动员大会，中央财政经济部长李富春代表中央作了题为《加紧生产、坚持抗战》的动员报告，阐明了开展生产运动的目的和意义，提出了发展生产的具体计划步骤，号召全体军民努力生产，克服困难。毛泽东、张闻天等中央领导出席会议并发表演讲。毛泽东在演讲中说："今天开生产动员大会，意义是很大的。要继续抗战，就需要动员全中国的人力物力。陕甘宁边区有200万居民，还有4万脱离生产的工作人员，要解决这204万人的穿衣吃饭问题，就要进行生产运动……去年留守兵团部分地进行了生产运动，他们日常生活改善了，冬天解决了鞋袜问题。过去有部队的战士冻足冻手，现在这种现象消灭了，这也是进行生产运动之功。所以无论部队机关，这种生产运动必须开展起来，大家种菜喂猪，办合作社，进行一场伟大的经济战线上的斗争。"[②]

1939年2月4日，陕甘宁边区党委、边区政府、边区抗敌会、保安司令部联合发出了《关于发展生产运动的紧急通知》，要求各机关、部队及全边区人民坚决响应中共中央关于广泛开展生产运动的号召，并提出要求，本年增开荒地60万亩，以达到生产自给的目的。同时要求各县组织生产委员会，具体领导生产运动。同年2月10日，作为生产运动指导机关的陕甘宁边区总生产委员会在延安成立。为奖励各级干部和参加生产运

① 《陕甘宁边区政府文件选编》第1辑，档案出版社，1986年。

② 刘益涛编：《毛泽东在延安纪事》，陕西人民出版社，1994年。

动努力完成生产指标的军民，陕甘宁边区政府还制定并颁布了《陕甘宁边区人民生产奖励条例》等三个生产运动奖励条例。3 月 19 日，毛泽东又致电彭德怀，并告朱德等人：陕甘宁边区正在发展生产运动，以备最困难时能自给自足。“前方注意银行、税收问题是很对的，但根本方针在生产，请考虑在某些较稳固区域不但发动民众增加生产，而且发动机关、学校、部队（在不妨碍工作、学习及战斗下）亦自己动手从事生产。”①6 月 10 日，毛泽东在延安党的高级干部会上作报告时再次强调：吃饭是第一个问题，要自力更生、克服困难。同时号召一切可能地方，一切可能时机，一切可能种类，必须发展人民的与机关部队学校的农业、工业、合作社运动，用自己动手的方法解决吃饭、穿衣、住房、用品问题之全部或一部，克服困难，以利抗战。②

抗战时期的延安大生产运动，在毛泽东多次强调下，在中共中央和陕甘宁边区政府的领导下，于 1939 年初正式拉开序幕。“一年之计在于春”，1939 年春，延安开展的大生产运动在陕甘宁边区推开，同时也逐步推广到其他抗日根据地。

二、大生产运动在抗日根据地蓬勃开展

在毛泽东的倡导和中共中央、中央军委的部署下，大生产运动在延安，在陕甘宁边区，在晋冀鲁豫、晋绥、晋察冀等各抗日根据地陆续开展起来。中共中央认为，边区是新民主主义的边区，边区的人民在斗争中获得了民主自由，获得了减租减息的生活，因此边区的人民，必能在大生产运动中激发高度的生产热情，为组织起来与创造劳动英雄提供有利的条

① 中共中央文献研究室：《毛泽东年谱（1893—1949）（修订本）》中册，中央文献出版社，2013 年。

② 中央档案馆：《中共中央文件选集》（第 12 册），中共中央党校出版社，1991 年。

件。大生产运动可以在广大人民的生产热潮里实现组织一切劳动力、半劳动力的任务，并创造一定数量的劳动英雄、模范农户和领导生产的模范干部。①

对大生产运动，当时全党全军还存在一个认识的过程。1939 年至 1940 年是陕甘宁边区大生产运动的初步发展时期，这段时间大生产运动取得了初步成效。首先是农牧业有较大发展，1939 年至 1940 年全边区开荒 170 万亩，粮食产量和牛、羊、驴的数量都有较大增长。1940 年，部队已经可以解决自己一个半月的口粮，并解决了部分装备补充。在农业发展的同时，工业建设也取得初步进展，延安地区先后建立了难民纺织厂、造纸厂、被服厂、制药厂等工厂。"边区工业之父"、著名红色专家沈鸿 1938 年从上海到延安后，又筹建了工艺实习工厂。在军事工业局局长李强和总工程师钱志道等的共同努力下，军事工业发展得更快了。

这段时间，陕甘宁边区经济状况尚可，党内外还较普遍地存在重军事、轻经济的思想，因而前两年，大生产运动的成效并不理想。但是到了 1940 年，情况发生了变化，国民党停发了八路军的军饷，同时还对抗日根据地实行经济封锁。国民党顽固派不断制造事端，骚扰根据地军民。同时，自然灾害又频频发生。陕甘宁边区、晋冀鲁豫等抗日根据地遭受了历史上少有的自然灾害，水、旱、风、雹以至蝗虫灾害先后袭来，陕甘宁边区、晋冀鲁豫等抗日根据地的财政经济状况严重恶化，经济进入极端困难时期。前两年小规模生产运动的收获无法解决抗日军民的生活需求。只有开展大规模的生产自给运动，建立自己的公营经济，才能从根本上解决军需民用问题。1940 年 2 月 10 日，中共中央、中央军委向全军发出《关于开展生产运动的指示》。该指示指出："斗争已进入更艰苦阶段，财政经济问题的解决，必须提到政治的高度，望军政首长、各级政治机关努力领导

---

① 史敬棠等编：《中国农业合作化运动史料》（上册），三联书店，1957 年。

今年各部队中的生产运动，开辟财源、克服困难，争取战争的胜利。”该指示还向各部队介绍了中央军委直属机关和后方留守兵团1939年的生产成绩：“平均解决了二个月的粮食，一套夏衣，全部冬季鞋袜。给养大大改善，大部分能维持菜蔬肉食，商业利润除合作总社外，全部约在十二万元以上。使机关部队学校在物质艰难状况下，解决了可能和必须解决的困难，弥补了公费的短绌。”①

（一）关于开展边区经济建设的决定

1940年11月，中共陕甘宁边区中央局作出的《关于开展边区经济建设的决定》中指出，“广泛地开展边区经济建设，是边区当前刻不容缓的迫切任务”，“各级党委必须以开展经济建设作为当前最迫切的实际中心工作之一”②。对此，老一辈革命家、时任八路军驻陕甘宁边区留守兵团司令的肖劲光曾回忆：

一天，毛泽东同志把林伯渠、高岗和我找去，对我们说：我们到陕北来是干什么的呢？是干革命的。现在日本帝国主义、国民党顽固派要困死、饿死我们，怎么办？我看有三个办法：第一，是革命革不下去了，那就不革命了，大家解散回家。第二，是不愿解散，又无办法，大家等着饿死。第三，是靠我们自己的两只手，自力更生，发展生产，大家共同克服困难。他的这段话，既风趣，又易懂，像一盏明灯，一下子把我的心照亮了。我们三人不约而同地回答说：大家都会赞成第三种办法。毛泽东同志听了，笑笑，接着说：现在看来，也只有这个办法。这是我们的唯一出路，是打破封锁、克服困难的最有效最根本的办法……紧接着，党中央、

① 中央档案馆：《中共中央文件选集》（第12册），中共中央党校出版社，1991年。
② 张杨：《抗日战争时期陕甘宁边区财政经济史稿》，西北大学出版社，1992年。

毛泽东同志向全边区党政军民学发出了“自己动手，丰衣足食”的伟大号召。边区军民，人不分男女老少，地不分东南西北，都迅速行动，掀起了轰轰烈烈的大生产运动。

……

大生产运动开展得那样普遍，那样热烈，一个重要原因是各级领导以身作则，带头参加。毛泽东、朱德、周恩来、任弼时等中央领导同志也亲自动手种菜纺纱，参加助民劳动。在杨家岭，毛泽东同志在他住的窑洞对面山沟里，开垦了一块长条形的耕地，种上了蔬菜，一有空，他就去浇水、拔草。周恩来、任弼时等同志都有一架手摇纺车，经常像女同志那样盘腿而坐，练习纺纱。①

亲历过延安大生产运动的老将军赖春风也曾在他的回忆文章《延安生活散记》中详细记载了延安大生产运动时的情形。

我们在杨家岭礼堂听报告时，看到毛主席、周副主席、朱总司令等领导同志所住的窑洞前的菜地里，各种蔬菜瓜果长势喜人，南瓜又圆又大，西红柿又鲜又红……我们都深深被感动了。延安的大生产运动就是这样，凡是要求战士做到的，各级领导都带头，上至主席、总司令，统统如此，没有什么特殊的。在生产现场，如果不认识，你还真认不出谁是官、谁是兵呢！②

肖劲光、赖春风等延安大生产运动亲历者的回忆，展现了毛泽东和党中央在政策制定、措施实施、工作方法上的严谨作风以及他们在具体执

① 肖劲光：《肖劲光回忆录》，解放军出版社，1987年。

② 米晓蓉、刘卫平主编：《陕甘宁边区大生产运动》，陕西师范大学出版社，2014年。

行上以身作则、率先垂范的踏实态度，是共产党人在大生产运动中相信群众、依靠群众、放手发动群众，努力通过双手创造丰衣足食生活的鲜活案例。

（二）建设革命家务

有观点认为，“1943 年以后，大生产运动进入了一个新的阶段，即实现丰衣足食、建设革命家务的阶段”。① 何谓革命家务？八路军总司令朱德在延安纪念“五一”大会上曾作了题为《建设革命家务》的报告。他在报告中指出：“今年的生产运动正以更加轰轰烈烈的阵势向前发展着。农业和运输方面，已经造成了群众性的运动。工业方面，今后的任务是争取一二年内首先做到党政军学主要必需品的全部自给，并且照顾将来稳健地向前发展。”

朱德强调：“我们的工厂是大家自己劳动的结果，因此它不是任何个人或部门的私产。它是抗日政府的工厂，革命人民的共同家务。对于所有职工同志们来说，工厂更是他们的家庭和他们的事业，而他们便是这一事业的主人。担负这一部分工作的人，要把工厂看成自己的事业一样来加以经营爱护，用革命的态度来对待这个工作。全厂职工，从厂长到工人，上上下下，大家都负有当家人的责任，把这份革命的家务搞好。”②

由于广大军民的艰苦奋斗，大生产运动取得了很好的效果：粮食增产了，各种日用品的产量增加了，品种也丰富了，军民的物质生活明显改善，人民群众的负担也大大减轻。

在大生产运动中，摆在第一位的是农业问题，首先要解决的是吃饭问题。解决了吃饭的问题，“穿”和“用”便被提到重要日程上来。实际

① 米晓蓉、刘卫平主编：《陕甘宁边区大生产运动》，陕西师范大学出版社，2014 年。

② 《建设革命家务》，《解放日报》1943 年 5 月 1 日。

上，“穿”和“用”在大生产运动中的地位也是很突出的。

在大生产运动中，工会组织发挥的作用很大。当时，陕甘宁边区总工会的工作非常活跃。大生产运动一开始，边区总工会就成立了生产办公室，由产业部长章萍兼任生产办公室主任。生产办公室的任务很明确，既要组织本机关的大生产运动，又要领导边区各厂矿的大生产运动。于是，在边区总工会领导的统一安排下，边区总工会将机关干部一分为二，一套人马负责工会的日常工作，另一套人马专门搞生产，把所有能劳动的人，都组织起来开荒、种粮、种菜、纺纱、烧木炭。

1940 年 9 月 18 日，陕甘宁边区总工会发出《为增加工时与响应边委、边府开秋荒二十万亩的号召告边区工友书》（以下简称《告边区工友书》），表示：“我们边区工人是发动和坚持神圣抗战的一支先锋军，是建设新民主主义共和国的柱石。今天我们在这战争与革命的新时代中，在中华民族遭遇空前的危难中，没有疑问的，我们工人阶级应该加紧生产，提高技术的实际行动，来表现我们在抗战中的伟大作用。”①《告边区工友书》发出后，各厂矿企业的工会组织和广大职工热烈响应，并提出了具体措施，投身到大生产运动中。

（三）三五九旅与开垦南泥湾

在延安大生产运动中，八路军第一二〇师三五九旅最为闻名，被誉为“发展经济的先锋”，是大生产运动中的一面旗帜。

1940 年 4 月，在陕甘宁边区政府建设厅工作的农业专家乐天宇提出了《陕甘宁边区森林考察团工作计划》，得到了时任中央财政经济部长李富春的重视。考察团之后到南泥湾考察，提出了开垦南泥湾的建议。1940 年 5 月，朱德从晋东南抗日前线回到延安后，提出了在不妨碍部队作战和

① 陈家墩、姚荣启：《抗日战争时期的延安大生产运动（下）》，《工运信息》2015 年第 23 期。

训练的前提下，实行屯田军垦的政策，以减轻人民的负担，密切军民关系，同时帮助边区的建设，也改善部队本身的生活。朱德亲自听了乐天宇的汇报后，在乐天宇等人的陪同下，1940 年 9 月至次年 3 月，朱德先后三次到南泥湾实地了解情况。经反复研究后，朱德向中共中央、中央军委提出了开垦南泥湾的建议，并很快得到批准。自 1941 年 3 月到 1942 年，三五九旅在旅长兼政委王震的率领下，先后分四批开进南泥湾。三五九旅的将士们，身背钢枪，手握镢头，克服了难以想象的困难，用生命和汗水，硬是把一片荒山野岭变成了稻田翻绿浪、窑洞满山腰的“陕北好江南”。正如贺敬之作词、马克作曲、郭兰英演唱，传遍祖国大江南北而经久不衰的陕北民歌《南泥湾》所生动反映的那样：

如今的南泥湾
与往年不一般
再不是旧模样
是陕北的好江南
陕北的好江南
鲜花开满山 开呀满山
学习那南泥湾
处处呀是江南 是江呀南
又战斗来又生产
三五九旅是模范
咱们走向前呀
鲜花送模范

三五九旅为建设陕甘宁边区作出了巨大贡献，也为其他抗日根据地开展生产运动作出了杰出的表率，受到了中共中央和毛泽东的充分肯定与高度赞扬。

1941—1943年八路军三五九旅农业生产情况统计

时间	种植面积	收获细粮	收获蔬菜	粮食自给率	蔬菜自给率
1941年	11200亩	1200石	164.8万斤	79.5%	全部自给
1942年	26800亩	3050石	362万斤	90.3%	全部自给
1943年	100000亩	12000石	595.5万斤	全部自给	全部自给

注：1石=50斤

1942—1943年八路军三五九旅牲畜发展情况统计

畜类	1942年养殖	1943年增殖	1943年宰杀
牛	110头	520头	75头
羊	1373头	10602头	1722头
猪	1983头	6427头	2749头
鸡	2839只	23820只	1299只
鸭	928只	1111只	1030只

1941—1943年陕甘宁边区留守部队（不包括三五九旅）开荒生产统计

时间	开荒	收获细粮
1941年	14794亩	1170石
1942年	16136亩	1525石
1943年	215000亩	30000石

图表来源：中共中央党校党史教研室：《中国共产党史稿（第3分册）》，人民出版社，1983年

（四）其他抗日根据地的大生产运动

其他抗日根据地的大生产运动从1942年陆续展开，1943年、1944

年就发展得较普遍了。毛泽东在 1943 年 6 月 1 日发给彭德怀的电文中说："抗战还须准备三年，我党应在此三年中力求巩固，屹立不败。""除坚持三三制外，应以大力发展农业手工业，如人民（主要是农民）经济趋于枯竭，我党即无法生存，为此除组织人民生产外，党政军自己的生产极为重要。"[①] 同年 10 月 1 日，毛泽东在为中央起草的指示中又指出：敌后各根据地"必须于今年秋冬准备好明年在根据地内实行自己动手、克服困难（除陕甘宁边区外，暂不提丰衣足食口号）的大规模生产运动，包括公私农业、工业、手工业、运输业、畜牧业和商业，而以农业为主体"，"各级党政军机关学校一切领导人员都须学会领导群众生产的一全套本领。凡不注重研究生产的人，不算好的领导者"[②]。由于各地情况不同，要求也不同。以军队、机关、学校的自给率来说，毛泽东认为，陕甘宁边区应力争达到 100%，而比较巩固的抗日根据地应达到 50%，游击区应达到 15%—25%。

延安和各抗日根据地遵照党中央和毛泽东制定的方针政策，使大生产运动取得了巨大成就。通过大生产运动，解放区军民粉碎了日本侵略者和国民党顽固派对解放区的经济封锁，战胜了严重的经济困难，提高了广大军民的生活水平，减轻了人民的负担，密切了党政军和人民群众的关系，进一步巩固了抗日根据地，为夺取抗战胜利和解放战争的胜利奠定了坚实的物质基础。

在 1941 年、1942 年两年的大生产运动中，陕甘宁边区农业、工业等各行各业都有较大发展。经过两年的努力，到 1942 年底，陕甘宁边区党政军民学各部门经费自给率已达到一半以上，资产积蓄达 5 亿元左右，取之于己的部分已超过取之于民的部分。"战斗在华北、华中、华南等地区的各敌后抗日根据地军民，也在'劳动与武力结合''战斗与生产结合'

---

① 中共中央文献研究室：《毛泽东年谱（1893—1949）（修订本）》中册，中央文献出版社，2013 年。

② 《毛泽东选集》（第 3 卷），人民出版社，1991 年。

的口号下，在十分艰苦的环境中，创造了开展大生产运动和进行经济建设的多种形式，并取得了巨大成就，许多部队实现了粮食、被服和其他日用品的全部自给或部分自给。”①

在领导大生产运动的过程中，毛泽东先后发表了《抗日时期的经济问题和财政问题》《开展根据地的减租、生产和拥政爱民运动》《必须学会做经济工作》《组织起来》等著作，提出了“发展经济，保障供给”的经济工作和财政工作的总方针。毛泽东的这些著作，构成了当时党领导抗日根据地大生产运动的基本纲领，是毛泽东经济建设思想的重要组成部分。

在抗日战争中，从延安掀起的大生产运动是一个伟大的创举。大生产运动起到了战胜困难、渡过难关、继续坚持长期抗日的作用；缓解了军民供需的重大矛盾，打破了国民党顽固派的封锁和扼杀中国共产党革命力量的企图。同时，通过大生产运动，中国共产党积累了经济建设的宝贵经验，培养了一批优秀干部。大生产运动的成功开展，对保证抗日战争的胜利和促进中国革命的发展有着极其重大的意义，在中国革命和建设史上留下了光辉的篇章。而在大生产运动中涌现出来的一批又一批劳动模范和先进工作者，他们艰苦奋斗、勇往直前的模范事迹，是中华民族伟大的精神财富。

三、评选奖励劳模办法的规范化

大生产运动是1939年从延安开始，逐步推广到各抗日根据地的。在党中央和毛泽东的亲切关怀下，陕甘宁边区政府为了调动广大军民参加大生产运动的积极性，连续颁布了一系列奖励劳动模范和先进工作者的有关规定。

---

① 本书编写组：《中国抗日战争史简明读本》，人民出版社，2015年。

（一）首个政府奖励劳模条例的诞生

在大生产运动中，陕甘宁边区政府以政府令公布了奖励劳模的条例。这是中国共产党在建立地方人民政权后，以政府名义出台的奖励劳动模范的第一个条例。

1938 年 10 月武汉会战结束后，中国的抗日战争进入战略相持阶段，中国共产党领导的抗日根据地遭到了国民党顽固派和日本侵略者的经济封锁，加之根据地在 1940 年到 1942 年连续遭受自然灾害，导致根据地财政经济遭遇严重困难。毛泽东在回顾当时困难状况时曾说："我们曾经弄到几乎没有衣穿，没有油吃，没有纸，没有菜，战士没有鞋袜，工作人员在冬天没有被盖。国民党用停发经费和经济封锁来对待我们，企图把我们困死，我们的困难真是大极了。"①

在这样极端困难的生存条件下，革命需要生产，生产就是革命，开展大生产运动是边区军民走出困境的唯一出路，成为决定抗日战争甚至关乎中国革命前途的重要环节。

为了鼓励生产，调动全边区的干部和广大人民群众参加生产运动的积极性，陕甘宁边区政府于 1939 年 4 月 1 日发布政府令，公布《陕甘宁边区人民生产奖励条例》及《陕甘宁边区督导民众生产运动奖励条例》。1939 年 4 月 7 日，陕甘宁边区政府又发布政府令，公布《机关、部队、学校人员生产运动奖励条例》。边区政府派出巡视员督导帮助各地的生产运动，发现、总结在生产运动中涌现出来的模范人物和先进单位。对于领导生产运动作出突出贡献的领导机关和个人，边区政府给予各种形式的奖励。

---

① 《毛泽东选集》（第 3 卷），人民出版社，1991 年。

《陕甘宁边区人民生产奖励条例》

第一条　凡属陕甘宁边区人民，对于生产运动具有特殊成绩者，均得以本条例呈请奖励之。

第二条　奖励分四种如下：

甲、劳动英雄奖章或奖状。

乙、农具或耕牛。

丙、日常用品。

丁、奖金。

第三条　各农户凡具有以下成绩之一者，即得奖励之：

甲、一年中增加耕地面积十二亩以上者。

乙、发展牛或驴两头以上者。

丙、发展羊十五头以上者。

丁、开辟水田十亩以上者。

戊、在原有耕地上增加收成至百分之二十者。

己、植树六十株以上者。

庚、对其他副业发展有特殊成绩者。

辛、参加合作社股金至二十元以上者。

第四条　得奖多寡，按其成绩大小由边区政府决定之，只要具有第三条各项之一者，即可享应得之奖励。其成绩特优者，由政府特别给奖。

第五条　请奖期间自八月一日起至十一月止。发奖期间十二月一日起发完为止。

第六条　请奖手续，由请奖者报告乡政府，按第三条所列成绩审查确定登记后，由乡政府呈报区政府，区政府呈报县政府，县政府呈报边区政府。按级审核合格后，由边区政府分别等第奖励之。

第七条　本条例自公布之日起施行之。[①]

《陕甘宁边区督导民众生产运动奖励条例》

第一条　凡属各级政府、民众团体和其他参加领导民众生产运动之机关及其负责人，对于督导民众生产运动获有特殊成绩者，均得依本条例奖励之。

第二条　奖励分三种如下：

甲、奖状或奖旗。

乙、文化用品。

丙、现金。

第三条　奖励以乡为标准，凡在一乡之内具下列成绩之一者，即得呈请奖励之：

甲、比往年增加耕地面积百亩至三千亩者。

乙、发展水利百亩至五百亩者。

丙、植树六百株至两千株者。

丁、比原有牲畜数目发展五分之一至五分之四者。

戊、在原有耕地上增加收成百分之二十者。

己、建立五人以上之小手工业一处，而生产有成绩者。

庚、发展其他副业有成绩者。

第四条　凡在一区内，有三个乡以上，得到第三条之奖励或三个乡以下其所得成绩足与三个得奖乡成绩相比者，该区即获得奖励。

第五条　凡在一县内，有三个区以上，得第四条之奖励或在三个区以下其所得成绩足与三个得奖区之成绩相比者，该县即获得奖励。

---

① 陕西省档案馆、陕西省社会科学院：《陕甘宁边区政府文件汇编（第一辑）》，陕西人民教育出版社，2013 年。

第六条　凡个人对于推动和领导民众生产运动起模范作用，有特殊成绩者，亦得呈请奖励之。

第七条　得奖多寡按其成绩大小由边区政府决定之。

第八条　审查及奖励得分两期举行，第一期从七月一日起到三十日；第二期从十一月一日起到三十日为请奖期间，以二期检查结果及收获之总和于十二月发奖。

第九条　呈请奖励之手续，由乡政府呈报区政府，区政府呈报县政府，县政府呈报边区政府，按级审核合格后，由边区政府奖励之。

第十条　本条例自公布（之）日起施行。①

为了进一步贯彻党中央和毛泽东关于参加生产运动，自己动手解决衣、食、住、行的指示精神，调动广大军民参加生产运动的积极性，1939年4月7日，陕甘宁边区政府又公布了对机关、部队、学校参加生产运动的单位和个人的奖励条例。

《机关、部队、学校人员生产运动奖励条例》

第一条　凡参加生产运动之机关、团体、部队、学校之生产单位，具有超过任务百分之五或个人对生产运动具有特殊成绩者，均得依本条例奖励之。

第二条　团体奖励分三种：

（一）奖旗。

（二）公共用具。

（三）奖金。

---

① 陕西省档案馆、陕西省社会科学院：《陕甘宁边区政府文件汇编（第一辑）》，陕西人民教育出版社，2013年。

第三条　个人奖励分三种：

（一）奖章。

（二）日常用品。

（三）衣着。

第四条　团体奖励按该生产单位超过之数量多寡分别奖励之：

（一）超过任务百分之五十一以上者为一等。

（二）超过任务百分之四十一至五十者为二等。

（三）超过任务百分之三十一至四十者为三等。

（四）超过任务百分之二十一至三十者为四等。

（五）超过任务百分之十一至二十者为五等。

（六）超过任务百分之五至十者为六等。

第五条　个人具有下列条件之一者得分别奖励之：

（一）参加劳动日与一般人员相同，而质量多于一般人员者。

（二）参加劳动日多于一般人员，因而劳动质量也多于一般人员者。

（三）使用耕牛得法，因而犁地多于一般人员者。

（四）有经验上的特殊贡献，而又与一般人同样参加生产者。

（五）对于管理耕牛、农具有特殊成绩者。

（六）体力劳动力不如常人，而劳动能赶上常人者。

（七）女同志努力参加劳动有成绩者。

（八）虽不参加耕种，但对其他为生产而作的任务有特殊成绩者。

第六条　团体得奖可按第四条超过之百分比分为甲、乙、丙三等奖励之，其所得之奖励亦与所担负生产自给之百分比相同之：

甲等：担负生产自给全数者；

乙等：担负生产自给半数者；

丙等：担负生产自给三分之一者。

第七条　发奖期（时间）于秋收完毕后举行之。

第八条　用于奖励之经费，以该生产单位所超过之生产品五分之二左右。

第九条　呈请给奖时，先由该生产单位呈报超过之数量及个人请奖之姓名于总生产委员会，总生产委员会审核合格后，交由边区政府给奖。

第十条　本条例自公布之日起施行。①

对劳动模范先进人物的奖励，陕甘宁边区政府十分重视，并一以贯之地抓好这项工作。1943 年 2 月 9 日，陕甘宁边区政府发布命令，提出了各地区、各县市“调查历年来农业生产中的劳动英雄予以奖励”的意见。

陕甘宁边区政府在命令中指出，为了更进一步提高边区人民的农业生产热忱，发展吴满有运动，实现本年农业生产计划，各县可参考本府廿八年（即 1939 年）四月一日公布之《陕甘宁边区人民生产奖励条例》，调查历年来农业生产中的劳动英雄予以奖励。其奖励办法可先择最优良者于春耕期间即给奖。其余如暂时来不及普遍奖励，经调查登记后于本年各分区举行农展会之时给奖。

同时命令还指出，目前必须给奖的最优良者应具有《陕甘宁边区人民生产奖励条例》第三条各项规定条件之一以上，并须热爱边区，在抗战负担上起模范作用者为合格。给奖时应召集附近之居民举行群英大会，并将受奖者的姓名、略历及受奖诸条件，在全县利用各种会议或民众组织作宣传，以扩大其影响。奖品以农具为限，所需之经费，由县政府造出预算连同名单呈报专署审查，再报告建设厅批准为要。

1943 年 4 月 3 日，陕甘宁边区政府为奖励劳动模范先进人物，再次发布奖励劳动英雄的命令。命令指出，为激励边区人民高度生产热忱，广

① 陕西省档案馆、陕西省社会科学院：《陕甘宁边区政府文件汇编（第一辑）》，陕西人民教育出版社，2013 年。

泛开展生产运动，目前各地若已发现好的劳动英雄，可由各县政府奖励，范围包括：历年来发展生产的详细情况，值得为群众学习的优良成绩和特点；为附近乡村群众所拥护爱戴的具体事实；对各种抗战负担的态度。①

1944 年 9 月 1 日，陕甘宁边区政府根据边区开展大生产运动得到深入广泛蓬勃发展的新形势，以政府令的形式颁布劳动英雄与模范工作者选举与奖励办法。办法指出，村、乡、县的劳动英雄和模范工作者，由各级政府酌量予以物质的奖励，如农具、用品、衣物、奖金等。并对村、乡、县以及部队、机关的各级劳动英雄和模范工作者，按规定进行宣传表彰。②

在大生产运动中，为了调动广大人民群众的生产积极性，陕甘宁边区政府以政府令形式接连颁布的《陕甘宁边区人民生产奖励条例》《陕甘宁边区督导民众生产运动奖励条例》《机关、部队、学校工作人员生产运动奖励条例》等多个奖励条例，是中国共产党建立政权后第一次具体规定对在大生产运动中涌现出来的模范人物和先进单位进行奖励，体现了党和政府对劳动和劳动者的尊重与肯定。

值得注意的是，这些奖励条例的颁布，是对战时共产主义分配制度的一个突破。彼时的延安，物资条件十分匮乏，不得不实行战时共产主义分配制度。上至党中央的领导同志，下至革命战士，拿的薪金都很少。但这些奖励条例仍规定不仅给予劳动模范以奖章或奖状等精神荣誉，同时还奖励农具或耕牛、奖励日常用品、发给奖金，这是中国共产党实事求是工作作风的体现。劳动模范在大生产运动中付出多、为集体贡献大，政府给他们适当的物质奖励，是对这些劳动模范所作贡献的肯定，还能以此带动更多的人投入大生产运动中。后来的实践证明，随着大生产运动的广泛开

① 《红色档案：延安时期文献档案汇编》，陕西人民出版社，2014 年。

② 《红色档案：延安时期文献档案汇编》，陕西人民出版社，2014 年。

展，陕甘宁边区政府颁布的奖励条例，发挥的作用是巨大的，有深远的意义，为中国革命和建设留下了宝贵的财富。

（二）首次规范评选劳模的条件及办法

在大生产运动中，陕甘宁边区政府以政府令的形式公布了奖励劳动模范（劳动英雄）的条例，同时也首次规范了评选劳模的条件和办法。

关于评选劳动模范（劳动英雄）的条件，《陕甘宁边区人民生产奖励条例》第三条指出，各农户凡具有以下成绩之一者，即得奖励之：甲、一年中增加耕地面积十二亩以上者。乙、发展牛或驴两头以上者。丙、发展羊十五头以上者。丁、开辟水田十亩以上者。戊、在原有耕地上增加收成至百分之二十者。己、植树六十株以上者。庚、对其他副业发展有特殊成绩者。辛、参加合作社股金至二十元以上者。总结评选劳动模范（劳动英雄）的这八个条件，有一个突出特点是，奖励的是劳动中的实干者、优秀者，奖励的是实实在在地在劳动中创出了优秀成绩者，充分体现了“劳模是干出来的”的实质。

关于评选劳动模范（劳动英雄）具体如何操办，《陕甘宁边区人民生产奖励条例》第二条、第四条、第六条将奖励办法予以明确规定。如《陕甘宁边区人民生产奖励条例》第二条规定，奖励分四种如下：甲、劳动英雄奖章或奖状。乙、农具或耕牛。丙、日常用品。丁、奖金。第四条规定，得奖多寡，按其成绩大小由边区政府决定之，只要具有第三条各项之一者，即可享应得之奖励。其成绩特优者，由政府特别给奖。第六条规定，请奖手续，由请奖者报告乡政府，按第三条所列成绩审查确定登记后，由乡政府呈报区政府，区政府呈报县政府，县政府呈报边区政府。按级审核合格后，由边区政府分别等第奖励之。

同样，对领导大生产运动有办法、有成绩、有贡献的地区和负责人，陕甘宁边区政府也规范了奖励条件和办法。《陕甘宁边区督导民众生产运动奖励条例》第三条规定，奖励以乡为标准，凡在一乡之内具下列成绩之一者，即得呈请奖励之：甲、比往年增加耕地面积百亩至三千亩者。乙、发展水利百亩至五百亩者。丙、植树六百株至两千株者。丁、比原有牲畜数目发展五分之一至五分之四者。戊、在原有耕地上增加收成百分之二十者。己、建立五人以上之小手工业一处，而生产有成绩者。庚、发展其他副业有成绩者。

《陕甘宁边区督导民众生产运动奖励条例》第四条、第五条、第六条规定，凡在一区内，有三个乡以上，得到第三条之奖励或三个乡以下其所得成绩足与三个得奖乡成绩相比者，该区即获得奖励。凡在一县内，有三个区以上，得第四条之奖励或在三个区以下其所得成绩足与三个得奖区之成绩相比者，该县即获得奖励。凡个人对于推动和领导民众生产运动起模范作用，有特殊成绩者，亦得呈请奖励之。

陕甘宁边区政府对领导大生产运动的地区和个人奖励的标准，制定得很明确也很具体。其具体奖励办法在《陕甘宁边区督导民众生产运动奖励条例》第七条、第九条都有规定，得奖多寡按其成绩大小由边区政府决定之。呈请奖励之手续，由乡政府呈报区政府，区政府呈报县政府，县政府呈报边区政府，按级审核合格后，由边区政府奖励之。

陕甘宁边区政府制定的对劳动模范（劳动英雄）的奖励条例，以及对领导大生产运动有突出贡献的地区和个人的奖励条例中，都突出了从乡政府、区政府、县政府到边区政府对劳动模范（劳动英雄）和先进单位的奖励要一级一级进行审核，各负其责，强调了各级政府在评选工作中要严格审核把关，宁缺毋滥，不能滥竽充数。

大生产运动在根据地各行各业蓬勃发展，不断涌现出大批劳动模范。陕甘宁边区政府及时总结评选劳动模范工作中的不足和经验，与时俱进，不断完善评选劳动模范的条件和办法。如前述 1943 年 2 月 9 日，陕甘宁边区政府就发布命令，提出对各地区、各县市“调查历年来农业生产中的劳动英雄予以奖励”的意见，并对劳模的评选条件和办法进行了补充和完善。在原有劳动模范（劳动英雄）评选条件之外，增加了“须热爱边区，在抗战负担上起模范作用者为合格”。这就强调了劳动模范和先进工作者不仅要劳动好，而且须热爱边区，热爱抗日的边区人民和领导抗战的边区政府，须在拥护抗战、支持抗战上能起模范带头作用。

对劳动模范（劳动英雄）进行表彰时，陕甘宁边区政府以命令形式指出，给奖时应召集附近之居民举行群英大会，并将受奖者的姓名、略历及受奖诸条件，在全县利用各种会议、民众组织作宣传，以扩大其影响。这就强调了在劳动模范（劳动英雄）的宣传表彰工作中，不是为表彰而表彰，而是要在社会上提倡一种风气、一种精神，为一个单位、一个地区、一个时代树立标杆，让广大人民群众了解劳模、学习劳模，并知道向劳模学什么、怎么学，让劳模精神在人民心中扎根。

（三）具有里程碑意义的劳模选举办法

在总结评选劳动模范（劳动英雄）和生产工作者工作的成功经验的基础上，为开好 1943 年陕甘宁边区劳动英雄与模范生产工作者大会，陕甘宁边区政府以政府令形式，于 1943 年 10 月 5 日颁发《陕甘宁边区劳动英雄与模范生产工作者大会及其代表的选举办法》。

《陕甘宁边区劳动英雄与模范生产工作者大会及其代表的选举办法》共分十四条，对评选劳动模范（劳动英雄）和召开劳模大会的意义、劳动模范（劳动英雄）产生的程序及当选的条件等，都一一提出了明确要求。

一、为着总结生产经验，扩大生产教育，准备明年进一步发展边区生产起见，决定举行各分区劳动英雄和模范生产工作者大会，及全边区劳动英雄和模范生产工作者代表会。

二、劳动英雄和模范生产工作者大会，以分区为单位举行，会期定为三天至五天，由专员公署召集之。全边区劳动英雄和模范生产工作者的代表会，以全边区为单位，会期定为五天至七天，由边区政府召集之。

三、劳动英雄从农村、工厂、合作社、部队、机关和学校内直接从事农业、工业、纺织、运输、打盐、合作等生产事业的生产者中选出，模范生产工作者从工厂、合作社、部队、机关和学校内直接管理生产的干部中选出。

四、劳动英雄及模范生产工作者之选举，属于农村的，依具体情况以自然村或行政村为单位，召集居民大会选举之。属于部队的，以连为单位，召集全体指战员大会选举之。属于工厂和合作社的，以厂或社为单位，召集全体职工大会选举之。属于机关的，以机关为单位，召集全体工作人员大会选举之。属于学校的，以学校为单位，召集全校教职员及学生大会选举之。

五、劳动英雄及模范生产工作者依前项办法选出后，须由直属主管机关审查加注意见汇报专署。此项审查加注意见及汇报工作，属于县政府管辖者由县政府负责。属于边区主管而驻在该分区之机关、学校，由该分区主管机关负责。属于各警备旅者，由各旅政治部负责。属于留司直属者，由留司政治部负责。属于中直、军直者，由中央管理局政治处负责。属于边区党、政、民直属者，由建设厅负责。

六、各分区劳动英雄及模范生产工作者大会，如因数量过多，无法召集全体到会时，得由专署酌量调剂之。

七、全边区劳动英雄及模范生产工作者代表大会之代表，由分区劳动英雄及模范生产工作者大会选举之，代表名额规定一百五十名至二百名，其分配如下：

延属分区（驻军在内）：三十六名至四十四名。

陇东分区（驻军及抗大在内）：二十三名至二十八名。

三边分区（驻军在内）：十八名至二十二名。

绥德分区（驻军及军事学校在内）：二十六名至三十一名。

关中分区（驻军在内）：十八名至二十二名。

中直、军直系统（包括所属学校、警备团）：十二名至十八名。

边区系统（包括党政民机关、西北党校、行政学院、延大、公营工厂、农场保卫团等）：十五名至二十五名。

八、出席代表会之劳动英雄代表，必须具备下列条件：

甲、从事农业、工业、运输、打盐及纺织等生产之一而积极生产，成绩特出。

乙、推动他人生产，并获得成绩。

丙、恪守法令政策，拥护政府和军队，热爱边区。

九、出席代表会的模范生产工作者代表，必须是直接领导或管理生产事业干部，并具备下列条件：

甲、对领导管理生产负责，又有办法，因而获有优良成绩。

乙、积极参加生产、学习并有创造。

丙、恪守法令政策，并能反对违法舞弊行为。

十、凡驻在分区所辖境内之部队、机关及学校，无论其是否为专署直接管理，劳动英雄和模范生产工作者及其代表之选举，以及召集会议，均归专署管理。

十一、凡移难民多的区域，应注意选举移难民中之劳动英雄。转变最好的二流子，亦得被选为劳动英雄。

十二、劳动英雄及模范生产工作者之开会日期，由专员公署规定，但须于十一月十号前将出席全边区劳动英雄及模范生产工作者代表会之代表选出，并将代表之姓名、年龄、性别、住址、略历等，报告本府。

十三、劳动英雄及模范生产工作者大会的经费及奖品由各分区自备。

十四、出席全边区代表会之代表到会日及手续另行通知。[①]

陕甘宁边区政府颁布的《陕甘宁边区劳动英雄与模范生产工作者大会及其代表的选举办法》从整体上规定了劳动英雄和模范生产工作者的评选条件和实施办法。其中，《陕甘宁边区劳动英雄与模范生产工作者大会及其代表的选举办法》第四条指出，劳动英雄及模范生产工作者之选举，属于农村的，依具体情况以自然村或行政村为单位，召集居民大会选举之。属于部队的，以连为单位，召集全体指战员大会选举之。属于工厂和合作社的，以厂或社为单位，召集全体职工大会选举之。属于机关的，以机关为单位，召集全体工作人员大会选举之。属于学校的，以学校为单位，召集全校教职员及学生大会选举之。对劳模的评选，《陕甘宁边区劳动英雄与模范生产工作者大会及其代表的选举办法》中反复强调各单位都要举行由全体人员参加的大会选举，这是党的群众路线在劳动英雄和模范生产工作者选举工作中的生动体现，也充分说明大生产运动中涌现出来的劳动英雄和模范生产工作者在群众中是有基础、有威信、有号召力的，是受广大群众拥护和爱戴的，是能起到模范带头作用、能够引领时代风尚的一个英雄群体。

《陕甘宁边区劳动英雄与模范生产工作者大会及其代表的选举办法》第八条规定了劳动英雄和模范生产工作者必须具备的条件：一是从事农业、工业、运输、打盐及纺织等生产之一而积极生产，成绩特出。二是推动他人生产，并获得成绩。三是恪守法令政策，拥护政府和军队，热爱边区。这些条件内容在当时来说是比较全面的。该办法首先要求劳动英雄和模范生产工作者应是在生产劳动中做出成绩特别突出者。其次要求劳动英雄和模范生产工作者不仅自己在生产中要取得最好的成绩，而且还要能帮

① 《红色档案：延安时期文献档案汇编》，陕西人民出版社，2014 年。

助他人生产，并要受助者在生产中也取得成绩。最后要求劳动英雄和模范生产工作者在政治上拥护政府和军队，热爱边区，特别强调恪守法令政策。由此可见，当时的陕甘宁边区政府十分重视法制建设，劳动英雄和模范生产工作者不仅是劳动中的模范，同时也是遵纪守法的模范。

陕甘宁边区政府建设厅在大生产运动中担负着具体组织全边区大生产的工作，表彰劳动模范（劳动英雄和模范生产工作者）的日常具体工作也是其工作的一部分。在陕甘宁边区政府确定召开劳动英雄和模范生产工作者大会，并由政府公布了劳动英雄和模范生产工作者的选举办法后，根据实际操作过程中的情况，陕甘宁边区政府建设厅又提出了选举工作的一些具体做法。

（一）今年的生产运动，在公私生产各方面均创造了大批劳动英雄和模范生产工作者，在他们之中，有的已经发现了，并经过党和政府奖励与发扬，这是必需的。但因为以前无统一标准的规定，及未经选举等原因，故有的尚未被发现，这是一个缺点。这次选举，就是要把所有符合边府规定标准的劳动英雄和模范生产工作者，经过选举都发现出来，加以表扬。同时在选举以前，已经受过奖励，而未经过选举的，在这次选举中，亦要经过选举办法规定，加以选举，目的是使他们的模范作用能够发扬，并借以避免滥竽充数，就是说，凡是符合政府规定标准的，不论已被发现或未被发现，均应在这次选举中选举出来 。但如果不符合规定标准的，即使已经受过奖励，也不应选举，借以提高劳动英雄和模范生产工作者的质量。

（二）选举劳动英雄和模范生产工作者及代表，应符合党政经济政策，农业生产占第一位，均应着重选举农业上的劳动英雄，但又应兼顾各分区的特殊经济，如三边应注意打盐、运盐和畜牧及水浸地；陇东应注意运盐和畜牧；延属应注意运输合作、移民及东三县之植棉；绥德分区应注意改良耕作方法与妇纺；关中分区应注意修堰地、检畔地与移民等，要公私生产兼顾，但私人经济（比率）占第一位，故名额上人民（群众）中劳动英雄（比率）应占半数以上，公家生产中的劳动英雄和模范生产工作者不能超过半数，其中军队（数量）又占第一位，军队应占半数。这种照顾是必需的，没有这种照顾就不能发扬生产战绩各方面的劳动英雄和模范生产工作者的创造作用。

……

（四）选举出席边区代表大会的代表，除了人民（群众）中劳动英雄和模范生产工作者外，应选举他们之中最有创造和经验的为宜，使代表能收到更大更多的成绩。在成分上应更多注意选举贫农和中农，富农应注意选举在革命后发展起来的。

（五）劳动英雄和模范生产工作者的选举，是生产运动中的重要教育工作，因此，选举时应尽量做到有广大群众参加，例如利用集市及自卫军集训等机会来进行选举，初评出来的劳动英雄，应将其名单及对生产贡献和成绩，用口头的或画壁报等方式加以公布表扬，以扩大教育与宣传。对于当选的劳动英雄，党政工作人员应派代表到他们家里道贺，乡政府讨论生产动员（工作）时，应召集他们参加，并经常检查他们的生产工作，发扬他们的创造与模范作用，使他们成为推动生产的骨干。劳动英雄的称号应分别为乡的、区的、县的、分区的、全边区的五级，可以在选举后实行升降，好的上升，不好的可以下降，以提高劳动英雄在农村的地位，使他们受到人民应有的尊崇。对于出席分区大会与边区代表大会的劳动英雄，应发动人民和机关欢送招待，以提高他们的积极性。①

陕甘宁边区政府建设厅的实施意见，对劳动模范（劳动英雄和模范

① 引自《解放日报》1943年10月24日，第3版。

生产工作者）的选举办法更加细化，更有利于在实际选举工作中的具体操作。如关于劳动模范的选举，实施意见就反复强调，“要把所有符合边府规定标准的劳动英雄和模范生产工作者，经过选举都发现出来”，“同时在选举以前，已经受过奖励，而未经过选举的，在这次选举中，亦要经过选举办法规定，加以选举，目的是使他们的模范作用能够发扬”。这条实施意见充分说明劳动模范的产生拥有很好的群众基础，他们在群众中有威望、有作用、受到群众崇敬和爱戴。又如实施意见中的“选举劳动英雄和模范生产工作者及代表，应符合党政经济政策，农业生产占第一位，均应着重选举农业上的劳动英雄，但又应兼顾各分区的特殊经济，如三边应注意打盐、运盐和畜牧及水浸地；陇东应注意运盐和畜牧；延属应注意运输合作、移民及东三县之植棉……”就非常明确地告诉各地，选举劳动模范时不要搞“一刀切”，各地情况不同，劳动模范的选举产生一定要从实际出发。这条劳动模范选举的实施意见，充分体现了党的实事求是工作路线，既考虑了一般情况，也照顾了不同地区、不同行业的特殊情况，使劳动模范的选举不走过场，而是依靠群众、实事求是，真正把那些在大生产运动中作出了突出贡献、在群众中有威望的模范人物选出来，同时在选举中，也让群众受到教育，在群众中树立标杆，使广大群众学有方向、赶有目标，进一步推动大生产运动的蓬勃开展。

《陕甘宁边区劳动英雄与模范生产工作者大会及其代表的选举办法》及其实施意见，专门针对劳动模范（劳动英雄和模范生产工作者）评选及大会召开提出具体意见，大大加强了劳动模范评选表彰相关工作的制度化建设，这在我国劳模史上具有里程碑意义。

（四）劳模选举办法的进一步完善

为开好 1944 年 12 月在延安召开的陕甘宁边区劳动英雄与模范工作者大会，陕甘宁边区政府在总结以往经验，尤其是在总结 1943 年召开陕甘宁边区劳动英雄与模范生产工作者大会相关经验的基础上，制定出《陕甘宁边区政府关于劳动英雄与模范工作者选举与奖励办法》[①]，并以政府令的形式，以陕甘宁边区政府主席林伯渠、副主席李鼎铭的名义，于 1944 年 9 月 1 日公布施行。

相比 1943 年 10 月公布施行的《陕甘宁边区劳动英雄与模范生产工作者大会及其代表的选举办法》的 14 条内容，1944 年 9 月 1 日公布施行的《陕甘宁边区政府关于劳动英雄与模范工作者选举与奖励办法》则有 37 条，分为选举标准、群众中的选举、部队中的选举、机关的选举、奖励、选举会期及经费等内容，选举办法更加细化、明确、完善。

1944 年公布施行的《陕甘宁边区政府关于劳动英雄与模范工作者选举与奖励办法》第四条规定，凡边区居民皆为劳动英雄和模范工作者之选举及被选举人，无阶级、党派、职业、宗教、信仰、文化程度、性别、民族、国籍的限制。打破了对劳动英雄和模范工作者的条件限制，扩大了选举与被选举的范围，调动一切可以利用的积极性，具有重要的意义。

根据《陕甘宁边区政府关于劳动英雄与模范工作者选举与奖励办法》第二十六条、第二十八条规定：村、乡、县的劳动英雄和模范工作者，由各级政府酌量予以物质的奖励，如农具、用品、衣物、奖金等。此外，并予以以下名誉奖励：村的劳动英雄和模范工作者，由乡政府将其事迹在全村宣扬之。乡的劳动英雄和模范工作者，由乡政府送给奖状，张贴门首，并将其事迹在全乡宣扬之。县的劳动英雄和模范工作者，由县政府送给奖状奖章，并将其事迹在全县宣扬之。而边区劳动英雄和模范工作者，除由边区政府酌量发给耕牛、衣服、用品或奖金等物质奖励外，还要发给奖匾、奖状，并将其事迹在全边区宣扬之。该规定突出强调了应给予劳动模范（劳动英雄和模范工作者）以物质与荣誉双重奖励，并在一定范围内宣

---

① 《红色档案：延安时期文献档案汇编》，陕西人民出版社，2014 年。

传劳动模范的先进事迹，为人民树立起学习的榜样，以利于更好地开展大生产运动。让劳动模范有荣誉感、有成就感，进一步调动他们的积极性，推动大生产运动的开展。

《陕甘宁边区政府关于劳动英雄与模范工作者选举与奖励办法》第三十五条指出：已当选的劳动英雄和模范工作者，若发现其行为与工作不足表率时，得到群众之要求由各级政府及主管机关撤销之，并在下届相当的代表大会上追认此项撤销。该规定清楚地说明了劳动模范获得者的称号不具终身性，当其行为和工作不起表率作用时，经群众要求，各级政府及主管部门可以按规定程序审慎严肃地撤销其称号，并在下届相当的代表大会上追认此项撤销。

陕甘宁边区政府在 1939 年开展大生产运动中颁布的政府奖励劳动模范（劳动英雄和模范生产工作者）条例，经 1943 年、1944 年几度修改，奖励劳模的条例、评选办法、评选条件等日趋完善，促进了劳模评选表彰工作的制度化建设。而在大生产运动中评选出的一批又一批劳动模范，在大生产运动中产生了巨大的影响力、推动力，进一步促进了大生产运动的开展。

四、“五一”生产大竞赛与“赵占魁运动”

（一）“五一”生产大竞赛的开展

从 1939 年春在延安开展起来并逐步向陕甘宁、晋冀鲁豫、晋西北等抗日根据地扩展的大生产运动，得到了广大军民的热烈拥护。各级政府、工会组织为了鼓励和保护广大群众参加大生产的积极性，开展了多种形式的劳动竞赛，并对竞赛中产生的英雄模范人物、先进集体和领导者，根据贡献大小给予精神和物质的奖励，这种做法有力地促进了大生产运动的开展。

根据中共中央书记处意见，八路军总司令朱德于1940年5月从抗战前线回到延安。“朱德回到延安后，一方面给许多机关和学校讲述华北抗战形势，继续指挥前方八路军的重大战役，另一方面集中精力来抓陕甘宁边区的经济建设。”[①]朱德不仅关心农业生产，也十分关心工业生产。1940年10月，朱德到陕甘宁边区的工厂考察工作，而后在《中国工人》第10期上发表了《参观边区工厂后对边区工人的希望》，指出“边区的工人，正负担着重大的任务。这个任务是什么？这个任务就是坚持自力更生的原则，从经济上建立现在八路军和新四军巩固的后方，建立未来的新中国的模范区域的基础。这是一个光荣而伟大的任务。边区工人应当勇敢地把这个任务负担起来，首先在发展经济建设的工作中，成为边区人民的模范”。接着，朱德对边区工人提出五点希望，其中第一点就是希望在中国工人队伍中出现许多苏联的“斯达汉诺夫[②]运动者”。

陕甘宁边区总工会率先响应朱德的号召，决定在陕甘宁边区广大职工中开展生产劳动大竞赛，并于1941年3月20日发布了《关于迎接“五一”生产大竞赛的各项办法》。该竞赛办法规定竞赛日期为1941年3月25日至4月25日。竞赛目标为超过本年1月或2月的最高产量。当选竞赛英雄模范人物应具备的条件包括：一、工作上能遵守劳动纪律，节省原材料，爱护工具；二、技术优良，超过个人生产计划；三、出品质量精美；四、在技术上有特别的发明与贡献者。凡具备以上四条者，经全厂大

---

① 中国延安干部学院编：《延安时期大事记述》，中央文献出版社，2010年。

② 斯达汉诺夫是苏联著名的劳动英雄，他是苏联顿涅茨矿区的一名采煤工人。1935年，他运用新技术，创造了一班内用风镐采煤102吨的高产纪录，超过生产定额的14倍。这一先进事迹很快促成了在苏联普遍开展的提高劳动生产率的群众运动。“斯达汉诺夫运动”是苏联社会主义劳动竞赛的具体形式之一，在苏联社会主义建设时期起过很好的作用。

会民主选出。[①]

陕甘宁边区总工会专门聘请15位知名人士组成“五一”生产大竞赛评判委员会，分别是朱德、李富春、邓发、林伯渠、高自立、叶季壮、袁福清、陈希文、高长久、毛远耀、章百生、章萍、祝志澄、贺瑞林、陶岳根。

陕甘宁边区总工会还颁布了《奖励模范劳动者办法》。办法规定，凡被选为模范劳动者的，可以享受以下优待：

（一）参加“五一”大会时受边区总工会的招待，在“五一”晚会上坐在最前排；

（二）给予物质奖励；

（三）参加模范劳动者大会；

（四）参观延安各工厂；

（五）《新中华报》及“五一”大会上公布其姓名。

对有特别成绩与发明者，另予以特别的奖励。[②]

陕甘宁边区总工会关于开展生产大竞赛的决定和办法公布后，广大职工纷纷响应，积极投入竞赛中。延安地区的八路军印刷厂、制药厂、被服厂、新华化学厂、难民纺织厂、农具厂等29个企业，绥德的9个厂，以及关中、三边等地的一些企业职工也纷纷参加到竞赛中。关于本次生产大竞赛，1941年5月23日《解放日报》一篇题为《边区工人战斗的一月》的文章生动真实地反映了参加生产竞赛的工人群众的积极性：

① 《关于迎接“五一”生产大竞赛的各项办法》，《新中华报》1941年3月21日，第3版。

② 《中国工会运动史料全书》总编辑委员会，《中国工会运动史料全书·陕西卷》编委会编：《中国工会运动史料全书·陕西卷》（上），三秦出版社，2006年。

总工会生产竞赛的号召，像是大战将临的一纸动员令，活跃在生产战线上的工友们，立刻紧急地动员起来，大家分头集会，热烈讨论，工会小组、党的支部、工厂工人大会……生产计划，完成计划的具体办法，领导竞赛的首脑组织……一切由工会小组讨论提出，一切经过全厂工人大会作最后决定。各工厂的生产快报，生产壁报，连期出版了每个人的生产记录、各部门的生产情况，每天都向全厂工人作着详细的报道，每个人的生产成绩，像突发的号外一样，从这厂飞传到他厂，工人们被激动得更紧张地劳作起来了[①]。

竞赛期间，陕甘宁边区政府主席林伯渠、副主席李鼎铭等领导亲赴工厂慰问调研，学生联合会、妇女联合会等群众团体纷纷派代表到工厂慰问。陕甘宁边区总工会还出版了《“五一”生产大竞赛特辑》，宣传各工厂生产竞赛的经验。

1941 年 4 月 25 日，陕甘宁边区总工会在延安举行“五一”生产大竞赛总结大会。大会宣布：各厂总平均产量，超过原定竞赛计划的 43.6%。其中，八路军制药厂超过 120%，难民纺织厂超过 83.05%，新华化学厂超过 75%，八路军印刷厂超过 59%，八路军被服厂超过 38.7%，农具厂超过 20%。以上各厂是这次竞赛的先进集体单位。大会还宣布评选出 274 名劳动英雄。在纪念“五一”国际劳动节大会上，劳动英雄受到了边区政府的奖励。朱德亲自给他们颁发奖状和奖品。在这 274 位劳动英雄中，有 46 位是技术革新能手，他们的事迹更引人注目。

陕甘宁边区总工会发动的“五一”生产大竞赛，是广大职工在人民政权下开展的一次大规模的生产竞赛。广大职工积极参加生产竞赛，朱德对此给予了高度评价。他于 1942 年 5 月 1 日在《解放日报》发表了《克

① 《边区工人战斗的一月》，《解放日报》1941 年 5 月 23 日。

服困难，向前迈进》的署名文章，文章中指出，我们必须发挥工人的生产热情，来提高劳动生产率和改善生产质量。在技术水平很低，机器又旧又少，动力根本缺乏的条件下，高度的生产热忱是生产中特别重要的因素，热忱和熟练，这几乎是我们提高生产唯一的和最有效的办法。怎样提高生产热忱呢？我们过去的经验证明了革命的生产竞赛，的确是提高生产率的有效武器。在竞赛中不仅能大大地发挥大家的生产热忱，而且改变了工人对于劳动的态度。只要善于组织这种竞赛，使它能够吸收全厂人员进来，并且成为经常进行的活动，我们将能克服竞赛仅能临时提高一下生产的缺点，创造出更高的劳动生产率和生产质量。[①]

工人群众在竞赛中迸发出来的积极性和创造力，使广大工人群众对劳动有了新的认识，再次证明了普通劳动者也可以受到人们的尊敬。

（二）赵占魁与“赵占魁运动”

陕甘宁边区的赵占魁是一位热爱本职工作、埋头苦干、无私奉献、敢于担当的普通工人，他的事迹被在企业调查研究的中共中央职工运动委员会和陕甘宁边区总工会发现并汇报后，由陕甘宁边区总工会对其先进模范事迹作了全面总结。陕甘宁边区总工会认为，赵占魁最可贵的一点是“用新的态度对待新的劳动”，赵占魁是一个“新劳动者”。中共中央职工运动委员会决定，在陕甘宁边区开展“新劳动者运动”。随着运动的普及和具体化，从陕甘宁边区开始，各抗日根据地陆续广泛开展了“赵占魁运动”。

赵占魁，山西定襄县人，大生产运动中涌现出来的杰出代表之一，曾多次受到毛泽东、朱德等中央领导的接见。从1916年开始，赵占魁先后在太原铜圆厂提炼部、太原兵工厂、同蒲铁路介休车站修理厂当工人，在长期的工作实践中，他掌握了炼铜、蒸锌、打铁、翻砂等技术。1938年

① 朱德：《克服困难，向前迈进》，《解放日报》1942年5月1日。

初，同蒲铁路被日军占领，赵占魁逃到西安，报名进入陕西省泾阳县安吴堡青训班职工大队学习，1938 年 12 月加入中国共产党，1939 年 5 月转入中共中央职工运动委员会在延安桥儿沟创办的工人学校学习，被编入建设队打铁部。1939 年 6 月陕甘宁边区创办西北农具厂，赵占魁被调去当翻砂工人。他常年在化铁炉边工作，翻砂铸铁，工作环境艰苦，劳动强度大，但他总是以身作则，干那些又苦又累的活。工人信任他、拥护他，他在工人中很有威信。后来，赵占魁担任农具厂翻砂股股长，在 1939 年至 1941 年间的每次劳动竞赛中都获得“甲等劳动英雄”奖章，成为边区工人的模范。在 1941 年陕甘宁边区举行第二届参议会选举时，赵占魁被四个工厂的选民一致提名当选为候补委员。

1942 年初，延安第一兵工厂发生了工人闹事。中央在派人赴厂对工人做思想政治工作的过程中，发现工人赵占魁一贯劳动态度好，技术水平高，很能团结人。更可贵的是，在工人闹事时，他仍坚守岗位，用实际行动进行了抵制，表现出很高的政治觉悟。① 党中央和陕甘宁边区政府决定在边区工人中开展“赵占魁运动”。

1942 年 9 月 11 日，《解放日报》发表了《向模范工人赵占魁学习》的社论，社论写道：“赵占魁在执行生产任务上、爱护革命财产上、照顾工厂生产上、关心群众利益上、遵守劳动纪律上、团结全厂职工上、热心公益事业上，所有这些表现出来的精神，都是我们边区公营工厂工人的模范。在他的工作作风中，一贯表现出来的始终如一、积极负责、老老实实、埋头苦干、大公无私、自我牺牲的精神，也正是我们新民主主义地区公营工厂工人所应有的新的劳动态度。这种新的劳动态度是宝贵的，值得大大发扬的，值得我们来学习的。我们希望全边区有千个万个像赵占魁

① 贺海轮、刘杰：《延安时期著名人物》，陕西人民出版社，2015 年。

一样的模范工人涌现出来。”[①]1942 年 9 月 13 日，新华社著名记者张铁夫、穆青发表长篇通讯《赵占魁同志》。在这篇长篇通讯中，记者把赵占魁的模范事迹浓缩为一句话作为题记放在文前：“他没有突出的表现，也没有惊人的故事；三年来他平凡地工作着，犹如泉水滴凿着岩石。”[②]

而在《解放日报》发表《向模范工人赵占魁学习》的社论之前，1942 年 9 月 8 日，赵占魁所在的农具厂[③]厂长徐驰，就在厂里号召全厂职工向赵占魁学习，并报告上级，请求奖励赵占魁。9 月 26 日，农具厂举行庆祝大会，表彰奖励赵占魁。老一辈工运领袖、中共中央职工运动委员会委员朱宝庭，代表中共中央职工运动委员会和陕甘宁边区政府，把“工人模范”的锦旗授予赵占魁。

1942 年 10 月 12 日，陕甘宁边区总工会发出《关于开展赵占魁运动的通知》，通知要求：“一、认识这一运动不同过去各次普遍的生产竞赛，而是一个深入的思想教育工作，借以克服少数工人中经济主义、平均主义、不安心工作等现象，以达到提高工人政治觉悟、稳定生产情绪、激发劳动热忱、增加生产质量、改造工会工作的目的。二、这是工厂整风学习中具体的材料，因此应配合整风学习作为目前的中心工作，把 9 月 11 日《解放日报》社论《向模范工人赵占魁学习》，作为学习文件之一，收集有关材料与本厂实际问题，组织传达讨论，在工人中造成一个热潮。三、为达到上述目的，应根据各厂现实情况找出模范例子来。因此，必须事先进行调查研究，了解工友们的生产情绪和工厂中存在的问题，经过酝酿准备，然后有条件有目标地发动。四、在这一运动中必然会涌现出大批像赵占魁一样的模范工人，各厂应详细定出评判标准和奖励办法，发扬好的，批评坏的，以建立严格的奖惩制度。五、必须协同党政共同研究讨论，防

① 《向模范工人赵占魁学习》，《解放日报》1942 年 9 月 11 日。

② 《赵占魁同志》，《解放日报》1942 年 9 月 13 日。

③ 作者注：赵占魁在农具厂工作，是对外的厂名，后来生产任务发生变化，对外仍称农具厂。

止及纠正轻视或过急等偏向，并希望党政工作同志踊跃参加这一工作，使‘赵占魁运动’在各工厂热烈地开展起来。”①

1942 年 12 月 22 日，陕甘宁边区总工会主任高长久发表《继续开展赵占魁运动》一文，指出“各厂工会必须重视这个运动，并认识这个运动是改造工人劳动态度、推动生产的关键，是工会本身的中心任务，必须动员所有的干部和积极分子领导和开展这个运动……为使这个运动普遍深入，应采取各式各样的方法，向所有的工人作普遍详细的宣传解释，使大家都参加到运动中来，并进行长期有计划的教育，使工人认识新民主主义政权下应有的劳动态度，反对经济主义、行会主义的思想”。②

在这篇文章中，高长久提出，根据赵占魁的英雄模范事迹，模范工人应有七条标准，并作为在开展“赵占魁运动”中工人的奋斗目标：“一、爱护工厂，严守纪律；二、积极工作，始终如一；三、数量最多，质量最好；四、爱护工具，节省材料；五、吃苦在前，享受在后；六、努力学习，帮助别人；七、克己奉公，团结群众。”

1943 年 2 月 7 日，中共中央职工运动委员会书记邓发针对“赵占魁运动”在一些地方和单位发展不平衡的问题，发表文章《响应生产号召，开展赵占魁运动》，重申开展“赵占魁运动”的意义和办法。他指出：“为了克服抗战困难和减轻各根据地人民的负担，同时为了打破敌人对根据地的经济封锁，达到自给自足的目的，我党中央曾不断号召发展各根据地生产。在各根据地里，一切觉悟的工人无不积极起来响应这一号召。为了生产更多的军需品及日用必需品，就有赖于工人劳动热情更进一步提高，在设备简陋的公营工厂中，只有广泛开展‘赵占魁运动’，才能达到减低成

① 《中国工会运动史料全书》总编辑委员会，《中国工会运动史料全书·陕西卷》编委会编：《中国工会运动史料全书·陕西卷》（上），三秦出版社，2006 年。

② 高长久：《继续开展赵占魁运动》，《解放日报》1942 年 12 月 22 日。

本、提高生产率。”[①]

为了在各抗日根据地普遍开展“赵占魁运动”，邓发身体力行，深入工厂，进行具体指导。他先到赵占魁所在的农具厂，而后又去了中央印刷厂，和工人们一起劳动、谈心，询问工人们对开展“赵占魁运动”有什么意见、有什么困难、有什么好办法，等等，然后和这些企业的党、政、工领导一起商议方法、步骤，拿出可行的方案，再到工人中征求意见。在邓发的具体指导下，农具厂、中央印刷厂的“赵占魁运动”扎扎实实地开展起来，职工们还推选赵占魁担任农具厂“赵占魁运动”委员会主任。

中共中央政治局委员张闻天亲自到陕甘宁边区最大的公营厂——难民纺织厂，具体指导这个厂开展“赵占魁运动”。张闻天在难民纺织厂帮助三个工人制订出参加“赵占魁运动”的计划后，给厂工会主办的墙报《工先报》编辑写了一封信，署名“洛甫”，对如何在厂里开展“赵占魁运动”提出了自己的意见，并附上三个工人参加“赵占魁运动”的个人计划。张闻天在信中写道：“最近，我同本厂某些工友谈话，根据他们自己的意见，代他们写下了各自的生产计划。这样的计划，我现在已经有三个。这些计划都是很好的，今一并寄上，希望在贵报上公布出来。这一方面，可以推动全厂工友们都能订出这样的计划；另一方面，大家也能督促这些计划的具体实现。同时，我希望在这些计划的制订与执行中，发动个人与个人间，小组与小组间，部门与部门间的竞赛，使‘赵占魁运动’在本厂内开展起来。”[②]在张闻天的指导下，难民纺织厂很快有174人参加“赵占魁运动”，占全厂职工总数的1/3。

1943年1月，毛泽东在陕甘宁边区高干会上指出：发展“赵占魁运动”于各工厂，职工会工作有不适合于提高劳动纪律和劳动积极性的，必

① 邓发：《响应生产号召，开展赵占魁运动》，《解放日报》1943年2月7日。

② 《陕甘宁边区工运史料选编》（下册），工人出版社，1988年。

须加以改造。一个工厂内，行政工作、党支部工作与职工会的工作，必须统一于一个共同目标之下，这个共同目标，就是以尽可能节省的成本（原料、工具及其他开支），制造尽可能多与尽可能好的产品，并在尽可能快与尽可能有利的条件下推销出去。这个成本少、产品好、推销快的任务是行政、支部、工会三位一体的共同任务……工厂应奖励最有成绩的工人与职员，批评与处罚犯错误的工人与职员，没有适当的奖惩制度，是不能保证劳动纪律与劳动积极性的提高的。[①]

据当时担任陕甘宁边区总工会主任的高长久回忆：早在1942年“五一”国际劳动节前夕，陕甘宁边区政府、陕甘宁边区总工会和赵占魁所在的农具厂奖励赵占魁的消息被《解放日报》刊载，毛主席看到报道后立即给中共中央职工运动委员会书记邓发打电话说：“奖励赵占魁这件事做得很好，这不是奖励一个人的问题，而是全边区和其他根据地提高生产、改进工作的新生事物。平时我听说你们要找斯达汉诺夫，赵占魁同志就是中国式的斯达汉诺夫。你们把他的优点总结起来，树立标兵，推广到各工厂各生产单位去。”邓发同志向我们传达了毛主席的这个指示后，边区总工会和中央职工运动委员会又一次派人去农具厂总结赵占魁同志的先进事迹，并组织动员各工厂各生产单位职工向他学习。西北局林伯渠同志对我说，毛主席的指示不仅是指工人，工农兵学商中到处有英雄模范人物。贾拓夫同志对我说，七十二行，行行出状元。意思是要我们广泛开展学习“赵占魁运动”。[②]

“赵占魁运动”在毛泽东、朱德、张闻天等中央领导的高度重视下，在各级党、政、工组织的大力推动下，在广大职工群众的积极参与下，从陕甘宁边区开始，迅速推广到了晋绥、太行、太岳、晋察冀等各个抗日根

① 毛泽东：《经济问题与财政问题》，《毛泽东选集》，东北书店，1948年。

② 《中国工会运动史料全书》总编辑委员会，《中国工会运动史料全书·陕西卷》编委会编：《中国工会运动史料全书·陕西卷》（上），三秦出版社，2006年。

据地，各地都涌现出了一批赵占魁式的英雄模范人物，如晋绥根据地以张秋凤名字命名开展了“张秋凤运动”，太行根据地以甄荣典名字命名开展了“甄荣典运动”等。运动造就了新的劳动风气，培养出一大批有高度觉悟的新型工人。

五、日益发展的劳模表彰工作

为了调动广大人民群众参加大生产运动的积极性，陕甘宁边区政府在党中央1939年2月召开大生产运动动员大会后，很快出台了《陕甘宁边区人民生产奖励条例》及《陕甘宁边区督导民众生产运动奖励条例》等，在广大城乡开展劳动竞赛，形成了你追我赶的生动局面，同时及时进行劳模表彰工作，树立标杆，不断将大生产运动引向深入。

（一）劳模表彰工作的初步展开

1939年5月1日，陕甘宁边区政府举办的首届工业展览会在延安隆重开幕，毛泽东、王明、李富春、张浩等出席，毛泽东发表了演讲。

首届工业展览会历时12天，有数万名群众来参观。边区政府专门组织了由李富春、滕代远、张浩、高自立、高岗、陈康白、刘景范、曹菊如、齐华九人组成的评判委员会。他们对边区各地各企业送来展览的工业产品进行评判，对产品质量好的企业进行了表彰。其中获特等奖的有五个企业，分别是边区机器厂、边区制药厂、边区通信材料厂、边区难民工厂、边区印刷厂。与此同时，边区政府还奖励了50多名劳动英雄，其中有边区印刷厂的李克谦、边区机器厂的刘贵福、边区难民工厂的袁光华、边区通信材料厂的林中同、边区制药厂的李维桢、合作社的栾佩章、工人学校的王珏等。

1940年2月18日，陕甘宁边区政府会同中央机关及边区党委联合在延安中央大礼堂召开生产总结、给奖动员大会，大会奖励了机关、学校、部队等各单位在大生产运动中涌现出的劳动英雄。曾经亲自拿起锄头参加生产的毛泽东、王明、张闻天、李富春等，都坐在主席台下。而高自立、曹菊如、叶季壮、王首道、邓洁、刘景范、霍维德等七个生产单位的负责人被选为大会主席团成员，就座主席台上，大会由陕甘宁边区副主席高自立主持。

会上，李富春代表党中央作了报告，总结了 1939 年大生产运动的情况，并部署了 1940 年的生产任务，再次强调了抗战中大生产运动的意义。随后，毛泽东、王明、张闻天先后上台发表讲话。陕甘宁边区政府主席林伯渠和边区建设厅长刘景范也报告了相关工作。最后，大会主席团宣布了中共中央机关、学校与军事机关及边区各机关、学校在生产过程中涌现出来的劳动英雄的名单。毛泽东、王明、张闻天、王稼祥、陈云、李富春等被选为中共中央机关特等劳动英雄。团体获特等奖的单位是教导大队、敌后工作委员会、高等法院、兵站部、警卫室。个人获特等奖者有陈强、黄立德、王正阳、徐秉文、杨正奇、李子原。除特等劳动英雄外，各机关还选出甲等劳动英雄 104 名，乙等劳动英雄 252 名，丙等劳动英雄 262 名。各级奖品分别是，团体特等奖颁发奖旗一面；个人特等奖奖金十元，奖章一枚，奖状一张，纪念巾一条；甲等奖奖金六元，奖状一张；乙等奖奖金四元，奖状一张；丙等奖奖金二元，奖状一张。团体特等奖奖旗上还印有“生产模范”四个大字。[①]

1941 年和 1942 年，陕甘宁边区和其他抗日根据地的经济状况异常艰难。从 1940 年 10 月开始，国民党政府就停发了八路军每月 60 万元的军饷，并在边区周围进行封锁，给边区经济造成了极大的困难。1941 年 1 月，国民党又制造了震惊中外的“皖南事变”，企图消灭新四军。而后，

① 引自《新中华报》1940 年 3 月 26 日，第 3 版。

国民党对各抗日根据地加紧经济封锁，企图困死各抗日根据地的军民。但各抗日根据地响应党中央、毛泽东“自己动手”的号召，在农村、工厂、学校、机关、部队坚持开展大生产运动。各根据地、各有关人民团体对本地区、本行业的劳动模范适时进行奖励，如举行群英大会、颁奖晚会等，隆重奖励劳动英雄和模范集体，这在1941年5月的《新中华报》上进行了详细报道。

在广泛深入开展大生产运动中，各行各业都涌现出一大批真干实干的劳动英雄。1942年5月，陕甘宁边区政府在农业战线众多的劳动英雄中，选择在群众中有影响、有威信、真干实干的农民吴满有作为劳动英雄的代表人物，于1942年5月1日在吴满有的家乡吴家枣园召开大会，表彰奖励吴满有，并为吴满有颁发了“劳动英雄”的锦旗。边区政府号召全边区人民向吴满有学习，当时中共中央和陕甘宁边区政府的机关报《解放日报》用很大的版面多次宣传吴满有的先进模范事迹，并发表了《开展吴满有运动》的社论，以典型人物引领大生产运动的深入开展。

在中共中央职工运动委员会决定推广赵占魁的典型后，陕甘宁边区总工会发出《关于开展赵占魁运动的通知》，开展了声势浩大的“赵占魁运动”。各抗日根据地也涌现出一批赵占魁式的英雄模范人物，不断推动大生产运动的蓬勃开展。

（二）表彰先进单位与劳动英雄干部

1942年10月19日至1943年1月14日，中共中央西北局在延安召开高干会议，参加会议的有地方县一级的党政领导和军队团一级的军政干部，共300多人。在这个会议结束前，中共中央西北局党委召开了隆重奖励生产英雄的颁奖大会，对大生产运动以来，在领导国民经济建设及公营经济方面成绩卓著、克己奉公，在群众中有威信的王震、习仲勋、马文瑞等22名领导干部和三个先进单位进行了奖励。时任中共中央西北局书记高岗宣布了奖励名单，陕甘宁边区政府主席林伯渠为获奖者颁奖。三五九旅、延安县委县政府及延安县南区合作社三个单位荣获团体奖励，中共中央西北局党委为这三个先进单位各赠送红绸锦旗一面，对22位受奖励的个人，每人奖励毛毯一件，而尤为特别的是，每人的奖状都有毛泽东的亲笔题词。

受奖人	题词	受奖人	题词
王震	有创造精神	晏福生	坚决执行屯田政策
习仲勋	党的利益在第一位	罗章	以身作则
马文瑞	密切联系群众	黄静波	坚决执行党的路线
何维忠	切实朴素，大公无私	刘秉温	善于领导群众
王丕年	善于领导群众	王世泰	忠实，努力，不夸不骄
惠中权	实事求是，不尚空谈	杨林	坚决执行党的政策
刘建章	合作社的模范	范子文	机关生产的模范
胡起林	无限忠心	马锡五	一刻也不离开群众
王维舟	忠心耿耿，为党为国	李丕福	面向群众
文年生	生产教育，两者兼顾	任成玉	为群众谋利
贺晋年	艰苦奋斗，不屈不挠	罗成德	不怕困难

资料来源：《解放日报》1943年2月3日，第1—2版。

在奖励大会上，王震代表获奖人讲话，阐述了22位劳动英雄获得成绩的原因。他说：“这是由于毛主席、朱总司令提出了在长期抗战中发展生产、克服困难的正确方针，毛主席号召我们要自己动手，朱总司令亲自指导实行屯田政策；这是由于中共中央西北局和边区政府的正确政策；这是由于广大干部、战士和人民群众热烈响应毛主席、朱总司令的号召，拥护西北局和边区政府的经济建设政策。我们今天的成绩，表现了广大干部、战士和人民的积极性和创造性。我们谨领了光荣的奖品。这个光荣，是在党的正确政策指导下，是干部和群众努力的结果，但是我们的工作还不免有许多缺点。在兴奋鼓舞之余，我们当更加努力，求得克服缺点，坚决去执行新的经济建设的任务，深信今后将获得更大的成绩。”

当时，《解放日报》曾对三个先进集体和22名获奖的领导干部的主要成绩一一作了介绍，并给每位获奖者作画像予以宣传。

如对王震职务和主要成绩的介绍是：三五九旅旅长兼政委。一是坚决执行了党的农业第一的政策，开垦了二万五千亩土地，辛苦建设了南泥湾，解决了一部分粮草及各种用品。二是建设了各种工业如纺织、肥皂等共约十种。三是建立了六百多匹运输牲口及四十七间骡马店。四是除粮食外，去年全部开支自给百分之六十七点五，内中经常费自给百分之九十六点一六。五是全旅生产计划、生产制度与供给制是统一的。六是节约有成绩、有制度。

对习仲勋职务和主要成绩的介绍是：关中（地区）分委书记、专员兼××旅政委。统一领导关中（地区）党政军民，巩固边区，使人民安居乐业，发展生产，关心群众，在群众中有威信。在他七年如一日的刻苦领导之下，关中人民生活显著提高，现民众平均每人收麦四石。他在提高劳动力推广……种小麦种荞麦方面均有成绩。

对马文瑞职务和主要成绩的介绍是：陇东特委书记。坚决完成了前年陇东运盐六万驮的艰巨任务，办法较多，而所发生的问题最少。并亲自到曲子、环县两县督运。①

（三）首次劳模表彰大会在延安召开

在大生产运动中，陕甘宁边区不断涌现出各种劳动英雄和模范生产工作者，为了鼓励先进，激励广大劳动者，边区决定在延安召开陕甘宁边

① 引自《解放日报》1943年2月3日，第2版。

区第一届劳动英雄与模范生产工作者大会和第三届生产展览会。

1943 年 11 月 26 日，近三万名群众从延安城周边的工厂、农村、部队、学校、机关前来参加表彰大会，盛况空前，热闹非凡。下午一时许，185 位劳动英雄们戴着大红花向会场进发，沿途受到道路两旁群众的欢迎。下午二时，大会主持人曹立如宣布大会开始。

首先，陕甘宁边区政府主席林伯渠发表讲话。他说，像这样盛大的劳动英雄代表大会，在全边区乃至全中国都是空前的。在这样一个战争环境，又是比较穷困的地区，人民和军队居然能做到丰衣足食，这是边区人民和八路军伟大力量的表现。他指出，这是在 1939 年毛主席号召生产运动的基础上发展起来的。他强调，旧的时代过去了，现在是创造新时代的时候，这个新时代的创造者就是今天 200 多个[①]劳动英雄，以及成百万的边区革命的人民。

朱德即席讲话。他说，今年我们找到了发展生产的好方法，明年的生产要搞得更好。这次大会要把明年的生产计划做出来。他特别提出几条意见，希望大家注意：第一，不要以为丰衣足食了，就松懈下来，要知道我们生产不单是为了吃穿，而且是为了支援前方，为了抗战建国。第二，要实行节省，朴素勤俭，才能起家。第三，要把发展生产和保卫边区结合起来，我们边区老百姓不但要学会生产，而且要学会打敌人，学会安地雷、扔手榴弹，个个成为神枪手。第四，要改进饲养牲畜的方法，减少牲畜的死亡率。

一二〇师师长贺龙也在会上作了即席发言。他说，今年生产我们超过了任务许多，以延安的机关生产来说，有的超过七八倍，有的超过四五倍，合起来，生产了二十万万元这样巨大的财富。不但在边区，前方在战斗中也开展了生产运动，如在晋西北就开展了“张秋凤运动”。如最近一

① 作者注：根据《解放日报》的报道，实际到会人数为 185 人。

个工厂人员减少了三分之一，可是生产却增加了三分之一；过去前方没开展生产运动，陕甘宁边区开展了，晋西北也跟着开展了，效果很好！

国民党著名将领邓宝珊也被邀请讲话。他说，能与劳动英雄吴满有、赵占魁等握手，感觉是一件很光荣的事。他连连称赞延安几年来生产事业的进步，盼望以后有更大的进步。国民党将领续范亭也表示，向劳动英雄代表致敬，比向老师行礼、向家长行礼都要快乐。这些劳动英雄，是真正的人民代表，值得我学习，值得大家学习。①

11月29日，劳模大会迎来了高潮。下午二时许，劳动英雄们来到了中央大礼堂，毛泽东、朱德、刘少奇、周恩来等领导人相继进入会场。毛泽东和劳动英雄中的吴满有、赵占魁、刘建章等人握手，询问他们的生产劳动和工作情况。而后，李富春宣布大会开始。劳动英雄代表吴满有、赵占魁、黄立德、刘玉厚、张振财、冯云鹏、贺保元等向大会献旗，王震代表劳动英雄献词。

在本次劳模大会期间，毛泽东发表了著名讲话《组织起来》。毛泽东指出，今天共产党中央招待陕甘宁边区从农民群众中、工厂中、部队中、机关学校中选举出来的男女劳动英雄，以及在生产中的模范工作者，我代表中央来讲几句话。我想讲的意思，拿几个字来概括，就是“组织起来”。边区的农民群众和部队、机关、学校、工厂中的群众，根据去年冬天中共中央西北局所召集的高级干部会议的决议，今年进行了一年的生产运动。这一年的生产，在各方面都有了很大的成绩和很大的进步，边区的面目为之一新。事实已经完全证明：高级干部会议的方针是正确的。高级干部会议方针的主要点，就是把群众组织起来，把一切老百姓的力量、一切部队学校的力量、一切男女老少的全劳动力半劳动力，只要是可能的，就要毫无例外地动员起来，组织起来，成为一支劳动大军。我们有打仗的军队，

① 引自《解放日报》1943年11月27日，第3版。

又有劳动的军队。打仗的军队，我们有八路军、新四军，这支军队也要当两支用，一方面打仗，另一方面生产。我们有了这两支军队，我们的军队有了这两套本领，再加上做群众工作这一项本领，那么，我们就可以克服困难，把日本帝国主义打垮。

毛泽东强调指出，军民两方大家都发展生产，大家都做到丰衣足食，大家都欢喜。还有我们的工厂，发展了生产，清查了特务，生产效率也大大提高了。整个边区，产生了许多农业劳动英雄、工业劳动英雄、机关学校劳动英雄，军队中也出了许多劳动英雄，边区的生产，可以说是走上了轨道。因此，都是实行把群众力量组织起来的结果。

毛主席给劳模提出希望，他说，各位劳动英雄和模范生产工作者，你们是人民的领袖，你们的工作是很有成绩的，我希望你们也不要自满。我希望你们回到关中去，回到陇东去，回到三边去，回到绥德去，回到延属各县去，回到机关学校部队工厂去，领导人民，领导群众，把工作做得更好，首先是按自愿的原则，把群众组织到合作社里来，组织得更多，更好。希望你们回去实行这一条，宣传这一条，使明年再开劳动英雄大会的时候，我们能够得到更大的成绩。[①]

参加代表大会的代表，在会上集体发声，发表了劳动英雄代表大会宣言。他们在宣言中说，全边区农民们、工人们、战士们，及一切机关学校的同志们，我们一百八十五个人，是从边区农村里、工厂里、部队里和机关学校里选举出来的男女英雄代表。我们来到延安开会是为了交换生产经验，互相学习本事，好在明年更大规模地发展边区生产……我们每个人都实在高兴，实在欢喜。在旧社会里，咱们受苦人是被人看作牛马的，可是现在劳动却变成光荣了。自从共产党领导咱们闹革命，打日本，发展生产，咱们才翻身，再不受压迫，还做到丰衣足食，有吃有穿，现在又当了

① 《毛泽东选集》（第 3 卷），人民出版社，1991 年。

劳动英雄，处处受人尊重。想想以前，看看现在，咱们怎能不感谢共产党、八路军和边区政府呢？咱们怎能不感谢我们劳动人民的救星毛主席和各位首长呢？

劳动英雄们在宣言中说，在毛主席“自己动手，发展生产”运动的号召下，今年一年边区的生产可是发展结实了。咱全边区一满开了一百万亩荒地，多打了十六万担细粮，安置了八千户移民难民，改造了四千五百个二流子，种了十五万亩棉花，打了六十万驮盐，运输牲口比去年增加了十五六倍，办了许多像南区合作社一样的群众合作社；咱们的部队，一面对敌作战，一面自己生产，结果有的做到了部分自给，有的已经做到完全自给，大大减轻了边区人民的负担。咱们的机关、学校也自己努力生产，结果自给由百分之二十六提高到百分之七十六，咱们的工厂自己制造了许多日用必需品……像这样热火朝天、大家动手的群众生产运动，我们从来没有听说过。这是哪里得来的呢？都是共产党、八路军和边区政府的领导，和全边区人民努力劳动的结果。我们到会的代表们，都有决心把我们自己住的村乡变成模范村、模范乡……我们彼此已经定好互相比赛，看看哪一个能争取到最光荣的胜利。我们号召全边区农民、工人、战士、学生、机关工作人员都来互相竞赛，看谁在生产运动中走在前边。[①]

劳动英雄们在宣言中表达的是他们的心声，是他们在中国共产党的带领下用双手努力创造新生活的生动写照。他们珍惜劳动英雄的称号，也希望全边区涌现出更多的劳动英雄，夺得大生产运动的更大胜利。

（四）在职工代表大会上隆重奖励劳模

1944年5月1日至25日，陕甘宁边区工厂厂长暨职工代表大会在延安隆重举行。这次大会既是对陕甘宁边区几年来工业发展经验的一次总

① 引自《解放日报》1943年12月17日，第1版。

结，也是集领导、企业负责人、职工代表于一堂，群策群力深入研究边区企业如何办、如何发展的大会，同时还是表彰陕甘宁边区工业方面劳动英雄和模范工作者的大会，是一个总结会、献计会、表彰会，更是一个发动边区工业方面的所有职工以更大的热情投入大生产运动，努力提高产量、改进质量、降低成本，为实现边区工业品自给自足而奋斗的动员大会。

会议期间，毛泽东、朱德、刘少奇、周恩来、邓发等中央领导及中共中央西北局和陕甘宁边区政府的领导高岗、贺龙、李鼎铭、高自立发表了讲话。大会前后历时五天，出席大会职工代表有 203 人。

5 月 20 日，周恩来、刘少奇到会讲话。周恩来重点对国际国内形势作了报告，并号召到会的代表们要更加努力生产，支援前线，对抗战团结作出更大贡献。刘少奇指出，新民主主义的工业建设，是有无限前途的。他说，我们边区现在增添了新的东西，这就是工厂，它象征着我们的新中国的前途，中国将来也要变成工业国家的。过去有些同志，不愿意做经济工作，说经济工作没有前途。其实经济建设在抗战建国的大业中，占着很重要的地位。尤其是工业建设，其前途更是远大。现在我们就要好好学习科学知识，好好研究改良技术、管理工厂的办法，打下工业建设的基础。已经在工厂工作的同志就要下定决心，把它作为终生的事业，把坚毅的事业精神和忠勇的革命精神结合起来。刘少奇还讲道，不仅工厂的领导者要有群众观点，工人也要有群众观点。工人制出的成品是供给广大群众用的，如只追求数量不管质量的好坏，这是缺乏群众观点的表现。最后他特别着重地说明，无产阶级的特点，就是它的组织才能。我们不但能组织政治军事，而且要学会组织经济，组织劳动力，组织市场，这是一门高深的学问。我们一定要学会它。

1944 年 5 月 22 日，中共中央办公厅在杨家岭设宴，欢迎与会的陕甘宁边区工厂厂长及职工代表。宴会结束后，在中央党校礼堂举行的招待会上，毛泽东发表了《发展工业，打倒日寇》的讲话。他在讲话中指出：五年前边区才真正开始有了一点工业，当时只有七百个工人，现在有一万二千个工人，所以边区工业的进步是很快的。它的数目虽小，但它所包含的意义却非常远大。谁要不认识这个最有发展前途、最富于生命力、足以引起一切变化的力量，谁的头脑就是混沌无知。要打败日本帝国主义，需要工业。要使中国的民族独立有巩固的保障，就需要工业化。我们共产党是要努力于中国的工业化的。中国落后的原因，主要是没有新式工业。日本帝国主义为什么敢于这样地欺负中国，就是因为中国没有强大的工业，它欺侮我们落后。因此消灭这种落后，是我们全民族的任务。老百姓拥护共产党，是因为我们代表了民族与人民的要求。但是，如果我们不能解决经济问题，如果我们不能建立新式工业，如果我们不能发展生产力，老百姓就不一定拥护我们。在抗日战争期间，共产党抗击了百分之五十八的敌军，百分之九十的伪军，这方面我们是有经验、有成绩的。但是经济工作，尤其是工业，我们还不大懂，可是这一门又是决定一切的，是决定军事、政治、文化、思想、道德、宗教这一切东西的，是决定社会变化的。因此，所有的共产党员都应该学习经济工作，其中许多人应该学习工业技术。如果我们共产党员不关心工业，不关心经济，也不懂别的什么有益的工作，对这些一无所知，一无所能，只会做一种抽象的"革命工作"，这种革命家是毫无价值的。我们应该反对这种空头革命家，学习实现中国工业化的各种技术知识。①

5 月 25 日下午，大会举行闭幕式，发表了《陕甘宁边区职工代表大会宣言》，并进行了隆重的颁奖典礼。大会表彰了为边区工业建设作出突出贡献的 225 位劳动英雄，其中，李强、沈鸿、钱志道、陈振夏、赵占魁、袁光华、刘考生、申仲义等八人为特等劳动英雄，华俊寿等 73 人为

① 中共中央文献研究室：《毛泽东年谱（1893—1949）（修订本）》中册，中央文献出版社，2013 年。

甲等劳动英雄，乙等劳动英雄有 145 人。给劳动英雄们的奖品分别是：特等劳动英雄的奖品为毛泽东题字一幅，政府奖状一张，毛呢子衣服一套，皮鞋一双，红肥皂两块，手巾一条；甲等劳动英雄的奖品为奖章一枚，毛呢子衣服一套，红肥皂两块，手巾一条；乙等劳动英雄的奖品为单衣一套，肥皂一块，毛巾一条。

这次大会是陕甘宁边区工厂厂长、职工代表及工业劳模的一次盛会，是一次鼓劲的大会，其激励着各企业更广泛深入地开展生产竞赛，努力创造出更多的生产奇迹。

（五）延安再次召开劳模表彰盛会

1944 年 12 月 22 日至 1945 年 1 月 14 日，陕甘宁边区第二届劳动英雄与模范工作者大会（亦称“群英大会”）在延安的参议会大礼堂隆重开幕。会场正中的大横幅上书写着“开展劳模运动，全面建设边区”，两旁挂着毛泽东在 1943 年接见劳动英雄时的讲话语录。会场内两侧横悬着醒目的标语——劳动英雄们：劳动好、学习好，又能公私兼顾、不自高、不夸大，永不脱离群众；模范工作者们：忠于革命、精于业务、勤于学习、善于创造、团结干部、联系群众。

来自陕甘宁边区农业、工业、商业、交通运输业、文化教育界等各行各业的 476 位劳动英雄和模范工作者进入会场后，陕甘宁边区政府主席林伯渠致开幕词。他首先回顾了一年来劳动英雄和模范工作者运动的新发展，认为运动获得了很大的成绩，各行各业都涌现出大批新英雄。劳动英雄们不仅自己干得好，还把群众组织起来，领导群众创造各种模范单位。号召要把这个大会开好，大家互相交流经验，发扬优点，力求进步，以共同完成目前边区民主建设的新任务。

朱德出席表彰大会。他在讲话中表示：几年来，我们靠着“血和汗”，坚持抗战，建设边区，获得举世的称道。对于这一奇迹，劳动英雄、战斗英雄和模范工作者是起了决定作用的。朱德强调：边区各种生产建设应更提高一步，同时要提倡节约，建立更远的革命家务，积蓄力量，完成抗战建国大业。

最后，劳动英雄代表吴满有、张治国、刘建章、赵占魁等先后发言，讲述他们的事迹、参会的心情和感悟。各位劳动英雄和模范工作者也在会议期间畅谈了他们生产、工作方面的经验，表达他们对抗战胜利和建设更加美好边区的信心。

1945 年 1 月 10 日，毛泽东在会上作了题为《两三年内完全学会经济工作》的讲话。毛泽东对劳模们讲道：你们有三种长处，起了三个作用。第一个，带头作用。这是因为你们特别努力，有许多创造，你们的工作成了一般人的模范，提高了工作标准，引起了大家向你们学习。第二个，骨干作用，你们的大多数现在还不是干部，但是你们已经是群众中的骨干，群众中的核心，有了你们，工作就好推动了。到了将来，你们可能成为干部，你们现在是干部的后备军。第三个，桥梁作用。你们是上面的领导人员和下面的广大群众之间的桥梁，群众的意见经过你们传上来，上面的意见经过你们传下去。①

在大会期间，毛泽东和刘少奇一起专门请高岗、林伯渠、李维汉、贾拓夫、刘景范等人就大会的总结进行了谈话，详细了解了大会的进行情况，并对有关问题作了重要指示。

1945 年 1 月 13 日，时任陕甘宁边区参议会副秘书长、陕甘宁边区政府民政厅长刘景范在大会上作了题为《更加推广劳动英雄和模范工作者的运动》的总结报告。他在报告中指出：1938 年政府开始奖励与宣传生产模范，刺激了一部分群众的生产情绪，但未进行组织生产运动。1942 年生产发展，劳动英雄不断涌现，工厂中发现了赵占魁，农村中发现了吴

---

① 《毛泽东选集》（第 3 卷），人民出版社，1991 年。

满有，军队中发现了李位，机关中发现了黄立德，合作社中发现了刘建章。政府把他们当作了典型，在群众里宣传推广，组织群众生产运动，收到很大效果。1943 年冬季的边区劳动英雄大会，集中地表现了并发现了劳动英雄在生产运动中的重大作用，他们回到农村、工厂、机关、部队又起了很大影响，因此去年之内，劳动英雄运动又有了进一步的推广，同时又涌现出许多模范工作者，有些地方开始了模范工作者运动。（为）适应这种发展趋势，政府决定召开全面的劳动英雄和模范工作者大会，又决定劳动英雄和模范工作者由群众选举产生，以代替过去由政府选拔的办法。自此，劳动英雄和模范工作者运动进入更加完备的阶段。刘景范在报告中说，陕甘宁边区政府各方面取得的巨大成绩和变化，都是领导与群众共同努力的结果，同时也是劳动英雄和模范工作者运动的产物，正如毛主席这次在大会上给我们明确指出的，劳动英雄和模范工作者在这些运动中起了带头作用、骨干作用和桥梁作用。[①]

1945 年 1 月 14 日，陕甘宁边区劳动英雄与模范工作者大会举行了隆重的闭幕式。陕甘宁边区副主席李鼎铭致闭幕词，他号召农村劳动英雄在生产中要注意深耕细作，发展家庭手工业，组织家家户户、男女老少，一起动手发展生产。

参加闭幕式的八路军副总司令彭德怀、新四军军长陈毅、一二九师师长刘伯承、晋察冀军区司令员聂荣臻和吴玉章等领导先后发言。彭德怀对大会给予了充分肯定，认为边区劳动英雄运动为全国各抗日根据地起了带头作用。他对劳动英雄与模范工作者们说，你们和全体人民把陕甘宁边区贫穷的山谷建成富庶的边区，创造了许多模范的事迹。八路军和新四军有这样的边区作为落脚点和出发点，所以能够在敌后坚持抗战，愈战愈强，在华北开辟了三十倍于边区人口及在全国开辟了六十倍于边区人口的

① 刘景范：《更加推广劳动英雄和模范工作者运动》，《解放日报》1945 年 1 月 25 日。

抗日根据地。同时由于边区的带头作用，我们在敌后开展了生产和战斗相结合的劳模运动，军民吃得饱，穿得暖，大大提高了我们的战斗力。陈毅即席讲话说，领导和群众结合，是做好工作的重要条件，边区这次群英大会就是最好的范例。华中各抗日根据地就是照着边区的方向努力的，颇有成效。刘伯承说，参加大会就如上了一课，这就是毛主席的新民主主义的典型示范。他谈到晋冀鲁豫边区在遇到大灾荒时说，由于在农村广泛开展了“吴满有运动”，因此渡过了三年的灾荒。他还谈到在大生产运动中取得的成绩，在太行区改良农作法，兴修水利，开了十四条水渠，总长度达一百二十里，粮食收获从年产三百万担增加到年产四百万担。聂荣臻说，陕甘宁边区不仅是抗日的出发点，也是建设新民主主义中国的出发点……以后要按照毛主席的指示，在两年至三年内学会经济工作。

劳动英雄与模范工作者代表吴满有和石明德在会上发言，表示要把会议的精神带回去，更好地组织群众生产，更好地发挥三个作用，永远不脱离群众，把生产搞得更好。

（六）劳模精神与延安精神的凝结

从 1939 年在延安掀起的大生产运动开始，劳动英雄与模范工作者就不断涌现，他们对各行各业有着巨大的影响，起到了很好的带头作用、骨干作用和桥梁作用。

1941 年 3 月，王震率三五九旅全体指战员在“一把锄头一支枪，生产自给保卫党中央”的口号下，开进了荒无人烟的南泥湾。三五九旅全体将士战天斗地，将南泥湾一座座荒山变成了“陕北的好江南”和“米粮川”。

农业战线上的劳动英雄吴满有，从外地逃荒到延安，在一座荒山的半山腰安了家。他没日没夜地开垦荒地，将家对面的两道山梁全部开出来种上了庄稼。他开荒地多，收的粮食多，交的公粮多，还帮助同村的老乡也把地种好。他在开荒种地中表现出的那种不怕苦、不怕累、一心一意多打粮食支援抗战的精神，在延安传开了，他成了农业战线上劳动模范的杰出代表。

工业方面的劳动英雄赵占魁，是农具厂一名翻砂工人。他工作中总是挑最苦、最危险的活干，但从不叫苦、叫累。他技术好，总是手把手把技术教给青年工人，而且从不计较报酬，工友中谁有了困难，他总是伸出援助之手热心帮助。他赢得了全厂工人的尊敬，成为“用新的态度对待新的劳动”的代表人物。

被誉为“边区工业之父”的沈鸿，是一名既懂技术又会管理的工业家。1942 年 12 月，毛泽东在西北高干会上所作的报告中指出：有工业家沈鸿先生自愿以其私有的十部机器迁来边区，为八路军服务，沈先生亦来边区工作。从这时起，又有许多科学技术人员先后来边区工作，使得边区聚集了一批科学技术人才，作为建立工业的指导力量。1944 年 5 月 22 日，毛泽东为沈鸿题写了“无限忠诚”的题词。1945 年 1 月，沈鸿被陕甘宁边区政府授予“特等劳动英雄”称号。

财贸战线上的劳动英雄、延安南区合作社主任刘建章，他处处为普通群众考虑，真心实意为普通群众理财，工作中不断创新的事迹被人传颂。1942 年 12 月，毛泽东在陕甘宁边区高干会上作的《抗日时期的经济问题与财政问题》第五部分“关于发展合作社”中，用了 15 页的篇幅介绍刘建章领导南区合作社的发展方向和宝贵经验。毛泽东指出：南区合作社在几年的锻炼中，成了真正被群众所拥护的合作社的模范……发展南区合作社式的合作运动，就是发展边区人民经济的重要工作之一。[①] 在毛泽东赠给刘建章的一面锦旗上，有毛泽东亲笔写的“合作社的模范”六个大字。

“边区化学工业的奠基人”钱志道、专家型模范厂长陈振夏、“种菜圣

① 中共西北中央局调查研究室编：《介绍南区合作社》，山东新华书店，1945 年。

人”黄立德、企业管理卓有成效的模范厂长袁光华等，他们都是在“自力更生、艰苦奋斗”精神哺育下成长起来的各行各业的杰出代表。这些各行各业的劳动英雄和模范工作者发挥着巨大作用，他们引领着全边区数百万的翻身大众，向荒山要粮、向贫困宣战，在陕甘宁边区继续奏响“自力更生、艰苦奋斗”的华美乐章。

毛泽东及党中央和陕甘宁边区政府因势利导，大力表彰劳动模范（劳动英雄与模范工作者），促使劳模运动广泛而深入地开展起来。1943 年底及 1944 年底，陕甘宁边区政府在延安召开的两次表彰劳动英雄与模范工作者的大会，其规模之大、规格之高、时间之长、影响之深远，都是空前的。从陕甘宁边区劳模运动的情况看，其有着以下几个显著特点：

第一，广泛开展劳模运动。开始时仅在农业、工业等行业开展，而后扩大到部队、机关、学校，进而推广到了文化、科技等全边区的各行各业中，大家都开展生产运动，都评比选举劳动英雄和模范工作者。第二，产生大量劳模。在陕甘宁边区的各地、各单位、各行业不断涌现出劳动英雄和模范工作者，“七十二行，行行出劳模”。第三，由个人英雄走向集体模范。在农村，不断涌现出模范村甚至模范乡；在部队，不断涌现出模范班、模范排甚至模范连队；在工厂机关，不断涌现出模范企业、模范机关；等等。第四，由普通群众中产生的劳模日益增多。经过各级政府对劳动英雄和模范工作者的大力宣传，广大群众的劳动积极性大大增强，他们积极投入大生产运动中，因而从普通群众中涌现出来的劳模日益增多。第五，变过去由政府选拔劳模为群众选举劳模。劳模的产生方式改变了，进一步提高了劳模的质量，确保了劳模的群众基础、表率作用和引领作用。第六，各级领导高度重视。劳模的巨大作用在大生产运动中日益显现，在工作实践中，各级领导都看到了劳模的作用，感到开展劳动英雄和模范工作者运动是推动各项工作的有效组织形式和工作方法，于是更加重视开展运动，使劳动英雄和模范工作者运动进入“领导与群众相结合的全面发展阶段”。

在延安时期[①]的大生产运动中，不断涌现出一批又一批的劳动英雄和模范工作者。他们推动了大生产运动继续深入开展，是一个英雄的群体，引领时代风尚、汇聚时代精神。在他们的带领下，大生产运动产生了延安时期最具特色的“自力更生、艰苦奋斗”的劳模精神。这种劳模精神生动体现了延安精神的深刻内涵，即坚定正确的政治方向，解放思想、实事求是的思想路线，全心全意为人民服务的根本宗旨，自力更生、艰苦奋斗的创业精神。延安时期的劳模精神，是延安精神的重要组成部分。

在延安时期，大生产运动中凝结出的延安精神及劳模精神，是中国共产党人和劳动模范革命风范的生动反映，是中华民族自强不息精神的集中展示，是以爱国主义为核心的民族精神的重要体现。延安精神和劳模精神，为中国人民和中国革命注入了强大的精神动力。

---

① 延安时期是中国共产党的一个特定的历史概念，是史学界对 1935 年 10 月 19 日党中央率领中央红军主力到达陕北吴起镇，至 1948 年 3 月 23 日党中央离开陕北的近 13 年历史的称谓。

CHAPTER THREE 第三章

晋冀鲁豫边区大生产运动与群英大会

大生产运动发端于陕甘宁边区，从1942年起，逐步在晋冀鲁豫、晋绥、晋察冀、华中、山东等各抗日根据地陆续开展。在大生产运动中，英雄模范人物不断涌现。他们受到了党和抗日民主政府的重视，受到广大人民群众的支持，对社会起到了积极影响。因而，各抗日根据地也召开了劳模表彰大会，彰显了中国共产党对英雄模范人物的由衷尊敬。

一、晋冀鲁豫边区的大生产运动

1937年8月25日至9月30日，改编为国民革命军第八路军的中国工农红军的三万多名指战员，包括一二九师全部及一一五师部分，在前敌总指挥朱德、副总指挥彭德怀的率领下，从陕西渭河北岸一带的集结地出发，从韩城东渡黄河，陆续开赴华北抗日前线，参加抗日战争。

1937年10月下旬，八路军前方总部率一二九师全部和一一五师部分，进入太行山区，陆续创建了太行、太岳、冀南、鲁西、冀鲁豫等抗日根据地，随着形势的发展，后统一成立了晋冀鲁豫边区。从地理区域上讲，晋冀鲁豫边区泛指黄河新河道和陇海铁路以北，正太、沧石铁路以南，汾河以东，津浦铁路以西，含山西、河北、山东、河南、江苏五省的广大地区。这一地区的人民在中国共产党和中共中央北方局的领导下，在八路军前方总部的指挥下，不仅在抗日战争中发挥了重要作用，在大生产运动和劳模运动中也有突出表现。

（一）生产渡荒运动拉开了大生产运动的序幕

1939年，因旱灾严重，冀南的故城、景县、阜城等地夏粮颗粒无收，灾区难民达50万人。1940年以后，太行地区连年干旱，多种农作物歉收。1941年，晋冀鲁豫的冠县、聊城、内黄、南乐等县也出现旱灾，秋粮歉收。由于干旱，冬小麦无法种植。1942年旱情继续扩大，秋季又出现蝗灾。而到了1943年，旱灾、蝗灾更为严重，成为当地百年来的第一个大灾之年。

据资料记载，1943年，晋冀鲁豫全区受灾的耕地面积达2400多顷，约占基本区财粮征收面积的52%，受灾人口达80多万人，如包括受轻灾的人口，则达120万人。① 据解放区救济总会晋冀鲁豫分会的统计，抗日战争期间，整个晋冀鲁豫地区因旱灾损毁的田地达5490万亩，减产658800万公斤。②

据当时的媒体记载，蝗蝻刚刚爬出来的时候黑黑的，个儿像麦粒儿一样大，蠕蠕地向一块聚拢……一忽儿由一片聚成几亩大……风一吹动，汹涌起伏，好像深黑色的海浪。仅磁武县一地，蝗蝻侵袭的农田面积就达200平方华里。林北县河顺集一个村，布满蝗蝻的地面则达20平方华里。大片的麦田，密集的蝗蝻一爬进去，只要一袋烟的工夫……麦苗马上就全光秃秃的……蝗蝻像秋天的洪水一样，一块一块地吞没着庄稼。③

当时晋冀鲁豫遭受蝗灾的面积，南起黄河北岸的修武、沁阳、博爱，北至正太线南侧的赞皇、临城，东连平汉线的磁县、武安、邢台，西达太行山巅的平顺、和顺、左权，共波及23个县约3000平方华里，为太行根据地县治辖区的46%。

旱灾、蝗灾等自然灾害，使农村生产元气大伤，人民的生活水平不断下降，严重损害了人民的生产积极性，影响到根据地的社会稳定和巩固发展。对此，中国共产党的中央领导十分重视。1943年7月，中共中央

① 刘萍：《对华北抗日根据地妇女纺织运动的考察》，《抗日战争研究》，1998年第2期。

② 齐武：《晋冀鲁豫边区史》，当代中国出版社，1995年。

③ 齐武：《晋冀鲁豫边区史》，当代中国出版社，1995年。

北方局和边区政府连续发出了救灾工作的指示文件，要求全区军民紧急动员战胜灾荒。

1943年7月31日，中共中央北方局在关于救灾工作给太行分局和各区党委的指示中指出，华北旱灾异常严重，尤以太行分局所辖地区最普遍、最严重。据当地有经验的老者谈，百年来无此苦旱。中共中央北方局的指示信中对根据地救灾办法提出了几条意见：

第一，主要依靠党的支部在群众里面起核心作用，提高群众的积极性，打破群众心中存在的悲观失望情绪，打破依赖政府、军队心理。要说明共产党、八路军、抗日政府，只能替民众想办法出主意，而不可能帮助每个人来生产。大家要活下去，必须依靠自己动手，才能自救。要坚决反对坐以待毙、“听天由命”的宿命论者……必须使我们党政军民的所有干部深刻了解，这样严重的灾情，绝不是几个慈善主义者、英雄主义者所能包办得了的，而是依靠劳动人民自己救自己，我们党政军民干部，只是积极想办法、出主意，与群众商讨，依靠群众自己的力量，才能克服困难，渡过接近胜利的难关。

第二，用一切办法抓紧时机，利用雨后增加生产，主要生产蔬菜、荞麦，采获一切可食的野生植物，晒干储存（据已发现者有二十余种）。为完成这一紧急生产任务，必须动员所有党政军民各级干部深入各个团体部门，把全体民众、军队、学校、政府人员，紧急动员起来——为着生产救灾，为着生存，为着坚持根据地奋斗。所有共产党员，在这严重的困难关头，必须起生产救灾最积极的模范作用。一二九师，决死一、三纵队，在生产上须向总部特务团看齐，他们同样在频繁战斗中，每人今年开了两亩荒地。

第三，政府应以必要的款项，发展各种合作事业，如纺织、棉织、毛织、运输合作事业。在平原地区，应贷款组织人民打井、修渠、开发水利，以及筑堤、防洪。同时在可能条件下，组织运输合作社调剂粮食。

第四，根据地贸易政策，必须从坚持根据地救灾（出发），与对敌斗争密切联系起来，如根据地内一切核桃（自己榨油出口，饼可食）、栗子、红枣、柿子以及猪、羊、鸡均可充作民食、军食……应尽量增加生产，奖励出口，换取外汇购买必需品入境。

第五，军队应尽量节省，战斗部队应逐渐节省到每日食一斤二两小米，机关一斤，以菜蔬、野草、树叶、树皮混食。党政民系统，应按具体情形更大节省，以及彻底清查党政民各系统储粮。地方必须贯彻到村，军队必须贯彻到连队，以杜绝浪费。这一工作必须自上而下地检查，以及自下而上地发动节约反浪费斗争。只有为群众拥护，才能暴露某些打埋伏、企图贪污的干部，才能收到清查粮食的实效。

第六，未受灾之部分地区，亦应高度节省，准备为受灾的友邻地区民众及军队转移之救济之用。

中共中央北方局的指示信清晰地展现了在本次灾荒中，中国共产党坚定地相信群众、依靠群众，实事求是地提出解决问题的政策、措施、办法，并要求党政军民各级干部以身作则，坚决落实行动。

在这场抗灾斗争中，各级党组织和政府工作人员纷纷深入群众中去调查研究，摸清实情，和农民一起商量解决生产和生活中的实际困难，一家一户一地去做工作，动员群众计算家庭的收支状况，研究增收节支的办法，制订“安家计划”，使每个农户的“生产自救落到实处”。

各级政府大力筹措资金，以解决农户生活及生产中的急需。同时，大力组织农民打井、修渠、挖地，突击抢种、改种、补种，锄地保墒，扩大种植面积，尽一切努力不荒一亩地。在受灾严重的太行地区，从 1944 年春天到秋天，政府一直组织群众挖卵、打飞蝗，参加的群众多达百余万人。通过组织这场群众抗旱打蝗运动，不仅减少了当地的农作物损失，还让群众看到了组织起来的力量，大大增强了对生产和生活的信心。

各级政府还大力组织群众发展农副产品和手工业生产。使“生产自救”运动遍及农村各个生产领域，大大促进了纺织手工业和运输业的发展。在1943年至1944年两年中，政府大量调剂粮食，确保人民的生活和生产用粮，各地区利用这一机会，大力组织劳动力搞运输，增加了农民的收入。仅这两年，当地政府就组织了九万多人运来了20万担粮食和1500万斤山货，参加运输的农民得到工资米35000石。

晋冀鲁豫边区大规模的“生产自救”运动，大大鼓舞了群众生产、生活的热情，激发了他们的积极性、创造性和战胜困难的勇气与信心，也增强了人民的团结。1942年至1943年，太行山西部的人民在自己受灾也较严重的情况下，仍省下粮食，把节约的粮食运到东部去救灾。在1944年蝗灾严重时，太行山东部的群众则誓将蝗虫消灭在太行山东边山脚下，不使蝗灾扩大到太行山西边地区。在受灾的区域内，人民群众互帮互助，共同渡灾。

晋冀鲁豫边区人民在中国共产党的领导下，团结一致开展“生产自救”，大大密切了中国共产党和抗日人民政府同广大人民群众的关系。人民群众在生产渡荒的实际斗争中看到了中国共产党和抗日人民政府真心为人民、为穷苦大众谋利益。例如，在豫北地区1943年至1944年受灾很严重时，中国共产党和抗日人民政府积极领导人民开展生产自救，帮助解决生活用粮和生产用粮，同时解决了豫北一带多年土匪多、黑社会猖獗的扰民问题，社会秩序得到了恢复，保障了人民生活的安定，很快赢得了人民群众的信任。这场生产渡荒、生产自救运动，也拉开了晋冀鲁豫边区大生产运动的序幕。

（二）党政军民共同开展大生产运动

晋冀鲁豫边区地处敌后，不像陕甘宁边区处在相对和平的环境中，因此，党中央和毛泽东对敌后根据地确定的第一位任务是战争，即不断粉碎敌人的“扫荡”和“蚕食”。但为了使自己立于不败之地，生产也毫无例外地是根据地的重要任务之一。毛泽东在1943年6月1日给抗战前线的彭德怀的电文中说，抗战还需准备三年，“我党应在此三年中力求巩固，屹立不败”，为此就必须实行各项正确政策。在对人民的政策方面，“除坚持三三制外，应以大力发展手工业，如人民（主要是农民）经济趋于枯竭，我党即无法生存，为此除组织人民生产外，党政军自己的生产极为重要”。

1943年10月1日，中共中央发出了《开展根据地的减租生产和拥政爱民运动》的指示。晋冀鲁豫边区在战胜连年旱灾蝗灾，取得阶段性的胜利后，积极响应党中央的号召，党政军民齐上阵，掀起了大生产运动的高潮。

毛泽东在谈到根据地大生产运动的内容时曾指出，大规模生产运动，包括公私农业、工业、手工业、运输业、畜牧业和商业，而以农业为主体。根据地处在敌后的广大农村，军需民用的基本物资是农产品。晋冀鲁豫边区，尤其是太行根据地，当地连续几年遭受旱灾、蝗灾等自然灾害，大力发展以粮食生产为主的农业，更具有重要意义，1942年至1943年的“生产渡荒”工作，使晋冀鲁豫边区的农业生产和以农产品为原料的手工业、轻纺工业有了一定发展，同时也为开展大生产运动积累了一些经验。

1944年1月，中共太行区党委召开县以上干部会议，认真贯彻毛泽东提出的“自己动手，丰衣足食”的方针，决定把开展大生产运动作为中心工作，并落实毛泽东提出的“组织起来”的号召，发展农业生产，为抗战的胜利奠定物质基础，逐步提高人民群众的生活水平。

在晋冀鲁豫边区组织广大农民开展大生产运动中，对于发展农业和手工业生产，最具关键作用的是组织劳动互助。毛泽东称，组织劳动互助合作社的运动，为发展农业生产的又一次革命……根据地在减租减息，削弱了封建的生产关系，解决了农村生产力的“第一个革命”以后，如果不从个体劳动转到集体劳动的生产关系，即生产方式的改革，则生产力还不能获得进一步的发展。因此，建设在以个体经济为基础（不破坏个体的私有财产基础）的劳动互助组织，即农民的农业生产合作社，就是非常需要的了。只有这样，生产力才可以大大提高。这样的改革，并不改变产品的分配制度，与生产工具的改进也无关，但人与人的关系变化了，这是生产制度上的“第二个革命”。①

在大生产运动中，根据各地实际情况的差异，互助合作社产生不同的组织形式。有的是依据旧有的“换工”“卖晌”等传统方法，有的则从临时性或季节性的结合逐步形成革命的、巩固的结合。当时最高的互助合作形式，就是成立了以自然村为单位的劳动互助合作社。

在各级党组织和抗日民主政府的重视和领导下，各地纷纷组织互助合作社，从1944年起到1945年底，仅太行根据地31个县的统计，互助合作社就发展到23000个，参加互助组的劳力达219000人，占总劳力的20%。组织起来有力量，1944年全区部队和群众共开荒地33万亩，仅此一项，就增加细粮2400万斤。1944年夏粮和秋粮都获得丰收，共收获粮食12300万斤，是抗战以来最好的收成。棉花产量也创抗战以来的最高纪录，仅据24个县的统计，棉花产量达150万斤。与此同时，蔬菜、水果、山货等也获得了好收成。

大生产运动促进了农业的大丰收，农业的大丰收又促进了副业的大发展。农民手中有了粮食，养猪、养羊、养鸡等家庭副业也跟着发展起来了。同时，由于“组织起来”，发展农业生产，也使农业有了剩余劳动力和剩余资本，又促进了加工工业、运输业的大发展。其中，纺织业的发展最为耀眼。在“生产救灾”和大生产运动中发展起来的纺织业，参加的人

① 毛泽东：《论合作社》，冀中新华书店，1943年。

数不断增加，生产出了各种棉布、麻布和品种较多的毛纺品。

开展大生产运动促进了农业、畜牧业、加工业、运输业等的大发展，根据地经济获得了一个空前的发展高潮，广大人民群众的生活也逐步得到了改善。

（三）《滕杨方案》的制定实施及其重要意义

晋冀鲁豫边区的大生产运动的一个重要特点是各级领导机关、领导干部和抗日部队的指战员带头参加生产。1943年7月2日，邓小平在《解放日报》发表的《太行区的经济建设》一文中指出：我们的军队和干部，在灾荒严重的区域，成了生产的主力军，专员、县长、司令员、政治委员都亲率干部、战士去帮助灾民种地，更给了灾民以很大鼓舞。邓小平还形象地描绘到：正因为我们注意了生产的组织与领导，人民许多困难被克服了，“增加生产，改善生活，准备反攻”的口号，响遍了太行山的每个角落，获得了生产战线上年复一年的胜利。我们的军队，除自己生产解决一部分军费之外，每到农忙的时候，漫山遍野都是穿着军服的人，同老百姓在一块劳作。

这就是人民军队在大生产运动中的表率和模范作用。太行区的机关部队参加生产劳动，在1940年到1943年期间取得了很大成绩。为了进一步调动广大指战员在大生产运动中生产和节约的积极性，1944年4月1日，八路军前方总部参谋长滕代远、副参谋长杨立三制定并颁布了《总部伙食单位生产节约方案》（以下简称《滕杨方案》）。

《滕杨方案》指出，在生产节约政策上，毛泽东的指示是公私兼顾的方针。陕甘宁边区已具体地、普遍地实行了，得到了丰衣足食、兵强马壮的成果，公家的困难克服了，私人也有了积蓄，这证明毛泽东所指示的道路的正确性与重要性……我们提倡劳动，奖励劳动，只要是劳动所得，自己就有权享受，你生产越多，你所得的也越多。我们提倡节约，奖励节约，只要是合理的节约，你节约得越多，所得的也越多。我们提倡私人积蓄，只要是劳动所得的代价，你积蓄得越多就越好。

《滕杨方案》在积极生产、奖励节约、提倡私人积蓄等方面都提出了具体意见和奖励办法，并在附注中明确：公家20%提奖，系总部规定，凡今年完成三个月粮食生产者，公家只收缴80%，其余20%作为该单位完成生产任务的奖励。未完成任务者，不给奖。《滕杨方案》在奖励节约中也明确规定节约办公用品、粮、煤、公用物品等，实行“二八分红”（即公八私二）。

《滕杨方案》公布后，1944年4月13日，中共太行区党委、太行军区政治部发布了《响应〈滕杨方案〉，检查生产运动的联合指示》（以下简称《联合指示》）。《联合指示》指出，陕甘宁边区执行毛主席“军民兼顾、公私兼顾，大家动手发展生产”方针的结果是，各机关、部队、学校和老百姓都走上了丰衣足食的道路。滕、杨参谋长最近亲手订出的《滕杨方案》，即是毛主席方针的具体化，是我们生产运动中心的方向……去年全区生产开荒的热潮，厉行“农业第一，大家动手”的方针，给今年大规模生产运动打下了基础。但是直到现在为止，我们还没有能够很好地用各种新的组织形式和新的一套办法，去代替旧的组织形式和办法。实践证明，旧的东西对于发展生产极其软弱无力，新的东西是可以充分发挥每个人的生产积极性，发展整个生产的。《滕杨方案》就是指导我们从旧的道路上跳过来，走向毛主席“公私兼顾”的道路上去。照这个正确的道路走去，群众的真正智慧和创造能力，就必然会在生产巨浪中发挥出来，更多的劳动英雄和模范工作者，也必然会涌现出来，我们的生产也就一定会搞得更好，生活会大大改善，革命家务也会逐步建立起来，走向丰衣足食的道路上去。因此，我们号召全区的机关、部队、学校立刻向这个新的道路上行动起来。

《联合指示》就如何贯彻落实《滕杨方案》提出了具体意见：首先，

要把《滕杨方案》联系李富春《更向前一步》一文，在各级干部、全体人员中深入传达讨论，很好领会“公私兼顾”的精神是生产运动中的一个革命，树立起明确的新的观念来，并将这种教育贯彻到每个生产地点及一切生产人员中去。其次，一定要首长负责，大家动手。最后，根据《滕杨方案》发展生产、奖励节约、提倡积蓄，规定公私分红和奖励办法，是完成与超过生产任务的重要保障。

《联合指示》最后强调，《滕杨方案》给我们全边区做了一个典型的范例，是毛主席思想的具体表现，我们遵循着《滕杨方案》的指示，在生产中一定会创造出各种各样的组织形式和新的一套办法来，把我们的生产运动推向崭新的道路，用我们的行动，推动、影响、发展广大人民的生产运动。

《联合指示》发布后，有关部门又制定出具体意见，将精神落到实处。1943 年 12 月 7 日，中共太行区党委总生产委员会专门制定了《关于奖励个人节约的决定》（以下简称《节约决定》）。

《节约决定》提出，为了提倡克己奉公，具体实现党关于生产节约的号召，从各方面减少人民负担，克服物质方面之重大的困难，特决定奖励个人节约的办法。第一，被服方面节约内容和奖励标准：棉衣确实穿过 3 年者由公家奖给大洋 38 元，毛巾一条奖给本币 2 元，鞋一双奖给本币 8 元，袜一双奖给本币 7 元，单衣一套奖给本币 22 元。第二，如何计算个人节约成绩：棉衣一套作价 270 元，布鞋一双作价 40 元，布袜一双作价 35 元，单衣一套作价 110 元，毛巾一条作价 10 元。《节约决定》还提出了几点要注意的问题：强调个人的节约，生产委员会或供给部门，必须随时严格登记并给予收据（二联单），以防贪污浪费（如某某机关许多同志的被服鞋袜的节约，总务科不严格登记保管，结果节约之物品不知去向，此人应受到处分）。今后个人节约被服鞋袜，必须严格登记管理，并给转下次被服数，该年发之奖金数须和被服报销数相对照（即报一套衣服节约的奖金，则少报一套衣服）。

《滕杨方案》的制定实施，大大推动了部队、机关、学校大生产运动的深入开展，收到了很好的效果。1944 年春天边区政府机关每人每日补助菜金 4 角，而到了夏秋雨季则增到 8 角，到了冬季就增到了 2 元，还增发 2 斤蔬菜，不到一年的时间，机关生活就大大改善了。

《滕杨方案》的实施具有重要意义，有学者指出，由于《滕杨方案》很好地解决了生产与分配的关系，把生产所得和劳动者的个人利益紧紧结合起来，充分照顾了劳动者的个人利益，使劳动者的生产积极性和创造性得到最大限度的发挥，推动了大生产运动的迅速发展。① 更重要的是，《滕杨方案》的提出，使毛泽东讲的“公私兼顾”的思想具体化，尖锐批判了当时根据地经济工作中的教条主义倾向，提倡了实事求是、理论联系实际的科学态度和工作作风，同时也倡导了中国共产党人敢于创新、敢于担当的大无畏精神。

二、“新劳动者运动”与“甄荣典运动”

太行区是朱德、彭德怀根据党中央的决定东渡黄河后，率领八路军和太行地区人民在华北创建的一个重要根据地，也是中共中央北方局、八路军前方总部、一二九师师部和晋冀鲁豫边区政府所在地。在抗日战争的相当长一段时间内，日本侵略者对太行区疯狂“扫荡”，在许多地方制造“无人区”，根据地内发生的战斗较为频繁。1940—1942 年，根据地又遭遇了严重的旱灾、虫灾、水灾。但英雄的太行山军民在党中央、中共中央北方局和边区政府的正确领导下，一次又一次地粉碎了日本侵略者的进攻，取得了抗灾灭蝗的最后胜利，并于 1944 年、1945 年在全区掀起了轰

① 山西省史志研究院编：《根据地经济建设研究》，山西人民出版社，1997 年。

轰烈烈的大生产运动。

（一）太行区开展“新劳动者运动”

太行区过去工业基础十分薄弱，八路军来了以后，为了抗日战争的胜利和军民生活的需要，八路军逐步建立了兵工厂、被服厂、制药厂以及新华日报印刷厂等，地方政府建立了若干的民用品生产企业，武乡、沙河等县还建立了小型的纺织厂。为了调动公营工厂广大职工的生产积极性，早在 1941 年“五一”工人检阅大会上，太行区总工会就提出了“新劳动者运动”的口号。1943 年，延安广泛开展“赵占魁运动”，太行区总工会邀请各公营工厂的领导召开座谈会，就太行区开展“赵占魁运动”进行部署，并再次提出了“新劳动者运动”的口号。各工厂领导认为将开展“赵占魁运动”和开展“新劳动者运动”相结合，是调动职工生产积极性、提高技术、增加生产的好办法，并认为在广泛竞赛中评选出一个土生土长的新劳动者的典型人物，再以他为旗手，必将进一步推动竞赛活动广泛深入开展。事实证明，由于企业的党、政、工一起动手，广大工人参加“赵占魁运动”和“新劳动者运动”的积极性很高，在生产、保卫生产和工人学技术等方面，都发生了很大变化。

太行区的这些变化突出表现在三个方面：一是自觉打破旧的生产标准，广大职工参加竞赛，极力增加生产，提高质量，降低成本，节省原材料。如印刷厂的印刷产量超过生产目标 70%，新华工厂超过生产目标 20%。黄峪缝一所超过生产目标 15%，夏季节省布 2819 方尺；缝二所省布 6354.18 方尺、糊面 15 斤等。二是对埋藏机器设备十分精心，保护了生产设备。抗日战争时期，工人们一面进行生产，一面要保卫生产。开展“新劳动者运动”后，一听到领导的号召，工人们饭都不吃，自己的东西也不顾，便去埋藏机器设备，任务完成后才去清理自己的东西。三是劳动认识与态度大大提高。通过发动学习，大部分工人明白了新劳动者应该拿出新的劳动态度来对待“为民族与阶级解放而进行的劳动”，明白了劳动是为了抗战、是为了整个工人阶级，也是为了工人自己。认识提高了，生产的积极性、责任心和创造性也都显著提高了。在“新劳动者运动”中，材料厂韩卫发明暗泡新做法，超过生产目标 80%，而废品率减少 50%。

在太行区开展的“新劳动者运动”中，涌现出一大批新劳动者，其中，黄崖洞兵工厂的甄荣典就是杰出代表。1945 年 12 月 18 日，中共太行区委书记李雪峰在太行职工总会干部会上讲话指出：为着整个太行区人民，职工同志们要把工业建设搞好。要开展劳模运动，劳模运动主要表现在公营工业上，发展公营工业，注意改善职工生活，同时职工也要照顾公家利润，我们为公共的财富增加而努力……我们职工运动的基本方向是“甄荣典运动”，甄荣典同志本人艰苦耐劳的品质是很好的，要使整个群众都向他学习。

（二）甄荣典和“甄荣典运动”

太行区开展了“新劳动者运动”后，各工业企业特别是公营企业，都结合企业的生产实际，广泛开展生产竞赛。在生产竞赛中，一大批把工厂当战场，努力生产支援抗战的先进模范人物脱颖而出，甄荣典成为晋冀鲁豫边区“新劳动者运动”的旗手，被人们誉为“炮弹大王”。

甄荣典 1916 年 2 月 24 日出生在河北唐县一户贫苦农民家中，16 岁出去当了雇工，19 岁离开家乡，到湖南宜章白石渡修筑粤汉铁路，受尽了资本家和包工头的剥削与压迫。1935 年冬，甄荣典和粤汉铁路修路工人们一起举行了一场声势浩大的罢工，迫使资本家接受了罢工条件，罢工取得了胜利，也使甄荣典感受到工人阶级团结的力量。

甄荣典后来回到河北唐县，担任村青年抗日武装自卫队队长。1940 年 4 月 24 日，甄荣典光荣地参加了中国共产党，经党组织批准和推荐，甄荣典成为抗战时期太行地区最大兵工厂——黄崖洞兵工厂的一名工人。

领导分配他当车工，他愉快地服从了分配。当时兵工厂生产条件很差，没有动力，就把石磨盘安在主轴上做动力轮，八个壮汉轮班摇一部车床。由于工作太艰苦，一些同志干了两三个月就离开了，但甄荣典牢记自己是一名共产党员，共产党员在工作中就要能吃苦，就要把工作干好。凭着这样的信念，甄荣典每天早早就上班，做好上班前的准备工作，上班后虚心向师傅学习，认真学习师傅的各种技术。由于他学习勤奋，能吃苦、肯动脑子，因此很快掌握了生产技术，可以独立操作了。

掌握了生产技术的甄荣典不满足仅仅完成生产任务，他深知多生产一颗炮弹，就能多消灭敌人，就是多为抗日战争胜利作贡献。为了多造炮弹，他的双手磨出了一层厚厚的茧子，厚得连筷子也拿不稳。由于他一心扑在工作上，他的产量大幅上升。工友们一般每天生产 60 颗炮弹（壳），他就向 100 颗进军。后来，他创造了一天生产 480 颗炮弹（壳）的最高纪录。那时，兵工厂工人每人每天有 3 钱食油的定量，可大家谁也舍不得吃，在甄荣典的带领下，全部用来点灯加夜班用了。

当抗日战争即将进入战略反攻阶段时，军区军工部决定成立兵工六分厂，专门生产新的八二迫击炮弹。但是开工 20 天，工厂还没有生产出来一颗八二炮弹，后来，领导决定调甄荣典去这个兵工厂工作，帮助解决生产上的难题。甄荣典上班第一天，就对加工的流程进行研究，技高人胆大，他凭借自己精湛的技术和对八二迫击炮弹壳的琢磨，当天就生产出 45 颗八二迫击炮弹，他的成功大大地鼓舞了兵工厂的工友们。后来，甄荣典把他的加工方法传授给大家，在他的带领下，工友们的产量也很快增加，由刚开始每天生产 20 颗逐步提高到 135 颗。

甄荣典不但是生产上的模范，同时也是护厂的英雄。1942 年 5 月，日本侵略者“大扫荡”，将太行山根据地围得水泄不通，兵工厂根据上级指示，奉命向远处转移，但视生产设备为生命的甄荣典不愿意离开工厂太远，他自愿和几个自卫队员留在敌人“清剿”范围内，护卫着埋藏的生产设备。每当看到敌人要搜到埋藏机器设备的地方时，他们就在周围山上向敌人开枪射击，将敌人吸引过来，用生命保卫工厂的设备。

甄荣典深知“一花独放不是春，万紫千红春满园”的道理，因此，他平时很注意团结周围的同志，有同志向他请教技术上的难题，他总是耐心细致地讲解，还经常和同志们一起研究解决提高产品产量和质量的问题。由于甄荣典工作责任心强、对人诚恳热情，工友们很信任他，他还被选为经济委员，管理大家的伙食，他不辜负大家的重托，一直想办法让大家吃好还省钱。

甄荣典处处发挥共产党员的先锋模范作用，是在“新劳动者运动”中涌现出来的一面旗帜。在太行区召开的首届和第二届群英大会上，他都被评为一等劳动英雄，是晋冀鲁豫边区的“新劳动者旗手”。以他为代表的劳动英雄“用新的态度对待新的劳动”，积极参加义务劳动，全力支援前线斗争，带动群众投身中国共产党领导的人民解放事业，为社会作出了突出贡献，值得人民群众由衷尊敬。

1943 年 9 月，八路军总部军工部总工会召开第四届工人代表大会。会议决定，今后开展工作总的方向是开展“甄荣典运动”，并就开展“甄荣典运动”拟定了具体标准。

1944 年 9 月 25 日，太行职工总会就开展“甄荣典运动”向各厂发出指示，就开展这一运动的意义、内容、组织领导、评比标准、实施步骤等提出具体的要求和安排。[①] 太行区和晋冀鲁豫边区各单位纷纷开展这一运动，互相挑战、应战，掀起了开展“甄荣典运动”的热潮。在甄荣典的带动下，整个边区“新劳动者运动”如火如荼，不仅大大地促进了生产，同时也促进了人民思想觉悟的普遍提高；不仅激发了广大工人的生产积极

① 刘明逵、唐玉良主编：《中国近代工人阶级和工人运动》（第 11 册），中共中央党校出版社，2002 年。

性，同时也大大激发了他们的创造性。

“甄荣典运动”是陕甘宁边区“赵占魁运动”在敌后根据地的具体化和群众化。它在内容上由树立新的劳动态度、自觉增加生产，发展为促进生产与广泛选拔劳动英雄、模范人物并重，它是“新劳动者运动”的发展与深化。

三、太行区三次召开群英大会

大生产运动在晋冀鲁豫边区开展的短短几年时间内，经济建设就取得了很大的成绩，有力保障了军队的物资供应，人民的生活也逐步改善。为了总结抗战以来特别是1941年以来，太行区对敌斗争、战胜灾荒和开展大生产运动的经验，树立典型，表彰先进，进一步推动太行区各级工作的开展，太行区党委决定召开大会表彰各领域涌现出来的英雄人物。

（一）太行区第一届群英大会

1944年9月1日，中共太行区党委发出了《关于召开杀敌英雄、劳动英雄大会的通知》。通知中指出，今年秋收秋耕以后，边区政府和太行军区将召开太行区杀敌英雄、劳动英雄大会，这个大会与太行生产战绩展览会同时举行，这将是一次非常庄严盛大的会议，是真正的英雄聚会，是英雄战绩、生产成果的展览会，它对于我们根据地的建设必将大大推进一步。我们要以极高的热忱迎接这次大会，号召全区党员、全区劳动人民、民兵、营兵、主力兵团及全区合作社，热烈地参加大会的准备，认真地进行选举，并在当前的斗争中，更大地发挥群众的英雄主义，在秋收秋耕运动和保卫秋收运动中、打蝗运动中，涌现出成千的英雄来。经过各村、各连的人民群众、战士群众、机关群众的大会，把各种英雄选举出来，经过全县的英雄集会选举出出席大会的英雄，务必使每一个出类拔萃的英雄被选举出来。各级党的领导机关，必须认真领导这些准备工作和选举工作，把这次大会的意义广泛地在所有支部、所有群众中传播起来，同时以自己的实际工作的努力，开展火热的秋收秋耕运动和胜利的保卫秋收斗争，来迎接这次大会。中共太行区党委在通知中还指出，太行区和其他敌后根据地一样，是在战争的环境中建设起来的，没有胜利的战争，就不能发展生产，不发展生产，就不能支持后期的战争。可是我们太行区比一般根据地更加困难，我们不但要和敌人斗争，和暗害分子斗争，还不得不和严重的旱灾、蝗灾、水灾、虫灾进行艰苦的斗争……全区军民发挥了群众的英雄主义，出现了一大批真正的英雄，在技术上、组织上都创造了很多十分宝贵的经验，总结这些经验，传播这些经验，我们的根据地才会建设得更好，这次大会正要起到这样的作用。经过这次大会，将会创造更多的经验，出现更多的英雄。中共太行区党委在通知中最后指出，众集各个战线上的英雄和模范——把战斗、生产、渡荒、打蝗等各种英雄、生产能手、技术专家、模范家庭、模范经营者、模范工作者选举起来，参加这个空前盛大的群英大会，这对于我们明年更大规模的生产运动、杀敌运动具有极大的意义。

同时，太行区还发布了杀敌英雄和劳动英雄的选举办法，强调要发动基层群众参加选举，选举办法明确规定，地方劳动英雄，首先由各行政村选举出各县的劳动英雄，再由县政府召开县的劳动英雄座谈会，选举出出席太行区杀敌英雄、劳动英雄大会的人选。合作社的劳动英雄由合作社联席会议选举产生。地方上的杀敌英雄同样是由行政村的全体民兵选举出来的，再经县的民兵检阅大会复选，而后经县武装委员会审查，经分区武委会审定，推荐出席全区杀敌英雄、劳动英雄大会的杀敌英雄。

部队机关劳动英雄的选举，要由伙食单位全体成员参加来选举出来，而后由分区召集伙食单位推选出来的劳动英雄进行选举，推荐出席全区劳动英雄的名单。部队杀敌英雄的选举，以营或团为单位进行选举。各地方、各单位接到中共太行区党委关于召开杀敌英雄、劳动英雄大会的通知后，广泛发动群众以实际行动迎接大会的胜利召开。同时认真按照选举杀敌英雄、劳动英雄的办法，发动群众参与选举，把选举英雄变成一个学习宣传英雄的过程，变成进一步发动群众开展大生产运动的过程。

1944 年 11 月 20 日至 12 月 7 日，太行区在山西黎城县南委泉村隆重举行了杀敌英雄、劳动英雄大会（习惯称太行区第一届群英大会），同时举办战绩和生产展览。中共中央北方局代理书记邓小平、八路军前方总部参谋长滕代远、中共太行区党委书记李雪峰、太行军区司令员李达等出席了开幕式。来自太行区各部队的战斗英雄和太行区各县各单位的劳动英雄们共 300 人，受到了群众的热烈欢迎。《新华日报（太行版）》在报道中称："300 英雄列队入场，万人起立，鼓乐震天。当英雄们整齐的队伍走到主席台前，鼓乐声、口号声此起彼伏。'欢迎杀敌英雄，杀敌英雄是民族、国家的功臣'，'欢迎劳动英雄，劳动英雄是新社会的主人'，'欢迎模范工作者，模范工作者是群众的引线'。"

开幕式上，太行军区司令员李达就"开展群众性的杀敌英雄运动"作了讲话，中共太行区党委书记李雪峰就"组织起来继续开展大生产运动"作了总结和讲话，晋冀鲁豫边区副主席戎伍胜对全区 1945 年的生产计划提出了要求。

中共中央北方局代理书记邓小平作了重要讲话。他对太行革命根据地在创建和发展过程中，广大军民在战争与生产方面取得的巨大成就作了历史的回顾，高度赞扬了以劳动英雄为代表的广大军民在大生产运动中的革命热情和他们所表现出的新英雄主义。他全面深刻地阐述了抗日根据地新民主主义经济建设的方针和政策，提出了全区 1945 年的生产目标和希望。他特别强调在共产党领导下，群众运动的伟大作用，以及各条战线上的先进模范人物在运动中的引线作用，称赞劳动英雄们是值得大家尊敬的"创造新社会的匠师"。

邓小平指出，英雄们可贵的地方，就是他们有觉悟，他们懂得，没有共产党就没有他们，没有广大群众的齐心努力就没有他们。所以，他们首先接受共产党和民主政府的正确领导，别人守旧，他们不守旧，毛主席号召组织起来，他们就首先组织起来，成为一切进步事业的推动者，成为群众运动的引线。他们有本领，能以身作则，实干苦干，能克服困难，创造经验，并且不满足，不断求进步，向群众学习，这样他们就自自然然地为大家所佩服。他们懂得自己是群众中的一分子，没有群众就没有他们，所以能够处处照顾自己又照顾别人，真正做到公私兼顾的原则，能够处处为大众着想，了解大众困难，想法解决大众的困难；特别是做事有民主精神，不独断，不强迫命令，遇事同大家商量，不锋芒，不骄傲。这样自然使人心服，大家容易齐心，事情容易办好，社会风气也会随之改变。这次到会的英雄，大都是合乎这些标准的人物，为根据地树立了很大的功绩，不愧为创新新军队、新农村、新工厂、新学校、新社会的匠师，值得大家的尊敬。

邓小平同时表示，过去，有的英雄不是为群众所公认的，所以很多垮了。其原因就是他们的觉悟程度不够，一时有点成绩就骄傲起来，有的不学好干部的作风，专学坏干部的作风，不愿接近群众，不民主，喜欢强制命令，甚至一味自私自利，神气十足，苦干的精神也丧失了，结果，处处脱离群众，英雄的招牌于是乎也垮了。这说明没有真正的觉悟，或觉悟程度不够，当不了英雄，即使当了，也不能持久，也要垮；不是真有本领，以身作则，虚心求进步的人，当不了英雄，当了也要垮；不是为人憨厚，真正民主，公私兼顾的人，当不了英雄，当了也要垮。我们希望到会的英雄，永远是出色的人物，并且在你们的领导下，创造出更多的新英雄，因为抗战和新民主主义社会的事业，要有一大批英雄带头才能建设起来。[①]

---

① 山西省档案馆编：《太行党史资料汇编（第七卷）》，山西人民出版社，2000年。

会议以小组座谈为重点，划分的小组有：部队组、腹心区民兵组、边沿区民兵组、生产互助组、渡荒打蝗组、纺织组、合作组、工厂组、机关部队组等。邓小平、滕代远、张际春、李雪峰、李达、戎伍胜、申伯纯等党政军领导参加大会和小组座谈。经过讨论和大会评选，选出太行区杀敌英雄 31 名、劳动英雄 39 名。①

在大会期间举办的战绩和生产成果展览会中，英雄和广大军民提供了生动有力的学习教材。展览的内容，一是纵向排列展出了太行根据地广大军民怎样和日本侵略者及旱灾、虫灾、水灾等自然灾害抗争，一步步夺取胜利，并准备对敌反攻和建设新社会的蓝图。二是横向用数字、图表、照片等大量事实来对比反映敌占区、国民党统治区、抗日革命根据地三种不同的社会、不同的政策，对人民的生产和生活带来的不同结果。大会期间，劳动英雄、战斗英雄和来自全区的广大人民群众、部队战士、学校师生、机关干部及在一些敌占区的人士，近 10 万人参观了这个展览。

1944 年 12 月 7 日，太行区杀敌英雄、劳动英雄大会举行盛大的闭幕仪式，给各位英雄颁奖。当天，会场主席台中央悬挂着毛泽东、朱德、彭德怀三位领导人的肖像，两侧是太行区杀敌英雄、劳动英雄们的肖像。右面是李仕亮、王凤才、胡胜才、暴文生、徐顺孩等，左面是李马保、郝二蛮（女）、张喜贵、甄荣典、郭景、王典、李来成等。主席台四周挂着“杀敌英雄，英勇杀敌，保护人民”“劳动英雄，努力生产，公私兼顾”等大幅标语。主席台前堆放着枪支、土炮、皮衣、毛皮、日用品等奖品。

边区政府副主席戎伍胜致闭幕词。他说，这次大会共召开了 17 天。可以说已经胜利成功，英雄们交流了很多经验，英雄向群众学习，群众向英雄学习，大家互相学习，得到了很大进步。而后，大会举行了颁奖仪

① 山西省地方志办公室编：《太行革命根据地史》，山西人民出版社，2015 年。

式。大会还通过了《太行区第一届杀敌英雄大会宣言》《太行区第一届劳动英雄大会宣言》。[①]

太行区第一届群英大会（杀敌英雄、劳动英雄大会）是太行革命根据地全面抗战以来军民力量的大检阅。大会后，各地、各部队普遍召开了英雄荣归大会，让英雄宣讲大会精神及兄弟单位、兄弟部队英雄们的经验，群英大会的精神传遍每个部队、村庄、工厂、机关、学校，有力地鼓舞了广大军民的杀敌和生产积极性。

（二）太行区第二届群英大会

在抗日战争中，太行区广大军民经过浴血奋战，终于取得了抗日战争的伟大胜利，进入了一个新的历史时期。为了检阅胜利成果，发扬革命英雄主义精神，总结交流经验，中共太行区党委、太行行署和太行军区于1946年12月2日至21日在长治莲花池召开太行区第二届群英大会。参加这次大会的有来自全区39个县、三个市的英雄代表共427人。

12月2日下午，大会在长治莲花池大操场举行开幕式，长治市、长治县有三万多名群众从城乡赶来大会祝贺。晋冀鲁豫边区政府主席杨秀峰，太行行署主任李一清，太行军区副政委王维纲，中共太行区党委领导李雪峰、赖若愚、冷楚，太行武委会主任杨殿魁等出席大会。太行行署主任李一清致开幕词，他指出，一年来我们的杀敌英雄在前线艰苦作战取得了不少的胜利，劳动英雄努力生产，不少地方做到了耕三余一，翻身英雄打破了封建的压迫，群众翻了身。第一届群英大会后，我们的英雄事业取得了反攻胜利，二届会后我们要以更大的努力，争取更大的胜利。

大会选出边区英雄110名，其中一等英雄包括老区劳动英雄石寸金、李顺达、张老太、李马保、王俊生、许三玉、贾富魁；新解放区的劳动英

① 山西大学晋冀鲁豫边区史研究组：《晋冀鲁豫边区史料选编》（第2辑），1980年。

雄张兰；翻身英雄白贵、梁马斗、张兰英（女）、孟昭义、赵超明、郭宜昌；合作英雄冯偏头、姚增德、李甲魁；纺织英雄赵春花（女）、郝何廷（女）、郭爱妮（女）、郭恒娣（女）；工人劳动英雄甄荣典等29人；边沿区民兵杀敌英雄贾毛猴、刘志强、田四儿；腹地民兵杀敌英雄娄天朝、郝小三、康维德、高雄子。会议期间，各路英雄们在大小会上交流了他们的经验，并表示一定把学到的经验带回去，结合自己单位和村里的实际情况进行落实，让那些好的经验开花结果，更深入广泛开展生产运动，争取更大胜利。

会议期间，中共太行区委书记李雪峰在会上作政治报告，号召全区广大人民群众再努一把力，做好杀敌练武、土地改革、组织生产三件大事，爬过山顶，争取反攻胜利。

中共太行区委组织部长赖若愚在会上作了总结报告，讲了四个问题：一是关于翻身运动（根据太行区25个县的不完全统计，从地主恶霸手中夺回土地207万多亩）；二是关于参战参军杀敌运动；三是关于大生产运动；四是关于英雄、干部和群众。

太行行署主任李一清在群英会闭幕式上宣读了1947年的全区的生产计划，号召全区人民行动起来，提高技术，结合副业，开展大生产运动。

会议期间，民主建国军总司令高树勋到会祝贺并发表了热情洋溢的讲话。他说，这次能与太行区的各种英雄们见面，深感荣幸和高兴。在大会上，他还分析了人民的英雄和"旧英雄"的区别，新状元和旧状元的不同，高度赞扬了杀敌英雄、劳动英雄和模范工作者，说他们是带头人，是做好各项工作的模范。

晋冀鲁豫边区主席杨秀峰在大会上分析了抗战的军事形势，高度赞扬了各路英雄的伟大作用。他说，我是来向各位英雄致敬、慰问和学习的，像毛主席的儿子上劳动大学一样，这次大会对我是重要的一课。昨天听英雄们说：今后再艰苦也不能比八年抗战苦，不算啥。这种精神何等伟大！

又说：没有山沟就没有城市。这种见解何等深刻，这是毛主席农村包围城市的思想……

太行军区司令员秦基伟题词“发扬新英雄主义，争取爱国自卫战争的胜利”，祝贺太行区第二届群英大会的胜利召开。李一清、黄镇、王维纲等领导也纷纷题词，祝贺太行区第二届群英大会的胜利召开。

太行区第二届群英大会是在解放战争处于战略防御阶段召开的。大会在总结经验的基础上，对今后工作提出了三个方面的要求：

第一，继续开展杀敌练武运动，树立榜样，开展向各类杀敌英雄学习的活动。第二，继续努力贯彻执行“五四指示”，搞好土地改革，争取在1947年春耕以前，全区彻底实现“耕者有其田”。第三，要继续开展更大规模的生产运动。在农业生产方面，要普遍实现“耕三余一”。在副业方面，要继续发展纺织、办好合作社。在工业方面，发展机器工业，增加产量，提高质量，节约原材料，降低生产成本。要大力贯彻劳资合作、劳资两利的政策，改善工人生活，改善工厂管理，发挥工人群众的积极性和创造性。在商业方面，要继续为农业服务，为工业服务，薄利多销，东伙团结、东伙两利。

大会通过了《太行区第二届群英大会宣言》。《太行区第二届群英大会宣言》指出，在这次会议上，我们都很清楚地认识到：自1944年第一届群英大会以来，我们开展了杀敌练武运动，开展了大生产运动，开展了查减运动，大大地壮大了力量，为去年大反攻准备了饱满的力量。现在抗战已胜利，但我们仍处于爱国自卫战争的环境里。经验告诉我们：为了夺取自卫战争的胜利，我们就必须继续开展杀敌运动，继续开展大生产运动。《太行区第二届群英大会宣言》称，我们又深刻地体验到：英雄要永远与群众结合，我们要全心全意为群众服务，时时刻刻为群众翻身、生产、保卫胜利想办法。在这次大会上，二十一个模范干部在这方面已为我们树立起很好的榜样，我们一定要学习他们……在这次大会中，有二十一个村级模范干部参加，他们第一个共同特点是赤心为群众。如王寅卯在发言后，大家都一致认为：老王真是时时刻刻为群众。第二个共同特点是相信群众，走群众路线。如彭连在工作时，总是说（同）大家商量商量。他们这种赤心为群众，走群众路线的立场和作风，我们一定好好学习。《太行区第二届群英大会宣言》最后称，全区父老兄弟姐妹们，我们会开完了，方向更明确了，经验交流了，剩下的就是我们全区五百万人民一致努力的问题了。我们相信：只要我们全区五百万同胞一致努力，再加上毛主席和共产党正确的领导，我们一定会胜利。我们今后誓愿在各种运动中，尽我们所有的力量，发挥带头作用，绝不稍息。这是我们四百三十人的共同志愿，特此宣言。①

《太行区第二届群英大会宣言》向世人宣告的是劳动英雄们的心声、决心和他们追求的理想、目标。他们在宣言中一再强调关心群众、相信群众、依靠群众的观点，正是毛泽东在延安整风运动中强调群众路线②的生动体现。

（三）太行区第一届文教群英会

太行区抗日民主政府为了检阅全面抗战以来全区文教卫生工作的成绩，总结经验，更好地为战争和生产服务，为人民大众服务，制定今后的文教卫生发展方针和计划，于1945年4月5日至23日召开了太行区模范

① 王玉圣：《太行群英〈太行区第二届群英大会实录〉》，人民日报出版社，2001年。

② 群众路线是中国共产党的革命事业取得成功的保证，是党的生命线。群众路线的基本精神是一切为了群众，一切依靠群众，从群众中来，到群众中去。1943年6月1日，在毛泽东起草的《关于领导方法的决定》中，第一次把群众路线作为党的“领导方法”正式提出。中国共产党第七次代表大会则把群众路线作为党的“根本的政治路线”和“根本的组织路线”写进了党章。由整风运动而确立起来的群众路线作风，改进和加强了党和政府的领导，进一步密切了党和政府同根据地人民的血肉关系。以群众路线作风和精神为核心的“新劳动者运动”，是群众性大生产运动的产物，转而又成为推动和提高大生产运动的巨大力量。

文教工作者会议（又称太行区第一届文教群英会），同时举办了太行区文教展览，出席会议的有178名模范文教工作者。晋冀鲁豫边区副主席戎伍胜、太行军区司令员李达到会祝贺，中共太行区委书记李雪峰、区党委宣传部长张盘石出席并讲话，李一清致开幕词。

李一清在致辞中首先回顾了全区文教事业几年来取得的成绩，而后对召开文教群英会的意义和目的作了阐述，特别提出全区要认真总结贯彻新文艺方针以来的经验，从思想上明确新方向、新方针，确定本区今后在文教工作上的新方针和计划，最后将文教战线上的模范工作者推荐出来，开展文教战线上的新英雄主义运动。

太行区召开的第一届文教群英会，全面总结了全区全面抗战八年来的经验，检阅了成绩，明确了今后努力的方向和工作计划。会议强调，文教工作要结合实际运动，要服务战争和生产。冬学要坚持走群众路线，报纸要大力发展通信工作，卫生战线要贯彻“救命第一”的方针，保证人财两旺。大会要求全区文教工作者要加强基本修养，了解战争和群众，培养、树立革命观念和群众观念，勇敢、大胆地反对旧思想，争当文教战线上的先锋。

会上，文化、教育、卫生、新闻出版各条战线上的模范人物介绍了他们的经验。经过大会推选评比，共选出各种模范58人。其中，选出韩松林、刘尚庆、赵健、董立法、侯荫芳、郝迺武、茹树人、袁靳、李树德、任登瀛、王常欢等17人为一等模范小学教员；关振华、赵景云、杨连城、张存焕、张桂林、陈金中、宗议亭、石展八人为一等模范义务教员；赵振中、李磊秀、李成唐、王聪文四人为一等模范戏剧工作者；陈永寿、陈玉川、郝子宏、牛玉庆四人为一等模范医务工作者。[①]

在4月20日举行的大会上，太行军区司令员李达发表讲话，他要求

① 山西省地方志办公室编：《太行革命根据地史》，山西人民出版社，2015年。

全区的模范文教工作者配合目前的战争形势，加强人民抗战意识和反攻教育，要大力宣传对敌斗争中的模范事迹、杀敌英雄，多方激励人民群众，在战争中把群众动员起来，夺取抗日战争的最后胜利。

四、太岳区隆重举行第一届群英大会

抗日战争时期，太岳区是晋冀鲁豫边区的重要组成部分，八路军一二九师第三八六旅、山西青年抗战决死队第一总队和中共太岳地方组织及太岳地区的广大人民群众共同创造了这块敌后根据地。抗战期间，太岳区经受了日本侵略者的反复扫荡，并多次遭受严重的自然灾害侵袭，太岳区军民克服了难以想象的困难，取得了一个又一个胜利。在 1944 年、1945 年开展的大生产运动中，太岳区取得了巨大成果。

为了检阅成绩，总结交流经验，表彰英雄模范人物，进一步加强对敌斗争，发展生产，太岳区决定举办全区战斗英雄、劳动英雄和模范工作者代表会议（第一届群英大会）及战斗生产展览会。《新华日报（太岳版）》在发布太岳军区和太岳行署决定召开群英大会消息的同时，还发布了选举英雄的条件、办法和奖励标准。

太岳军区和太岳行署还公布了战斗英雄、劳动英雄和模范工作者的选举条件。例如，太岳区劳动英雄需为满足下列条件之一或一种以上成绩卓著者。（1）积极从事生产事业（包括农、工、纺织、合作、运输、救灾、捕蝗、造林、畜牧等各种生产事业），成绩卓著有新的创造者。（2）在生产事业中能推动帮助别人，并善于组织群众卓有成绩者。（3）遵守政府法令，拥护政府、军队，得到人民群众热爱足称模范者。

模范工作者需为满足下列条件之一或一种以上成绩卓著者（不论干部、战士、交通员、炊事员、饲养员及后勤工作人员、群众等）。（1）参加或领导任何一项工作，在工作中有新的创造或成绩卓著者。（2）团结群众，团结干部，得到周围群众和干部的拥护与爱戴者。(3) 执行政策法令，并能纠正别人违反政策法令的行为而有重大效果者。(4) 善于组织工作，并能在具体的困难问题上灵活地找出适合群众要求的办法，而有显著成绩者。

该选举条件强调，选举及被选举人无阶级、党派、职业、宗教信仰、性别、文化程度、民族、国籍的限制，各地根据以上标准及该区的具体情况，可以提出各种更具体的标准与条件，各级各单位还可根据各种英雄功绩比较分为一、二、三等。

太岳军区和太岳行署还要求，所有参加大会的战斗英雄、劳动英雄和模范工作者，都要经召开全体人员会议进行选举，同时一定要严格遵守战斗英雄、劳动英雄及模范工作者的标准。各阶层、各抗日民主党派人士都有选举与被选举的权利。

太岳军区和太岳行署公布的劳动英雄、模范工作者的选举条件中，分别提到“成绩卓著有新的创造者”和“在工作中有新的创造或成绩卓著者”。由此可见，劳动英雄和模范工作者的创新对于开展工作具有十分重要的意义。

太岳军区和太岳行署关于举办第一届群英大会的决定发布后，各部队及各地区、县、村的广大军民积极参与，认真选出战斗英雄、劳动英雄和模范工作者。同时，战斗生产展览会也准备就绪。

1945 年 1 月 1 日，太岳区第一届群英大会在士敏县郑庄隆重开幕，共有军民一万多人参加了大会。大会开始后，太岳行署主任牛佩琮致辞。他说，我们庆祝 1945 年的到来，同时欢迎全区战斗英雄、劳动英雄、模范工作者。在 1944 年，我们取得极大的胜利和成绩，为什么我们能够取得这样大的胜利和成绩呢？因为我们执行了毛主席的十大政策。我们给敌人不断的打击，战争节节胜利，又组织起来进行生产，使太岳根据地空前地扩大与巩固。今天到会的诸位战斗英雄、劳动模范、模范工作者就是这些胜利和成绩的旗帜，也是建设抗日根据地的骨干，我代表全区 200 万人民欢迎你们，并期望我们取得更大胜利！

接着，中共太岳区委代理书记聂真在会上讲话。首先，他高度赞扬了战斗英雄、劳动英雄和模范工作者为边区作出的巨大贡献。其次，他指出，1944 年胜利地粉碎了敌人的“扫荡”，收复了许多国土，解放了许多同胞，并进行了大规模的生产运动，开荒 28 万亩，增产粮食 140 多万石，军民生活得到改善，根据地军民都有吃有穿。最后，他祝大会取得圆满成功。战斗英雄代表郑三公、劳动英雄石振明也先后发言，报告了他们的英雄事迹，受到了热烈欢迎。

太岳区第一届群英大会期间，中共太岳区委代理书记聂真、太岳行署主任牛佩琮、太岳军区副政委王新亭等分别到大会作报告，讲形势、讲生产成绩、报告战绩，提出新一年的奋斗目标和新的任务。各路群英们分不同职业开专门的经验交流会，太岳行署和太岳军区的有关领导到各分组会场倾听英雄们的经验、建议和呼声，并和大家一起交流。文艺工作者也到各小组采访学习，认真听取各位英雄的事迹介绍，并计划根据英雄们的事迹创作文艺作品和剧本。大会同时举行了战斗生产展览会，设有农产品展览室、工业品展览室、植棉纺织展览室、水利救灾展览室、医药展览室等，专场组织各路英雄们去参观。

1945 年 1 月 19 日上午，太岳行署和太岳军区为当选的众英雄举行了隆重的颁奖仪式，受到表彰的战斗英雄有 32 人，劳动英雄有 52 人，模范工作者有 13 人。其中，工厂劳动英雄为车三子、王才义、郭高太、宋子斌四人。

在颁奖会上，八路军前方总部参谋长滕代远发表了讲话，对抗日战争形势作了明晰的分析。他说，1944 年是我们在敌后战场取得伟大胜利的一年，八路军、新四军在这一年，大小战争 2 万多次，消灭敌伪军 30 多万人，拔掉敌人 5000 多个据点，解放国土 8 万多平方公里，救出 1200 多万同胞。这些成绩的取得，是与我们敌后广大军民的努力分不开的。他高度赞扬了太岳区的战斗英雄、劳动英雄和模范工作者，并提出希望，勉励大家继续努力，涌现出更多的英雄。

在太岳行署和太岳军区召开全区群英大会前后，太岳行署所属的第一专署、第二专署、第四专署也分别召开了群英会，表彰各行各业的英雄。1944 年 2 月 25 日，太岳行署第四专署在阳城召开了有 2000 多人参加的劳动英雄表彰大会。1944 年 12 月 10 日至 20 日，太岳行署第一专署、第二专署、第四专署分别召开群英会，表彰奖励各行各业的英雄模范人物，总结交流经验，推动大生产运动的深入开展。1945 年 5 月 28 日至 30 日，太岳行署第四专署专门召集阳城、沁水、翼城各县的劳动英雄、互助组代表人物举行座谈，交流防旱防灾的办法。

需要指出的是，太岳行署所属专署召开的表彰各路群英的会议，规模、声势虽然没有行署举办的表彰会议大，但是将生产实践中涌现出来的各路优秀人才们聚在一起，请大家为专署的经济建设、生产发展出谋献策，研究解决生产中出现的问题，对推动生产和推进各项工作具有重要作用。

CHAPTER FOUR **第四章**

晋绥边区大生产运动和劳模表彰

晋绥边区是抗日战争时期由中国共产党领导的八路军、山西新军等抗日部队，依靠工人阶级和汉、蒙、回等各民族广大人民群众的大力支持，在华北敌后建立的主要抗日根据地之一。晋绥边区位于山西省同蒲铁路以西和原绥远省（现属内蒙古自治区）中东部，西临黄河，与陕甘宁边区隔河相望，是保卫中共中央所在地延安的前沿阵地，东至同蒲铁路，与晋察冀边区和晋冀鲁豫边区相接，南达晋南三角地带的风陵渡，北抵百灵庙、乌兰花一带。在抗日战争时期，它是中共中央从延安通往华北、华中、华东各敌后根据地和北平、天津等大城市的交通要道，又是延安与苏联莫斯科联系的国际交通线必经之地，有着相当重要的战略地位。

“七七事变”后，根据中共中央和中央军委的指示，1937 年 9 月，八路军一二〇师在师长贺龙、政委关向应的带领下，到达山西岢岚一带，创建晋西北抗日根据地。1937 年 11 月，八路军一一五师主力奉命开到洪洞、临汾一带，逐步创建了晋西南抗日根据地。1938 年 8 月，一二〇师派出三五八旅政委李井泉任司令员兼政委的大青山支队挺进大青山，在中共绥远省委的领导下，逐步开辟了以大青山为依托的绥西、绥南、绥中三块游击根据地，并逐步同晋西北、晋西南根据地连成一片，构成了晋绥抗日根据地。

一、晋绥边区的大生产运动

抗战初期的晋绥边区，由于历史的原因，经济落后，工业几无。日本侵略者对晋绥边区一方面进行军事进攻，另一方面实行经济封锁，企图在经济上困死抗日军民。因此，要巩固抗日根据地，支持抗日战争，不仅要粉碎日军的侵略，还需加强军事建设，保证抗日军队的物资供应，同时尽可能满足人民群众生活必需品的供给。因此，当时根据地的形势和任务要求必须自力更生，艰苦奋斗，广泛地发展生产，特别是建立根据地自己的军事工业和民用工业。

1938 年 11 月 6 日，中共中央在六届六中全会政治决议案中指出了中华民族的当前紧急任务，其中一项就是“提高军事技术，建立必要的军火工厂，准备反攻实力”。为贯彻党的六届六中全会精神，贺龙亲自抓经济建设，抓军事工业。他明确提出，我们要在这里扎根，要建设人民政权，要发展军工生产，要支援抗日战争。他还和工会主任一起研究如何发动工人多生产地雷、手榴弹等武器，支援部队多杀日本鬼子等关于发展军事工业的问题。此后，晋绥边区进入了一个经济建设，尤其是军事工业和民用工业较快发展的时期，陆续建设起一批军工、机械、炼铁、纺织、化学、火柴、制烟、制药、制鞋、农具、被服、油墨、印刷等公营工厂。各公营工厂除积极研究种地、纺纱、织布外，在企业里，广大职工还开展了以提高生产为主要内容的大生产运动、生产竞赛和“张秋凤运动”。

（一）大生产运动在晋绥边区蓬勃开展

抗日战争时期，日本侵略者始终把摧毁晋绥边区作为在华北地区的作战重点之一。尤其是在 1941 年后，日本侵略者在华北多地施行“三光政策”“蚕食政策”和“治安强化”等，使晋绥边区军民的生存都存在很大困难。但是，在中国共产党的领导下，晋绥边区的军民不畏日本侵略者疯狂的“三光政策”，一方面坚决打击日本侵略者的嚣张气焰，对来犯敌人坚决歼灭；另一方面在战事间歇中，仍积极开展大生产运动，推动工农业生产的发展，生产出根据地军民基本的生活必需品，保障战争的物资供应，并逐步改善人民的生活。

在大生产运动中，晋绥军民积极响应中共中央发出的“自己动手，丰衣足食”的伟大号召，广大军民走出工厂、军营、机关、学校，在吕梁山、白龙山、交城山、黑茶山下，黄河岸边，向荒山要粮，在滩头种树种菜，一场群众性大生产运动在晋绥大地上蓬勃开展起来。军区司令员贺龙、行政公署副主任武新宇、临时参议会副议长刘少白等以身作则，带领机关干部到黑茶山，开荒种地。

据吕正操回忆：

边区生产发展的显著标志是耕地面积的增加，开垦了广阔的荒地。一九四〇年行政公署续范亭主任号召："我们要把山头都变成馒头！"政府《开荒条例》规定："开垦生荒三年内免征公粮，五年内免交地租；开熟荒免征公粮一年，免交地租三年；开河滩地免征公粮五年，五年至二十年免交地租。"因此，全区由一九四〇年到一九四五年六月间，军民共开荒一百九十五万六千六百八十五亩。就耕地面积来说，等于创造了一个兴县或三个保德县。仅兴县的耕地面积，就增加了五十万亩。开荒而外，农民还以兴修水利、精耕细作等方式，力求增产粮食。

边区部队、机关的生产，也取得了很大的成绩。子弟兵不但用自己的鲜血与生命和敌伪军搏斗，来保卫人民的生产，而且也热烈地响应毛泽东同志的号召，直接投入大生产运动，以减轻人民的负担。部队、机关生产，在新政权一创立就已开始，到一九四三年发展成为大生产运动，特别在一九四四年、一九四五年这两年，获得空前巨大的成绩。在生产中，上至军区司令员、政委，下至战士、炊事员以及一部分轻病号伤员，都积极参加劳动，向荒山棘林进军，常弄得满手血泡。有些劳动好的战士，用镢头一天开到六亩二分地，但在边区一天能翻六亩地的牛也是不多的，所以人们送给这些劳动英雄一个绰号："气死牛"。在军区荣誉队，有一个双足已锯断的残疾战士，还参加开荒。有双目失明的残疾战士学会了纺织。已锯了一只手的残疾人，就两个人合作起来纺织。因为他们是劳动人民的儿子，他们和人民血肉相关，生产极端热忱。[①]

在农业生产方面，由于开荒，根据地耕地面积不断扩大。通过兴修水利设施，大力提倡畜牧业养殖，兴办人民生活需要的各种小作坊，从而奠定了晋绥边区完全自给自足的基础，为晋绥边区的建设增添了活力。据有关资料显示，在广大军民的共同努力下，从1940年到1945年6月，晋绥边区开垦荒地达195.6万多亩，其中仅1944年开垦的荒地就达75万多亩，增产细粮16万石。畜牧业发展势头非常好，仅兴县、临县、河曲、保德四县的统计，1943年比1940年增加了50%以上。[②]大生产运动的开展，使晋绥边区的经济状况有了明显改善，军队的物资供应有了保障，人民的生活也逐步得到改善，打破了日伪军对晋绥边区的经济封锁。

（二）晋绥边区总工会组织大生产运动

在加强对企业大生产运动的领导中，晋西北总工会[③]发挥了重要作用。晋西北总工会一方面组织领导，发动广大职工积极参加大生产运动；另一方面还积极参与制定奖励生产、奖励技术创新、奖励技术发明的政策和办法。

在组织发动企业职工积极参加大生产运动上，晋西北总工会1941年

① 吕正操：《吕正操回忆录》（第3版），解放军出版社，2007年。

② 孟宪毅：《晋绥革命根据地工人运动史》，中国工人出版社，1992年。

③ 晋西北总工会亦称晋西总工会，是抗战时期中国共产党创建的根据地总工会之一。1940年3月11日，晋西北根据地在山西兴县召开了代表大会，通过了拥护山西省总工会、发动工人参加抗战、努力生产、改善工人生活等重要决议案。会议决定成立晋西北总工会，并选举了王永和为总工会主任。下属六个中心区工会，20个县工会，22个煤矿和磁业工会，五个产业工会，共有会员16800人。抗战后期，晋西北总工会改称晋绥边区总工会。1943年王永和调离，从1944年起，由吴子瑜任主任。后并入解放区职工联合会筹备会。引自张静如，梁志祥主编：《中国共产党通志》（第3卷），中央文献出版社，2001年，第318页。

3月和10月分别召开了各中心区、直属县、公营工厂工会主任参加的联席会议，1942年2月7日召开了“二七”纪念会，1942年9月召开了大生产运动大会，进行层层发动，动员广大职工发扬“二七”革命精神，积极投入大生产运动，加紧生产，为抗日战争的胜利作出贡献。在工会组织和各方的努力下，边区还制定颁布了奖励生产和创新、发明的一系列办法。

《晋西北奖励生产技术暂行办法》规定，有下列成就之一者，可按此办法进行奖励。

（1）对各种生产工具有所发明改进或仿造者。（2）对各种外货代用后有所仿造或发明者。（3）对各种矿石有所发现或研究化验成功者。（4）凡热心传导推广现有技术而堪称模范者。（5）对各种技术有所建议因而实验成功者。①

《晋西北优待专门技术干部办法》规定，凡属下列各项专门技术人员，在本区内担任工作者，均依本办法优待之：

（1）关于农林、畜牧、水利及农村副业等之专门技术干部。（2）关于纺织、造纸、制药、冶金、采矿、电气、化学制造及其他各种工业部门之专门技术干部。（3）会计师、医生、电务员及对工厂管理有专门研究与经验者。②

各种有力措施的实施，大大激发了晋绥边区公营企业职工的生产积

① 中共吕梁地委党史资料征集办公室：《晋绥革命根据地资料选编》（第5集），1984年。

② 中共吕梁地委党史资料征集办公室：《晋绥革命根据地资料选编》（第5集），1984年。

极性，不断推动大生产运动的开展。

对公营企业开展的大生产运动，当时晋绥边区出版发行的《抗战日报》曾有很多报道。如1943年5月1日《抗战日报》上登载了晋绥边区总工会河西办事处主任郎觉民撰写的公营工厂开展大生产运动的报道，报道中说：工人的政治觉悟是很高的，他们知道劳动是为了什么，他们在“后方生产也是抗战”的口号下，不懈怠地工作着，尽力供给前方的需要，开展了生产竞赛的热潮……工厂与工厂的挑战，个人与个人的竞赛，抢做义务工，在各工厂成了极为普遍的事实。吕梁印刷厂工人支三虎、牛三孩为迎接“五一”国际劳动节，竟日夜连班，要求加义务工八小时。冷玉成提出挑战条件，第一个就是增加产量50%到60%。二分区被服厂，行政上预定三天完成的任务，经过工会的动员，在“拥军送棉衣上前线，少使战士受冷寒”的口号下，两天就完成了。缝纫工人康必芳竟于九小时内缝了100件军衣，这一惊人成绩开创了被服厂生产的新纪元。[①]

生产设备简陋、效率低下、生产环境恶劣、原材料奇缺，这是当时晋绥边区各军工厂的普遍情况。但军工厂的广大职工为了抗战的胜利，把工厂当战场，克服了难以想象的困难，生产出了前方将士急需的各种武器、弹药等。如军区后勤部化学厂原来主要生产肥皂和皮革制品，后来根据战场需要，改为生产前方急需的手榴弹、地雷、炮弹用的各种炸药。生产炸药的主要化工原料是盐酸、硫酸、硝酸。按照企业的实际情况，当时根本不具备生产“三酸”的条件，但是为了抗日战争的需要，职工们就积极创造条件生产，作出了巨大的牺牲，生产上得到了较大发展。广大职工艰苦奋斗、艰苦创业，迸发出十分巨大的能量。

同时，在大生产运动中，广大职工的创造精神、聪明才智也被充分发挥出来。他们“向技术革新和技术改造要效率、要质量”。军区修械厂

① 孟宪毅：《晋绥革命根据地工人运动史》，中国工人出版社，1992年。

工人陈吉太、张学礼看到厂里炮弹上爆发管的产量太低，于是两人在一起多次研究和试验，失败了找原因，终于研制出了一部切爆发管的机器，大大提高了工作效率，而且质量也显著提高。由工人成长起来的技术人员温承鼎、吴奎龙，经过长时间的研究和试验，将原来企业仿制的50掷弹筒作了改进，生产的产品优于日式的同类产品，在战场上杀伤力大，发挥了极大威力，很受战士们的欢迎。

在民用生产中，晋绥边区的许多生产设备、产品也在技术革新和技术改造中更新换代。工具厂成功试验了木密床、铁轮织布机、手摇纺织机、铁轧花机、木轧花机等，造纸厂生产的印报纸、钞票纸、卡片纸、牛皮纸等质量提高了，品种增多了。

晋绥边区工人的发明创造，为支援抗战，保障部队的物资供应和人民生产、生活所需，作出了巨大的贡献。

在党中央“自力更生，艰苦奋斗”“自己动手，丰衣足食”方针的指引下，在中共中央晋绥分局和晋绥边区政府的直接领导下，晋绥边区广大人民群众积极参加大生产运动，取得了丰硕的成果。在工业方面，大生产运动和企业开展的生产竞赛同样硕果累累，不仅解决了吃穿问题，而且由于军事工业的发展，生产出了大量的武器、弹药等，及时保证了八路军、山西新军和民兵的需要，有力地支援了抗日战争。在这个过程中，晋绥边区还逐步建立了自己的工业生产体系。

二、张秋凤与“张秋凤运动”

赵占魁是陕甘宁边区大生产运动中工人的一面旗帜，张秋凤则是晋绥边区大生产运动中涌现出来的工人劳动英雄中的一位杰出代表，是工人中的又一面旗帜。

张秋凤，1913年出生在河北省元氏县一个贫苦农民的家里，三岁时母亲病故，19 岁时父亲和哥哥也去世了。家中没有了亲人，他只身一人到太原的一家兵工厂当了工人。1937 年全面抗日战争爆发后，他参加了山西工人武装自卫总队，并光荣地加入了中国共产党。在工人武装自卫总队，他参加了大大小小 40 多次战斗。

1938 年冬，根据工作需要，组织上安排他到部队的修械所当翻砂工。这个工作苦、累、脏，而且技术要求高，工作难度大，但他服从了组织上的安排，一心扑在工作上。一般熟练掌握翻砂工艺需要七八年的时间，但他只用了四年时间，而且工作中屡屡创造出新成绩。张秋凤的英雄事迹突出表现在：第一，他认识到了工作的意义，过去在太原工厂干活是受剥削、受压迫，现在干活是为抗战，为了工人自己。第二，他在工作中能吃苦耐劳，每天都是早上班、晚下班。有一次，他的脚被铁水烫伤了，大伙都劝他休息几天，但他一天也没有休息，忍着疼痛工作。第三，他干活喜欢动脑子，不断解决生产技术上的问题，不仅大大增加了产量，还节省了原料，提高了产品的质量。他翻造一种武器时，增加产量一倍，并将所需原材料减少到 3/8。他改进了手榴弹的钉眼方法，使生产效率提高 25%。当时一般的翻砂工每天只能翻砂 10 箱，而张秋凤每天则可翻 50 多箱，并且生产出来的手榴弹壳厚薄均匀，爆炸时弹片多而碎，杀伤力大，每个手榴弹还节省了一半的铁水。第四，工作中，他很爱护工具，同样的工具，他比别的同志多使用 1/6 的时间。第五，他热心培养徒弟，把自己的技术毫无保留地教给他们，他带的三个徒弟，在他耐心细致地培养下，进步都很快，其中有个徒弟学习了一年多时间，就基本上掌握了翻砂工艺，成了一个半熟练的翻砂工。第六，他不仅重视技术学习和创新，而且对文化学习也一点不放松。在到修械所前，他是一个文盲，但到修械所几年后，他不仅能读书看报，而且数学比一般工人都学得好，文化知识的进步又进一步促进了他的技术创新。在大生产运动中，他多次被评为晋绥边区的特等劳动英雄，大会评议会给他的颁奖词是“埋头苦干，吃苦耐劳，积极负责，热心公益”。《抗战日报》称张秋凤是“晋西北工人阶级抗日生产的光荣旗帜”，并两次发表向张秋凤学习的社论。

随着形势的发展，陕甘宁边区在广大职工中开展的“赵占魁运动”日益深入人心，榜样的力量影响很大。晋绥边区的领导认为“晋西北也必须要有这样一个模范旗帜”[①]。为此，1943 年 4 月 30 日，晋西北行政公署、晋绥军区后勤部、晋绥边区总工会为庆祝“五一”国际劳动节，发展生产，支援抗战，决定开展“张秋凤运动”。中共中央晋绥分局代理书记林枫提出了“我们需要许多张秋凤”的号召。5 月 1 日，晋西北行政公署和晋绥边区总工会联合召开了有 30 多个单位、600 多人参加的劳动英雄庆祝大会，进一步号召全区广大职工向张秋凤学习。于是，一个群众性的学习张秋凤的运动，在晋绥边区广大职工中蓬勃开展起来。

“张秋凤运动”极大地激发了广大劳动者的劳动积极性。军工企业过去生产某种武器的零件，要用 120 小时，在“张秋凤运动”中，他们学习张秋凤肯动脑子、敢于创新的精神，不断进行技术革新，生产效率大大提高了，仅用 39 个小时就生产出来了，制造模型也比过去节约了一半的人工。工人高三马研究出一种新的熟皮子的方法，既提高了功效，还大大节省了原材料。过去熟一张皮子需要三斤小米、三斤盐、一斤碱、九斤硝、十个鸡蛋、四两烧酒。经过他改变生产工艺后，熟一张皮子仅用一斤二两硝、一斤麻油即可。

张秋凤所在的工厂更是以张秋凤为榜样，努力搞好生产。全厂广大职工群策群力，开展劳动竞赛，先后发明了 50 多种生产工具。张秋凤所在的班，仅 1945 年就增产雷弹三万颗。

“张秋凤运动”不仅大大推动了晋绥边区的工业发展，产品产量提高，

---

① 刘明逵，唐玉良主编：《中国近代工人阶级和工人运动》（第 11 册），中共中央党校出版社，2002 年。

新技术、新工艺、新产品发明，原材料节省，而且还涌现出了许多张秋凤式的劳动英雄模范人物。在晋绥边区举行的第三届、第四届劳动英雄表彰大会上，一批工业方面的劳动英雄受到表彰。

“张秋凤运动”是晋绥边区工人运动史上的一件大事，历时六年之久，直到全国解放。在抗日战争时期和解放战争时期，广大劳动者学习张秋凤的积极性很高，不断创造出新的生产成绩，为支援抗日战争和解放战争作出了积极贡献。

三、四次劳动英雄表彰大会

为了总结经验、表彰先进、树立榜样，进一步推动大生产运动的深入开展，晋绥边区在大生产运动中，从1942年1月至1944年12月，先后召开了四次劳动英雄表彰大会，表彰在大生产运动中涌现出来的英雄模范。从召开劳动英雄表彰大会的数量来看，这在各抗日根据地中十分突出，对激励晋绥边区300万人民群众的生产和抗日热情，巩固和发展边区抗日根据地起到了重要的推动作用。

（一）首届劳动英雄检阅及生产建设大会

抗日战争时期的1941年，为了表彰先进，检阅成绩，晋西北行政公署决定召开首届劳动英雄检阅及生产建设大会，并同期召开建设成果展览会。为了开好表彰大会，他们制定了劳动英雄的产生和奖励办法，同时要求各区县先召开劳动英雄表彰大会，再在这个基础上推荐出席晋西北首届劳动英雄检阅及生产建设大会的代表名单。

1941年7月，晋西北行政公署和抗联共同制定了劳动英雄的产生及奖励办法，并在1941年7月31日的《抗战日报》进行了公布。

晋西北劳动英雄产生办法如下：

（1）每个行政村的模范劳动英雄先经各自然村村民大会选出各村的劳动英雄，再由行政村全体劳动英雄大会选出模范的5人至15人，各种劳动英雄（包括领导生产的干部，但公营工厂工人除外），均参加竞选。候选人由各自然村预先提出，村民亦可自由提出，先由评判委员会分类评定，再拿到大会讨论通过。

（2）每区模范劳动英雄10人至20人，由全区各村模范劳动英雄及每村评判委员1人、民众代表1人至3人之大会选定之。

（3）机关、部队、团体、脱离生产工作人员中参加耕田或工业生产的模范劳动英雄，按该部分之全体人员数为比例自行选出。不足50人者可产生模范劳动英雄1人，50人以上百人以下选2人，百人以上选3人，200人以上选4人，以下每增百人，可增加模范劳动英雄1人。

（4）各县所在地公私工厂（不论是何级领导）的模范劳动英雄，先由各厂的全体工人职员大会选举，凡工人不足20人之工厂产生模范劳动英雄1人，20人以上50人以下产生2人，50人以上百人以下可产生3人，百人以上可产生4人至10人，各厂之模范劳动英雄直接参加所在县的选举。较大规模之正式公私工厂，可从本厂选出之模范劳动英雄中，选送半数直接参加晋西级大会。

（5）每县模范劳动英雄25人至35人，由全县各区、驻军、机关、团体（晋西中心区级可参加所在县大会）及各工厂之模范劳动英雄全体大会选出之，须先经过分别介绍（事迹）后热烈竞选，然后大会讨论通过，各参加单位可派1评判委员参加选举大会。

（6）各县劳动英雄选定后，于11月底举行全晋西劳动英雄大会，民主选出晋西北模范劳动英雄100名，参加人之规定如下：一等，选送模范劳动英雄12人，二等选10人，三等选8人，正式的公私工厂模范劳动英雄各选半数。[①]

晋西北劳动英雄奖励办法如下：

（1）被选为晋西北200个模范劳动英雄者，分别按甲乙丙丁四等发奖，并以工人、农民、妇女、儿童及干部分类发给不同性质的奖品（例如工人奖油皮大衣，农民奖大羊，妇女奖纺车，干部奖水笔等），共预算奖品费大洋13140元。

（2）各类模范劳动英雄，得甲等第一名者，除发给奖品外，并各颁发光荣旗一面。回其本县（或本工厂）经（召开）群英大会表扬后，再挂县中（或本厂中）留为纪念。

（3）被选为各县之模范劳动英雄者，分别由各县再定奖励办法，并经行署批准实行。此外，行署再给各县奖品费，共11360元。

（4）区、村模范劳动英雄奖励办法，由各县自定之。[②]

1942年1月13日至16日，晋西北首届劳动英雄检阅及生产建设大会（群英大会）在山西兴县城关隆重举行，这是晋西北行政公署第一次大规模召开表彰劳动英雄的大会。

会上，晋西北行政公署主任续范亭、副主任牛荫冠发表了《致劳动英雄书》，高度评价了劳动英雄的巨大作用，提出了殷切希望，并号召全边区的人民向他们学习。《致劳动英雄书》中指出：你们平常努力地生产和工作，取得了很大的成绩，是很光荣的劳动英雄！你们对晋西北抗日根据地的建设功劳最大。没有你们的积极推动和参加生产，咱们根据地就不

① 引自《抗战日报》1941年7月31日。

② 引自《抗战日报》1941年7月31日。

会像今天这样的巩固和发展……毛主席说“民国三十一年抗战还是很困难的”，因此，希望你们把过去那种积极生产和工作的精神，保持并发扬光大，克服一切未来的困难，使我们生活得更好，打日本也更有力，把咱们晋西北建成像钢铁一般的抗日根据地！

农民特等劳动英雄第一名杨奴作、第二名刘有多、第三名王建荣，工人特等劳动英雄吴仲春，妇女特等劳动英雄郝尚英，儿童甲等劳动英雄牛映星，机关部队甲等劳动英雄刘仲五等在热烈的掌声中走上主席台，接受行政公署领导的颁奖。

在为期四天的大会中，有 83 人受到奖励。这些来自各条战线上的劳动英雄们，交流了他们的生产经验和“绝技”。与此同时，会议期间还举办了 1941 年的晋西北建设成果展览会，展品有生活用品、生产工具、各类农副产品，参展的产品达 1000 多个品种，反映出抗日根据地人民在中国共产党和抗日民主政府领导下，人民的生活正在逐渐得到改善。有资料显示，1941 年晋西北根据地开荒 30 多万亩，增加水地 3 万多亩，植树 455 万株，畜牧业的猪牛羊等也增加了很多。

晋西北行政公署召开的首届劳动英雄检阅及生产建设大会继续将大生产运动推向深入，劳动英雄的榜样作用进一步推动了大生产运动的开展，一场比英雄、学英雄、赶英雄、帮群众、超英雄的热潮在晋西北大地上掀了起来。

（二）第二届劳动英雄检阅大会

在总结首届劳动英雄检阅及生产建设大会经验的基础上，晋西北行政公署决定于 1942 年 12 月召开第二届劳动英雄检阅大会，并同期举办生产建设成果展示会，进一步推动大生产运动的开展。

1942 年 3 月 12 日，晋西北行政公署在《抗战日报》上发布消息称，晋西北行政公署日前颁布了 1942 年劳动英雄评选条件，令各级在春耕期间广泛宣传，条件内容分农民劳动英雄、工人劳动英雄、妇女劳动英雄、儿童劳动英雄、机关部队团体劳动英雄等项，其总的目标是（动员广大军民）响应政府号召，在同等条件下，其主要生产量平均超过当地一般生产量15%以上且质量优良。[①]

晋西北行政公署公布的1942年劳动英雄评选条件，突出了对产品产量、质量上的要求，这是较为实事求是的。在物资相当匮乏的年代，将主要生产量平均超过当地一般生产量15%以上且质量达到优良，作为评选劳动英雄的基本条件，较为符合当时的实际情况，而且用科学的数字来说明劳动英雄的劳动态度、劳动创造性、劳动贡献等，也真正显示了劳动英雄和先进模范人物的榜样作用、引领作用。

各地各级各单位根据行政公署的要求，按农民劳动英雄、工人劳动英雄、妇女劳动英雄、儿童劳动英雄和机关部队团体劳动英雄的分类，发动群众广泛参与，认真推选，把各行各业名副其实的劳动英雄、先进模范人物推选出来。

晋西北行政公署为了保证劳动英雄的质量，特地成立了评议委员会，晋西北行政公署主任续范亭、军区司令员贺龙亲自担任正、副评议长，评议委员由来自行政公署有关部门的领导，部队的有关领导和对工人、农民、妇女、儿童情况熟悉且有研究的有关专家共10多人组成。

经过根据地广大群众的积极参与和推选，并经过评议委员的评议，参加晋西北第二届劳动英雄检阅大会（群英大会）的劳动英雄产生了，而生产建设成果展示会等各方面的筹备工作也已准备就绪。

1942年12月12日，晋西北第二届劳动英雄检阅大会在山西兴县城关隆重开幕，生产建设成果展示会同时举行。当时《抗战日报》的报道称：是日天气晴朗，城关数百家商号均张灯结彩，实行大减价，庆祝大会

① 引自《抗战日报》1942年3月12日。

开幕。城周围四五十里地各村群众牵牛赶驴，穿着新衣，纷纷赶赴盛会。兴县城关人马纷纷，街道极为拥挤，其盛况为数年来罕见。

1942 年 12 月 12 日上午，晋西北第二届劳动英雄检阅大会开幕仪式隆重举行。晋西北行政公署副主任武新宇，著名民主人士、晋西北临时参议会副议长刘少白等到会祝贺并讲话。武新宇在会上指出，劳动英雄就是抗日英雄，没有我们这些生产战线上的英雄，我们就不能打日本，我希望大家在这次会上互相学习，使我们根据地到处长着大南瓜、长壳穗。刘少白在会上讲，没有劳动就没有世界，没有工人农民就没有一切。从前劳动是为资本家，今天劳动是为打日本。

在热烈的掌声中，各行业的劳动英雄代表在会上先后讲话。农民劳动英雄李有义讲，我们的部队，天天和鬼子拼命，我们当农民的就要努力生产，让我们抗日的军队有吃的穿的，好打鬼子。工人劳动英雄亢文治在会上说，我们工人要埋头生产，要研究改进生产技术，要节省材料，爱护生产工具，多生产武器、弹药供给前线的军队打日本鬼子。妇女劳动英雄代表郝尚英说，我们妇女要多织布，我们多织布，我们的队伍才有穿的，老百姓也才有穿的，大家的生活过好了，打鬼子的办法就更多了。

大会期间，会议组织了多场经验交流会，有大会经验交流会，更多的是各种小型的专业性的交流会，种粮食的、种棉花的、生产枪支弹药的劳动英雄们，分门别类地进行交流。劳动英雄们向众英雄介绍自己的经验，如农民劳动英雄专门召开了种棉、改良土壤、成苗等交流会。有经验的劳动英雄们都在会上详细介绍了自己的心得体会，有的劳动英雄会后还在一起探讨。

1942 年 12 月 16 日，历时五天的晋西北第二届劳动英雄检阅大会举行闭幕式。闭幕式上，晋西北行署副主任武新宇等领导出席祝贺，并向劳动英雄颁奖。晋西北第二届劳动英雄检阅大会共有 103 名劳动英雄出席，包括农民特等劳动英雄王思良、工人特等劳动英雄张秋凤、妇女特等劳动英雄宋侯女等，农民甲等劳动英雄李有义、刘树禄、王九孩、胡臣才等，工人甲等劳动英雄李正明、孙振文、康必芳、齐引多、杜芝保等，妇女甲等劳动英雄郝尚英、杨元吞、温凤英、白校凤等，儿童甲等劳动英雄刘利生等，干部甲等劳动英雄高德云等，此外还有乙等、丙等的劳动英雄等。武新宇讲话指出，他希望劳动英雄们回去后好好宣传大会的精神和经验，动员更多的群众积极投入大生产运动，让大家都努力争做劳动英雄。

王思良、张秋凤、宋侯女三位特等劳动英雄都披红戴花，坐在主席台上，武新宇向他们一一颁奖并祝贺他们取得的成绩。农民特等劳动英雄王思良是晋西北农业战线上的一面旗帜，是这次唯一获得大犍牛特等奖殊荣的人。他是保德县的一位贫苦农民，一年到头总是起早贪黑干活，有时开垦荒地离家远，他干活晚了就睡在那里。在同等土地的条件下，他种的庄稼收成比别人多25%。一年内，他开生、熟荒地12垧，养羊三只，繁殖了羊羔五只，种棉、种树、种花生等也都跑在别人前面。他不仅把自家的地种好，同时还积极帮本村的农民种地和从事副业生产。同村的群众都称他是好样的，是一个值得学习的人。妇女特等劳动英雄宋侯女，一家四口，丈夫是个残疾人，婆婆年逾70岁，孩子上学，全家就她一个劳动力，但她种地17垧，种棉花3垧，收成都很好，而且她还是纺纱织布的行家里手，她全年纺线15斤，织布18匹，一天能织布三丈三尺，产量大大超过同村的妇女。

（三）第三届劳动英雄表彰大会

为了总结表彰1943年广大军民在大生产运动中的经验和各行各业的英雄模范人物，晋西北行政公署决定召开第三届劳动英雄表彰大会。为了开好本次劳动英雄表彰大会，1943年3月20日，晋西北行政公署[①]颁

① 根据中共中央的指示，1943年11月，晋西北行政公署改成晋绥边区行政公署。

布了劳动英雄评选条件，本次劳动英雄仍然按照农民劳动英雄、工人劳动英雄、妇女劳动英雄等进行评选。1943 年的劳动英雄评选条件是在总结 1941 年、1942 年劳动英雄评选条件的基础上制定的，其仍然坚持了按贡献论英雄的原则。本次劳动英雄表彰大会关于农民劳动英雄、工人劳动英雄、妇女劳动英雄的评选条件如下：

一、农民劳动英雄条件

（甲）主要条件是在同样劳动力条件下，增加农业生产量 15% 即合格。增产愈多，分数累进增加愈多。增产之方法，以下任何一种或数种均可。（1）不荒熟地又开荒地因而增加产量者；（2）改良地形、地质（如修塌地、开渠打井等），精耕施肥因而增加产量者；（3）改良技术、改善经营方法因而增加产量者；（4）参加劳动互助增加生产效率者。

比较方法：（1）与本人去年的生产成绩比较；（2）与当地一般劳动力的生产成绩比较；（3）不论自耕地或租种地，有牛或无牛，均照当地相当的地租、牛租计算，总收入扣去后，算作本人的生产成绩；（4）优良成绩要有可靠的人证明（农救干事或主任代表证明，县区可派人调查）。

（乙）附属条件是发展副业生产或优待抗属、推动别人生产者。（1）栽果树 10 株以上，普通树 30 株以上，或造林半亩以上者；（2）繁殖牛驴骡马猪羊鸡，成绩超过别人者；（3）优抗代耕成绩优良或推动别人增加生产有显著事实者。

以上条件按环境难易酌量加分。

二、工人劳动英雄条件

（甲）主要条件是在同等条件下，其生产之量或质超过他人 15%，且能爱护工具、节省原料者。增产方法无论加强劳动，改良技术，实行互助等均可。增产愈多，分数累计增加愈多。

（乙）附属条件合乎以下任何条件，均酌量增加分数。（1）热心教导学徒在3人以上，并能独立做一种制品者；（2）努力学习而能在一定期限完成学习计划者；（3）积极响应政府或工会号召，且有具体成绩，堪作一般工友模范者；（4）能以自己的高度热忱与模范作用，影响并推动别人亦能积极生产者；（5）确实能按时作息，遵守劳动纪律与劳动合同者；（6）在规定工作时间内从未误工与请假（但重病例外）者。

三、妇女劳动英雄条件

（甲）主要条件合乎下列条件之一，有具体事实及本村主任代表或抗联干事证明者即为劳动英雄。（1）纺纱织布、纺毛线或打毛货，全年成绩超过别人，公认为模范者；（2）参加农业生产，其成绩超过男人者；（3）饲养猪、羊、鸡、蜜蜂和其他家畜成绩卓著，公认为模范者。

（乙）附属条件合乎以下任何条件者酌量加分。（1）以自己的生产热忱与模范作用，影响并推动他人积极参加劳动，而有成绩者；（2）努力从事棉毛纺织并能热心传授他人，而有具体事实者；（3）积极参加劳动互助组织，公认为模范者；（4）积极响应政府与妇救会关于各种生产之号召，并有显著成绩者。

以上颁布的农民劳动英雄、工人劳动英雄、妇女劳动英雄评选条件中清楚显示，劳动英雄贡献需显著大于一般群众，农民劳动英雄的产量需要比一般农民多15%，工人劳动英雄的产量也需要比一般工人多15%，这些都是硬指标，要以贡献论英雄。当然，在其他方面成绩显著者也可以当选劳动英雄，如帮助抗属、搞副业生产、带徒弟、遵纪守法的模范等，这些皆为特定形势下的产物。

晋西北行政公署在春耕季节公布1943年劳动英雄的评比条件，对广大军民积极投入大生产运动起到了很好的推动作用。在广大农村，村与村、生产小组与生产小组、个人与个人，各个层级都开展了热火朝天的大生产运动。工厂、部队、机关团体，虽然各自承担的工作不一样，但是大家参加大生产运动的积极性都很高，生产竞赛开展得热火朝天。

为了解决春耕中劳动力紧张的问题，晋西北行政公署还专门制定了帮助农民春耕的办法，动员机关团体、部队抽调人力和大牲口支援农村的春耕生产。晋西北行政公署的办法规定：

（1）机关团体、部队的人力、畜力，在春耕期间要尽可能挤出时间帮助人民群众耕地送粪，每头牲口都帮工 3 个到 5 个，每个人帮工 5 个。（2）能帮助耕作之人力、畜力，应将其数目先期通知村公所，村公所按该部驻地附近 5 里以内农民之需要适当分配，尽先帮助抗属及最贫苦之农民。（3）此次助耕完全是无代价（偿）的帮助，所有助耕人员必须严守群众纪律。（4）指定负责人，对助耕负责督促检查。

军区政治部也指示各部队抽出人力帮助群众春耕，提出以帮助抗属和贫苦群众为主，同时强调在帮助群众春耕中，必须遵守纪律，不损坏群众农具，不要群众报酬，不消极怠工，并积极向群众进行宣传等。

在广大群众的努力下，晋绥边区[①]的大生产运动于 1943 年取得了可喜的成绩。为了检阅一年来的建设成果，总结大生产运动的经验，1944 年 1 月 7 日，晋绥边区第三届劳动英雄表彰大会在陕西神府县盘塘村隆重召开，这是 1943 年 11 月晋西北行政公署改成晋绥边区行政公署后召开的第一次劳动英雄表彰大会，也是晋绥边区历史上召开的第三届劳动英雄表彰大会。

第三届劳动英雄表彰大会先由晋绥军区司令员吕正操致辞。吕正操首先说，我先向劳动英雄们致敬！他高度赞扬了劳动英雄们的作用，他说，

① 根据中共中央的指示，1943 年 11 月，晋西北行政公署改成晋绥边区行政公署，晋西北地区相应改称晋绥边区。

这个会是群英会，你们是真正的英雄，是创造新社会、新世界的英雄，今天的晋西北就是在你们的参加之下创造起来的。在讲话的结尾，吕正操满怀激情地说，新的世界、新的社会就会到来，这新的世界就是我们劳动英雄（人民）的世界，就是靠我们工人农民的劳动重新创造起来的世界。

晋绥边区行政公署召开的第三届劳动英雄表彰大会从1944年1月7日开幕至15日闭幕，历时9天。晋绥边区行政公署副主任武新宇、晋绥边区临时参议会副议长刘少白在会上作了报告，共有130名来自各条战线的劳动英雄出席了开幕式，参加会议的群众达一万人以上。会议期间，劳动英雄们进行了多种形式的交流，参观了与第三届劳动英雄表彰大会同时进行的边区生产成就展。展览馆里有边区生产的各种土特产，更有琳琅满目的生产、生活用品。这些产品都是边区人民自力更生、自己动手，在大生产运动中生产出来的。

1944年1月15日，第三届劳动英雄表彰大会举行了隆重的颁奖仪式，中共晋绥分局党委书记林枫在会上讲话，号召全边区人民向劳动英雄学习，把劳力和武力结合起来，大家要做到“耕三余一”，要求劳动英雄在生产中提出更高的指标和计划。而后，林枫等人为劳动英雄颁了奖。

获奖的劳动英雄代表在会上发言。首先发言的是农民特等劳动英雄张初元。他说，过去我们是灰头土脸的受苦人，现在我们真正翻身了，我们感谢共产党、八路军，坚决拥护新政权，把生产搞得更好，拥军优属，做好边区各方面的工作，让政府放心。工人特等劳动英雄刘青荣以他切身体会，痛斥旧社会对工人的压迫，旧社会里工人辛苦劳动一年，却连自己的生活都不能维持。共产党、八路军来了以后，新政权建立了，我们工人的生命和生活有了保障。他感谢共产党和八路军，号召工人同志们加紧生产，保证军队穿衣和武器弹药的供应。妇女特等劳动英雄张秋林在会上激动地说，我们妇女翻了身，要感谢共产党和八路军，因此我们要加紧生产，求得经济上的自立。男当兵、女当家，打走日本鬼子才能享受到真正的幸福和自由。

（四）第四届劳动英雄、民兵英雄、战斗英雄、模范工作者大会

1944年，中华民族的全面抗战进入了第七个年头，世界反法西斯战争的形势发生了重大变化。中国共产党领导的各抗日根据地一面坚决打击日本侵略者的进攻；一面积极集合力量，准备收复被日本侵略者侵占的土地。各抗日根据地的形势日益好转。面对新的形势，晋绥边区行政公署为了检阅一年来战斗、生产、学习等方面的成果，交流经验，表彰英雄模范，决定召开晋绥边区第四届劳动英雄、民兵英雄、战斗英雄、模范工作者大会，同时举办战斗生产展览会。

晋绥边区行政公署在总结前三届劳动英雄表彰大会的经验后，根据新的形势和任务，制定了第四届劳动英雄、民兵英雄、战斗英雄、模范工作者大会的英雄模范评选条件和选举办法。1944年8月26日，《抗战日报》在第1版头条刊载了晋绥边区准备举行第四届劳动英雄、民兵英雄、战斗英雄、模范工作者大会及战斗生产展览会的消息。晋绥边区行政公署、军区政治部、武委会也分别发出指示，公布了劳动英雄、民兵英雄、战斗英雄、模范工作者等的评选条件与选举办法。

《抗战日报》在消息中指出，行署决定今冬召开第四届劳动英雄、民兵英雄、战斗英雄、模范工作者大会及战斗生产展览会，当即组成大会筹委会。筹委会日前举行首次会议，讨论决定参加大会之劳动英雄、民兵英雄、战斗英雄、模范工作者之总名额为750名，其中部队的战斗英雄、劳动英雄及模范工作者200名，民兵英雄100名，农民劳动英雄160名，妇女劳动英雄70名，民间工矿劳动英雄50名，公营工厂劳动英雄40名，合作运输劳动英雄50名，机关劳动英雄及模范工作者80名。对于部队、民兵及群众中英雄与模范的选举办法和条件，展览会之内容、征集手续等问题，都作了详细的讨论。会后行署、军区政治部、晋绥边区武委会均已

根据筹委会的决定，向所属各单位发出了具体措施。①

晋绥边区行政公署公布的评选劳动英雄的条件如下：

1. 劳动英雄基本条件

（1）除自己努力生产外，必须是联系群众帮助群众生产的模范；（2）是组织群众推动群众生产的模范；（3）执行政府法令的模范，特别是交好公粮拥军的模范；（4）在生产中有积极性创造性，对根据地经济建设有贡献者。

2. 公营工厂劳动英雄条件

（1）实行互助友爱，积极帮助别人；（2）爱护生产工具，厉行节省原料；（3）研究改进技术，产量超过别人；（4）响应工会号召，且拥政拥军、热心保卫工厂、爱护居民利益。

3. 机关劳动英雄及模范工作者条件

（1）在生产工作学习中，能团结互助，起模范作用，使全面生产工作学习有进展者；（2）在实际生产工作学习中，有新的创造者；（3）在实际行动中，能以群众利益为前提，可称爱民拥军模范者；（4）为人正派，吃苦耐劳，爱护公物，遵守纪律，执行决议，服从领导，能积极完成任务始终如一者；（5）创建模范村有显著成绩者。②

在评选劳动英雄的基本条件中，除以上四项基本条件外，从事不同工作者，还应在本职工作上有突出贡献，才能当选劳动英雄。如农民劳动英雄中的开荒劳动英雄。一则要求开荒开得快、开得多、开得好。二则组织劳动，互助开荒有显著的成绩。三则开荒中有新的创造。四则开荒产量

① 引自《抗战日报》1944年8月26日，第1版。

② 引自《抗战日报》1944年8月26日，第1版。

超过别人。要当选水利劳动英雄，一则要求兴办水利肯辛苦，多变旱地成水田。二则要求热心水利组织，兴办各种水利事业。要当选繁殖家畜家禽劳动英雄，一则要求饲养家畜家禽（牛、羊、驴、骡、马、猪、鸡），有显著的成绩。二则要求饲养牲畜有经验，并推广优良品种有成绩。

从晋绥边区行政公署公布的评选1944年劳动英雄的条件看，其具有以下三个特点：一是要求劳动英雄必须在劳动中有突出贡献，除此之外，在组织帮助群众搞好生产、遵纪守法、拥护政府、拥军优属等方面也应是模范。二是扩大了劳动英雄的参与面，以前评选劳动英雄，农民劳动英雄仅是从农民中评选，而这届评选则把从事水利建设、从事畜牧业等工作的优秀者也列为评选对象。工人劳动英雄，过去仅从公营工厂中评选，现在扩大到从事各种个体手工业、个体运输业等各个行业中有突出贡献的工人。三是评选劳动英雄的数量大大增加了，从第一届的几十人，到第二届的103人，第三届则有130人被评为劳动英雄，而第四届则创了高峰，有700多人当选为劳动英雄、战斗英雄和模范工作者等，这充分反映出英雄模范人物层出不穷。

晋绥边区行政公署公布的劳动英雄的选举办法如下：

1. 劳动英雄选举办法

（1）各级劳动英雄选举分行政村、县及边区三级，各级大会成功被选举者即为该级劳动英雄。

（2）行政村劳动英雄选举（包括农业、纺织、运输合作），由所属各自然村召开全体村民大会（男女老少都可参加），选出劳动英雄候选人（原则上每20人选出候选人1人），然后由各自然村所选出之候选人，共同到行政村选举，各行政村劳动英雄，其选额由县酌情决定。纺织、运输合作发展不普遍地区，可由专署、县另定选举办法。各行政村、自然村干部，可参加村级选举，有选举与被选举权。同时，县级行政村干部，可参加各级劳动英雄选举大会。

（3）县级（塞北可以分区召开）大会由行政村劳动英雄参加，照规定的选额于10月27日（霜降）前选出，参加边区之劳动英雄统限于11月7号前，到边区报到参加大会。

（4）工矿业手艺工人劳动英雄（包括地方公私小型工厂、矿场、作坊等）人数达到20人者，可不参加行政村选举，进行单独选举，每20人选举劳动英雄1人，直接参加县级大会。各业劳动英雄的选出，最好经全体参加大会人员公选，必要时亦可分别选举。

（5）选举方式：村级、县级选举，可采用推票或票选办法，但须预先进行宣传动员，在群众中酝酿，发扬民主，造成群众运动，如此才能选出真正的劳动英雄和群众领袖，严格地注意不经群众的选举，形成临时拉夫脱离群众的现象。

（6）各级机关劳动英雄及模范工作者选举，根据专署分配名额规定办法，直接选送，参加边区大会，但县级以下的机关，须经过县级大会选送。分区级机关（包括团体及中等学校）均遵照分区规定选额直接参加边区大会。

（7）行政村选举须制表填明劳动英雄的村名、姓名、年龄、成分及劳动特点和政治认识等，送交县级大会。各县参加边区大会之劳动英雄，需由县长、建设科长、抗联主任负责详具书面介绍书，于11月5日前送交边区大会以便评议。

（8）注意事项：

A.各地选拔劳动英雄，特别是参加边区大会的劳动英雄，应及早有计划地进行教育培养，要认识到劳动英雄不仅在经济上是生产的组织与领导者，并在政治上是团结群众的核心，与培养干部有着同等重要的意义；培养选拔劳动英雄应成为各级负责同志考绩之一。同时在选举中，要使群众确实地认识到劳动是光荣的，发扬劳动英雄互助团结的精神及共产党八路军新政权与人民的血肉关系，并以劳动英雄张初元、温象拴光荣的实例进行宣传教育。

B. 县级大会（可配合布置生产与总结冬学工作的干部会）要有计划地进行，并可组织欢送与欢迎（来边区与由边区返回去）。

C. 各地选送劳动英雄，在会期中间，如有家中生活困难致无法维持者，可发动互助，必要时，可由村款或议会予以帮助。

D. 工厂、矿场、作坊工人与雇工（长工），在参加大会期间，厂方与雇主不得扣除工资。

E. 劳动英雄参加大会，其食粮菜金，与民政干部同一供给为调度。

F. 选送劳动英雄参加边区大会，来时由各选送机关发给旅途的粮票菜金。

G. 县级大会奖品费，由建设费项目下奖励费内支出，参加县级大会之劳动英雄食粮菜金由各行政村款中筹集支出。

2. 战斗英雄选举办法

（1）三级群英会。以团或相当于团的单位，召开初级群英会，它是由连或相当于连的各伙食单位所选出的各种英雄和模范者所组成的。人数不限制，要使每一单位都有，愈普遍愈好。在初级群英会（10 月 15 日以前应召开完毕）上选出的各种英雄和模范者（人数由分区决定）去出席中级群英会。中级群英会即照规定的 7 个单位举行（有些分区可与地方合并举行，并应于 10 月 25 号以前召开完毕），按分配的名额，选出出席全边区群英会的英雄和模范者。

（2）要选得很普遍。要各种工作部门都有英雄和模范者出现，比如战斗英雄，应包括英勇善战的指挥员、战斗员、侦察员、通信员、神枪手、投弹手、爆炸手、救护员等英雄。劳动英雄应包括农业、纺织及其他副业等英雄。模范工作者应包括模范干部、事务工作者、文化工作者、饲养员、炊事员、护士、家属和拥政爱民模范、建立家务模范、爱护武器的模范、通信工作的模范、防奸的模范等。模范学习者应包括军事、政治、文化及各种业务学习的模范。总之，我们要使各种工作部门，凡对我军建设上有创造和贡献的英雄和模范工作者，都不致埋没，真正做到行行出状元。

（3）一定要民主地选出。各伙食单位，以班（或部、科、股）为单位民主选出候选人，然后汇集交军人大会讨论，最后由不记名投票选举之，充分发扬民主精神，不要指定。在讨论时，对候选人的优缺点都可评价，候选人自己也可检讨和介绍经验。为着酝酿成熟，可以不在一次大会选出，讨论再分组研究或漫谈，然后大会选举，干部、战士有同等的选举权和被选举权。

（4）各级政治机关必须做好有关工作：

A. 立即深入地调查研究在各方面已经发现的积极分子，熟悉他们的优缺点，以作将来选举时考察和指导。我们反对由上而下指定的办法，但绝不是说可以任其自由发展，将来选举的好坏，完全要看我们工作做得深入与否，不然可能让真正的英雄埋没。立即在各伙食单位成立英雄模范组，组员由军人大会选举，组长由组员推选。

B. 要发动所有人员尤其是战士来讨论选举的条件和方法，说明这个盛大的群英会的意义，动员全体热烈地参选，大家都关心这件大事，大家来选自己真正佩服的人。

C. 除前次规定双十节前，将已发现的对象的材料，送来军区一份外，随正式英雄和模范者来军区时，必须整理好一份详细材料带来。协同军事机关筹备各级的群英会。望接指示后立即讨论进行办法，并将讨论进行中所发生的问题，随时报告为要。

晋绥边区行政公署公布的劳动英雄和战斗英雄的选举办法，明确显示出在大生产运动中，中国共产党人对战斗英雄、劳动英雄和模范工作者标杆作用、引领作用的深刻认识。在劳动英雄选举办法的注意事项中，特别指出“各地选拔劳动英雄，特别是参加边区大会的劳动英雄，应及早有计划地进行教育培养，要认识到劳动英雄不仅在经济上是生产的组织与领导者，并在政治上是团结群众的核心，与培养干部有着同等重要的意义；培养选拔劳动英雄应成为各级负责同志考绩之一”。在战斗英雄选举办法中，还特别提出对战斗英雄“一定要民主地选出”，要“交军人大会讨论，最后由不记名投票选举之，充分发扬民主精神，不要指定。在讨论时，对候选人的优缺点都可评价，候选人自己也可检讨和介绍经验。为着酝酿成熟，可以不在一次大会选出，讨论再分组研究或漫谈，然后大会选举，干部、战士有同等的选举权和被选举权”，这显示出战斗英雄是民主选举出来的、有群众基础的，不是指定的。这样的英雄模范人物能立得住，真正发挥标杆作用、引领作用。

晋绥边区行政公署、军区政治部和武委会联合发布关于召开第四届劳动英雄、民兵英雄、战斗英雄、模范工作者大会及战斗生产展览会的决定后，在全边区广大军民中引起热烈反响，从自然村到军队的连、排、班，都认真做好准备工作，积极参与。其中，部队动员较早。早在1944年5月13日，军区司令部的调令中就指出了战斗英雄的条件。6月19日，军区政治部发布《关于培养与选举战斗英雄、劳动英雄、模范学习者与模范工作者的指示》，提出了劳动英雄的条件。8月10日，军区政治部发出了《关于选举英雄与模范的指示》，又宣布了模范学习者和模范工作者的基本条件，部队出席大会的英雄与模范名额分配、选举办法，责成部队各级政治机关立即进行相关准备工作。军区政治部的指示文件中还特别指出，英雄模范的培养选举是提高部队战斗力、改进工作、培养干部、联系群众、检查领导的主要方法，而军区开展安马骏、刘笃运动的决定，是一个新的领导方法的示范。

在贯彻晋绥行署、军区和抗联指示的过程中，军区直属机关和各军事单位首先进行讨论与动员，直属队总支委在讨论了军区政治部的指示后，还结合了自己部队的实际，具体制定了选举模范侦察员、通信员、炊事员、饲养员、警卫员、电话员、文化工作者和技术干部的条件，决定组织全体指战员学习朱德的《八路军新四军的英雄主义》一文，并结合各基层单位提供的经验材料学习和讨论，于10月25日前组织各基层单位完成英雄和模范的选举。从各班排到各部门各基层单位，都广泛深入地学习讨论，认真推选出他们的英雄和模范。如七支队成立了评英评先筹备委员会，并决定从生产资金中抽出一些经费来购买初级群英会的奖品。由于发动广泛，措施具体，战士们在生产中、在行军途中都热烈地讨论着他们心中的英雄和模范，相互补充先进事迹材料，并提出了本队的学习榜样，开展了学习尹宝鼎运动和王小贵运动，真正把评选英雄和模范的活动变成了一场学习英雄模范、争做英雄模范的教育运动。

《抗战日报》还专门刊发了《认真领导群英选举运动》的社论，宣传召开大会的意义。社论指出，各级领导干部必须深刻认识这次群英大会的政治意义。我边区无论在对敌斗争、大生产运动、民兵爆炸、妇女纺织、变工互助、劳武结合，还是对英雄与模范的培养，新的积极分子、新的干部的发现与提拔各方面，1944年是最有成绩的一年，也是内容最丰富的一年。因此，应该把这次的选举群英运动当成自下而上总结经验，发现、培养与提拔积极分子的运动，使今后各地区各机关部队的工作更向前提高一步。不仅要总结今年生产，布置各区生产，而且还要使之成为准备明年大规模生产建设练兵习武运动的动员大会，换句话说，我们这次的大会也就是动员与加紧准备反攻力量的大会。在各级领导的重视和广大群众的积极参与下，评选劳动英雄的工作开展得激烈而顺利，说激烈是参加角逐劳动英雄的人多，竞争激烈；说顺利是广大群众眼睛雪亮，人人心中都有一杆秤，把那些符合劳动英雄条件的人选出来！

各地各部队按照边区行署、军区政治部和武委会关于召开第四届劳动英雄、民兵英雄、战斗英雄、模范工作者大会及战斗生产展览会的通知精神，在地方和部队开展了群众性的学英雄、选英雄活动，各地部队积极热烈，慎重推选了各位英雄模范人物。

1944 年 12 月 7 日，晋绥边区第四届劳动英雄、民兵英雄、战斗英雄、模范工作者大会在陕西神府县王家庄村开幕，中共晋绥分局副书记张稼夫到会讲话，晋绥边区行政公署副主任武新宇致开幕词。

会议期间，英雄模范们广泛进行了经验交流。在大会上，劳动英雄张初元，战斗英雄邓朝贵、任德旺、王双进等众英雄介绍了经验和英雄事迹。各种形式的小型座谈会、交流会内容更是丰富，交流更是深入。在民营工矿企业的交流会上，英雄们就提高工人技术、改进生产工艺、改善劳资关系问题深入进行交流。经验交流会议结束后，大会举行了隆重的颁奖仪式。

本次大会共评选出了部队特等战斗英雄邓朝贵等 16 人，民兵特等英雄段兴玉、郭炳旺、崔三娃等 14 人，农民特等英雄张初元、温象拴、任万生等 14 人，合作运输特等英雄魏建鳌等 3 人，公营工厂特等英雄张秋凤等 5 人，民营工矿企业特等英雄刘清荣等 2 人，妇女特等英雄张秋林、杨雨儿、刘能林等 7 人。在颁奖大会上，特等英雄中的第一名张初元、张秋凤、张秋林、邓朝贵、段兴玉登上主席台受奖。

本次会议总结了晋绥边区 1944 年的工作，并提出了 1945 年的任务。会议指出，晋绥边区 1944 年在军事、经济、文化等各方面的工作取得了很大的成绩。在经济上，全年边区军民共开荒 75 万亩，复荒 15.4 万亩，增加粮食 11 万多石。全边区有 391788 个劳动力，其中有 146550 个参加了变工互助组织，占全部劳动力的 37.4%。由变工互助组织改造的二流子有 6707 人，其中有些人转变很大，还当了劳动英雄。大会提出，1945 年要扩大解放区，缩小沦陷区，把敌人挤出去，要大力发展农业，争取“耕三余一”，部队和机关要搞小家务生产，达到 47% 的自给率，要贯彻执行减租减息政策，贯彻执行劳武结合的方式，加强学习和练兵等。

1944年12月15日，晋绥边区战斗生产展览会在王家庄村开幕。参加群英大会的战斗英雄、民兵英雄和劳动英雄及各地赶来的群众兴致勃勃地观看了各种农产品、纺织品、生活用品及军队企业生产的各种武器和战斗中缴获的日本侵略者的战利品，整个展览大厅展品琳琅满目、品种繁多，充分反映了晋绥边区人民一边抗击日本侵略者的侵略，一边开展大生产运动的巨大成绩。本次展览的一些展示室还配备了专职的讲解员，讲解生产设备的操作、生产工艺的改进、生产技术的提高。

1944年12月31日，历时25天的晋绥边区第四届劳动英雄、民兵英雄、战斗英雄、模范工作者大会（群英大会）及战斗生产展览会落下帷幕，大会通过了《群英大会全体英雄致毛主席电》《晋绥边区第四届群英大会宣言》等。英雄模范们回到了他们的部队、工厂、村庄、学校、机关，他们通过传达大会精神，给大家分享大会的经验，把各路英雄的好经验、好做法贯彻到实际工作中去，在生产岗位、工作岗位、战斗岗位上努力奋斗，力争取得新的成绩，夺取新的胜利。

CHAPTER FIVE **第五章**

晋察冀边区大生产运动与群英大会

晋察冀边区是抗日战争时期中国共产党在敌后建立的第一个抗日根据地，它处在同蒲铁路以东，津浦铁路以西，正太、石德铁路以北，张家口、承德以南的广大地区。由于它处在敌占区的心脏地带，日本侵略者时时都想将其消灭。但在以毛泽东为代表的党中央的正确领导下，在聂荣臻的具体组织和指挥下，在艰苦的八年抗战中，晋察冀边区的广大军民抗击和牵制了华北日军和伪军的近二分之一。八年中，边区军民对日作战 3.2 万余次，歼灭日伪军 35.1 万余人。

晋察冀边区的巩固和发展，对坚持华北敌后抗战和全国的持久战起到了“坚强堡垒”的作用，同时，对全国的战略反攻和进军东北起到了“前进阵地”的巨大作用。晋察冀边区广大军民在抗击日本侵略者的斗争中和建设根据地的历史进程中积累了丰富的经验，被党中央和毛泽东誉为“敌后模范的抗日根据地及统一战线的模范区”，为中国抗日战争的胜利作出了卓越的贡献，为全中国的解放，推翻国民党反动政权的统治打下了坚实的基础。

一、大生产运动在晋察冀边区蓬勃开展

1938 年武汉会战后，抗日战争进入相持阶段，晋察冀边区成华北敌后抗击日本侵略者的主战场之一。日军对晋察冀边区进行了疯狂“扫荡”，不少地方成了“无人区”。由于日军的破坏和长期的战争消耗，再加上连年的自然灾害，使得边区本来就很薄弱的经济遭到了严重的破坏，抗日武装补给得不到保证，工业品严重缺乏，经济出现了严重困难，有的地方老百姓的生活都难以为继，群众的生存受到了极大的威胁。

1944 年 1 月，晋察冀边区行政委员会（即边区政府）和边区抗联会联合召开扩大会议，分析了边区的经济状况和应对措施，明确提出要学习陕甘宁边区开展大生产运动的经验，在全边区开展全民大生产运动。很快，晋察冀边区掀起了大生产运动的高潮，利用战争间隙时间，争分夺秒开荒种地，保种保收。

在各级政府和抗联会的领导下，1944 年春耕期间，晋察冀边区政府共贷粮 1.8 万石、贷款 2000 万元、赈粮 900 石。[①] 政府还热心帮助群众解决农具、种子、肥料等生产上的困难，使其劳动效率大大提高。部队、机关、学校也投入了大生产运动。以晋察冀边区抗联会为例，共种水旱坡地 59 亩，加上机关运销、手工业生产等，总计全年生产小米 14559 斤，平均每人生产 208 斤，全部完成了生产任务。北岳区巩固区部队共开荒 6.5 万亩，平均每人种地 1.5 亩，最多的达到 8 亩，生产蔬菜 600 万斤，完全做到了蔬菜自给。[②]

晋察冀边区农村广大雇工在工会组织的发动和帮助下，也在大生产运动中开展生产竞赛和生产互助，团结雇主，共同搞好生产。例如，易县口头村五名放羊工人与种庄稼干农活的全体雇工开展生产竞赛，互相进行挑战和应战。放羊工人提出保证，将羊群看好，不让羊群吃禾苗；关心肥料，早出晚归时，让羊在地里拉屎留肥；反扫荡时，把羊群保护好。在地里种庄稼干农活的雇工提出保证，不荒地，不无故损坏工具，除草干净，保种保收等。大家还提出利用一月休息一天的时间，种大麻籽 1000 棵，修滩地二亩半，种谷子；开荒地五亩半种萝卜，多方面保证粮食增产。又如，涞源县邹洁家雇有三个长工，他们是齐彬、邹五拾和周粮存。这三位长工积极响应边区政府的号召，提出了在大生产运动中的生产计划和保

① 宋劭文：《一九四四年大生产运动总结及一九四五年的任务》，史敬棠、张凛、周清和、毕中杰编：《中国农业合作化运动史料（上）》，生活 · 读书 · 新知三联书店，1957 年。

② 杨建中：《山西抗日战争史》，三晋出版社，2017 年。

证条件：第一，执行劳动政策，遵守劳动纪律，爱护生产工具和牲口。第二，保证将玉茭、谷子、高粱地锄三遍，留好苗，缺苗补齐。第三，保证种玉茭、山药、大麦都用槛字榼，用人扔粪，肥料集中，使庄稼长得更好。第四，保证今年种瓜 200 亩（上年 100 亩），种大麻籽 400 亩（上年 300 亩）。第五，保证今年压绿肥 700 驮（上年 350 驮）。第六，如果敌人扫荡，要抓紧一切机会，抢耕、抢种、抢锄、抢收。第七，如果敌人扫荡，今年要将粮食和东西坚壁更好，绝对保密。再如，邹洁是一个开明的雇主，他和三位长工商量后，不仅提高了雇工工资，由一石四斗增加到一石八斗，而且还提出了保证条件。他提出：第一，彻底执行政策。第二，待雇工如同一家人，饭食保证一样，病时更加负责，保证治疗。第三，雇工家中有困难就帮助解决。第四，除工会规定应享受的待遇外，还慰劳每个雇工鞋子一双、布衫一件。第五，今年如因工人积极经营，增加生产，超过一般土地产量时，把超过部分的 20% 奖励给工人。他们积极投入大生产运动的做法，在边区传为美谈，被边区誉为“雇工雇主团结生产的好榜样”。

在麦收和大秋作物播种、除苗等大忙季节，工会组织就针对实际情况开展生产竞赛，调动各方面的积极性，“龙口”夺粮保秋种。如易县工会积极组织全县广泛开展村与村、组与组、户与户、人与人之间的生产竞赛。有雇工创造了一天播种 20 亩的全县最高纪录。尧顺口工会小组创造了一天拔麦 21 亩的纪录。由于大家的辛勤劳动，秋收时都获得了好收成，县里召开庆功会，易县四区有 123 人获奖，龙华四区有 124 人获奖，约占雇工人数的 40%。

为了把大生产运动迅速全面地开展起来，《晋察冀日报》连续发表社论，动员晋察冀边区人民积极投入大生产运动。1944 年 2 月 13 日，《晋察冀日报》发表了《开展大生产运动是全边区军民的神圣任务》。文章提出，在 1944 年的大生产运动中，必须把全边区的劳动力、半劳动力，不论男女老幼，组织起来，投入到大生产运动中去。其中不仅包括了全边区的广大人民，而且包括了机关学校部队；不仅包括了巩固区，而且包括了游击区与游击根据地。文章还提出，在1944年的大生产运动中，必须在广大人民的生产热潮里，广泛提倡人民的劳动互助组织，发扬拨工变工经验，用各种各样的合作社形式，实现组织一切劳动力、半劳动力的任务，并创造一定数量的劳动英雄、模范农户和领导生产的模范干部。①1944年2月24日，《晋察冀日报》又发表《进一步贯彻减租政策成为开展大生产运动的必要条件》的社论，1944年3月2日发表了《积极开展游击区的生产运动》的社论。

在各级党委和政府的大力倡导、精心组织下，晋察冀边区的军民因地制宜，掀起了大生产运动的高潮。农业、手工业等生产事业在大生产运动中得到了广泛发展，使群众的生活得到较大改善，也保障了根据地的物资供应，取得了显著的成效。1945年1月31日，毛泽东在文章中对晋察冀边区的大生产运动给予高度赞扬，他表示：晋察冀边区的许多游击区内，已于1944年进行了大规模的生产，并且收到了极好的成绩。②

二、培养赵占魁式的英雄模范

晋察冀边区处在华北敌占区的心脏地带，工业基础薄弱。为了支持抗战，保证部队的物资供应和人民生活的需要，部队和边区政府下大力气抓经济建设，逐步建立了修械所、化学所、子弹厂、机械厂、被服厂、鞋厂、纺织厂、皮革厂等军工企业。资料显示，仅据晋察冀军区、冀中军区及所属军分区1940年的不完全统计，就有各类军需工厂15个，工人达

① 《开展大生产运动是全边区军民的神圣任务》，《晋察冀日报》，1944年2月13日，第1版。

② 《毛泽东选集》（第3卷），人民出版社，1991年。

3000 余人。边区工业部还开办了一批制药厂，这些工厂随着抗日武装力量不断壮大而逐渐发展，工人数量不断扩大，技术力量不断增强，生产的品种和规格不断增新，生产数量大幅增加，有力地保障了抗战前线部队的需要，同时也逐步改善了人民生活必需品的供应。

陕甘宁边区的“赵占魁运动”逐步扩大到各抗日根据地后，晋察冀边区也从 1943 年 5 月开始推广“赵占魁运动”，并在 1944 年 5 月又开展了“新劳动者运动”，结合本地区的实际情况，号召广大工人以身边的先进模范人物为榜样，加强自我教育，建立革命家务，增强组织纪律性，提高劳动的自觉性。

为迎接 1944 年“五一”国际劳动节，晋察冀边区产联在“五一”节前夕号召各级工会组织广大职工广泛深入开展“赵占魁运动”，并提出具体要求：（一）在全边区各工厂中普遍开展“赵占魁运动”，有计划地组织一批最有成绩的工人，在“五一”大会上加以表扬与奖励，再由他们宣布自己 1944 年的生产计划，从而推动其所在工厂及全边区工人生产运动的热潮。加强工人的阶级教育，以同盟军的胜利、法西斯阵营的连连失败的时事教育，提高工人的政治觉悟和抗战胜利的信心，揭穿敌特及反共特务分子对工人的欺骗宣传。并号召全体工友在共产党、八路军的领导下，坚持对敌斗争，巩固抗日民族革命根据地。（二）各职工会应隆重纪念“五一”劳动节。在可能的情况下，以分会或以每一工厂为单位，召开全厂职工大会，纪念“五一”劳动节，继续培养和发现工人中的各种模范和英雄，并增强工人阶级的团结，健全职工会的组织。1944 年 5 月 1 日，《晋察冀日报》发表《纪念“五一”进一步开展敌后赵占魁运动》的社论，总结了边区一年来开展“赵占魁运动”的成绩，检查了存在的问题，提出了广泛深入开展“赵占魁运动”的原则和具体方法，希望在开展“赵占魁运动”中涌现出为全边区所爱戴的赵占魁式的劳动英雄。

晋察冀边区产联的号召和《晋察冀日报》“五一”社论的发表，是对开展“赵占魁运动”的强有力的推动。边区各地都及时组织学习、总结经验，并努力开展创造本地区、本企业赵占魁式先进模范人物的“新劳动者运动”。这样，就将“赵占魁运动”具体化了。在工作实际中，“新劳动者运动”从树立工人新的劳动态度、提高劳动效率逐渐扩展为提高工人的劳动素质和提高劳动技术并重，其运动形式也从树立某个新型工人旗帜改变为广泛地选拔劳动英雄和模范人物，扩大先进模范人物的比例和范围，在每个行业和企业中都注意评选出先进模范人物，作为学习的榜样和竞赛的标兵，拉近和广大工人群众的距离。

在“赵占魁运动”中，各工厂在宣传赵占魁的先进事迹时，都注意帮助职工领会“赵占魁运动”的基本精神。以晋察冀日报印刷厂为例，为了把“赵占魁运动”引向深入，取得实效，印刷厂干部对赵占魁的事迹进行分析，结合本厂的实际将运动推向深入。他们分析后，发现赵占魁是受过苦、遭受过资本家残酷剥削的工人，到了延安分配到军工企业参加革命工作后，受到良好的教育，深感革命工厂与资本家开的工厂有着根本不同，所以赵占魁工作积极，总是抢最苦最累的活儿干，努力建设革命家务，以厂为家，思想基础很好。对比印刷厂工人，青年工人多，对革命工厂没有太多的认识，“挣钱养家”的雇佣思想比较突出。为此，印刷厂的领导采取上课和讨论的办法，启发大家的阶级觉悟。工人们经过学习，思想上有了很大提高，认识到应该把革命工厂当成革命家务，转变了以往认为“工作是为了别人，对自己没有益处”的思想。认识提高了，行动就上来了，印刷厂在生产上也出现了新局面。排字组工人排起字来精神集中，排字速度大大提高。他们在生产很紧张的情况下，专门抽出人到平山去背回废炮弹，取铅铸字；过去印刷厂工人扫地时把铅屑都扫掉，现在扫地时会把混着铅屑的土装入布袋，到河里冲洗，把滤出的铅屑放到锅里熔成铅块，通过多种措施解决铸字缺铅的问题。印刷组则下大力气提高印刷品质量，保证印出的报纸字迹清晰。开展“赵占魁运动”和“新劳动者运动”给印刷厂带来了新气象，产量、质量都实现了新突破。到1945年5月，全厂有四个小组获得模范奖旗。其中，打版组荣获“团结、节约、勤劳的模范”奖旗，排字组荣获“一度飞跃，更高一步”奖旗，印刷组荣获“苦干猛进”奖旗，装订组荣获“飞跃前进”奖旗。印刷厂在总结“新劳动者运动”的经验时，又提出了新的生产目标、劳动条例和奖励条例，号召全厂职工继续提高产量、质量，降低成本，争取取得更大的成绩。

1945年5月1日，《晋察冀日报》发表了题为《边区号召普遍开展赵占魁运动》的社论，对1945年开展“赵占魁运动”提出了五点要求：第一，晋察冀边区各工厂要普遍开展“赵占魁运动”。领导要从思想上转变工作作风，广泛地实行民主，工人要从思想上转变对待工厂的态度，开展创造赵占魁式人物的“新劳动者运动”。第二，必须进行经常的检查和及时的总结。应使平常个人的检查与定期的会议检查，领导自上而下的检查和群众相互间自下而上的检查结合起来。要注意研究几个人或几个组在运动中的发展变化过程，指导全厂运动的开展。第三，每个工厂应根据本厂具体情况，定出一定时间内的中心目标，使运动围绕着这个目标而努力。第四，在开展“赵占魁运动”中，必须依靠和培养积极分子与团结群众。要注意培养老的劳动英雄，发现新的劳动英雄，发挥他们的骨干桥梁作用。积极分子应当成为团结群众与推动运动的中心。第五，必须发扬民主的、积极负责的工作作风，改善各种制度，继续研究工资制度，使工资制度更加合理化。关心工人生活，改善伙食与劳动条件，在将来的劳动保护法公布后，各厂必须严格执行。《晋察冀日报》社论提出的五点要求，对“赵占魁运动”在晋察冀边区的开展是有针对性的，很有指导意义，反映出“赵占魁运动”在晋察冀边区发展为“新劳动者运动”的新特点。

诚如研究者所言，“新劳动者运动”给了根据地公营工厂中长期以来就不断开展的群众生产运动一个确定的形式，为工会组织群众生产提出了比较系统的办法。运动的普遍和深入开展，使根据地工会工作跨出了意义重大的一步，同时也标志着根据地公营工厂管理工作开始和职工群众相结合，生产工作中的群众路线在逐步形成。爱护工人，努力生产，积极投身于根据地经济建设，开始成为工人群众的自觉行动。①

三、军区工业部和公营工厂表彰英模

"新劳动者运动"的深入开展，使一大批先进模范人物涌现出来。为宣传他们的先进事迹，发挥他们的引领作用，使更多的人民群众加入生产建设的热潮中来，晋察冀边区军区工业部和公营工厂等纷纷召开大会，表彰英雄模范。

（一）军区工业部召开大会表彰劳动英雄

随着"新劳动者运动"广泛深入地开展，各军工企业都注意及时总结经验，大力宣传先进模范人物的事迹，充分发挥他们的模范带头作用，使工人们看到"赵占魁"就在身边，立足岗位努力奋斗，争当先进劳动英雄。1944 年 5 月 25 日，晋察冀军区工业部召开大会，表彰了刘润田、张玉山、丁继芳、杨万红等军工企业赵占魁式劳动英雄，在大会上介绍了这些劳动英雄"把工厂当战场，多生产一颗子弹就能多消灭一个敌人"的英雄事迹，授予他们劳动英雄的光荣称号，号召军工系统的广大职工向他们学习。

在这次表彰会上被授予"头等劳动英雄"称号的刘润田是军区工业部化学厂副股长，他出身贫苦，曾当过十多年的长工，进了化学厂当工人后，感受到了革命队伍的温暖，非常珍惜革命工厂的工作，把工厂当成自己的家。工作中总是"丢下耙子拿扫帚，放下饭碗就工作"，这是全厂工

① 刘明逵、唐玉良主编：《中国工人运动史》（第 5 卷），广东人民出版社，1998 年。

人们对他工作态度的高度评价。他深受工人们的尊重和爱戴，在工人中享有很高的威信。

“头等劳动英雄”王水山在工作中不仅能吃苦受累，而且干一行爱一行钻一行，工作有需要，他就努力去钻研，将自己在革命队伍里锻炼成一专多能的专家型工人。边区工业基础薄弱，各种原料奇缺，在党中央、毛泽东“自己动手，丰衣足食”的号召下，1942 年 2 月，王水山被派去进行矿产开发研究。工作中，他苦干加巧工，团结工友们一起努力，很快胜利完成了任务。他说：“革命需要我干什么，我就干什么。干什么，我就学什么。”在革命的大熔炉里，王水山成了一名技术高明的矿工，也是一名修建煤窑的建筑专家。他原来不识字，但他勤于学习、善于学习、坚持学习，变成了能识一千多字，能读《子弟兵》报，能演算四则运算，能看图筑窑，熟悉蒸锌的有文化、有知识的技术能人。

军区工业部的劳动英雄总结表彰大会，为企业职工树立了身边的“赵占魁榜样”，对于推动军工系统“赵占魁运动”的深入发展和“新劳动者运动”的开展作了进一步动员。劳动英雄们不仅觉悟高、思想好，而且都是技术上很过硬的工人。在他们的带动下，军工企业的职工们掀起了刻苦钻研技术的热潮，也影响到了晋察冀边区的各个公营工厂，促使先进模范人物不断涌现。

（二）公营工厂群英大会顺利举办

为了检阅开展“赵占魁运动”的成果，进一步推动边区公营工厂大生产运动和生产竞赛广泛深入地开展，晋察冀边区公营工厂群英大会于 1944 年 12 月 7 日在边区抗联会所在地河北阜平隆重开幕。边区军工业、印刷业、制药业、缝纫业、造纸业、煤矿业等各行各业的英雄模范参加了这次大会。

开幕式上，晋察冀边区抗联会工人部长王文兴向大会致辞。他引述了毛泽东的指示，抗战没有工业是不能胜利的，因此，工人阶级在准备全国大反攻和迎接新的时代中，所负的责任更为重大。他希望各位劳动英雄模范将自己的一切模范事迹和意见毫无保留地贡献给大会。晋察冀边区行政委员会主任宋劭文、中共中央晋察冀分局[①]委员赵振声（李葆华）也先后在开幕式上致辞。宋劭文用具体事实说明了在国民党专治统治下，工人是“饥寒交迫的奴隶”。而在抗日民主政府下，广大工人有了崇高的政治地位和社会地位。他高度赞扬边区工人对保卫与建设边区抗日民主政府作出的光辉业绩，殷切希望工人英雄模范更好地发扬群众英雄主义，把边区工业建设更提高一步。赵振声在致辞中指出，今日工人阶级不仅要认识到劳动创造世界，还要认识到劳动者就是世界的主人，应于统治和领导世界的地位，因此，工人要重视群英大会的意义。群英大会就是工农兵各界代表发挥领导力量的一种组织。边区各种公营产业都有很大的生产成绩，在坚持敌后抗战、建设边区中，工人阶级起了伟大的作用。谈到英雄模范和群众的关系时，赵振声强调，依靠群众，可以战胜一切；脱离群众，则不能成为英雄。为了准备大反攻，战胜敌人，需要边区工业有更大的发展。这就要依靠千万个敌后赵占魁式的工人英雄，带领工人群众来努力。为了工人阶级的彻底解放，也需要英雄们带领工人群众来努力。

从 12 月 8 日起，会议安排分组交流经验。分组会上，共有 59 位英雄模范分别介绍了他们的英雄模范事迹和他们在各个岗位上的工作经验及体会。他们的宝贵经验和英雄模范事迹，反映出晋察冀边区工人阶级崭新的精神风貌。

抗日战争的艰苦岁月，考验和锻炼了晋察冀边区的工人阶级，晋察冀边区公营工厂的工人普遍提高了政治思想觉悟，逐步树立了革命家务的

---

① 1945 年 8 月，中共中央决定撤销北方局，分别成立晋冀鲁豫中央局和晋察冀中央局，故 1945 年 8 月后中共中央晋察冀分局改称中共晋察冀中央局，见中共北京市委党史研究室编：《北京革命史简明词典》，北京出版社，1992 年，第 22 页。

思想，把工厂当作自己的家，积极参加生产，关心工厂的建设和发展，出席会议的劳动英雄们就是其中的优秀代表。如染工杜占云，矿工杨东来、李福岗，榨油机工人丁继芳，枪工高二强，军火工人李良贵、邓全林、李合璧、张阑贵、张金大，化工厂工人刘润田，印刷厂厂长刘长彬等。

晋察冀边区的工业基础薄弱，生产设备简陋，但边区工人和知识分子勇于担当、敢于创新的精神却改变了边区工业生产落后的状况，推动了边区工业的发展。到会的劳动英雄和列席会议的工人、知识分子代表，是在生产实践中敢于创新，设计生产新设备、新产品，进行发明创造的优秀代表。如军工所研究室技师韦彬、胡大佛、张奎元，纸厂技师于立本等，从边区的生产实际出发，充分发挥他们的知识技能，研究发明出多种化学原料和生产工具。还有许多工人在生产实践中积累了丰富的生产经验，不断解决生产中出现的新问题，创造发明了新的工艺和新的生产工具。如工人牛步峰发明改造的木质轻便铅印机；杨东来研究设计改造窑道，铺设双轨；许文化、康健、刘润田、刘明斋、史武生、杜沈等不断解决生产中的难题，进行技术改造和技术革新，提高了生产的数量和质量，增加了品种，降低了原料的消耗，节约了生产成本，推动了企业的生产和发展。

12 月 10 号，中共中央晋察冀分局副书记胡锡奎在会上作了《英雄模范运动中贯彻民主作风诸问题》的报告。他在报告中指出，边区的英雄模范运动，已成为一个广泛的群众运动，成为一个广泛的人民群众的民主运动；英雄模范和一般群众的区别，就在于工作标准比一般群众要高，有群众观点和为大家服务的精神；通过公营工厂群英大会，要选出事迹突出的劳动英雄参加边区第二届群英大会。胡锡奎在报告中还指出，英雄模范要成为建设革命工厂的骨干和核心，这一建设不仅为着抗战胜利，而且为着建设新中国。今日我们的工厂在农村，以后收复了大城市，工业规模就更大了，有着千百万的近代产业工人需要我们带领，英雄模范的责任也就更大了。他要求各位英雄模范把大会的精神和收获带回去，向工厂的全体工人传达，打破各种错误观点，大大发挥工人的创造性和积极性。要相信群众的力量，注意解决工人的困难，关心他们的物质和精神生活，加强教育，这样才会有更大的成绩创造出来。

大会上有16名英雄模范介绍了他们的工作经验和模范事迹。出席会议的英模代表选举了出席边区第二届群英大会的英雄模范20名。其中包括军火业七人：刘润田、王水山、杜平、郝金喜、丁一、许文华、庞秀玲（女）；印刷业四人：牛步峰、康健、陈富荣、张保山；缝纫业二人：张贵玉、刘焕然；染布业一人：杜占云；造纸业一人：张林瑞；煤矿业一人：杨东来。大会还选出了模范工作者四人：韦彬、卢阳楼、王江涛、于立本。

晋察冀边区公营工厂群英大会于1944年12月7日开幕，至12月17日闭幕，历时11天。晋察冀边区抗联会机关工作人员和群众剧社还联合为英雄模范们举行了热烈隆重的欢送会。

四、晋察冀边区两次召开群英大会

晋察冀边区大生产运动的持续开展，以及边区各地各行业纷纷召开群英大会，为晋察冀边区召开边区群英大会创造了条件，为了选树英雄模范，发挥典型人物对于边区抗日战争和生产建设的带头作用，晋察冀边区决定召开边区群英大会。

（一）首届群英大会

晋察冀边区处在华北敌后的心脏地带，频繁遭受敌人的疯狂“扫荡”。由于其独特的地理位置和战略地位，晋察冀边区开展大生产运动和陕甘宁边区在方法上是有区别的，甚至两地开的群英大会在内容和时间上也有区别。为了总结晋察冀边区特别是游击区大生产运动的经验，表彰英雄模范人物，晋察冀边区党政军领导机关决定召开首届群英大会。

1. 晋察冀边区公布反“扫荡”战斗英雄奖励办法

1943 年 12 月 30 日，晋察冀边区行政委员会公布了《晋察冀边区反“扫荡”战斗英雄奖励办法》，并于 1944 年 1 月 3 日在《晋察冀日报》第 1 版全文刊出。

《晋察冀边区反“扫荡”战斗英雄奖励办法》提出，1943 年秋冬长期反“扫荡”战争，在我区党政军民积极努力下，已获全胜；反“扫荡”过程中，群众爆炸英雄、麻雀战英雄、坚贞不屈的民族英雄，到处涌现；在部队中、团体干部中、政权干部中亦有许多战斗英雄涌现。为庆祝反“扫荡”胜利，召开群英大会，奖励有功而准备将来更英勇的斗争，特制定本办法。

《晋察冀边区反“扫荡”战斗英雄奖励办法》规定：

第一条　本办法所称战斗英雄，包括反“扫荡”中在武装战线上、秋收战线上、种麦战线上、经济战线上以及其他工作岗位上各种类型的英雄。

第二条　战斗英雄的标准，如下列规定：一、部队中的英雄，战士以神枪射手、模范弹手、反“扫荡”中毙伤敌人在二十人以上者为合格；指挥员以英勇机智、指导有方，反“扫荡”中领导战斗胜利在五次以上者为合格。二、人民武装中的英雄，以团结民兵、团结游击小组，进行有组织的地雷战、游击战、麻雀战，保卫家乡，保卫人民，杀伤敌人有显著成效者为合格。三、群众中的英雄，以领导村民有组织的活动，为村民所爱戴；或被敌捕获，坚贞不屈；或组织群众夺取及破坏敌人枪械牲畜财务具有成绩者为合格。四、村干部中的英雄，以坚持村的工作，爱护军队，爱护人民，解决战时困难，贯彻不懈者为合格。五、区以上党、政、团体干部中的英雄，以领导群众进行抢收、抢种、坚壁财物，或领导群众坚持对敌斗争，具有显著成绩者为合格。

第三条　战斗英雄，部队分连队、团、分区、军区四级；地方分村、县、专区、边区四级。逐级选拔之。

第四条　为进行审查评定选拔及奖励战斗英雄诸事项，部队上团组织战斗英雄评定委员会，由团长、政治委员、参谋长、政治主任以及其他适宜人员组织之。由团长、政治委员分任正、副主任。地方上县、专区、边区均分别组织战斗英雄评定委员会，由同级党政军民各派代表一人至二人组织之，互推正、副主任各一人。首次会议由政府召集。各级战斗英雄评定委员会无上下级组织机关。

第五条　战斗英雄逐级选拔之方法，如下列规定：一、村战斗英雄由村民或村干部提出，开村民大会或村民代表会通过。二、连队战斗英雄由战士或连队负责人提出，经连队大会通过。三、村选拔之战斗英雄，经区报县，由县战斗英雄评定委员会审查评定选拔县战斗英雄。四、连队之选拔战斗英雄，报团，由团战斗英雄评定委员会审查评定选拔团战斗英雄。五、县或团选拔之战斗英雄，报专区或分区，经专区战斗英雄评定委员会审查评定选拔专区战斗英雄。六、专区选拔之战斗英雄，分报边区与军区，由边区战斗英雄评定委员会审查评定选拔边区战斗英雄。逐级选拔之部队战斗英雄，经部队系统上报。各级党政民选拔之战斗英雄，经政府系统上报。

第六条　干部中之战斗英雄，部队团级以上干部不选拔，由军区或分区自行考核奖励之。地方县级以上干部不选拔，由党政民各自上级组织考核奖励之。

第七条　各级选拔之战斗英雄，必须将战斗英雄之详细事迹，列举报告，以凭（备）上级审查评定。各级选拔之战斗英雄，并须于适当的群英大会上宣布之。

第八条　村战斗英雄，由县奖励之；县及专区战斗英雄，由专区奖励之；边区战斗英雄，由边区奖励之。连队战斗英雄，由团奖励之；团战斗英雄，由分区奖励之；此项奖励由军队分区、团自行规定。

第九条　战斗英雄奖励办法，如下列规定：一、精神奖励：（一）发给奖章或奖状。（二）大会表扬。（三）通报表扬。（四）传令嘉奖或通令表扬（将成绩通告所辖地区）。二、物质奖励：（一）专区县自行奖励之战斗英雄，由边区拨款，计四、五专区各一万五千元，三专区一万元，一专区五千元，二专区五千元，此款由专区掌握，分发额数，由各专区自行规定。（二）边区战斗英雄，由边区分别给予相当于三百元以上两千元以下之实物，奖励一驴、牛、农具等，并得给以枪支奖励，视其模范事迹分等进行之。本条所定精神奖励与物质奖励得同时并用之。奖品除由边区行政委员会备办者外，得由战斗英雄评定委员会向党部、部队、团体募集一部分。

第十条　本办法自公布之日起施行，但只适用于奖励此次反“扫荡”中的战斗英雄。[①]

晋察冀边区所辖各地区、各单位、各部队接到通知后，认真按照通知的精神，逐级评选出各级的劳动英雄模范人物，并召开各级的战斗英雄大会，将最优秀的战斗英雄选拔出来去参加边区的表彰大会，迎接边区首届群英大会的召开。

2. 群英大会在阜平隆重举行

1944年2月10日，晋察冀边区首届群英大会在阜平县柏崖村隆重举行。晋察冀边区首届群英大会经过层层评选和审定，共评出104位来自各条战线的战斗英雄。他们有的是久经战场的基层连队的指挥员；有的是在抗战前线与敌人顽强拼搏的普通士兵；也有在敌后坚持生产、组织民众种好庄稼，保证抗战前线粮食等物资供应的劳动英雄；还有积极做群众工作，保护子弟兵的英雄母亲等。

---

① 《晋察冀边区反“扫荡”战斗英雄奖励办法》，《晋察冀日报》1945年1月3日，第1版。

晋察冀军区副政委程子华、刘澜涛，军区政治部主任朱瑞，晋察冀边区行政委员会主任宋劭文等领导参加了大会。宋劭文致开幕词，他说，这次群英大会在边区历史上还是第一次。开这个会的目的，是把全区很好地组织起来，打日本、种庄稼。诸位英雄模范，都是在各个战线上积极工作且做得好的人，现在要请各位把打日本、种庄稼等一切好的办法讲出来，边区党政军民领导机关要向诸位虚心学习。诸位都是优秀的组织者，今天要组织起来，就全靠诸位的影响来推动全边区，使大家向诸位看齐，使一切做得更好。因为英雄事业不是单靠个人能够做到的，而是要靠大家一起动手，希望大家讲话不要拘束，像说家常话一样，把各自的经验谈出来，彼此学习，介绍给全边区，并且彼此组织起来竞赛。

在群英大会上，104名战斗英雄受到隆重表彰。其中，有三位战斗英雄的表彰决定格外引人注目。中共中央晋察冀分局、军区司令部政治部、边区行政委员会、边区各界抗日救国联合会联合决定赠予邓世军“晋察冀边区子弟兵战斗英雄”称号，赠予李勇“晋察冀边区爆炸英雄”称号，赠予戎冠秀“北岳区拥军模范——子弟兵的母亲”称号。晋察冀边区党政军民领导机关对三位战斗英雄的表彰决定，语言朴素，故事生动，蕴含的内容又非常丰富。

晋察冀边区党政军民领导机关对三位战斗英雄的表彰决定如下：

关于赠予邓世军同志“晋察冀边区子弟兵战斗英雄”称号的决定

×团一连连长邓世军同志是红军长征的英雄，优秀的共产党员，一贯作战勇敢，工作积极，生活艰苦，身经百战，负伤9次，坚定不移，再接再厉，百团大战中有名的艰苦的磨河滩战斗，即邓世军同志所指挥而胜利的。去年3个月残酷反“扫荡”中，邓世军同志发扬光荣传统，机动灵活，打击敌寇。一次，该连位于石沟村，为1500以上之敌所包围，他奋勇当先，沉着镇定，指挥部队，向敌冲杀，杀伤敌人20多名，终于突出三层包围圈，保存了自己。另一次，北岳沟战斗，敌寇以2000以上兵力，向×团的5个连合击，他首先率队占领制高点，掩护主力，激战一日，击退敌寇7次冲锋，一人投掷手榴弹40多颗，手榴弹打完，继以地雷投炸敌寇，终于粉碎敌寇合击企图，保证主力安全转出合击圈外，并杀敌70多名。在最危急的情况下，刚毅不拔，从容指挥，转危为安，这种精神，实堪嘉奖，因此，特赠予邓世军同志以“晋察冀边区子弟兵战斗英雄”的称号。希望邓世军奋勉前进，加紧学习，把军事政治文化水平不断提高，并与群众进一步密切团结，创造更大更多的胜利，永远保持与发扬已得到的光荣称号。同时，号召边区全体子弟兵，特别是干部，一致向邓世军同志看齐。

关于赠予李勇同志“晋察冀边区爆炸英雄”称号的决定

中国共产党模范党员李勇同志，善于掌握敌寇活动规律，机智勇敢，巧妙灵活，在去年五月反“扫荡”中，将地雷与步枪结合在一起，创造出惊人战绩，为广泛的群众游击战争做出了一个很好的榜样。当即确定为“北岳区爆炸英雄”。去年3个月残酷的反“扫荡”中，更能精益求精，发挥创造精神，地雷战和麻雀战密切结合，主动打击敌寇，他和他的游击小组，3个月中，共毙伤敌伪364名，炸毁汽车5辆，实为群众游击战的能手，特赠予李勇同志以“晋察冀边区爆炸英雄”的称号。希望李勇同志继续努力奋勉，前进不已，并号召全边区民兵在杀敌自卫的大旗下，更加广泛开展李勇爆炸运动，向李勇看齐！

关于赠予戎冠秀同志“北岳区拥军模范——子弟兵的母亲”称号的决定

平山下盘松村连任6年妇救会主任的戎冠秀同志，一贯积极负责，爱护军队，为人表率。去年3个月反“扫荡”中，她对过往部队多方关心，解决困难，保证部队执行任务，曾经几次救护伤员，不避艰苦危险，服侍安慰，无微不至，发生情况，则亲自安置伤员，亲自放哨瞭望，一次，×团一个重伤员到了下盘松村，他已经四天四夜，水米未曾入口，人事不省。戎冠秀同志马上亲自看护，先用温开水向其口内灌送，伤员逐渐睁开眼睛，再用豆腐脑儿慢慢喂他，伤员开始能说话，再喂以稀饭。戎冠秀同志又怕伤员受冷，把自己女儿的棉衣内襟扯下，给伤员包脚防冻，这样足足一整夜，未离伤员左右，未睡一会儿觉，终于使伤员神志清醒，肢体得以转动，而将之送回部队医院休养。这种伟大母爱的精神，实是边区人民拥护子弟兵的意志的集中表现。因此，特赠予戎冠秀同志“北岳区拥军模范——子弟兵的母亲”的称号。并号召边区全体女同胞、全体人民向戎冠秀同志看齐，广泛开展戎冠秀拥军运动。

会议期间，程子华代表中共中央晋察冀分局和军区在会上讲话，他高度评价了战斗英雄们的英雄事迹和巨大作用，用一个个生动的英雄事例分析英雄之所以成为英雄的原因，号召全边区都要向战斗英雄学习。

程子华还谈到，我们党政军民各级领导机关，过去在注意和善于发现、表扬这些英雄模范人物方面，是做得很不够的。从工作报告、工作总结中，很难看到里面谈到这些人物，我们的报纸也缺乏对这些人物的很好的表扬和介绍。还没有把“从群众中来，到群众中去”这两句话有效地贯彻，不知道向这些人物学习，可以加强自己的领导，不知道抓紧了这些人物和事迹，可以推动整个的斗争和工作。一般文化工作者和报纸的通信员，也没有深入地了解这些人物，收集这些人物所建立的事业，反映到报纸上，指导全边区……大家要学习艾青同志写吴满有那样的精神方法。我们要领导群众，首先就要向群众学习，把他们的经验集中起来，加以研究、整理和总结。把它系统化，然后拿到群众中去实行；再检查、总结，又把它推广下去。然而这绝不是循环，而是一步一步地提高。去年5月反“扫荡”时，我们把李勇的经验总结起来又推广下去，到秋季反“扫荡”

时，李勇就真变成千百万了，现在我们总结了大家的经验，也必然会变成千百万。

程子华最后强调，要在全边区开展大生产运动，响应中共中央和毛泽东同志的号召，一定能取得大生产运动的胜利。他指出，一面战斗，一面生产！大家动手克服困难！战斗英雄要成为劳动英雄！组织起来，开展大生产！

在战争年代，党和政府对英雄模范的表率作用、引领作用是非常重视的。各抗日民主政府为了调动人民对敌斗争、发展经济的积极性，采取各种有力措施，依靠广大人民群众的力量，不仅赢得了战争的胜利，也取得了经济的发展，逐步提高人民的生活水平。

（二）第二届群英大会

全民的抗战和全民的大生产运动，在各抗日根据地都取得了突出的成绩。晋察冀边区行政委员会为奖励边区大生产运动中的生产英雄和模范工作者，检阅边区生产建设成果，于 1944 年 6 月 17 日公布了选拔劳动英雄和征集生产展览品的办法。《晋察冀日报》1944 年 6 月 21 日在第 1 版头条位置发布了消息。

1. 晋察冀边区劳动英雄选拔办法

大生产运动，已在各地热烈展开，涌现出许多的生产模范、劳动英雄，为从千百万群众中选举生产战线上的劳动英雄模范，达到进一步组织起来发展生产之目的，特制定本办法。

第一条　本办法所称劳动英雄，系指在农业生产方面（手工业、运输业及其他副业是附带的）努力劳动、成绩卓著，在群众中真正有威望的杰出人才而言。

第二条　劳动英雄的标准，如下列规定：

1. 经济上努力劳动，发展生产；

2. 政治上拥护革命，公私兼顾；

3. 武力与劳力结合，战斗与生产结合，用战斗保卫生产，保卫收获。

上列第3项标准，除直接与敌作战，武装保卫生产保卫收获者外，凡合于民众与拨工组拨工变工，实行抢耕抢种抢收，或在战时领导群众转移，坚持战时生产，或领导群众坚壁财物避免损失等条件者均属之。

合于上列3项标准，始得成为劳动英雄。但对男女老少不同的人，其选拔条件由专署根据上列3项标准之基本精神，按照实际情形具体规定之。

部队、机关、团体、学校中的机关生产劳动英雄，除须具备上列3项标准外，尚须是生产与工作、学习结合的模范，始得入选。

第三条　劳动英雄分下列两种：

1. 农村中的群众生产劳动英雄；

2. 部队、机关、团体、学校中的机关生产劳动英雄。

第四条　群众劳动英雄分村、县、专区、边区四级进行选拔，部队劳动英雄分团（或大的支队与区队）、分区、军区三级进行选拔；均依照民主原则，逐级选拔之。

凡未当选劳动英雄之优秀人物，得称为生产模范。

第五条　劳动英雄逐级选拔之方法，如下列规定：

1. 在大生产运动中，已有为众所公认的生产模范、劳动英雄之村，由村民或村干部提出后，得召开村民大会进行选举，各准备当选人并可自由竞选，其得票最多者始得当选为村生产模范。无此项人物之村不选。村选举之生产模范，报区审查加县意见，转县审查，定期召开各村生产模范大会，自报与介绍模范事迹，经县生产委员会评定后，得选为县生产模范。

2. 部队劳动英雄，由战士或连队负责人提出，召开连队大会（或军人合作社的社员大会）选举连队生产模范。

连队选举之生产模范，报团（或大的支队与区队）审查，定期召开生产模范大会，自报与介绍模范事迹，由团级政治机关评定后为团生产模范。

3. 区公所、区团体、高小，得合并召开全体人员大会，选举本区机关生产模范。区选举之机关生产模范报县审查后，得出席县召开之生产模范大会。

县机关、团体、学校生产模范，由本部门人员提出，召开本部门全体人员大会进行选举，当选人经县审查机关审查后，得出席县召开之生产模范大会。

专区以上机关、团体、学校生产模范之选举，同此办理。于报经同级审查机关审查后，得出席驻在县召开之生产模范大会。

4. 县或团（或大的支队与区队）选拔之劳动英雄，报专区或分区，由专区生产委员会审查，再召开县或团（或大的支队与区队）劳动英雄大会，自报与介绍英雄事迹，经专区生产委员会评定后，得选为专区劳动英雄。

5. 专区选拔之劳动英雄，分报边区与军区，由边区生产委员会审查，再召开边区劳动英雄大会，由专区劳动英雄自报与介绍英雄事迹，经边区生产委员会评定后，得选为边区劳动英雄。

冀热辽、冀中区、平北依照上述规定选拔有困难时，得酌情变通办理之。由行署专署或办事处自行规定之。

逐级选拔之生产模范、劳动英雄，部队的经部队系统上报；其余一律经政府系统上报。

第六条　生产模范、劳动英雄之审查、选拔诸事项，均由各级生产委员会负责办理，不另设审查评定委员会办理。

第七条　各级选拔生产模范、劳动英雄，必须在大会上立即宣布之。

第八条　各级选拔之生产模范、劳动英雄，应将其“姓名、年龄、性别、籍贯、住址、家庭概况、模范或英雄事迹，存在的缺点，以及选举会议进行情形，竞选时所提出问题等”详情报告，以凭上级审查（部队、机关、团体、学校选举之英雄模范，应增报“所在机关、所任职务”两项）。

第九条　选拔英雄模范之时间，在秋收后行之，由本会另行规定。奖励办法亦另行规定。

第十条　本办法自公布之日起施行。①

晋察冀边区行政委员会1944年6月17日公布的选拔劳动英雄的办法，非常适合晋察冀边区的实际情况。1944年，从世界反法西斯的整个形势看，战局发生了转折性变化，苏美英三国的军队在欧洲战场取得节节胜利，中国人民的反日战争也在准备反攻中。但地处华北心脏之地的晋察冀抗日根据地，战争仍然频繁、残酷。

从实际出发，是中国共产党办事的原则，也是取得胜利的保证。晋察冀边区公布的选拔劳动英雄的办法，强调逐级评选，必须要开村和连队的大会进行选举。但对冀热辽、冀中区、平北地区等战斗更频繁的地区，则提出“依照上述规定选拔有困难时，得酌情变通办理之。由行署专署或办事处自行规定之”。一切从实际出发，不搞“一刀切”，充分体现了中国共产党实事求是的优良传统和思想路线。

2. 关于召开第二届群英大会及生产展览会的决定

1944年10月15日，晋察冀边区行政委员会作出《关于召开第二届群英大会及生产展览会的决定》，并于10月20日在《晋察冀日报》上全文公布。10月17日，《晋察冀日报》发表了迎接边区第二届群英大会及生产展览会的社论。10月初，边区第二届群英大会筹备会正式成立，拉

① 《晋察冀边区劳动英雄选拔办法》，《晋察冀日报》1944年6月21日，第1版。

开了晋察冀边区紧张有序筹备第二届群英大会的序幕。

《关于召开第二届群英大会及生产展览会的决定》对晋察冀边区选拔战斗英雄、劳动英雄及模范工作者的标准、办法和注意事项都作了明确规定。

《关于召开第二届群英大会及生产展览会的决定》提出的选拔标准有：

一、凡正规军、游击队民兵及一般干部群众，凡具下列条件者，得当选为战斗英雄：1. 积极打击敌人，破坏敌人交通，围困敌伪机关，保卫家乡、保卫边区、保卫群众利益，获得显著成绩者；2. 服从组织与纪律，彻底执行政策法令，团结群众，深得群众拥护者；3. 积极生产，努力劳动，武力与劳力结合著有成绩者。

二、无论党政军民，凡具备下列条件者，得当选为劳动英雄：1. 积极从事生产事业（包括农业、工业、合作运输、贸易、畜牧以及纺织、棉织等手工业）成效卓著或有新的创造者；2. 在生产事业中，能推动帮助别人，著有成绩者；3. 遵守政策法令，拥护政府军队，爱护人民，团结群众，热爱边区，足称模范者。

三、无论党政军民各级工作人员，凡具备下列条件者或成效卓著者，得当选为模范工作者：1. 参加或领导任何一项工作部门的工作中有新的创造或成效卓著者；2. 团结群众，团结干部，得到周围群众和干部的拥护者；3. 执行政策法令并能推动影响别人执行政策法令者。

四、各选举单位（村、区、县、部队、机关、团体、学校等）得依据上述一般标准及其特殊情况，另行规定具体的标准执行之。

五、选举英雄模范的基点放在战争生产上，各地区均应围绕此中心任务进行。但各战略地区（冀中、冀热辽、冀晋区、冀察区）的选举全得由地区不同情况具体确定之（冀中、冀热辽多选举战斗英雄）。

六、凡边区抗日军民得为战斗英雄、劳动英雄及模范工作者，以及选举与被选举权人，无阶级、党派、职业、宗教信仰、性别、民族的限制（外国人民及干部同参加者同样不加限制）。[①]

《关于召开第二届群英大会及生产展览会的决定》要求，选举要经基层群众推选出来，并逐级推选。如谈到工厂系统的选举，就明确指出，县内所有独立经营30人以上之公司、工厂、作坊（30人以下者参加所在村或地方选举）得联合成一选举单位，由县生产委员会召开全体人员大会，选举工厂战斗英雄、劳动英雄、模范工作者，再由当选人中推选代表若干人出席边区之工厂战斗英雄、劳动英雄、模范工作者代表会议。30人以下之工厂、作坊即按本项三节之规定办理。边区工厂战斗英雄、劳动英雄、模范工作者代表会议，由边区抗联会与军区政治部联合召开，会上由出席代表中再推选若干人为出席边区群英大会的代表。

《关于召开第二届群英大会及生产展览会的决定》还明确战斗英雄、劳动英雄、模范工作者不是终身制……去年战斗英雄、劳动英雄、模范工作者，其有行为与工作不是表率者，亦得经各级代表大会提出要求，由政府撤销之。

3. 把真正的英雄推选出来

晋察冀边区行政委员会作出《关于召开第二届群英大会及生产展览会的决定》后，边区所属各专区、县、村和各部队、机关、团体、学校及企业，按照边区的指示精神，充分发动群众迎接边区召开的第二届群英大会，同时认真进行评选工作，把那些真正的英雄推选出来。

按照晋察冀边区的选拔标准，各地以村为单位，召开大会推选。曲阳北宴山村为了把村里的英雄模范人物推选出来，他们首先分组召开座谈会，传达上级的精神，宣讲英雄模范的标准，村民们通过学习，了解了评

① 《关于召开第二届群英大会及生产展览会的决定》，《晋察冀日报》1944年10月20日。

选英雄模范人物的意义和标准，村民们说小组选出“秀才”，然后全村再选出“举人”，送到区里、县里去选的就是“状元”了。在选举的同时，村里还举办生产展览，以实物宣传英雄模范人物的先进事迹，对群众的教育更生动。

经过各村和基层企业推选出来的英雄，报区审查后集中到县，各县都纷纷召开英雄模范人物代表会议再次推选。在实际工作中，各地注意抓典型，把群众推选英雄模范人物的会开好。冀晋专区所属的阜平、曲阳等县都举行了隆重的群英会。行唐群英会推选出康福山、樊钧、田凤亮等14人当选为县战斗英雄、劳动英雄、模范工作者，并推选出康福山、樊钧、赵荣勤、牛国才、李长山等人出席边区的群英大会。冀晋专区行署和冀晋区抗联会总结了行唐县召开群英会的经验，指示各县召开群英会时应注意的事项：

（一）会前的准备工作，应特别重视，对各区英雄模范了解，展览品的征集与布置，今年生产运动的基本经验，事务工作的筹备，应分别有专人负责。会前如准备仓促，开会中就必然要紊乱和被动。（二）大会的领导与重点，应放在表扬英雄模范，集中生产战斗经验和民主选举县英雄、边区代表方面，因此会议进行程序按行唐的经验是在隆重举行开幕典礼后，即按不同类型划分为战斗英雄、劳动英雄、模范工作者，妇女、教员等小组，开漫谈会，一面相互了解，一面组织典型发言，第二天即开全体大会，听取各种典型报告。在各位英雄模范的报告中，多注重成绩和战果的介绍，很少有关于失败与成功的经验，因此在第三天，又专门组成组织劳动力、打枣灭虫、积肥、合作社、生产技术等研究小组，用漫谈方式交流经验，然后推选出专人做综合性的大会发言。第五天则进行选举和召开群英大会，宣布选举结果和发奖、献旗、献花，以达表扬英雄模范和展开今冬生产竞赛的目的。（三）会议进行过程，要始终贯彻民主精神，在工作中要尊重英雄模范，在英雄模范中，要发扬互相学习、互相竞赛的精神，领导干部要深入群众与英雄模范，在各方面要打成一片。在发动他们大胆发言上，开始不要怕啰唆而加以限制，不要死抠硬逼，应当用启发和引导的方式，帮助他们继续发言，抓住要点，总之不要用开干部会、开短期培训班、开士绅座谈会的方式来进行等。

晋察冀边区的英雄模范人物选拔工作，在各级党政领导的重视和各界群众的积极参与下，经过层层推选，战斗在边区各个地区和岗位上的战斗英雄、劳动英雄、模范工作者都陆续被推选出来了。第二届群英大会的筹备工作一切准备就绪。

4. 第二届群英大会隆重举行

1944 年 12 月 20 日，晋察冀边区第二届群英大会在阜平县史家寨村隆重揭幕，冀中、冀察、冀晋等专区的战斗英雄、劳动英雄、模范工作者 389 人到会，由于反“扫荡”的形势严峻，冀热辽专区未能参加。大会首先由晋察冀边区行政委员会主任宋劭文报告大会筹备经过。他说，为检阅我们边区在战斗、生产、教育与各方面的成绩，讨论明年大生产的开展及战斗、教育各方面的工作，边区党政军民认为有进一步加强群众英雄主义的必要，乃于 7 月前后决定召开第二届群英大会及生产展览会。经过广大群众的选拔，今天到会的英雄都是从群众中选出来的，都是工、农、兵、学的代表人物，或机关部门的代表人物，希望大会成为 1945 年大生产运动的行动会议。

程子华致开幕词，他说，英雄模范是群众中的“诸葛亮”，今天到会的更是“诸葛亮”中的“诸葛亮”，你们在战斗中和生产中取得了许多的经验，我们要很好地把这些经验总结出来，推广下去，在今年的生产中发挥作用。这次大会的任务是什么呢？简单地回答就是：“一个总结生产，一个总结战斗”，要把好的典型、好的经验和好的办法总结出来。毛泽东同志指示我们，开展“吴满有运动”，组织起来，就可以克服困难，坚持根据地。北岳区的经验就是一个很好的证明，因此总结典型，介绍经验，对于推动工作、改进工作有重大意义。程子华最后强调，这次大会一定会很好地教育我们，真正了解劳动人民创造世界的伟大真理。

在会上，晋察冀边区行政委员会主任宋劭文还作了《1944 年大生产运动及 1945 年的任务》的报告。全体代表参观了边区战绩、生产成果展览会。大会通电全国各党派、各阶层人民，呼吁为实现民主的联合政府而奋斗。[①]

晋察冀边区的第二届群英大会，从 1944 年 12 月 20 日开幕至 1945 年 1 月 30 日闭幕，历时 41 天。会议分三个阶段进行。第一阶段，分小组进行交流经验，并选举出 90 个典型。第二阶段，进行大会经验介绍，先后有 70 多位战斗英雄、劳动英雄、模范工作者在大会上介绍了经验。第三阶段，举行隆重的闭幕仪式。在闭幕式上的会场上，战斗英雄、劳动英雄、模范工作者纷纷登台表达参会感言。老英雄胡顺义代表全体英雄模范向中共中央晋察冀分局献旗，鲜艳的红旗绣着七颗北斗星和“咱们翻了身，永远跟着你”的醒目大字。程子华代表中共中央晋察冀分局接受了英雄们的献旗。大会由部队英雄张继良向边区政府和边区抗联会献旗，红旗上绣有“在你们的领导下，实现耕三余一”的大字。由劳动英雄代表向晋察冀军区政治部献旗，红旗上绣有“军民团结，生产战斗”八个大字。

值得注意的是，虽然晋察冀边区第二届群英大会在 1944 年 12 月 20 日开幕，但新闻媒体向社会各界公布这一新闻则是在 1945 年 2 月 9 日。《晋察冀日报》在公布这一消息时，特地加编者按指出，边区第二届群英大会是在我子弟兵、民兵严密警戒、防空监视中，于去年 12 月 20 日隆重开幕的，众英雄在小组中热烈交流经验，并向大会作典型报告，程子华同

① 中共山西省委党史研究室：《中国共产党山西历史大事记述》，中共党史出版社，1994 年。

志、宋主任、唐参谋长分别向大会作形势与任务及生产战斗的总结报告，大会历时41天，至上月30日胜利闭幕，展览会在元旦开幕，与大会同时闭幕。敌伪虽在边区有袭击，敌机也曾来捣乱，但对大会未产生影响。因战争环境，大会消息在开会期间未作公布，本报只将在大会作典型报告的英雄模范于上月开始介绍……现将大会经过于今日起分别报告于后：开幕典礼盛况；宋主任报告大会筹备经过；程子华主席致辞，提出本届大会任务；于副议员致辞，望众英雄努力学习，把边区搞得更旺；英雄们自由演讲。

CHAPTER SIX 第六章

解放区积极发展生产支援解放战争

1945年，中国人民经过14年的浴血奋战，终于取得了抗日战争的伟大胜利。以国民党反动集团为代表的封建地主和官僚资产阶级同以中国共产党为代表的人民大众之间的矛盾迅速上升为中国社会的主要矛盾。中国面临着两个前途、两种命运的决战。国民党抢夺抗战胜利果实的意图已经昭然若揭，企图用内战的方式来剥夺人民已经取得的权利，使中国社会退回到抗战前专制独裁的反动统治。面对国民党的内战阴谋，中国共产党清醒地认识到要领导人民争取民主、保卫胜利果实，于是准备用自卫战争来粉碎国民党的进攻。

为了保卫解放区，支援解放战争，解放区的广大工人、农民的革命积极性普遍高涨，纷纷开展劳动竞赛，掀起了生产高潮，为中国人民的解放战争打下了坚实的物质基础。解放战争的胜利是中国共产党领导人民取得的胜利，也是在中国工人阶级和千千万万的普通人民大众的坚定支持下取得的胜利，是人民战争的胜利。

一、东北解放区积极恢复生产支援解放战争

解放战争时期，中国东北地区的大片国土和城市陆续解放，随着1948年11月2日辽沈战役取得彻底胜利，宣告了全东北的完全解放，东北回到了人民手中。为了迅速恢复生产，支援解放战争，坚决贯彻党的“发展生产，繁荣经济”“支援前线”等方针政策，东北地区政府和各级工会组织在企业陆续开展了生产竞赛，有力地调动了广大职工的生产积极性，企业生产迅速恢复，经济建设取得了巨大成绩，使东北成为解放战争中物资和人员输送的重要基地，有力地支援了解放战争。

东北地区的齐齐哈尔、鹤岗、哈尔滨等城市先后于1945年、1946年解放，1946年10月10日，哈尔滨举行了首届工人代表大会，哈尔滨市总工会成立，全市工人阶级有了自己的工会组织。

（一）哈尔滨铁路工人大力支援解放战争

1946年7月，东北铁路总局成立，陈云任东北铁路总局党委书记、局长，李富春任党委副书记，不久后，改为吕正操任局长、政治委员。在吕正操的具体领导下，东北铁路职工积极响应毛主席的伟大号召，以主人翁的姿态发出了“解放军打到哪里，我们的火车头就开到哪里”“保证运输，支援前线”的铿锵誓言，为解放战争的胜利作出了重大贡献。

当时，刚刚解放的哈尔滨由于日本侵略者投降前的巨大破坏，整个城市是瘫痪的，铁路破坏更是严重，哈尔滨机务段几乎没有一辆可用的机车。吕正操深入哈尔滨机务段，带领机务段党组织负责人，和职工们一起商量、讨论，听取工人们的意见后，在全段开展了轰轰烈烈的“死机复活”运动，大力抢修破损的机车。职工们的积极性很高，修车没有材料，就到废料堆里去找；修车没有工具，就从自己家中拿，或到市场上购买；任务紧张时，常常夜以继日地抢修机车。据记载，从1946年夏到1947年3月，仅用8个月时间，哈铁全路机车总数就由原来的100台增加到380台。1946年10月，全路仅有货车3789辆，到1947年3月货车数量增加到9677辆（包括破损车1267辆）。客车总数达950辆（良好客车401辆、破损客车549辆）。①

哈尔滨铁路工人总工会在广大职工中开展革命竞赛运动。哈尔滨机务段工会组织认真落实，专门召开全段职工革命竞赛动员大会，在会上提

① 哈尔滨铁路局志编审委员会编：《哈尔滨铁路局志（1896—1994）》下册，中国铁道出版社，1996年，第1884页。

出了与西满铁路局及哈机各部门展开革命竞赛，进一步提高修车质量和工作效率，确保机车安全，培养造就更多的劳动英雄等竞赛条件。哈尔滨机务段工会召开全段职工革命竞赛动员大会时，会场上贴着的一条条标语格外醒目:“一脚踢出事故去，双手接进冠军来”,“检得精、修得勤、烧得好、开得巧，铁道英雄哈铁找”,“出库不晚、管子不冻、机车不脏、事故不生、竞赛岂能失败，行车如风、修车如龙、验车如电、停车如钟、争取劳动英雄”，等等。

为了适应战时运输的需要，吕正操领导东北铁路总局期间对机车运行制度进行了改革。将伪满时期的轮乘制改为包乘制，即六个人包一台机车，机车后面挂一辆宿营车，乘务员吃住在车上，一班工作，另一班休息。当时正处在战争期间，机车出乘后，没有固定的目的地，哪里需要物资就跑哪里，工人们常常十天半月回不了家。但这种战时包乘制大大适应了工作的需要，也大大提高了工作效率。

当时国民党的飞机日夜轰炸，常常造成运送军用物资和运送部队的列车挤堵。针对这种情况，东北铁路总局采取了“赶羊式”运输和组织特别机车大队的方式，即敌机白天轰炸后，晚上工人们就把铁路抢修好，并立即组织列车朝一个方向连续发车，机车把所牵引的列车一直拉送到目的地。乘务人员出乘时，往往不知道去往何地，也不知道多长时间能回家。每次告别父母妻儿时，只有一句话:“我走了，别惦记！”便拎着饭盒就走了。有时机车在途中被炸坏，工人们就顶着闸瓦去修；途中被炸起火，他们便冒着生命危险灭火抢修；炉条坏了，他们就把草袋子浇上水披在身上，钻进灰箱里去抢修；有时候宿营车被炸坏了，他们就在机车水箱上休息……他们舍生忘死，奋战在铁路运输的“战场”上，心中只有一个想法：一切为了解放战争的胜利！

（二）“毛泽东号”“朱德号”机车的诞生

在我国万里铁路线上，几十年来，以新中国缔造者毛泽东、朱德命名的“毛泽东号”“朱德号”机车至今仍飞驰在祖国广袤的土地上，这凝聚着我国几代铁路工人的心血和他们的奋斗历程。

在战火纷飞的解放战争中，哈尔滨是大后方。1946年10月30日，哈尔滨机务段的俱乐部里人声鼎沸、喜气洋洋，“毛泽东号”“朱德号”机车的命名大会在这里隆重举行。从此刻起，“毛泽东号”和“朱德号”机车便在哈尔滨机务段诞生了。

这两台机车是哈尔滨机务段的工人们在轰轰烈烈的“死机复活”运动中修复的。“毛泽东号”机车是哈尔滨机务段的同志从肇东拉回来的，它的编号为175304号。拉回来时，这台机车的风泵、水泵、风机等全没有了。修车工人们克服困难，奋战了27个昼夜，终于将这台机车修好了。“朱德号”机车也是一台破损的编号为1751083号的经工人们修复了的机车。

怀着对人民领袖的热爱，哈尔滨机务段的工人们一致建议，将这两台即将开赴前线的机车以毛泽东和朱德的名字命名。经铁道部门报请中央批准，两台以人民领袖名字命名的机车就这样诞生了。这两台以领袖名字命名的机车，在解放战争中作出了卓越的贡献。

在1946年冬的四保临江战役中，“毛泽东号”机车冒着枪林弹雨，往前线输送战争需要的物资和粮食，往回接运伤病员。煤烧光了，就烧木柴，没有甘油就用肥皂代替。由于国民党军队的飞机轰炸，经常有机车乘务员被炸死炸伤，机车也常常被炸坏，但铁路工人没有一个被吓怕，他们安葬好同伴的尸体，抢修好机车后，又冒着战争的硝烟飞驰在铁路线上，抢运军需物资，支援解放战争。据记载，1948年，“毛泽东号”推行包乘负责制、新行车制和循环运转制。机长李永领导大家学习三锹投煤法，节省燃煤，又研究出省油的新办法，使“毛泽东号”首创每月安全行车

7500 公里的全国最高纪录。在东北线路实现新行车制时，“毛泽东号”首创 41.8 公里的技术速度（当时的最高纪录），半个月抢点 100 多分钟。推行循环运转制也首先由“毛泽东号”开始示范，创造了机车停车时间缩短到 15 分钟的纪录，循环运转制试验成功，大大降低了车辆运转率。李永还在 30 年铁路工作中，避免了三次恶性事故。[①]1949 年 3 月 21 日，“毛泽东号”机车组随着解放军南下，建制划给北京铁路局丰台机务段。“毛泽东号”机车设备换了一台又一台，人员换了一茬又一茬，但“毛泽东号”机车组的一代又一代铁路员工，传承红色基因，在革命、建设和改革的各个历史阶段，永当历史的火车头，滚滚向前。

“朱德号”机车诞生后，马上便投入为解放战争服务的最前线。当时，哈长线上的兰陵河大桥是国民党的封锁线，国民党的飞机天天在铁路线的上空盘旋，看到我们的火车就扫射轰炸。“朱德号”机车组的同志们不顾自身安危，一门心思搞运输，努力为解放战争作贡献。

一次，他们担负昂昂溪至白城的军列任务，机车出站不久，就遇上敌机轰炸，敌机俯冲时，扫射的子弹打在路基的石子上，直冒火星，列车有随时被击中发生爆炸的危险。在这危急关头，为了军列的安全，他们决定将机车和军列分开，用机车去将敌机引开。于是，他们打开气门，机车冒出滚滚浓烟，弥漫了整个天空，敌机分辨不出目标，胡乱扔了一通炸弹就飞走了。他们就是这样，冒着生命危险，保证了一批又一批军用物资的及时送达。另一次，“朱德号”机车承运开往牡丹江的军列任务，列车行驶到小九车站时，突然发生了紧急情况，需要紧急停车。但是，由于列车的制动力不足，虽然下了非常闸，但列车仍在飞快地向前行驶。眼看一场侧翻爆炸的事故就要发生，在这千钧一发的紧急关头，副司机郭树德纵身一跃，从机车的煤斗跳到了货车上，他在列车顶上飞快地向后奔跑，去拧

① 新华月报：《永远的丰碑》（三），人民出版社，2005 年。

紧每节车厢的手制动机。由于列车仍在快速行驶，剧烈的颠簸随时都有可能将郭树德甩下车去，但他全然不顾，一连拧了五节车厢的手制动机，列车终于停了下来。一列车的军火保住了，一场严重的车毁人亡的事故避免了。

在解放战争时期，“朱德号”机车在梅河口迎着敌机，将弹药送到战争前线；在蜜蜂站同厚厚的积雪搏斗，保证了载满军用物资的列车准点到达；在白城冲破敌人的封锁线，迎着敌人的炮火飞驰；在佳木斯，在拉林……哪里需要，“朱德号”机车就奔向哪里，为解放战争的胜利当好先行。1947 年 1 月，“朱德号”机车组被东北铁路总局授予“开路先锋”的光荣称号。

（三）东北铁路系统纷纷举办劳模大会

1946 年 7 月，东北铁路总局成立后，紧紧依靠铁路广大职工恢复铁路运输，保证军用物资和部队人员的输送任务。为了调动广大职工的积极性，东北铁路系统开展了多种形式的竞赛活动。

为了检阅成绩，总结经验，各单位纷纷召开竞赛总结大会，表彰先进模范人物。哈尔滨火车站总结竞赛运动的成绩，在大会上表彰了 92 名“开路先锋”。火车站负责人在总结竞赛成绩时指出，全站员工在竞赛后的出勤率达 98.6%，而竞赛前的出勤率只有 97.2%；竞赛后的营业收入达到 2162 万余元，比竞赛前增加了四五倍；竞赛后的列车事故率比竞赛前减少了二分之一。他号召大家向受表彰的同志学习，进一步开展生产竞赛，支援解放战争。

西满铁路局在开展群众性劳模运动中评选出了 200 多名劳动英雄和模范工作者，并在西满铁路劳动英雄和模范工作者表彰会后推选出 20 多名代表，由局长带队到哈尔滨铁路分局学习参观。1946 年 10 月 26 日，哈尔滨铁路分局在兆麟电影院举行盛大的欢迎大会，吕正操等领导同志到会祝贺，并给荣获劳动英雄和模范工作者称号的与会同志颁发了奖章。大家在发言中一致认为：劳模运动是办好东北人民自己铁路的唯一方向。

1946 年 11 月 14 日，哈尔滨铁路工厂隆重召开劳动英雄与模范工作者表彰大会，出席会议的代表有 125 人。会上还讨论了劳动模范的评选条件等文件。1947 年 7 月 1 日，哈尔滨铁路工厂召开了第二届劳动模范表彰大会，表彰了 80 名劳动模范和五个模范分厂。

1947 年 12 月，东北铁路总局隆重召开群英大会，哈尔滨机务段特等劳动英雄姚志平、郭树德、张恩得等受到表彰。

1949 年 5 月 1 日，东北铁路总局召开首届职工代表大会和英雄模范表彰大会。大会总结了解放战争时期，东北铁路三年来在完成国家运输任务中探索出来的一套管理经验，即坚持了依靠工人群众、团结职员的方针，开展了学习与生产相结合的运动，从而发挥了工人阶级的牺牲精神和创造力，取得了铁路建设的巨大成绩。会上，63 位劳动模范和先进单位的代表介绍了他们的经验，海拉尔机务段 884 号机车组向会议报捷：他们机车组安全行驶无事故已达 11 万公里。会议代表们纷纷高呼："向突破 10 万公里安全无事故的'铁牛号'学习、看齐！"

东北铁路总局首届职工代表大会和英雄模范表彰大会于 5 月 10 日落下帷幕，东北铁路总工会正式宣告成立。会上，119 个模范单位、283 位劳动模范得到表彰。铁道部副部长吕正操到会祝贺并讲话，他指出，东北铁路总结的这套经验是中国人民新型铁路的雏形，是全国铁路的一面旗帜。

（四）著名劳动模范刘英源和他的电厂工友

1946 年，哈尔滨解放了。中国共产党领导的人民政府接管了刘英源所在的马家沟发电厂。当时，马家沟发电厂被敌伪破坏严重，整个发电厂瘫痪了，发不出一度电。每到晚上，哈尔滨就一片漆黑。时不我待，担任马家沟发电厂修机主任的刘英源团结工人，日夜奋战，在全厂收集电机材料，终于修好了三台发电机，保证了主要机关和工厂的用电。1946 年 9 月电厂失火，他带领工友及时扑灭了大火，保住了发电机和配电室。

随着形势的发展，整个城市对电的需求日益增加，为解决哈尔滨全市的用电需要，支援解放战争，刘英源大胆提出了修复日产五号发电机组的建议，在领导的支持下，他带领工友细心地分解五号发电机组，将拆下来的每个部件都编上号，并记录上每个部件的安装部位，反复检查，反复核对，不让一个部件出差错，组装中静子找正是关键，他和工友们一丝不苟，全力解决问题。工作中，他处处以身作则，困难的活，他总是第一个去处理。气缸内活不好干，他总是抢先第一个钻进去，一干就是几个小时。工友们一个个也不示弱，为了早日发电，他们日夜奋战，经过四个昼夜的修理，五号发电机组终于修复了，经试运转可正常发电。但一个多月后，五号发电机组因静子与磁铁局部发热，线圈绝缘被击穿而停止了工作。在大家一筹莫展的时候，刘英源提出了一个大胆的建议，把五号发电机组和六号发电机组好的部件组装为一台完整的发电机组。他的这一建议又得到了领导的支持。于是，刘英源带领工友们日夜奋战，硬是用 20 吨的吊车加 10 吨的吊链，把重 30 吨的电机静子安全交换了位置，他再次钻进气缸里，手拿着图和笔，看着百分表和水平仪，画画量量，一连干了七天，终于将五号、六号发电机组好的部件组装成功，这台组装成功的新的发电机组发电量 9000 千瓦、发电总容量达 18000 千瓦，创造了历史最好水平。发电机组的修理成功，不仅满足了当时哈尔滨整个城市的动力用电和照明用电，还供应了周围五个县镇的照明用电。这对保证军民生产，支援解放战争，稳定社会秩序起到了重要作用。①

刘英源的巨大贡献得到了党和人民政府的充分肯定，1947 年，刘英

① 中国人民政治协商会议黑龙江省哈尔滨市委员会文史资料委员会，《哈尔滨文史资料》（第 20 辑），1997 年。

源被哈尔滨特别市政府授予一等劳动英雄称号，1950 年参加了新中国成立后召开的全国劳模代表会议，被中央人民政府授予全国劳模的荣誉称号，后担任中国电力工会全国委员会副主席等领导职务。

（五）煤矿工人为解放战争胜利作出突出贡献

在解放战争时期，对于工业的恢复发展，铁路运输的正常运行以及人民生活来说，煤炭的生产和供应都至关重要。东北作为我国著名的产煤重地，煤矿工人积极奋战，多出煤，出好煤，确保工业生产、铁路运输和人民生活的需要，为解放战争的胜利作出了突出贡献。

1945 年 7 月 9 日，鹤岗得到解放。作为著名的煤城，中国共产党领导的人民政府接管鹤岗后，逐渐将鹤岗发展为解放区的主要产煤区。但是，由于日本侵略者在溃逃时对鹤岗矿山进行了严重破坏，炸坏了电厂、火车站，同时对变电所、物资库、机关库、水源地等重要设施也进行了严重破坏，造成了鹤岗矿山停水、停电，大部分矿井被淹，生产停顿。面对日本侵略者留下的战争创伤，鹤岗广大煤矿工人在党和政府的领导下，提出了“一切为了解放战争”“多出一锹煤等于支援前线一枚手榴弹，多出一吨煤等于支援前线一发炮弹”等口号，夜以继日地抢修生产设备，恢复生产，多出煤、出好煤、保军运，以实际行动支援解放战争。

在积极恢复鹤岗东山矿的生产时，一些被日本侵略者破坏的矿山坑内大火仍在燃烧，还放出大量有毒煤气。面对危险，鹤岗煤矿的领导和工人没有畏缩，而是积极想办法，他们采用当时能够做到的防护措施，一起穿上用水浸泡过的棉衣棉裤，把湿布和毛巾当口罩，冒着生命危险冲进燃烧的井下，轮番进行抢修，在最短的时间内将坑内火区密封起来。在抢修中，许多人都因煤气中毒而晕倒，有的人头发、眉毛被烧掉，有的人手上、脸上被烧坏，但看到大火被密封后，领导和工人们齐欢呼，拥抱在一起庆祝胜利，并积极恢复生产，支援解放战争。

南山矿刚刚恢复生产时，整个矿山的矿用物资奇缺，矿山没有矿灯，大部分矿井没有火药和雷管，但煤矿职工没有被困难吓倒，为了早出煤，支援解放战争，他们在领导和工会组织的支持、发动下，开展生产竞赛，硬是用手刨镐挖出了一吨又一吨煤，工人们在井下只要还能举得动镐就不升井，手上打起了血泡也仍坚持工作。由于大家的艰苦工作，南山矿的原煤日产量不断增加，由 1945 年底日产原煤不足百吨发展到 1946 年日产原煤千余吨。全矿山在生产竞赛中涌现出了许多的手刨镐能手，受到了嘉奖。

在鹤岗煤矿，井下工人奋战挖煤，井上的机械、电务、后勤等各部门的工人们也不示弱，人人开动脑筋，献计献策，为早日恢复整个煤矿的生产昼夜奋战。237 号机车破坏严重，但机务段工人没日没夜地抢修，仅用 25 天就完成了修复任务。电务段的工人们克服了重重困难，以最快的速度修复了整个矿山的电话线，保证了一线生产的需要。更让人动容的是，每当装运军需煤炭的火车一到，工人和家属们不论什么时候，也不管在家干什么，男女老幼，人人都自觉地从家中拿起工具跑向煤场，争分夺秒地将煤装上火车。待装满煤炭的军列火车离开时，工人和家属们才擦擦汗，目送着军列远行。

解放战争时期，鹤岗煤矿开展了多种形式的劳动竞赛，如“生产大赛突击运动”“红五月运动”“竞功运动”“劳模运动”“创新纪录运动”等，有力地调动了广大职工的积极性，煤炭产量蒸蒸日上。三年中，鹤岗煤矿累计总产量达到 500 余万吨，保证了军运煤炭的需要，有力地支援了全国的解放战争，曾受到东北铁路总局“三下江南，四保临江，军用煤无缺，有功焉”的专电嘉奖，在鹤岗煤矿乃至全国煤矿发展历史上写下了光辉的一页。

随着我军在东北战场的节节胜利，鸡西、抚顺、阜新等煤矿陆续回到人民手中，广大煤矿干部职工很快投入“多出煤，支援解放战争”的伟大洪流中，如阜新煤矿职工在 1949 年开展“红五月大竞赛”，使全矿的生产比上月增加 147%。

二、六次劳大明确中国职工运动的当前任务

在隆隆的炮火中，中国人民解放军从战场上不断传来捷报。已成为稳固的大后方的哈尔滨，1948 年 8 月 1 日至 22 日，成功举办了第六次全国劳动大会。本次大会是在新中国成立前中国工会召开的一次承上启下的大会，也是一次夺取全国解放战争全面胜利和未来建设新中国的奠基大会。

1948 年 8 月 1 日，第六次全国劳动大会开幕。李立三致开幕词，陈云作了《关于中国职工运动的当前任务》的报告。报告明确提出了包括解放区和国统区在内的全国工人阶级及群众当前的总任务，就是要彻底推翻帝国主义及其走狗在中国的统治，建立新民主主义共和国。陈云在报告中就解放区的工会工作提出要求：解放区工会工作的任务，是在发展生产、繁荣经济、公私兼顾、劳资两利的总方针下，团结全体职工，积极劳动，遵守纪律，以及保护职工的日常利益，教育职工等，使职工在国营、公营和合作经营的企业中发挥管理能力，在私营企业中起监督作用，在个体劳动中促进技术改良和生产合作。参会的 518 位来自解放区和国统区的代表对陈云的报告进行了热烈讨论，大会一致通过了《关于中国职工运动的当前任务》的报告。

在中华全国总工会第六届执行委员会第一次全体会议上，陈云当选为中华全国总工会主席，朱学范、李立三、刘宁一当选为副主席。大会后，东北职工总会[①]也宣告成立，主席由李立三兼任，张维桢当选为副主

---

① 东北职工总会是中国共产党领导下建立的东北工人阶级的群众组织。1948 年 8 月成立。抗战胜利后，东北工会组织得到迅速发展，先后在大连、锦州、抚顺、长春等城市和矿区、铁路干线建立了总工会，为了加强对东北职工运动的统一领导，迎接全东北的解放，1948 年 8 月 1

席（1949 年 2 月接任主席）。

三、东北职工总会组织开展生产竞赛运动

1948 年 11 月 2 日，辽沈战役胜利结束，东北全境获得解放，沈阳成为解放战争的重要后方。1949 年 1 月 5 日，中华全国总工会主席、沈阳特别市军管会主任陈云亲自主持召开工人代表座谈会，他在讲话中号召沈阳工人阶级发扬主人翁精神，忍受暂时困难，挑起担子，团结一致，努力恢复和发展生产，建设新沈阳，支援全国解放战争取得最后胜利。领导东北各级工会组织的东北职工总会为响应中共中央东北局大力恢复和建设工业，支援解放战争的伟大号召，认真贯彻第六次全国劳动大会的精神，调动广大职工在恢复生产、发展经济建设中的积极性，在东北各个企业广泛组织了生产竞赛。

（一）关于组织生产竞赛运动的指示

1949 年 3 月 15 日，东北职工总会发出了《关于组织生产竞赛运动的指示》，号召东北各公营企业积极开展生产竞赛运动。《关于组织生产竞赛运动的指示》对开展生产竞赛运动的意义、目的、方法、步骤、组织形式、奖励办法等内容都作出了明确规定。

日在哈尔滨召开东北首届职工代表大会，大会通过了东北职工总会。主席由全国总工会副主席李立三兼任，副主席为张维桢（1949 年 2 月接任主席）。会址先设在哈尔滨，后迁至沈阳。1952 年 1 月，东北职工总会在沈阳召开了第二次东北职工代表大会，大会通过了“加强工会工作，迎接经济建设的高潮”等决议，张维桢继续当选为主席。1954 年初，东北职工总会改为中华全国总工会东北工作委员会，下半年，随着大区行政机构的撤销而结束工作。见蔡鸿源、徐友春主编：《民国会社党派大辞典》，黄山书社，2012 年。

1. 生产竞赛运动的目的

《关于组织生产竞赛运动的指示》指出，这个运动的目的是提高产量、改善质量、减低成本、完成并超过生产计划，发现与培养劳动模范，加强工人阶级的阶级教育，发挥全体职工新的劳动态度与创造精神。这个运动的规模必须充满着群众性，因此，不仅广大工人应积极参加，而且技术人员、一般职员及工厂管理人员均应积极参加。

2. 生产竞赛运动的方法步骤

《关于组织生产竞赛运动的指示》对生产竞赛的方法步骤提出了五点意见：

第一，由于东北公营企业的生产条件、工会工作的基础及其进展的程度极不平衡，新老区情况的不同，要想开展一个内容统一、时间一致的生产竞赛运动在目前是不可能的。因此，正在进行生产立功的某些老解放区的企业工厂，应依照原来计划继续进行并与此次竞赛运动结合起来。生产尚未恢复正常状态的某些新解放区的企业工厂，在献纳器材、保护及修复工厂等方面，可以以完成某项工作为目标结合进行竞赛运动。不论老区新区，生产已进入正常状态，而工会工作已具相当基础之企业工厂，均应积极参加此次竞赛运动。此次竞赛的时间，或为一个月，或为两个月，甚至三个月，各产业职工总会及省市职工总会，得按其具体情况，伸缩处理，不作统一规定，但不管竞赛时间是长是短，各地均必须及时报告情况，以尽可能在 7 月 1 日作一初步总结，10 月 15 日前作一较系统的总结，以便及时交流经验与切实准备今年 12 月劳模会议的召开。

第二，制订适合情况的生产计划并作充分的政治动员，是开展生产竞赛运动的前提，因此，各企业各工厂的经理或厂长，必须于适当的时间，根据前两个月的平均生产量与生产能力提出在正常状态下提高一步的竞赛运动的初步生产计划，或某项工作的工作计划，这些计划应交付企业或工厂管理委员会、职工会、职工代表会议及职工大会认真讨论、修改、补充、通过，然后正式公布。计划公布后，各个生产部门、生产小组及每个职工，均应根据已公布的生产计划，逐级制订出部门的、小组的及个人的生产计划（但只适合订部门计划，不适合订个人计划的某些产业部门，可不订个人计划）。这些计划，亦须经过民主讨论并经竞赛委员会审查后，予以公布。

在竞赛酝酿过程中，须通过各种会议、漫谈、墙报，进行充分的政治动员，提高职工的阶级觉悟，在生产竞赛中使他们认识到工人阶级是新民主主义国家的领导阶级，认识到他们的骨干作用，并使他们认识到应以国家主人翁态度，发挥劳动热情，提倡革命的英雄主义，使每个工人、每个职员和技术人员都能充分了解竞赛的意义和目的并热烈响应竞赛运动的号召，制定竞赛条约，找寻竞赛对象，务必使此次竞赛运动成为真正群众性的运动。

第三，生产竞赛运动，对于每个职工来说，应是一个全面性的运动。因此，职工在订个人竞赛条约时必须以生产为中心，同时包括工会工作及学习。在生产方面，应以增加产品数量、保证质量、遵守劳动纪律为主。在工会工作与学习方面，每个职工可按其能力特长与自愿，参加工会工作及学习活动中多种多样的内容中的一项，作为竞赛条件之一。

第四，集体竞赛，即在同一产业系统或同一地区中，工厂与工厂相互竞赛，在同一工厂中，各部门与各生产小组互相竞赛。在竞赛条约中，也应包括生产与工会工作两方面，具体写明在竞赛中这两方面的具体工作计划与奋斗目标，并先在群众中讨论通过，然后由竞赛的双方或各方派出代表正式签订竞赛条约。

第五，在竞赛中，各产业及各地区的工会组织应该积极创造多种多样的方法，来鼓励竞赛中的成绩和优点，揭发与批评缺点。在这方面过去行之有效的办法，如设立优胜旗号召大家夺取优胜旗，加强黑板报、壁报的工作，编印小型的不定期的竞赛捷报，动员和组织工人写通讯，向当地党报和《东北日报》投稿报道竞赛情况，均可参考。

3. 关于生产竞赛运动的组织领导

《关于组织生产竞赛运动的指示》明确提出：领导生产竞赛运动的组织，已成立工厂管理委员会的工厂，即由管委会直接领导；尚未成立管委会者，则应组织竞赛委员会，以厂长、工务科长、党支部书记、工会主任及工会生产委员为常委，并以工会主任为主任委员，此外应由职工代表会或群英大会推选若干名职工代表参加；各产业系统与各省市的职工总会也应与相当的企业管理负责人员共同组织产业的或地方的竞赛委员会，其人数多寡，依据具体情况的需要规定之。各级竞赛委员会的任务为，领导竞赛运动的进行，熟悉竞赛计划的进度，及时表扬优点与成绩，纠正缺点，鼓励职工的劳动热情。

4. 对参加生产竞赛运动的优胜者予以奖励

《关于组织生产竞赛运动的指示》提出了对参加竞赛运动优胜者的奖励，根据不同情况，实施不同的奖励政策，其奖励办法如下：

第一，对集体竞赛胜利之工厂、部门和生产小组，除给予荣誉奖外，亦须给予适当的物质奖励。

第二，对竞赛成绩特别优秀者给予劳动模范的荣誉称号，由各工厂企业行政及职工会发给奖状。但应以宁缺毋滥为原则，没有完成生产计划的工厂一般不能选出劳动模范，但在竞赛中如有表现特别好的职工，经过产业或地区职工总会所设立之竞赛委员会的批准，也可以取得劳动模范之称号。

第三，对超过竞赛条约之职工按超过之成绩大小，由各工厂行政发给奖金或奖品。

第四，对领导与组织此次竞赛运动有特殊成绩的人员，亦应奖励之。

第五，由产业或地区职工总会所设立之竞赛委员会负责，在已选出之劳动模范中选出特等劳动模范（500 人以下的一厂只能有一个，500 人以上每增加 500 人可多选一个），将其劳动成绩报告东北职工总会批准后，由东北职工总会发给劳动模范章。至于特等劳动模范的标准，由上述各竞赛委员会根据产业性质具体拟定之。

5. 对生产竞赛运动提出注意事项

《关于组织生产竞赛运动的指示》对生产竞赛运动提出了两点注意事项：

第一，竞赛为推进生产之有力工具，绝非为竞赛而竞赛。因此，在竞赛运动中要防止锦标主义，不要随便延长工作时间，尤其重要的是要保证质量，不要损坏机器，浪费原材料，要注意保护职工健康，严防冒险干活，总之不要因暂时成绩妨碍长远利益。必须把作为推动生产力发展的竞赛运动与为了某一临时紧急任务的完成而施行的“突击”分清，否则即使完成与超过了生产任务，也无权取得优胜或模范的称号。同时在竞赛过程中各级竞赛委员会要周密地、全面地积累材料，而当竞赛结束后，即应根据此次竞赛中所产生的成绩、缺点、问题及原因，加以认真地总结，使企业工厂各方面的工作、制度与机构等，获得改进的方向，并在已得到的竞赛成绩基础上，继续提高一步，稳步前进，避免“竞赛一过，产量大跌”这种错误的重复。

第二，竞赛运动开展以前，领导上的中心环节是准备工作。对一切生产条件（如原料工具等）及竞赛运动所需之一切物资要充分地准备，而劳动热情的激发，竞赛思想之酝酿成熟，则更为重要。为此，从接到本指示起直至竞赛开始，均为准备时间，在这一期间的一切工作，如生产计划之规定，工资问题的适当解决，工厂管理委员会、职工代表会议的建立与健全以及一切宣传教育工作，均应以开展生产竞赛为归宿，及至竞赛运动开始后，领导上就应当倾注精力于技术的改良、劳动力的组织与配备、科学的分工与管理。绝不能只简单地依靠于劳动强度的增加，及劳动时间之延长。因为只有这样，才能保证竞赛月生产之继续提高，否则“竞赛一过，产量大跌”的现象必然随之而来。

东北职工总会在《关于组织生产竞赛运动的指示》中，最后特别提出要求，各级工会接到这个决定后，应详加研究并将其具体化。

在东北全境刚刚解放不久，东北职工总会就迅速把工会工作的重点转移到恢复生产、发展经济建设上来，并根据工会工作的特点提出了开展生产竞赛运动的意见，明确而具体，反复强调生产竞赛运动的群众性，不要出现“竞赛一过，产量大跌”的现象。通过群众性的生产竞赛运动真正达到“提高产量，改善质量，减低成本，完成并超过生产计划，发现与培养劳动模范，加强工人阶级的阶级教育，发挥全体职工新的劳动态度与创造精神”的目标，有力地支援了全国解放战争的胜利。[①]

（二）东北广大职工奋力投入生产竞赛运动

东北职工总会《关于组织生产竞赛运动的指示》发出后，东北各级工会组织认真贯彻、抓紧落实，采取多种形式，动员广大职工积极参加生产竞赛运动。

1. 沈阳各行业全面开展生产竞赛立功运动

作为东北工业重镇的沈阳，在组织各个行业积极开展生产竞赛运动的过程中，加强领导，深入动员，从个人到小组，纷纷制订生产竞赛的计划，全市掀起了生产竞赛立功高潮。

沈阳橡胶行业所属七个企业决定将1949年五六月作为竞赛运动活动月，首先提出了“提高质量、保证产量、反对浪费、厉行节约”的总要求，同时针对不同厂的情况分别提出了不同的要求。各厂都纷纷召开职工大会做动员，个人和小组都制订出计划，互相挑战。为加强对生产竞赛运

---

① 《关于组织生产竞赛运动的指示》，中国社会科学院经济研究所中国现代经济史组编著：《革命根据地经济史料选编》（下册），江西人民出版社，1986年。

动的领导，除各厂成立竞赛委员会外，沈阳橡胶行业还专门成立了总的生产竞赛委员会，以各厂管理委员会为基础，另增加数名职工代表组成生产竞赛委员会。生产竞赛委员会下分统计、宣传、检查、评判等组，负责统计每天的产量和原材料消耗等情况，检查质量，出生产快报，及时交流各厂的经验，有了问题及时批评。由于动员广泛，措施具体，全行业职工积极性高，很快形成了人人争当先进的生动局面。

沈阳机械行业的生产竞赛运动开展得如火如荼，广大职工积极性很高。沈阳第一机器厂第二分厂机工场各个小组都根据企业提出的生产任务制订了小组计划，小组和小组之间进行挑战。第二分厂机械场在生产竞赛中提出“负责票”的办法，实际操作中，每个工友在生产某个产品时，都填写小组规定的完成时间、工友保证完成的时间和实际工作的时间，并将其作为原始记录留下来，作为开展生产竞赛运动的依据。

沈阳铁路局生产竞赛突出安全生产。检车段工会和行政共同召开了全段生产动员大会，列车检查组提出保证 10 万公里不出事故的计划，机务段在全段生产竞赛动员会上提出保证 20 万公里安全行驶不出事故的计划，电务总段提出管辖区内机械不出故障的计划。皇姑屯铁路工厂所属 14 个分厂都订出了具体生产竞赛条件，铆工分厂向机械分厂和装车分厂提出挑战条件，着重提高生产质量，并在保证完成全年生产计划外多修锅炉 20 台。

2. 鞍山号召广泛开展生产立功竞赛运动

1949 年 5 月 11 日，鞍山以市委的名义召开全市动员大会，市委书记杨春茂、市委职工部长杨克木等领导在大会上号召全市职工积极参加生产立功竞赛运动，全面完成 1949 年的生产任务，支援全国的解放战争。动员会上，各企业职工代表纷纷发言，响应市委的号召，团结职工积极投入生产立功竞赛运动，以实际行动支援解放战争的胜利。各厂还互相提出挑战，争取有更多的人立功受奖。

鞍山钢铁公司职工积极投入生产立功竞赛运动，声势大、工作细、落实快、效果好。炼钢厂为了促进生产，保护设备，降低消耗，使立功运动评功、记功不出差错，经工会、行政和全体职工的讨论同意，专门成立检查小组负责检查各班的工作，检查完后做好记录，每周开一次检查汇报会，经讨论后作出一周的总结，将优缺点进行反馈并记录在案，促进了生产立功竞赛的深入开展。铇工班过去铇接触块每天只能铇 20 块，在开展生产竞赛运动中则能铇 50 块，效率提高一倍多。铸管厂以前的废品率达 10%，经过职工们的精心操作，废品率很快降下来了，仅有 2% 至 3%，而且产量也增加了。

鞍钢制造三厂在生产立功竞赛中成立了竞赛委员会、工厂管理委员会和工会组织，从而加强了对生产立功竞赛的领导。经过上下反复讨论，全厂制订了班组和全厂的立功竞赛计划，全厂职工踊跃参加立功竞赛，班组与班组、科室与科室都互相提出了挑战和应战的条件，坚决表示一定克服仪器、材料与人员等多方面的困难，保证超额完成工作任务。运输部机务科电运班的同志把四台修理一新的大型高压电器机关车一齐推出，支援生产一线的建设。机务科运输班订出计划，每天装车运输省煤一吨，大大节约了资源。

3. 纺织行业为保障军需供应积极开展竞赛

在生产竞赛运动中，东北军需部、军工二部及纺织行业，为保证渡江大军的军需供应，热烈地开展生产大竞赛。军需部三局被服二厂，为保证 1949 年 4 月完成单被 18.5 万床、干部服 2000 套、战士挎包 3.5 万个的任务，召开全厂职工大会进行动员，职工们纷纷表示，一定以实际行动支援解放军打过长江，解放全中国。缝纫二班工友刘亭贵说：“这批任务，我们一定提前完成。”手缝班女工梁淑秋说：“过去在国民党统治时期，我们受尽了压迫，自解放军来了，我们翻了身，吃得饱，穿得暖。吃水不忘打井人，我们锁扣绝对不能马虎，要保证渡江战士的衣服结实好穿。”全厂职工还给野战军部队写信，表达了全厂职工“多生产，支援解放军解放全中国”的决心。军需部五局被服一厂，为完成四万套干部服，在全厂开展了夺旗竞赛活动。剪裁股首先以数量、质量、出勤等条件向缝制股提出了挑战，并提前两天完成了全部裁剪的任务。

东北职工总会发动的生产竞赛运动，是组织职工群众增加产量、提高质量、降低消耗的好办法。生产竞赛运动开展的时间虽然不长，但由于其声势大，动员广，采取的形式多样，对调动职工生产积极性、恢复东北经济和支援解放战争都起到了积极作用。

四、创新纪录运动从沈阳推广到全东北

1948 年 11 月 2 日，东北工业重镇沈阳解放，当地翻了身的工人阶级立即投入恢复经济、建设新沈阳的行列中。在恢复经济建设的过程中，沈阳青年工人赵国有发起了创新纪录运动，极大地促进了生产发展。中共中央东北局、东北人民政府和东北职工总会联合作出决定，推广赵国有的经验，在广大职工中开展创新纪录的群众运动，加快国民经济的恢复和发展，将创新纪录运动从沈阳推广到全东北。

（一）创新纪录运动的创造者赵国有

赵国有，1924 年出生，是沈阳第三机器厂的青年工人。1949 年，当时只有 25 岁的他，负责加工皮带车轮的塔轮。那时，加工一个塔轮一般需要八九个小时，可赵国有凭着一股吃苦劲和钻研劲，不断打破加工塔轮所需时间的纪录，创造出只用 50 分钟就加工一个塔轮的新纪录。《东北日报》曾用很大的篇幅报道了赵国有的事迹，称赞“赵国有是新纪录的创造者，今天不但成为东北工人的一面旗帜，而且在全国人民面前享有很高的荣誉”！

赵国有出生在一个贫苦人家，15 岁就在“满洲制作所”当学徒，吃尽了苦头。沈阳解放后，他和所有翻了身的工人兄弟们一样，努力工作着。当时，生产塔轮是一项技术复杂、质量要求高的工作。一次，他和工友们听到沈阳第四机器厂有工人加工一个塔轮只用了四个小时，感到很吃惊。不久后，沈阳第三机器厂工会组织了一些积极分子和技术骨干到沈阳第四机器厂学习，他们亲眼看到了沈阳第四机器厂的工人用四个小时加工的塔轮，回厂后便试着加工，也很快由原来八九个小时加工一个塔轮缩短到五个小时加工出一个塔轮。

在群众性生产竞赛运动中，和赵国有同一个厂的划线工张尚举向车工赵国有提出了挑战，约定由张尚举突破划线工的难题，由赵国有缩短加工塔轮的生产时间，看谁能创新纪录。年轻气盛的赵国有自然接下挑战书。

赵国有干活有一股狠劲儿，他暗下决心，一定要打破四个小时加工一个塔轮的最新纪录。他干活争分夺秒，跑步去厕所，下了班也不回家，常常干到很晚。后来，他索性将铺盖卷搬到了厂里，不分白天夜晚地连轴转，终于创造了加工一个塔轮仅用三个小时的新纪录。

可没过多长时间，兄弟厂有个工友便打破了赵国有创造的新纪录。在这种你追我赶的热潮中，赵国有干得更欢了。一天，有位老工人对他说：“小赵，你年轻，可以拼体力，但我们年纪大了拼体力不行，凭技术找窍门创新纪录，那才是真本事！”老工人的一席话一下子点拨了他，给了赵国有很大的启发。赵国有开始动脑子干活。

赵国有改进加工技术的第一步，是从改造工具开始的。他找来塔轮的图纸，测量好塔轮鼓肚部位的样板尺寸以及改制样板的坯料，自己动手捶打样板刀，然后在砂轮上精心打磨，制成了合乎图纸要求的鼓肚尺寸的样板刀，试验后效果很好，仅这道工序就节省了半个小时的加工时间，而且加工出的塔轮质量更好，光洁精度更高。

改进工具是提高效率的好办法，赵国有尝到了创新的甜头。于是，他又和师傅研究，经过反复思考，又提出了解决问题的新办法：将刀头改为两面刃，把加长的刀杆尾部卡在“走刀”架上，端头插进安在床头主轴的轴承孔里，让轴承架着刀杆，一刀过去就完成了粗加工。然后用磨成塔轮一样尺寸的棒铣刀再铣一遍，整个加工塔轮的工序就完成了。采用这种车、铣相结合的新工艺，加工一个塔轮仅用 2 小时 30 分，大大提高了加工速度，赵国有又一次创造了新纪录。但是，赵国有改进工具、改进生产工艺的脚步没有停止，他继续在创新的路上又快又稳地前行。最快时，他仅用 50 分钟就可以加工一个塔轮。

赵国有用 50 分钟加工一个塔轮的消息，在全厂引起了轰动。而赵国有很清醒，没有陶醉在鲜花和掌声中。他想得更多的是如何帮助和他一起工作的工友，共同创新纪录，他毫无保留地向他们传授新技法、改进工具，并在沈阳第三机器厂掀起了一股不断创新纪录的热潮。

东北职工总会和沈阳市总工会很快发现了赵国有的先进事迹，并且总结了赵国有的经验，作出了向赵国有学习的决定。一时间，沈阳市乃至东北的广大职工中掀起了一股“向赵国有学习，不断创新纪录”的热潮。不久，中共中央东北局、东北人民政府和东北职工总会联合作出决定，推广赵国有的经验，在广大职工中开展创新纪录的群众运动，加快国民经济的恢复和发展。

赵国有的榜样力量促进了东北职工生产效率的提升。在号召向赵国有学习后，东北人民政府工业部机械局所属的沈阳企业，1949 年 8 月平均生产效率超过 7 月的 30%，而 9 月又超过 8 月的 30%，沈阳机械系统两个月的生产效率提高了 37% 以上。

（二）东北地区广泛开展创新纪录运动

以赵国有为代表的各行各业的职工不断创新纪录，给企业生产和经济恢复增添了活力。1949 年 10 月，东北职工总会和沈阳市总工会作出决定，在沈阳全市开展学习赵国有创新纪录的群众运动。不久，中共中央东北局、东北人民政府和东北职工总会推广了沈阳的经验，联合发出创新纪录运动的决定。《人民日报》以《燎原的火焰——创新纪录运动的烈火是怎样点燃起来的》为题作了专题报道，创新纪录运动在东北大地蓬勃开展，并陆续在全国推广，在新中国成立之初的经济建设恢复时期写下了浓墨重彩的一页，为时代留下了光辉篇章。

1. 关于开展创新纪录运动的决定

1949 年 10 月，东北职工总会作出了《关于开展创新纪录运动的决定》，对开展创新纪录运动的目的、意义、方法和注意事项提出了意见。

《关于开展创新纪录运动的决定》指出，目前在东北各厂矿开展着的拥有广大群众性的创新纪录运动，是东北工业建设与职工运动发展的新阶段，是东北建设高潮的起点。这一运动已经由创造提高生产效率的新纪录，发展到提高质量、减少废品、节约原材料、减低成本与改进管理方法等方面。这个运动，不仅是要提高工人的劳动效率，而且特别重要的是要树立工人阶级新的劳动态度，它与竞赛运动是有区别的，它是新的劳动态度与科学技术相结合的一种创造性的群众运动，它是工人阶级新的爱国主义的表现。

《关于开展创新纪录运动的决定》对各级工会组织和工会干部提出了明确要求：目前各级工会的主要任务是教育、动员与组织广大职工开展创新纪录运动，克服现在仍然严重存在着的习惯于仅做一般号召，不能密切联系群众、深入生产过程、具体组织生产运动的现象。工会干部不仅要学习如何参加生产计划的制订，而且必须要克服一般化的工作方式，更进一步帮助工人按照科学方法分析劳动中的体力动作与机器效能，消除多余的和笨拙的动作，消灭浪费工时，改善操作方法，改良工具，节约原材料，以推动工人超过生产定额与创新纪录。对群众中的每一创造，应立即推广，使之化为千百万人的物质力量以加速运动的前进。这就是工会结合生产与面向生产的具体方法。随着创新纪录运动的开展，群众中必将掀起学习技术的热潮，因此，工会应大力组织工人的文化与技术学习，采取一切可能的办法，建立与健全工人夜校与技术学习组，提高工人的文化与技术水平，使工人、技术人员的劳动热情及创造性与科学技术密切结合，以推进创新纪录运动更好地发展。

《关于开展创新纪录运动的决定》还就企业的管理、工资制度的改革、职工劳保福利的改善等问题提出了意见。总之，东北职工总会《关于开展创新纪录运动的决定》，对运动提出的意见具体、明确、操作方便、指导性强。

在开展创新纪录运动中，东北人民政府工业部也作出了《关于开展群众性创造生产新纪录的决定》。《关于开展群众性创造生产新纪录的决定》中指出，机器厂工人赵国有创造了切削塔轮于二小时三十分完工的新纪录。党会安、赵富有创造了切削丝杠于二小时三十七分与三小时零九分完工的新纪录。工作效率较之原来的估工，前者提高了五倍，后者提高了十倍到十二倍。张尚举划线组六尺车床划线，由四月的一百七十八小时减到现在的十一小时半的新纪录，效率提高了十五倍。这是东北工业建设中具有重大政治意义的事情，它具有深刻的革命性，打破了现行的定额，创造了新的生产定额，大大地打破了伪满的定额。他们是提高劳动生产率的模范。他们之所以能创造新的纪录，原因是：现在公营企业里已没有剥削现象了，他们是为了自己阶级而工作的。因此，劳动态度之根本变了，劳动是荣誉的。他们是以创造性劳动，熟悉地掌握技术，注意改良工具，改善操作方法，以提高工人阶级的英雄气概来进行工作的，因此大大提高了劳动生产率。

《关于开展群众性创造生产新纪录的决定》中还就总结先进经验与开展群众性的创新纪录运动等问题提出了意见。同时要求，今后各个厂矿的工人、技术人员与管理人员，凡创新纪录，或者在生产工作中有所改进与创造者，皆应给予物质奖励。一般奖励金，目前暂定为工资的2%至3%，如有重大创造者应说明事实报工业部，由工业部给予奖励。各单位应在创新纪录当中，研究计件工资制与试行超额奖励制度。①

2. 号召广大职工积极投入创新纪录运动

为了动员广大职工积极投入创新纪录运动，推动经济建设的开展，东北人民政府工业部及时召开动员大会，中共中央东北局副书记李富春，东北人民政府工业部长王鹤寿、副部长吕东等领导出席，东北人民政府所属各局各公司及沈阳市各工厂党、政、工、团的负责人共1100多人参加了会议。

会上，李富春作了报告。他在报告中深刻分析了创新纪录运动的巨大意义，指出这是提高生产，建立经济核算制，掀起一个经济建设高潮的中心一环。他首先比较了创新纪录运动与过去开展的劳模运动和竞赛运动的不同，指出后者只是在一定时期内把生产提高、多出东西，而创新纪录运动则不仅要打破旧的生产标准，提高质量与产量，而且要提高劳动生产率，特别要改善技术与劳动方法，且要进一步达到定额管理与成本计算，并改善生产与管理制度，不但在生产中克服浪费，而且在生产中进行节约，这是更丰富、更经常的全面工作的提高。

李富春指出，如果我们能够组织千百万工人、职员与技术人员，发挥他们的劳动热情与积极性，开展创新纪录运动，则整个生产面貌将为之一新。毛主席号召我们组织一个经济建设的高潮，创新纪录运动就是达到这一高潮的具体总结，就是组织经济建设高潮的起点。

李富春最后强调，创新纪录运动意义十分重大，政治上巩固了人民民主专政，经济上推进了生产建设高潮，文化上提高了科学管理技术。

---

① 《关于开展群众性创造生产新纪录的决定》，中国社会科学院、中央档案馆编:《1949—1952中华人民共和国经济档案资料选编》工业卷，中国物资出版社，1996年。

3. 广大干部职工积极投入创新纪录运动

东北解放后，翻了身、当了主人的广大职工积极投入创新纪录运动，不断创造着生产上、质量上、原材料消耗上等各方面的新纪录，为建立巩固的东北大后方、支援解放战争不断作出新贡献。在积极投入创新纪录运动中，各个企业也总结出自己的经验。

领导干部深入实际，在一线解决问题，取得了好的效果。如本溪煤铁公司副经理徐宏文带领工程师、技师及科股长分班到岩石坑道、坑内生产现场，根据现场的打眼斜度、深度、互相距离、炮眼量，并结合理论及过去的经验，领导、技术人员、工人一起研究、讨论、制定方案，经过10多次的试验，取得了很好的效果：比伪满的每工效率提高了147%；比1949年四五六月的总平均水平提高了51%；炮药、雷管、引火线也节约很多，总计每月前进1米则可节约费用91.5万元（旧币），全月如能掘进400米，则可节约3.66亿元（旧币）。绩效和成本都创造了新纪录，对全公司影响很大，推动了全公司创新纪录运动的开展。

科学制定企业的总目标，企业员工围绕企业的总目标，积极开展创新纪录运动。如鞍钢炼钢厂，原来每炉产钢仅5000吨左右，效率很低。要提高产量，需要煤气炉、吊车、修理各个工序间的互相配合。在开展创新纪录运动后，领导和职工在一起，反复研究，提出了10月在保证80%质量合格的情况下，生产5500吨钢的新纪录，并按新纪录中的贡献大小，给予奖励。办法公布后，平炉班、煤气班、吊车班、修理班各班组纷纷制订计划、搞好协作，保证总任务的完成。通过全厂职工的齐心奋战，鞍钢炼钢厂创造出了5小时15分出一炉钢的新纪录（过去约10小时出一炉）。机械三厂，8月生产机床30台，9月要求生产40台，在全厂职工的努力下，9月生产了45台，创造了生产车床的新纪录。

及时总结经验，表彰新纪录创造者。在创新纪录运动开展过程中，及时发现、培养、总结、表彰新纪录创造者的经验并推广，是一个推动创新纪录运动的好方法。沈阳第三机器厂和沈阳第一机器厂对新纪录创造者赵国有、赵富有的发现和推广，就是很好的证明。他们的经验先是在企业班组、车间和全厂推广，而后在行业和更大范围内推广，形成了轰轰烈烈的群众性创新纪录运动。

根据《东北日报》的报道，当赵国有、党会安、赵富有等的新纪录在报纸上公布后，各厂普遍掀起了此运动。以机械一厂为例，9 号至 13 号 4 天中即有 70 余名新纪录创造者出现。而机械三厂则在 10 号前已有 150 人受奖。在这些受奖人中，包括铸工、车工、铇工、铆工、铁工、焊工、电工等，各个工种的工人都动员起来了。机械六厂锅炉工关得云，想办法降低原料，由原来的每天烧一吨半煤降至每天烧半吨多。同样机械六厂的车工高得超，原计划 12 小时完成一个轴承，和班组工友们讨论后，大家提出 4 小时完成一个。而他一天工作下来完成了 4 个，平均 2 小时一个，9 天中他完成了 40 个，完成了半个月的生产计划。在各厂展开的创新纪录运动中，企业的工人在技术的改进上狠下功夫，生产效率大大提高。如汽车总厂，过去加工汽车钢垫用手加工，班组的 7 名工人一个月只能生产 50 片。经工人田增芳和大家研究后，试验成功了一套加工工具，这样每月的产量达 500 片，提高工效 10 倍。向技术创造要产量要质量，全厂职工中达成了共识，生产形势出现了前所未有的发展势头。

在东北人民政府工业部所属的几百家厂矿企业中，群众性的创新纪录运动蓬勃开展，劳动生产率大为提高。据不完全统计，创新纪录运动开展 6 个月，就有 19940 多个新纪录出现，劳动生产率比开展创新纪录运动时的 9 月提高 13%，与当年的 6 月比，劳动生产率则提高 32.8%。短短几个月，相当于为国家增加了约三分之一的财富。与此同时，东北人民政府工业部所属的开展创新纪录运动的 170 多家骨干企业，涌现出 5 万多名新纪录创造者，他们都是提高生产的重要骨干，活跃在生产一线，推动着创新纪录运动的不断发展，为解放战争的胜利不断作出新贡献。

五、各解放区大力支持解放战争

解放战争时期，东北地区作为稳固的大后方，为解放战争的胜利作出了历史性的贡献。同样，陕甘宁、晋冀鲁豫、晋察冀、晋绥、山东、大别山、苏北等新老解放区的工人阶级和广大人民群众，积极支援解放战争，为全中国的解放作出了重要贡献。

将历史聚焦在1949年4月20日，这天晚上，中国人民解放军“百万雄师过大江”，在西起湖口、东至靖江的千里战线上强渡长江，渡江战役正式打响。百万雄师的“渡江第一船”是从安徽芜湖无为地区的白茆洲出发的，而船上的掌舵者竟是一个年仅14岁的小姑娘，也是参与渡江的最小船工。当时，担任突击队任务的解放军上船后发现了这个小姑娘，坚决要她下船，但小姑娘执意不肯，并大声说道：我哥哥眼睛不好，他划船，我水性好，情况熟，我掌舵，一定能把你们送过江。就这样，在枪林弹雨中，她担起了掌舵的重任，不到30分钟，就将先头部队的指战员送到了长江南岸。那天夜里，小船工兄妹俩在隆隆的枪炮声中，在长江上往返6趟，装运了90多人过江，以及担架、药品和马匹等。渡江战役胜利后，华东野战军授予她“渡江特等英雄”光荣称号，记一等功。后来，在1951年国庆活动期间，党和国家领导人毛泽东在中南海设家宴款待了她，并给没有名字的她起名叫马毛姐。

马毛姐的英雄事迹是渡江战役中解放区千千万万人民群众支援解放战争的一个缩影，在实施渡江战役期间，仅无为地区就有3382名船工冒着敌人的炮火，面对波涛汹涌的长江，一次又一次地运送解放军和众多的军用物资到长江南岸，为“打过长江去，解放全中国”贡献力量。

据记载，解放战争三年中，东北地区共有160万工农群众参加了人民解放军；共动员了300多万支前民工、30万副担架、3万辆运输大车、90

万匹骡马。至于后方医疗和护理伤病员、安置荣誉军人，以及为军人家属代耕等各项支援工作，则是无法完全用数字统计的。东北的军事工业，为前线生产了大量的武器弹药和其他军需物资。1949 年，为帮助关内各解放区克服经济困难，东北解放区提供了大量的财力、物力支援。不仅担负了入关作战的第四野战军的全部费用，还上交中央粮食 80 万吨、木材 150 万立方米、钢铁 20 万吨。为及时修复粤汉、陇海、淮南、同蒲等铁路线，东北解放区从全局利益出发，忍痛拆掉境内的好几条次要线路，将全部铁轨和桥梁器材赶运关内。①

在华北人民政府的领导下，华北解放区人民开展了空前的支前工作，据各个战役不完全统计：支前转运物资 8.1 亿斤、动员人力 4736 万个日工、畜力 1681 万个日工，仅晋中、绥蒙、徐州及平津四个战役，为了蓄积力量巩固部队，发动部分地区扩军，即涌现出两万余名翻身农民和 1000 余名市民参加的后备兵团。从事交通运输的职工，协同成百万的农民，抢修公路 4090 里，增修铁道 360 里，及时修复铁道路基 1786 里。同时加强河运及与兵站工作的配合，并改进了军邮及电讯设施。② 各解放区源源不断的兵源和物资供应，强有力地支持了解放战争。解放区人民群众的支持，是解放战争最终获得胜利的根本保证。

① 中共中央党史资料征集委员会、中国人民解放军辽沈战役纪念馆建馆委员会、《辽沈战役》编审小组合编：《辽沈决战》下册，人民出版社，1988 年，第 374—375 页。

② 中共中央党史研究室第一研究部、中共河北省委党史研究室编著：《苍茫大地主沉浮》，人民出版社，2003 年。

CHAPTER SEVEN 第七章

新中国组织召开第一次全国劳模代表会议

1949年10月1日，毛泽东在天安门城楼上向全世界庄严宣告："中华人民共和国中央人民政府今天成立了！"新中国成立后，需要直面的是多年战争给社会造成的严重破坏，摆在全党全国人民面前的是巩固新生政权、医治战争创伤、恢复工业生产、开始建设新中国的伟大历史进程。

新中国成立后，工人阶级从深受剥削和压迫的阶级一跃成为国家的领导阶级，坚决响应党和国家的号召，积极投入建设新中国的伟大洪流中，各行各业、各条战线涌现出一大批劳动模范和先进人物，为新中国建设起到了表率作用。

一、召开全国劳模代表会议的群众基础

1950年9月25日至10月2日，中央人民政府在北京召开了新中国成立后的第一次全国劳模代表会议。这次劳模代表会议实际上包含了全国战斗英雄代表会议和全国工农兵劳动模范代表会议两个会议。出席会议的劳动模范代表，由中央人民政府授予他们全国劳动模范光荣称号。

在大会召开之前，全国各地纷纷开展了恢复经济建设的生产竞赛，并相继召开了各种地方性劳模表彰大会，为召开大会奠定了坚实的群众基础。

（一）在恢复经济建设中开展生产竞赛成效显著

新中国成立后，面对生产萎缩，交通梗阻，大量工人失业和农民失地的艰难局面，以全心全意为人民服务为根本宗旨的中国共产党迅速抓恢复经济建设的工作，调动工人、农民及一切劳动者，在解放了的土地上掀

起了恢复经济建设的热潮。工业战线上的生产竞赛开展得热火朝天，各地各行各业生产捷报频传。

中国东北的哈尔滨、齐齐哈尔、长春、旅大（大连）、沈阳等城市较早地实现了解放，这些地区的广大职工也较早地投入了恢复经济建设的队伍中，接着平津、唐山、石家庄、济南、青岛、郑州、上海、武汉、广州等城市的广大职工也纷纷投入到恢复经济建设的行列中。1949 年秋，东北人民政府[①]工业部机械管理局沈阳各工厂开展了群众性创新纪录运动，获得了很大战绩，八月平均生产效率超过七月的 1/3，而九月又超过八月的 1/3。那两个月，沈阳机械系统的生产效率提高了 77% 以上。如果从提高某些零件的加工效率看，有的效率则提高了几倍。如沈阳第三机器厂青年车工赵国有，通过不断改进方法，将原来加工一个切削塔轮费工八九个小时变为 2 小时 30 分钟，这样就提高工效 3 倍多。沈阳第一机器厂有 31 年工龄的老工人赵富有，过去加工一件丝杠一般需要 23 小时，经采用先进方法，创造了加工一件丝杠仅用 3 小时 9 分钟的纪录，提高效率 7 倍多。后来，沈阳第三机器厂工人党会安又创造了 2 小时 37 分钟加工一件丝杠的新纪录。[②]

热火朝天的生产竞赛在东北铁路系统同样开展得如火如荼。在东北铁路系统，各站段开展的竞赛活动被称为“铁牛运动”[③]。凡经评上“铁牛队”的，都有铁路局颁发的光荣牌。截至 1949 年 11 月，哈尔滨铁路局已

① 东北人民政府是东北全境解放后建立的东北地区人民政权。由中共中央东北局和东北行政委员会于 1949 年 8 月 21 日召开的东北人民代表会议选举产生，同年 8 月 26 日正式成立。引自马洪武等主编:《中国革命史辞典》，档案出版社，1988 年。

② 《工人日报》1949 年 10 月 15 日，第 1 版。

③ 哈尔滨铁路局的铁牛号机车在 1947 年 8 月至 1949 年 2 月的 18 个月中，首先创造了超过两个甲检期（按规定机车每行驶 5 万公里须经甲种检修一次，以保证机车的质量，确保行车安全）安全行车 10.65 万公里未出行车事故的新纪录（XT631 号），于是全系统掀起了学习铁牛号机车的活动，立足岗位，做好本职工作，多拉快跑，确保安全生产。

有 64 台机车和 11 个包乘组获得了“铁牛队”光荣称号。哈尔滨铁路局绥化一等编成站的谢海春调车组从哈尔滨解放直到 1949 年 11 月的四年多时间里没有发生任何事故，被评选为“铁牛调车组”。

据东北人民政府工业部统计，到 1950 年 3 月，该部所属 2/3 的工矿企业在过去五个月中，先后创造的各种个人和集体的新纪录达 19940 多件。各厂矿在 1949 年 10 月至 12 月的劳动生产率比 1949 年 9 月提高了 13%，若以 1949 年 12 月同 1949 年 6 月相比，则劳动生产率提高了 32.83%。这就是说，在数量相同的设备、人力条件下，经过创新纪录运动，当地多创造了约 1/3 的财富，提前完成 1949 年东北地区工业计划。

关外的生产竞赛如火如荼，关内刚刚解放了的城市，生产竞赛照样开展得热火朝天。例如，石景山钢铁厂在“恢复生产，多出钢，出好钢”口号的号召下，各分厂、各车间工段纷纷下战书，向上下工序、相关部门发出竞赛挑战。铸造厂回应锻焊厂的挑战，产品的数量和质量都有了显著提高，提前完成了铁道部下达的赶制水管的任务。工厂过去的产品合格率只有 77%，通过竞赛，产品合格率达 90% 以上。天津电车公司在全体职工中开展恢复交通、节约成本活动，广大职工积极投入，纷纷提合理化建议，大大节约了成本。修理组电工薛培元研究改进了电车上大灯的装置后，不但使每辆车可节省铝管 8 米左右，而且避免了连线漏电的情况，确保了行车安全。机工刘奇英、刘云书二人共同研究铣床的加工方法，经他们改进后不仅省力，而且工效大大提高，当月就创收人民币 110 多万元（旧币）。

铁道、邮电、纺织等行业在全国率先发出了在全系统开展生产竞赛的号召。铁道部行政会同中华全国铁路总工会等召开联席会议，决定在全系统推行模范机车队运动。运动的目的是全面贯彻负责制，提高机车质量，降低成本，创造新的定额，安全完成和超额完成国家任务。全国邮电系统普遍开展生产竞赛。北京邮区在全体职工的积极努力下，一举扭转了多年亏损的局面，实现了收支平衡。天津邮区职工开展生产竞赛，每个职工都订出了个人参加竞赛的要求。山东邮区职工向全国各邮区提出挑战，积极投入竞赛，提前完成了任务。江西邮区工会专门召开生产干事会议研究发动职工开展竞赛，全省各分局、各小组和个人都订出计划，投入竞赛。

在各级工会组织的发动、具体组织和行政的大力支持下，生产竞赛在国营企业和私营企业中都逐步开展起来。各级工会组织在领导生产竞赛过程中，看到很多企业不断刷新生产纪录，先进模范人物层出不穷，便因势利导，及时总结先进经验。东北地区的工会组织及时发现了青年工人赵国有的先进模范事迹和马恒昌小组的经验，并很快进行总结推广。东北职工总会编写出版了《生产小组的好样子》一书，把马恒昌小组的经验介绍到东北各个工厂，并通过媒体，向全国的工矿企业推广。各地各企业也纷纷总结本地本企业的经验，各级工会组织充分发挥作用，调查研究，选树标兵，评选劳模。

（二）为工业中国而奋斗的楷模

在新中国建设的艰难时期，每一个行业，每一条战线，都有自己的一面旗帜，都有自己的学习标兵和行动楷模。钢铁行业的旗帜是孟泰。孟泰，河北丰润人，中共党员。1948 年，辽沈战役结束，东北全境获得解放，孟泰担任鞍钢炼铁厂配管组组长。

当时，中国人民解放军正挥师南下，党面临巨大的武器原料制造和基础建设等支援解放战争的需要，经过审慎思考，中共中央把这个重任交给了鞍钢。但是，历经日寇和国民党军队蹂躏的鞍钢，此时几近废墟，马路两边干枯了的蒿草比人还高，两排高炉也成了一堆废铁，设备被炸得七零八落。几个留在中国的日本工程师看着进城的解放军，又望着废墟说：“你们要恢复鞍钢，至少要 20 年。”

一面是党中央交给的艰巨使命，一面是鞍钢破败的现状，孟泰的心里十分着急，经常在厂里走来走去，围着高炉转一圈，又走到修理厂。一天，走在路上的孟泰看到地上一个个散落的零件，他忍不住一个接一个地捡起来，用油纸擦拭。看着零件在阳光下重新发出夺目的光芒，他心里突然明白了什么：没有外国的先进技术，我们有自己的技术工人；没有材料，我们可以自己去搜集；没有崭新的机床，我们可以自己造起来！

定下主意后，孟泰便带领工人一起在厂里捡零件。当时正值严冬，寒风肆虐，但是孟泰小组的工人们不顾刮风下雪，跑遍厂区。有一次，外面下着暴雪，孟泰仍坚持出去找材料。工友们都劝孟泰："外面的风雪实在是太大了，等到风雪小一些再出去找吧！"孟泰回答说："正是因为外面的风雪大，才要现在去找。现在不去，等雪停下来，就积上厚厚的雪了，那个时候要从雪地里找材料就更加难了。"话音未落，孟泰已经冲进了风雪中，工友们也纷纷迎着风雪冲了出去。他们在风雪中找了好几个小时，一遍遍地毯式搜索，哪怕是多找一个零件也好，争取早日把鞍钢的高炉重新建起来。从大雪里再次回到车间的时候，大家的手早就冻得没有了知觉。

就这样，孟泰每天去废墟里捡零件和设备，跑到废铁堆里，扒开一尺多厚的雪，一样样往外捡，高压气门、弯头……凡是有用的东西，一件也不漏下。捡回来，他再把这些物件仔细擦干净，按照不同尺寸分头存放。

每天上下班的路上，孟泰的眼睛总是向下看，遇到螺丝什么的，只要丝质好就放兜里。一开始，很多人笑话他中了魔，后来看见那些零件设备摆了一柜子，打磨得光亮，和新的差不多，便开始跟着他一起捡，然后放到小屋子里。这间屋子就是后来誉满全国的"孟泰仓库"。当时，新中国正处于恢复生产时期，孟泰这种变废为宝的举动引起了社会关注。两名记者前来采访，好奇地追问："是谁叫你这么干的？"平常木讷的孟泰此时却说："为啥？不当亡国奴了，是为自己干的！"

更让人们震惊的是，鞍钢修复的第一个高炉以及以后两个高炉和管道系统，没有再花钱买一件材料，全部是由“孟泰仓库”里的上千种材料、数十万个零部件组成的，为国家节约了资源。

1949年6月27日，鞍钢钢铁公司成立后修复的第一座高炉——炼铁厂2号高炉开工生产，并生产出东北解放后的第一炉铁水，这标志着从鞍山钢铁公司成立到恢复生产只用了7个月的时间，连曾经预测需要20年才能恢复鞍钢生产的日本工程师都赞叹不已。恢复出铁水的过程，给即将成立的新中国节约了大笔资金，鞍钢自豪地把第一炉铁水叫作“争气铁”。作为鞍钢恢复生产的最大功臣，孟泰被评为“特等功臣”。1949年8月，孟泰加入中国共产党，成为鞍山第一批加入中国共产党的产业工人党员。1949年7月9日，在著名的鞍钢标志性建筑大白楼前，孟泰和工人们一起参加了盛大的开工典礼庆祝大会，此时的鞍钢已经有两座矿山、两座焦炉、一座高炉、一座平炉、六个轧钢厂、两个金属制品厂、一个耐火材料厂，并且全部投入生产，不仅标志着鞍钢已经从一片废墟中崛起，还代表中国钢铁工业从此站上一个新的起点。中共中央和毛主席得知喜讯后，立即派李富春代表中共中央和毛主席送来了一面“为工业中国而奋斗”的锦旗，以表示祝贺和鼓励。[①]

1950年6月，朝鲜战争爆发，战火一直烧到鸭绿江边，美国战机在我国边境地区进行狂轰滥炸。在这危险关头，孟泰不顾个人安危，主动做护厂队员。为了保障高炉的安全，他干脆从家里扛来行李，在高炉旁边生火做饭，在高炉上入睡，日夜寸步不离高炉。有的工人开玩笑说：“这孟泰大概是疯了，连命都不要了，天天守着这座高炉。”知道情况的工人回答：“你还不知道？这高炉对孟泰来说就是命根子。修复这些高炉的材料可都是他带着大家在雪地里捡回来的。”孟泰把高炉看得比自己的生命还重要。空袭警报响起，孟泰从没害怕过，总是手拎大管钳，飞奔到高炉总

① 《永不过时的劳模精神：孟泰》，《国家记忆》2017年5月4日。

水门旁，随时准备抢修，誓与高炉共存亡。

一天早晨，孟泰来到修理厂，正准备动手干活，突然听见高炉发出轰的一声巨响，好像平地打了个响雷，震得地面打战。孟泰抬头望去，只见浓烟滚滚，很多工人从浓烟里跑了出来。在钢铁厂，高炉就是命根子，一旦出问题就是最危险的。孟泰来不及多想，一头向高炉冲去。此刻，他已经根本考虑不到自己的危险，只知道如果抢救不及时，工厂就会受到破坏，工友的生命就会受到威胁。突然，高炉又发出轰的一声，比刚才那声还响，有的工人被吓得方向都分不清。孟泰什么也不顾，顺着铁梯子往高炉上爬。雾气弥漫着，他伸出两手，一面摸索，一面往前走。最终，在孟泰和配管工人的努力抢修下，避免了这次危险事故的进一步扩大。这天早晨，整个鞍钢都震惊了……①

新中国成立后，像孟泰这样的先进人物还有很多，为恢复发展国民经济，广大职工积极投入各级工会组织的各种形式的生产竞赛中，有力地调动了职工群众的积极性和创造性。在各地开展的生产竞赛、创新纪录运动中，相继涌现出沈阳第五机器厂的马恒昌小组、鞍钢钢铁公司孟泰、铁路系统李永率领的“毛泽东号”机车组、第一个女火车司机田桂英等一大批先进模范人物。在这些先进模范人物的带动下，恢复经济建设的热潮风起云涌，各地各行业的模范人物和先进集体不断涌现，在全社会形成了人人学先进、个个争上游的良好氛围。

（三）各地纷纷举行“五一”庆祝活动和劳模表彰大会

1950 年，在新中国诞生后的第一个“五一”国际劳动节期间，党中央发布了庆祝“五一”国际劳动节口号，中华全国总工会向各级工会发出纪念“五一”国际劳动节的通知，许多地方总工会和企业先后召开劳模表

① 本书编写组：《孟泰》，中国工人出版社，2015 年 6 月。

彰大会和劳模座谈会。

在“五一”国际劳动节前夕的1950年4月26日，中国共产党中央委员会发布了庆祝“五一”国际劳动节口号！口号中提出：

庆祝中华人民共和国成立后第一个“五一”国际劳动节！全国公私企业中的工人们，发展生产是我们最高的利益和任务，努力发展生产！发扬正确的劳动态度，遵守劳动纪律，提高劳动效率，奖励生产模范！全国农民努力发展农业生产，改良农具种子，多施肥料，兴修水利，消除病虫害，组织劳动互助，发展副业，为提高粮食棉花和其他农产品的产量而奋斗！奖励农业生产中的模范！全国科学家、艺术家、工程师、技术人员、教师、学生和一切在文化领域内工作的知识分子和青年们，努力学习新知识、新技能，努力为发展工农业生产、提高人民文化水平而奋斗……①

中华全国总工会于1950年4月22日向各大行政区总工会（办事处）、各产业工会所属各级工会发出《关于纪念“五一”国际劳动节的通知》。通知指出：

全世界工人阶级检阅自己战斗力量的节日——伟大的“五一”国际劳动节就要到来了。今年的“五一”国际劳动节，是中国工人阶级在自己的政党——中国共产党和自己的领袖——毛主席的英明领导之下，团结全国人民，经过了将近三十年的英勇奋斗，获得全国解放胜利后的第一个“五一”节。长期压榨我们的帝国主义、封建势力和官僚资本的反动统治，已被打倒了。真正的人民政权已经建立起来了。中国工人阶级，在政治方

① 《中华人民共和国中央委员会发布庆祝“五一”劳动节口号》，《人民日报》1950年4月27日，第1版。

面，已经从被压迫被奴役的地位变成了国家政权的领导阶级。在经济方面，工人在公营工厂企业中，直接参加着生产管理；在私营工厂企业中，也不再受压迫，不再受无限制的剥削了。在生活方面，由于人民政府实行了实物工资制度，减少了过去物价波动的痛苦；特别是现在正克服十二年来的通货膨胀，使物价平稳起来，使职工生活更有保障了。而在东北，业已走上恢复和发展生产的轨道，不仅根本解决了失业问题，而且已感到劳动力的缺乏，正在关内招收大量技术工人。东北职工所得的实际工资已在逐步增加，并且实行了劳动保险制度，举办着各种文化、福利事业。东北的工友们已开始过好的日子了。我们相信，在中央人民政府和毛泽东主席的领导之下，只要我们工人和全国人民团结一致，共同努力，整个中国的经济，也会像东北一样，很快地恢复和发展起来，而逐渐走上繁荣的道路。①

中华全国总工会在通知中还对各级工会和广大职工提出要求，号召在纪念“五一”国际劳动节的时候，全国工人阶级要紧密地与全国人民团结在一起，克服当前的困难，巩固我们已得的胜利果实：

加紧生产努力节约。在国营、公营企业中，工人阶级要学会管理企业，积极参加改造旧企业为人民企业的各项工作，开展合理化建议运动，发挥工人阶级的积极性与创造性，提高产量、质量与减低成本。在私营企业中，要主动地根据劳资两利的原则，与资方进行协商，找出办法，共同负起克服困难、渡过难关的责任。②

① 引自《工人日报》1950年4月25日，第1版。

② 引自《工人日报》1950年4月25日，第1版。

中华全国总工会在通知中还提出，各地各较大工厂可以在“五一”节的晚间由工会组织各种娱乐晚会。此项娱乐晚会，应该成为群众的庆祝晚会。特别注意要招待在生产方面的模范工作者，而不要变成少数干部的娱乐晚会。

中共中央和中华全国总工会关于庆祝新中国成立后第一个“五一”国际劳动节的指示精神，内容极其丰富，其中有三点非常明确。其一，中国工人阶级的地位和旧中国相比，有了一个翻天覆地的变化，中国工人阶级是国家的主人，生活水平在逐步改善。其二，由于国民党政府留下的是一个烂摊子，新中国刚成立，国民经济暂时还困难，有的地方困难甚至还很大，这就需要全国职工团结一致，努力生产，以新的生产成就迎接新中国成立后的第一个“五一”国际劳动节。其三，强调要奖励劳动模范，甚至特别提出举行文娱晚会要特别注意招待在生产方面的模范工作者，而不要变成少数干部的娱乐晚会。

许多城市总工会和企业的工会组织根据实际情况，在“五一”国际劳动节期间纷纷举行劳模表彰大会或劳模座谈会。

1950年5月1日至3日，太原市总工会召开了第一届劳动模范表彰大会，出席表彰大会的有全市各公私企业的221名劳动模范和11个模范单位的代表。山西省委副书记赖若愚、山西省人民政府副主席裴丽生、太原市长韩德纯、太原市总工会主席郭钦安等领导到会祝贺。五位劳动模范代表介绍了他们的事迹和经验，受到与会同志的赞扬。会议期间，太原市总工会还组织了文艺晚会招待劳模，剧院特地在演出前展示劳模的照片并介绍劳模的事迹，很受劳模和观众的欢迎。

1950年5月3日，武汉市在汉口召开劳模座谈会，参加座谈会的有京汉铁路“八一号”机车模范司机张俊、第四野战军后勤运输部汽车修理厂模范厂长江平、军需一局被服厂“裤子大王”邱昌平、汽车修理厂“皮老虎”制造者模范工程师陈家珖、申新纱厂模范女工朱玖、既济水电公司节约燃煤模范胡金苟、中南公路局模范材料员王云卿、粤汉铁路带徒弟模范老工人周树等265位劳动模范及模范工作者。武汉市人民政府市长吴德峰、武汉市总工会筹委会负责人等先后向大会致辞，中南军政委员会副主席邓子恢到会祝贺并讲话。在座谈会上，劳动模范们交流了工作方法和经验。张俊、乐云、邱昌平等生产一线上的工人劳模结合生产实际大胆进行技术革新的发言，受到与会者的一致赞扬。

1950年4月29日，张家口市召开劳模表彰大会，表彰了劳动模范陈宗德等30人、模范先进单位酒精厂及19个车间小组。张家口市委书记孙敬文、市总工会主席王漫等到会祝贺，并号召全市职工以先进模范为榜样，将生产竞赛活动深入开展下去，创造更优异的成绩向“七一”党的生日献礼。

黑龙江省总工会在“五一”国际劳动节期间举行了全省工会代表大会，与此同时还展览了生产模范、先进生产者及模范工作者的照片和他们的先进模范事迹。吉林省总工会和吉林省委宣传部、吉林市委宣传部等单位在“五一”期间联合举办报告会，邀请劳动模范、先进生产工作者和国营工厂管理工作者报告广大职工在生产中的先进事迹，同时还举办劳动模范先进事迹的连环画展等活动。

在“五一”国际劳动节期间，东北铁路总局和东北铁路总工会在哈尔滨召开全路劳动模范表彰大会，同时还在哈尔滨铁路工厂俱乐部举办劳模事迹展览会。展览会上不仅有劳模的大幅照片和先进事迹介绍，还将劳模的生产代表作和发明创造的机件等实物一同展览。这些展品在哈尔滨展览后，还先后到沈阳、大连等地巡回展览。郑州铁路局和郑州铁路工会等单位于1950年5月5日在郑州召开全路劳动模范表彰大会，对全路在生产竞赛中涌现出来的404位劳动模范和先进生产者进行了表彰。

二、精心筹备全国劳模代表会议

新中国成立后，全国人民积极参加恢复经济建设的各项生产竞赛，各地各行业涌现出一大批劳动模范和模范工作者。对于召开新中国成立后第一次全国劳模代表会议，党和国家极为重视。党和国家有关部门及各级工会齐心协力、精心组织，积极筹备会议。

（一）党中央和政务院决定召开全国劳模代表会议

1950 年 7 月 21 日，中央人民政府政务院第四十二次政务会议通过了《关于召开全国战斗英雄代表会议和全国工农兵劳动模范代表会议的决定》，并于 1950 年 7 月 25 日由中央人民政府政务院印发。该决定中指出：

为了表扬部队中的战斗英雄，表扬工人、农民及士兵中的劳动模范；为了鼓励前线部队彻底歼灭残余匪帮和为减轻人民负担，开展生产运动；为了鼓励全国工人阶级发扬新的劳动态度，克服困难，提高劳动生产率；为了鼓励全国农民实行生产互助，改进技术，深耕细作，增加农业生产，扩大耕地面积；为了鼓励全国人民共同效力于解放全部国土，发展生产，繁荣经济，建设新中国的伟大事业，特决定于 1950 年 9 月 25 日，在首都同时召开全国战斗英雄代表会议与全国工农兵劳动模范代表会议。

《关于召开全国战斗英雄代表会议和全国工农兵劳动模范代表会议的决定》还指出，出席会议的战斗英雄代表，应包括各种兵种及民兵中的英雄模范人物与模范单位的代表，劳动模范代表应以生产模范为主，并包括支援前线、恢复交通、护厂斗争、兴修水利、护堤抢险、植树造林等个人模范与模范单位的代表。决定强调，劳动模范代表在工业方面应包括在公营、私营企业提高和改进生产中确有重大贡献的模范工人、工程技术人员、管理人员、职员、医务人员及工会工作人员等代表；在农业方面应包括提高和发展农业生产方面有显著成绩的模范农民、工程人员及农林水利事业组织者的代表；在部队中应包括开荒生产、筑路修堤等各项工作中有特殊成绩的指挥员和战斗员的代表……全体战斗英雄代表与工农兵劳动模范代表均参加国庆日庆祝典礼。

在《关于召开全国战斗英雄代表会议和全国工农兵劳动模范代表会议的决定》中，中央人民政府政务院就召开全国战斗英雄代表会议和全国工农兵劳动模范代表会议的意义，战斗英雄和劳动模范选举的范围、条件及奖励等问题都作了明确说明，充分说明党中央和中央人民政府对召开全国战斗英雄代表会议和全国工农兵劳动模范代表会议的高度重视，国家相关部门和人民解放军主管部门积极行动，拉开了紧张有序的筹备工作。

1950 年 7 月 26 日，《人民日报》发表《准备迎接全国战斗英雄与劳动模范代表会议》的报道，表示将要集中全国军事战线和生产战线上最优秀的英雄模范人物，总结与交流经验。报道指出：

人民解放军的指战员、工农劳动人民，在共产党与人民政府领导下，在各个战线上，无论过去和现在，都进行了不屈不挠、可歌可泣的斗争。在这些斗争中，出现了成千上万的英雄模范人物。他们和广大群众密切联系，向群众学习，同时又带动群众前进。他们有丰富的经验，应该加以总结，加以发扬。

我们的党和人民政府从来十分重视在实际斗争中产生的英雄模范人物，并努力给以鼓励和培植。在抗日战争和人民解放战争的艰苦岁月，全国各解放区都召开过多次英雄模范大会，培养了许多杀敌英雄、劳动英雄、渡荒模范和各方面的模范工作者。许多英雄模范人物的代表，参加了政府的领导工作。

正如毛主席在《两三年内完全学会经济工作》一文中说的，英雄模范人物有三个作用，即带头作用、骨干作用、桥梁作用。领导者通过他们，去带动广大群众，把群众的意见集中起来，决定方针和政策；然后再到群众当中去，把领导的意见变成群众的意见，坚持下去。没有这些，所谓领导就是不可能的，或者是没有力量的。但是，这种英雄模范人物只能是在实际斗争中产生出来的。领导者应该细心地培养帮助和提高他们，使他们继续前进，真正成为各方面群众学习的榜样。而召开英雄模范大会，集体总结经验，互相观摩学习，正是培养英雄模范的最好的方式。

现在距离这两个会议召开的时间只有两个月了。各地应该迅速而认真地进行英雄模范的评选工作。被评选出来的英雄模范，必须是群众所公认的。这是一个十分重要的条件。为了做到这一点，在评选过程中，必须发动民主讨论，把真正为群众拥护的英雄模范选举出来。这种民主讨论，对于英雄模范和广大群众，都是一个最实际的教育。英雄模范可以在民主讨论中，更清醒地了解自己的长处和缺点，从而发扬长处，改正缺点。广大群众可以在民主讨论中，找到自己的学习目标和努力方向。领导者可以在民主讨论中，进一步发现新的模范人物和模范事迹，以便用具体生动的事实，鼓励先进分子，教育与改造落后分子，达到典型示范，推动全盘工作的目的。[①]

1950年7月28日，中央人民政府人民革命军事委员会总政治部向人民解放军全军（包括民兵）发出筹备召开全国战斗英雄代表会议及选举劳动模范出席全国工农兵劳动模范代表会议的指示。指示规定了选举战斗英雄和劳动模范的范围，应包括人民解放军陆、海、空军各兵种中最典型的英雄模范人物和模范单位的代表。当选战斗英雄的条件为：在战斗中勇

① 《准备迎接全国战斗英雄与劳动模范代表会议》，《人民日报》1950年7月26日，第1版。

敢和技术兼备，理论与实际结合，具有特殊功绩，并在全军有代表性者；政治品质优秀，善于联系群众并在群众中有很高威望者；在参谋、政治工作、战争勤务、练兵、剿匪、群众工作、战场救护等工作方面有特殊功绩者。指示就中央人民政府政务院规定的军队战斗英雄、劳动模范的总名额按各兵种、各军区分配具体数字后，要求各部队以军或省军区为单位召开大会，选拔战斗英雄和劳动模范。在进行选拔工作时，各单位要采取高度严肃慎重的态度，实行领导与群众相结合的评选，以便经过此次巨大规模的选举，以生动的英雄事迹教育和鼓舞全军进一步开展各方面的革命英雄主义群众运动。

1950 年 7 月 29 日，全国工农兵劳动模范代表会议筹备委员会在北京召开了第一次会议。经政务院指定，筹备委员会由陈云、李立三、朱学范、刘澜涛、肖华、毛齐华、王新元、何长工、宋裕和、吴觉农、吴羹梅、李颉伯、李范五、李葆华、季方、陈郁、许之桢、张琴秋、杨显东、董昕、刘景范、薛暮桥、罗叔章、薛子正、周荣鑫、周子键 26 人组成，中共中央政治局委员、政务院副总理、中华全国总工会主席陈云担任主任，李立三、朱学范、刘澜涛、肖华担任副主任，毛齐华为秘书长，李范五、董昕为副秘书长。在这次筹备会上，与会同志认真讨论并通过了关于召开全国工农兵劳动模范代表会议的计划，讨论通过了由专人负责研究对参加大会的劳动模范代表的奖励办法，制订在会议上对全国各地评选出来的生产劳动模范的奖励方案。中华全国总工会、国家农业部等单位，将根据这次会议通过的关于召开全国工农兵劳动模范代表会议的计划，再提出具体意见，指导所属各单位推选劳动模范代表的详细办法及注意事项。

（二）会议筹备委员会推出详细计划

1950 年 7 月 30 日，全国工农兵劳动模范代表会议筹备委员会公布关于召开全国工农兵劳动模范代表会议的计划，全文如下：

一、大会名称为全国工农兵劳动模范代表会议。

二、凡一切公营、私营的工矿、交通、农业等生产部门，及全国部队均可依据下列标准推选劳动模范代表，集体的劳动模范可选派集体的代表。

（一）工业劳动模范代表

甲、当选条件：一切公营、私营的交通、工矿企业部门的工人、工程技术人员、管理人员、职员、工厂医务人员、工厂工会工作人员，具备下列条件之一者，即可当选为劳动模范代表：

（1）生产节约中有特殊贡献者；

（2）生产技术的发明者与改进者及重大合理化建议者；

（3）护厂斗争有特殊功绩者；

（4）支援前线有特殊功绩者；

（5）恢复交通有特殊功绩者；

（6）组织生产有显著成绩者；

（7）医务工作有显著成绩者；

（8）其他有特殊功绩者。

乙、参加大会的工业劳动模范定为200名，按地区分配如下：东北区50名，华北区40名，华东区40名，中南区17名，西南区13名，西北区10名，内蒙古3名，铁路20名，另由中华全国总工会直接评选7名。

丙、参加大会的劳动模范代表的产生办法如下：

除铁路劳动模范按产业由中国铁路工会全国委员会指导所属各级工会组织推选外，其余均按地区由大行政区总工会（或全国总工会办事处）指导所属各城市工会组织负责推选，华北区直接由中华全国总工会负责分配，由直属市总工会及省总工会负责推选。

（二）农业劳动模范代表

甲、当选条件：一切从事农林、畜牧、水产、水利等生产的农民和技术人员，以及农村干部、农会及合作社工作人员，具备下列条件之一者，即可当选为劳动模范代表：

（1）带领组织群众实行生产互助或精耕细作勤劳增产、发家致富有显著成绩者；

（2）创造与引用新的品种、新的农具、新的科学技术，为农民效法并有显著成绩者；

（3）兴修水利有显著成绩者或护堤抢险有特殊功绩者；

（4）饲养或医治牲畜，防止虫害、兽害有显著成绩者；

（5）造林护林，合理采伐，改良土地或合理使用荒地，有显著成绩可资效法者；

（6）在灾区克服困难，生产救灾方面有显著成绩者；

（7）模范的农民协会或合作社等群众组织中组织生产的优秀工作者。

乙、参加大会的农业模范代表定为208名，由各地区地方政府农民团体与各农业行政部门负责推选，华北区45名（河北13名、山西10名、平原10名、察哈尔7名、绥远4名、京郊1名），东北区40名，华东区35名，中南区30名，西北区24名，西南区18名，内蒙古8名（包括牲畜业），另由中央有关各部直接推选8名。

（三）人民解放军劳动模范代表60名，由人民解放军总政治部指导参加生产的各部队推选。

三、劳动模范名额分配注意事项

（一）各地工农业劳动模范代表名额中必须包括私营企业、私营农业部门的适当名额。

（二）必须包括工农业技术人员、管理人员和组织群众生产有功的农村干部，其名额不得少于工业或农业总名额的10%。

（三）工农业劳动模范代表中应适当注意妇女名额。

（四）各大行政区评选劳动模范时，应适当注意各产业部门名额。

四、劳动模范代表之评选，必须为群众所公认者，如新解放区尚无法评选劳动模范代表者，可推选相当于劳动模范代表名额的工农代表列席会议。

五、各级政府工矿、交通、农业等生产部门，各级地方政府，参加生产部队的政治部，各级地方工会产业工会应系统地收集劳动模范代表事迹材料；并作出组织生产竞赛等各种经验总结报告，认真进行准备工作。模范事迹的材料应包括：

（一）劳动模范代表的生产成绩图表。

（二）劳动模范代表的历史及其事迹的文字材料。

（三）劳动模范代表本人四寸照片二张（附底片），及可能摄制的模范事迹过程的照片两套，并附详细说明。

（四）发明技术改进，合理化建议的技术设计图样或模型。

以上各项材料均须附详细说明。

六、对于参加大会的劳动模范代表，均予奖励。其办法另定之。

七、组织劳动模范事迹的图片照片展览会，编辑劳动模范事迹小册子，拍摄纪录影片一部，其具体办法由全国工农兵劳动模范代表会议筹备委员会拟定之。

八、在全国工农兵劳动模范代表会议上讨论并提请中央人民政府公布关于生产劳动模范的奖励办法。

九、在全国工农兵劳动模范代表会议筹备委员会下设秘书处，秘书处下分七科：（一）秘书科；（二）组织科；（三）宣传科；（四）编辑科；（五）展览科；（六）总务科；（七）警卫科，负责进行日常筹备工作。

十、劳动模范代表名单和各项材料，应于八月三十日以前送交北京府前街一号全国工农兵劳动模范代表会议筹备委员会。

十一、各地劳动模范代表或列席代表须在九月二十三日以前来北京全国工农兵劳动模范代表会议筹备委员会报到。

全国工农兵劳动模范代表会议筹备委员会关于召开全国工农兵劳动模范代表会议的计划，是一个全面贯彻中央人民政府政务院关于召开全国劳模代表会议精神的重要文件。这个计划对劳模的评选范围、评选条件、名额分配、产生办法、奖励、事迹材料总结、宣传等有关事项都提出了详细要求。该计划还特别重申并明确各地、各单位、各行业在具体评选劳动模范工作过程中必须注意的有关问题。

第一个必须注意的问题是，各地工农业劳动模范代表名额中必须包括私营企业、私营农业部门的适当名额。这个“必须”深刻说明了当时党和政府制定政策时，对在新中国经济建设恢复时期作出突出贡献的建设者，不管是国营单位的还是私营单位的，都是一视同仁，都是以贡献论英雄。私营企业和私营农业有显著成绩者照样可以当选为劳动模范。这个政策的制定，符合百废待兴的刚刚成立的新中国的实际情况。

在这些私营企业和私营农业中工作的劳动者，工作有显著成绩者照样可以评为劳动模范，这充分体现了党和政府对劳动者的关怀。劳动不分贵贱，劳动者也同样不分贵贱。劳动只有分工的不同，没有贵贱之分。凡从事诚实劳动的劳动者理应受到尊重，而有显著成绩者也完全有资格被评为全国劳动模范。

第二个必须注意的问题是，劳模中必须包括工农业技术人员，这个“必须”充分说明党和政府对知识分子的重视。在中国革命、建设、改革的每个历史阶段，党和政府都把知识分子作为一支不可或缺的重要力量，依靠他们、信任他们、发挥他们的重要作用。因此，在新中国成立后召开的全国劳模代表会议上，党和政府强调了必须有工农业技术人员参加。

重视发挥知识分子的作用，是党和政府的一贯政策。尊重知识、尊重人才，是党和政府的一贯传统。在刚刚成立新中国，大力恢复经济建设中，如何发挥知识分子的作用？如何调动知识分子的积极性？如何让知识分子的聪明才智有用武之地？旧中国留下的百孔千疮的烂摊子，可以说给热爱新中国的每一位知识分子提供了绝好的用武之地。因此，树立知识分子积极投身建设新中国的先进模范人物，是非常有必要的。党和政府制定政策，让有显著成绩的知识分子当选为全国劳动模范，无疑是一个很有意义的举措。

第三个必须注意的问题是，劳动模范代表评选必须为群众所公认。这个“必须”指明劳动模范是为群众所公认的，这充分说明劳动模范在群众中是有威信的、是群众信赖的、是群众拥护的榜样。同时也说明，劳动模范的产生是要经群众推选的。

这个“必须”揭示出党和政府一切依靠人民群众、坚持群众路线的一贯作风。党的群众路线是党在长期革命、建设中形成的制胜法宝，是党的生命线、根本路线，也是党和政府的根本领导作风和工作方法，是党的群众观点的具体化。在劳动模范的产生上，党和政府特别强调了群众的认可、群众的选举，这充分说明了党和政府相信群众、依靠群众、发动群众的优良作风。也正是因为党在革命、建设中坚持群众路线，确保了党和政府同人民群众的血肉联系，从而保证了党和政府各项工作的顺利进行并取得成功。

（三）中华全国总工会和国家有关部委认真落实

中华全国总工会和国家有关部委，认真贯彻中央人民政府政务院关于召开全国战斗英雄代表会议与全国工农兵劳动模范代表会议的精神，迅速行动，积极进行布置和落实。

1950年7月31日，中华全国总工会向各大行政区、省市地方工会与产业工会发出了《关于准备全国工农兵劳动模范代表会议的通知》。在通知中，中华全国总工会再次重申了召开全国劳模代表会议的重大意义和作用。通知指出，全国工人阶级都应动员起来，开展群众性的生产竞赛，用实际行动来迎接这个大会。用生产上的实际成绩来响应政务院在决定中所提出的“发扬新的劳动态度，克服困难，提高劳动生产率”以“效力于解放全部国土，发展生产，繁荣经济，建设新中国的伟大事业”的号召。中华全国总工会的通知对各级工会组织提出了明确要求，并对劳模的当选条件和产生办法等又重申了政务院的规定。通知强调，各级工会组织必须重视这次会议的伟大意义，迅速认真地进行准备工作，根据政务院决定的原则，在现有的劳模运动的基础上，采取高度严肃的态度，推选对生产建设有重大贡献且为群众所公认与拥护者为代表。为此，代表的推选必须经过产生单位的职工群众民主讨论，借此进行广泛深入的宣传教育，并真正做到把为群众所拥护的英雄模范代表选举出来。

1950 年 8 月 4 日，中央人民政府农业部、林垦部、水利部等有关部委发出了《关于参加全国工农兵劳动模范代表会议选送农业代表工作的联合指示》，要求对农业劳动模范的评选必须在各大行政区军政委员会、省人民政府的统一领导下，与工业劳动模范、人民解放军劳动模范代表等选举相结合，并对劳动模范当选的条件、产生办法、注意照顾少数民族区域的民族生产代表等问题都提出了明确意见。联合指示指出，农业劳动模范代表中，应照顾到农、林、畜牧、水利、水产等各方面的各项事业，如精耕细作、防除病虫兽害、修堤抢险、开渠灌溉等代表，同时还须注意当地实际生产情况选出适当代表，防止平均主义。当选代表必须是在实际生产运动中真正有成绩表现并为群众所公认的人物。联合指示还特别强调，农业劳动模范代表中，包括直接参加生产的群众与组织领导农业生产的干部，及科学技术试验研究工作者；但以群众劳动模范为主。联合指示还就农业劳动模范的当选条件提出了具体要求，当选条件中，精耕细作，系指多耕多耙多锄草及改善栽培技术，能增加产量者；引用新的品种，系指首先引用新的品种或自行选种获得之新品种，经群众公认为产量高、品质好、抵抗不良环境能力较强者；技术工作者应用科学方法育成新品种，经比较试验和区域试验，确属优良，推广后受农民欢迎者；兴修水利模范，应包括修筑堤防闸坝、防范抢险、浚河排水、开渠凿井等工程中之劳动模范及在勘查测量、水土试验、仪器制造、工具改良上有特殊成绩或在技术学术上有发明创造者；防除病虫兽害模范，包括打狼、打山猪及其他危害人群和农作物之野兽等有显著成绩及防治病虫害、兽医试验研究工作有所创造，经推广后有显著成绩者；改良土地、合理使用荒地，包括改山坡为梯田，变盐、碱、沙、荒地为良田，采用轮作变瘠田为肥田及种植上宜农宜牧恰当使用，充分获得收益者；森林合理采伐，包括山场运搬、森林铁道运输、水运、制材等项工作中有显著成绩者。各地应根据具体条件及实际生产运动中涌现之模范进行选举，其他有特殊功绩为当选条件而未列入者，亦得当选。联合指示针对一些省区准备召开劳模大会的情况也明确提出意见，指出各省区已决定于秋后举行劳模大会者，均应与此次评选工作相结合、吸取经验，更好地进行准备。

（四）广大职工以实际行动迎接会议的召开

中央人民政府政务院决定于1950年9月25日召开全国工农兵劳动模范代表会议，这是刚刚获得新生的中国人民政治生活中的一件大事。中华全国总工会迅速发出通知，要求“全国工人阶级都应动员起来，开展群众性的生产竞赛，用实际行动来迎接这个大会”。各级工会组织层层发动，精心组织，动员广大职工积极投入生产竞赛中，以实际行动迎接全国工农兵劳动模范代表会议的召开。

较早获得解放的东北地区，为迎接全国工农兵劳动模范代表会议和新中国第一个国庆节，在开展生产竞赛的热潮中一马当先。1950年8月25日，东北铁路政治部、特派员办事处和铁路工会东北地区工会委员会联合召开电话会议，向全路职工发出了开展生产竞赛迎接全国工农兵劳动模范代表会议的胜利召开和新中国成立后第一个国庆的号召。各管理局当时就在电话会议中纷纷表态，坚决响应，立即行动，抓紧落实。中长铁路局很快召开全局生产财务计划动员大会，并向特派员办事处提出了挑战。长春工务段机械工区在竞赛书中提出，在国庆节前的9月底完成修路工作尚须用的几种工具，并争取节约材料费8500万元（旧币）。沈阳第三机器厂在著名劳动英雄赵国有精神的鼓舞下，全厂职工在增加产量、提高质量上狠下功夫，8月全厂未出一件废品，而且超额完成了生产任务，以实际行动来迎接全国工农兵劳动模范代表会议的召开。东北区百货公司针织厂的杨永春小组率先向全厂各小组发出挑战，各兄弟班组纷纷响应，很快将应战书送到厂工会。全厂应战的各班组都保证坚决超额完成第三季度的生产任务，降低成本，质量合格率达到100%。全厂职工还提出倡议，他们要精心设计、精心制作一件精美的礼品献给全国工农兵劳动模范代表会议。牡丹江市总工会在全市国营企业推广马恒昌小组的经验，全市各工业企业的班组迅速行动，争创马恒昌式班组，在全市形成了一个比学赶帮超的生产竞赛热潮。四方铁路工厂工会8月初向全厂职工发出倡议，在国庆节前赶制新中国成立后的第一台机车，作为国庆节献给毛主席的礼物。全厂职工闻信后坚决拥护，工厂管理委员会和职工大会一致通过了工会的倡议。在全厂职工的努力奋战下，这台机车完成得又快又好。[①]

华北、华东、中南、西南、西北等地区和北京、天津等城市的企业也纷纷开展生产竞赛，迎接新中国的第一个国庆，迎接全国工农兵劳动模范代表会议的胜利召开。北京汽车修配厂工会号召全厂职工行动起来开展生产竞赛，提前完成9月的生产任务。全厂职工积极响应，锻工车间全体

---

① 《迎接劳模代表会议和首次国庆 东北等地热烈展开生产竞赛 四方铁路工厂赶制机车向毛主席献礼》，《人民日报》1950年9月10日，第2版。

职工首先向全厂各车间工段挑战，在不加班的条件下提前五天完成全月的生产任务。橡胶车间提出保证提前一个月完成全年生产任务，其他各个车间也纷纷响应。该厂劳动模范王惠保证用多少胶的原材料就生产多少胶的产品，不浪费一点胶，同时还提前完成了生产任务。北京机器总厂在全厂大张旗鼓地开展生产竞赛，全厂职工的劳动纪律和工作效率都大为改观，全厂形成了一个你追我赶的生产竞赛热潮。该厂接到政务院关于生产两台锅炉的任务后，大家精心生产、精心安装，保证在国庆节前安装好一台锅炉，以实际行动来迎接国庆节和全国工农兵劳动模范代表会议的胜利召开。

天津市各工业企业广泛开展生产竞赛，向新中国的第一个国庆节和全国工农兵劳动模范代表会议的召开献礼。天津钢厂工会根据本厂的实际情况提出了“提高质量，健全制度，消灭事故，完成任务”的竞赛目标。全厂职工积极性很高，在全厂职工的热烈讨论中，厂工会提出的竞赛目标获得一致同意，车间与车间、班组与班组之间互相挑战，同时他们还向中纺兄弟厂和电工二厂发出了友谊的挑战书。电工二厂工会号召全厂135名劳动模范和全厂职工应战，并提出在全厂开展为期三个月的创新纪录运动。天津铁路工厂提出了九月底完成全年生产任务，向国庆和大会献礼。中纺各厂积极开展竞赛。中纺二厂提出降低生产成本和推行工作法的生产竞赛目标，并向中纺一厂和中纺六厂发出挑战。天津的私营纺织企业恒源、北洋、达生三大纺织厂也积极开展生产竞赛，向同行提出挑战。恒源纱厂决定号召职工提前完成9月生产任务并举行生产竞赛照片展来迎接国庆节和大会的召开。

中共中央西北局职工工作委员会副书记杜延庆也表示，西北各地工人都热烈地响应西北总工会的号召，有重点、有组织、有领导地展开了生产竞赛，迎接国庆。在西安市、兰州市、银川市，铁路、邮电、纺织、后勤、公路、各公私工厂，都根据自己的具体情况，克服困难、改进技术、订立劳动公约、减低成本、节省原料、提高质量或数量，彼此挑战竞赛。工人的生产情绪在国庆节和全国劳模代表会议的鼓舞下，大大高涨，表现了工人阶级爱祖国的极大热情。工人们就是在这样的情况下，万分热烈地用生产行动庆祝新中国的国庆一周年。①

热火朝天的生产竞赛在祖国大地上广泛开展，《人民日报》《工人日报》等新闻媒体专门开设了《迎接全国劳模代表会议　迎接开国后第一个国庆》的专栏，大量报道各地、各企业广大职工满怀豪情开展生产竞赛，以实际行动迎接国庆和全国劳模代表会议的动人事迹。工人阶级迸发出无限的劳动热情，为新中国的经济恢复和建设作出了重要贡献。生产竞赛这种调动广大职工生产积极性的好方法在迎接新中国第一个国庆和全国劳模代表会议胜利召开中也大放异彩。

（五）英雄模范进京受到各地群众的欢送

1950 年 9 月，新中国诞生一周年纪念日即将来临，全国劳模代表会议（全国战斗英雄代表会议和全国工农兵劳动模范代表会议）即将在北京召开，各地的英雄模范们纷纷准备出发，前往首都北京。当他们参加全国劳模代表会议出发的时间确立后，各地区、各单位纷纷召开隆重的欢送大会。

1. 北京、天津铁路系统为劳模送光荣匾

参加全国劳模代表会议的李永、李永禄和姜振元是北京、天津铁路系统的著名劳模，北京、天津铁路系统的领导派专人到三位劳模的家中接他们到北京参加全国劳模代表会议，同时带着腰鼓队、秧歌队、乐队到三位劳模家中送光荣匾。腰鼓队、秧歌队、乐队的精彩表演，吸引了左邻右

---

① 《中国工会运动史料全书》总编辑委员会，《中国工会运动史料全书·陕西卷》编委会编：《中国工会运动史料全书·陕西卷》（上），三秦出版社，2006 年。

舍，大家热烈鼓着掌，高呼向劳模学习的口号。李永、李永禄和姜振元三位劳模激动地表示今后一定要更好地干工作，不辜负大家的期望！

2. 东北地区英雄模范代表从沈阳出发

在沈阳火车站，欢送劳动模范、战斗英雄的场面同样令人感动。1950年9月20日，作为当时全国经济建设排头兵的东北地区的劳动模范和保卫祖国神圣东北边疆的东北地区的战斗英雄们齐聚沈阳，乘车前往北京。东北人民政府副主席林枫、东北职工总会主席张维桢、东北人民政府农林部长杜者蘅及各界代表和许多闻讯赶来的群众前往车站送行。

在火车站，技术革新能手、新纪录创造者、沈阳第三机器厂青年工人赵国有紧紧握着林枫副主席的手，代表120多名劳动模范和战斗英雄向欢送者致谢，并高呼口号："工农兵团结起来，努力生产，保卫边疆！"当火车驶进锦州火车站后，火车站锣鼓声震天响、彩旗迎风飘扬，人们向英雄模范们献花，抢着同英模们握手。新中国的第一位女拖拉机手梁军代表英模们发表了简单的讲话，感谢锦州人民的热情，表示一定更好地工作，报答党和人民。

3. 华东地区、东北地区英雄模范在天津会师

1950年9月18日，华东地区的战斗英雄和劳动模范分别从上海、南京出发，在济南集中。当英雄模范们从上海和南京出发时，当地党政机关领导、群众分别举行了隆重的欢送仪式。当上海、南京等地的劳模抵达济南时，当地在车站月台上举行了隆重的欢迎大会。英雄模范们在济南作了短暂停留，一些工厂、学校、部队纷纷邀请魏来国、季蓝丁等英雄演讲，听众达10000多人。9月22日，华东地区的战斗英雄和劳动模范到达天津，和东北地区的英雄模范会师。当天，天津党政领导为英雄模范践行。招待会上，天津市长黄敬发表了热情洋溢的讲话："战斗英雄们是在解放我们祖国、解放全国人民的革命斗争中功劳最大的，劳动模范们是在恢复与发展新中国的生产上最积极、最有贡献的，今天能够一起来到天津，我们全市人民非常兴奋，感到莫大光荣。”

4. 中南地区的列车文化俱乐部

1950 年 9 月 19 日，中南地区的劳动模范和战斗英雄从武汉出发，乘坐专列，前往北京。一路上，京汉沿线的每一个重要车站都有欢送的人群，都有震天的锣鼓声。在英雄模范们乘坐的专列上，铁道部青年文化列车的工作人员将列车上的文化俱乐部进行了精心布置，车厢内彩带五颜六色，还专门配置了图片、画报和玩具。9 月 20 日晚上，专列在文化俱乐部还举办了一场别开生面的联欢会。青年文化列车工作人员演唱了专门创作的大鼓和快板书，歌颂挖河女英雄高玉梅、战斗英雄刘梅村，表演了描写锦州战役胜利的秧歌剧《喜报》，令观看演出的四野战斗英雄们感到十分亲切。著名女战斗英雄、有现代“花木兰”之誉的郭俊卿在晚会上表演了欢快的陕北小调。战斗英雄刘梅村表演了快板，代表全体英雄模范答谢京汉铁路沿线人民的热情欢送。

5. 西北地区英雄模范从西安启程

1950 年 9 月 18 日，西北地区为参加全国劳模代表会议的战斗英雄和劳动模范举行招待会，西北军政委员会主席彭德怀在招待会上即兴讲话，希望战斗英雄努力建设国防军，巩固胜利，保卫祖国，希望工农兵劳动模范克服目前暂时的经济困难，努力发展生产，建设好新西北。9 月 19 日下午，西北地区的战斗英雄和劳动模范从西安启程。当天西安下着细雨，但挡不住涌向火车站欢送战斗英雄和劳动模范的人流，还有成千上万的老百姓站在街头，热烈欢送英雄模范。在西安火车站，各界代表举行了隆重的欢送仪式，彭德怀也亲临火车站为英雄模范们送行。

（六）北京举行活动欢迎全国各地英雄模范

1950 年 9 月 22 日，来自祖国东北、西北、西南、中南、华东、华北各地的战斗英雄和劳动模范的代表，在北京胜利会师。当天，中南、西南、西北地区的英雄模范乘坐的专列，在北京丰台火车站 2 号站台先行 5 分钟到达。而后，载着东北、华东、华北地区英雄模范的专列在北京丰台火车站 2 号站台另一侧停靠了下来。在北京丰台火车站，有着光荣历史的“毛泽东号”机车将把出席全国战斗英雄代表会议及全国工农兵劳动模范代表会议的来自全国各地区、各部队的代表送到北京城。

1950 年 9 月 22 日下午 5 点 30 分，载着英雄模范们的“毛泽东号”机车停靠在北京（前门）火车站，当时火车站站台上和不远地方的前门箭楼上，都挤满了欢迎的人群。军乐队奏着欢快雄壮的乐曲，战斗英雄和劳动模范有序地走下列车，受到了中央人民政府、中央人民政府人民革命军事委员会和各人民团体的领导以及北京市各机关团体、各行各业的代表 5000 多人的热烈欢迎。

中央人民政府政务院副总理董必武，中央人民政府秘书长林伯渠，中央人民政府政务院副总理兼财经委员会主任陈云，中国人民解放军代总参谋长、北京市人民政府市长聂荣臻，中华全国总工会副主席李立三，中央人民政府农业部长李书城，中华全国民主妇女联合会主席蔡畅等领导同志到车站迎接英雄模范，并在欢迎大会上致欢迎词。

在热烈的掌声中，中央人民政府政务院副总理董必武首先致欢迎词。他指出，我代表中央人民政府政务院热烈欢迎参加这两个有历史意义会议的代表。战斗英雄们和劳动模范们在中国人民革命战斗中和新中国的建设事业中，都有着显著的功劳。因此，政务院决定召开这两个会议来表扬军事战线上和生产战线上的英雄和模范，来交换和总结经验，以便今后把我国国防事业和经济恢复事业更提高一步，来推进新中国的伟大建设工作。①

林伯渠、陈云、聂荣臻、李立三、李书城、蔡畅等领导也在欢迎大会上致辞。他们在讲话中都强调，战斗英雄和劳动模范在推翻国民党反动

① 引自《工人日报》1950 年 9 月 23 日，第 1 版。

派二十多年来的统治，建设新中国的事业中有重大的贡献。他们是使中国人民获得解放的功臣，并且在今后建设新中国的过程中要起带头作用、骨干作用。他们一致号召全国人民都要学习战斗英雄的英勇战斗精神和劳动模范的劳动态度，团结在毛主席的旗帜下，为建设富强幸福的新中国而奋斗。[①]

随后，战斗英雄代表刘梅村，工业劳动模范代表李永，农业劳动模范代表、“子弟兵的母亲”戎冠秀分别代表战斗英雄和劳动模范在欢迎大会上致答词。他们一致表示，能参加这两个具有历史意义的会议，感到无上光荣，他们一致认为这种光荣是由于毛主席和中国共产党的英明领导，由于全国人民的积极支持得来的。一致表示今后要更积极地团结全国人民，为加强国防建设，为争取全国人民经济生活的改善，为保卫世界和平而英勇奋斗。[②]

1950 年 9 月 23 日，中共北京市委、北京市人民政府在北京中山公园举行盛大的晚会，热烈欢迎来自全国各地各行各业的战斗英雄和劳动模范。中共北京市委书记彭真在欢迎晚会上发表了热情洋溢的讲话。

三、党和国家领导人出席全国劳模代表会议

1950 年 9 月 25 日，全国人民盼望已久的全国战斗英雄代表会议和全国工农兵劳动模范代表会议在北京中南海怀仁堂隆重召开。当天，中南海怀仁堂到处洋溢着欢乐的气氛，当战斗英雄代表穿着整齐的军装，工人劳模代表穿着整洁的工作服，农民劳模代表穿着富有地方特色、民族特色的服装有序进入会场时，欢快的音乐声不断响起。怀仁堂会场明亮、简朴、

---

① 引自《工人日报》1950 年 9 月 23 日，第 1 版。

② 引自《工人日报》1950 年 9 月 23 日，第 1 版。

庄严。在主席台前上方的全国战斗英雄代表会议、全国工农兵劳动模范代表会议的会标格外醒目。

（一）毛泽东出席全国劳模代表会议并致祝词

1950年9月25日下午四时，全国劳模代表会议（全国战斗英雄代表会议和全国工农兵劳动模范代表会议）举行了隆重的开幕仪式。中央人民政府主席毛泽东，中央人民政府副主席朱德、李济深出席大会祝贺。出席开幕仪式的还有中央人民政府秘书长林伯渠、中央人民政府人民革命军事委员会总政治部主任罗荣桓，中央人民政府各部、委、院、署、行首长，各民主党派、各人民团体的领导，以及来自世界各地的世界民主青年联盟代表团及其他外宾等800多人。

在热烈的掌声中，毛泽东代表中共中央致祝词。毛泽东在祝词中指出：

全国战斗英雄代表会议和全国工农兵劳动模范代表会议的代表同志们！

中共中央向你们的会议致以热烈的祝贺，并向你们的工作表示感谢和敬意。

你们在消灭敌人的斗争中，在恢复和发展工农业生产的斗争中，克服了很多的艰难困苦，表现了极大的勇敢、智慧和积极性。你们是全中华民族的模范人物，是推动各方面人民事业胜利前进的骨干，是人民政府的可靠支柱和人民政府联系广大群众的桥梁。

中国共产党中央委员会号召全党党员和全国人民向你们学习，同时号召你们，亲爱的全体代表同志和全国所有的战斗英雄、劳动模范同志们，继续在战斗中学习，向广大人民群众学习。只有绝不骄傲自满并且继续不知疲倦地学习，才能够对伟大的中华人民共和国继续作出优异的贡献，并从而继续保持你们的光荣称号。

中国必须建立强大的国防军，必须建立强大的经济力量，这是两件大事。这两件事都有赖于同志们和全体人民解放军的指挥员、战斗员一道，和全国工人、农民和其他人民一道，团结一致，协同努力，方能达到目的。当此中华人民共和国开国第一个国庆纪念节日快要到来之际，你们在这里开会，是有巨大意义的。我们庆祝你们的会议获得成功，庆祝你们在今后工作中获得伟大的胜利。[①]

（二）朱德主持大会、陈云致开幕词

全国战斗英雄代表会议和全国工农兵劳动模范代表会议由会议执行主席朱德宣布开幕，中央人民政府政务院副总理陈云致开幕词。会上，中央人民政府副主席、中国人民解放军总司令朱德，中央人民政府副主席李济深、张澜（章伯钧代），中央人民政府政务院副总理郭沫若、黄炎培，共青团中央委员会书记冯文彬，中华全国民主妇女联合会主席蔡畅，世界民主青年联盟代表团团长布加拉，世界工联执行委员桑顿，印度尼西亚工会代表团团长艾约诺等先后讲话，向大会表示热烈祝贺。中央军委托儿所，中华全国民主妇女联合会和北京市共青团等群众团体向大会献花；劳模代表刘英源、刘玉厚致答词。

朱德在会上指出，今天大家聚集在人民的首都，来举行这样巨大规模、这样具有广泛群众性的英模大会，这是中国劳动人民在中国共产党领导之下长期奋斗的结果，也是你们用自己的英雄行为和模范事迹与广大群众一道共同努力的结果。因此，这次会议具有十分重大的意义，在中国人民奋斗的历史上也应该值得纪念。朱德强调，你们之中，有来自野战部队的战斗英雄，地方上的民兵英雄和模范，还有来自工厂、矿山、农村中的

---

① 引自《工人日报》1950 年 9 月 26 日，第 1 版。

劳动模范，你们继承了中国人民勇敢勤劳的传统，在伟大的人民解放战争和艰巨的国家建设事业中，以爱国主义、革命英雄主义和创造性的精神，在各个不同岗位上始终不懈地努力工作，并带领着广大群众去完成国家所给予的各项工作任务。你们的努力获得了可贵成绩，产生了重大的作用。我们在这里欢迎你们，感谢你们。①

在热烈的掌声中，中央人民政府副主席李济深对大会表示了热烈祝贺。他在发言中对劳动和劳动者给予了高度赞扬。他说，在过去的社会里，劳动不被人重视。几千年来，反动统治阶级一直歪曲了对劳动的观点，认为劳动是下贱的。今天新社会就大大不然了，我们学习社会发展史，彻底了解了世界是劳动创造的，人类的历史首先就是劳动生产者的历史，劳动者就是文明的创造者，没有别的再比劳动光荣的了。我们应该给予劳动者以应得的重视与尊敬。②

中央人民政府副主席张澜在会上的讲话由章伯钧代表宣读。张澜在发言中指出，在您们的身上，有象征着从军事战线上、从生产战线上取得光辉胜利的一面旗帜。在您们的身上，永远标志着胜利和光辉。您们之所以有了这种胜利和光辉，是和中国共产党的领导分不开的，是和新中国的建立、新时代的到来分不开的。回想过去在反动统治之下，我们劳动人民只有做牛做马的痛苦，是不让我们成为英雄、成为模范的，哪里还有像今天这样的光荣。在共产党的领导之下的一切人们，都可在为革命为群众的事业中，尽量发挥自己的天才知识和创造性，获得伟大的成就，使自己成为英雄，成为模范，被人民敬佩，被人民表扬。③

中央人民政府政务院副总理、中华全国总工会主席陈云在会上指出，政务院召集全国部队中的战斗英雄的代表开会，是为了激励全军，加强练

① 引自《工人日报》1950年9月23日，第1版。

② 引自《工人日报》1950年9月23日，第1版。

③ 谢增寿、何尊沛、张广华编：《张澜文集》（下），群言出版社，2014年。

兵，提高文化程度和掌握现代战争的艺术，把我们的解放军建设成完全现代化的国防军，解放西藏、台湾，反对美帝国主义日益扩大的侵略，保卫世界和平。召集全国公私企业中各方面的劳动模范的代表来开会，是为了鼓励全国公私企业的工人，发扬新的劳动态度，提高劳动生产率；鼓励全国农民实行生产互助，改进耕作技术，增加农业生产。鼓励参加各种生产工作的人民解放军，继续自己动手，扩大生产成果，改善自己的生活，减轻人民的负担。总之，是为了通过这两个大会，把诸位代表的英勇事迹与发明创造集中起来。也就是说，把全国劳动人民的智慧集中起来，加以推广，以便领导全国人民共同致力于解放全部国土，发展生产，繁荣经济，建设新中国的伟大事业。陈云还强调，人民的英雄是从人民中产生的，只有和广大群众一起，虚心向群众学习，集中他们的经验和智慧，然后才能领导他们，推动他们前进，真正发挥毛主席所说的“桥梁、骨干与带头作用”。英雄之所以可贵，就在于他能联系群众，把领导机关的意见和指示，通过群众的经验，变成广大群众的意见，使广大群众行动起来；又把群众的意见和要求反映到领导机关来，供领导机关研究采纳。这就是桥梁作用。英雄模范要能领导群众，必须十分懂得群众的要求，用群众可能接受的经验去说服他们，这样，再配合自己的模范作用，就能在群众中做骨干，当带头的人。因此，最重要的一条就是联系群众、团结群众，英雄只要脱离了群众，就立刻变得没有力量、没有作用了。同时，我们晓得，任何劳动模范成功的原因，不但因为他有国家主人翁的新的劳动态度，而且因为他能接受技术知识，使技术知识与劳动经验相结合。如果没有这种结合，那么，过去的劳动成果的取得和今后劳动成果的提高，也是不可能的。因此，工人农民与技术人员，必须团结起来，为恢复和发展国家的经济而共同奋斗。①

---

① 引自《工人日报》1950年9月23日，第1版。

劳动模范代表刘英源、刘玉厚代表出席会议的劳动模范在会上致答词。刘英源代表致答词的时候，说出了出席会议劳模的共同心声：过去工农是受压迫的，谁能到这里来开会？现在旧中国变成新中国了。到会代表就是明证：在解放之前和解放之后，生活是两样，社会地位是两样，政治地位是两样，从受压迫、受剥削、受歧视变到受尊敬、受爱戴。因此，人民中才涌现出无数的英雄模范，用他们的聪明才智、英勇奋斗、奋不顾身，全心全力地贡献于人民的事业。刘英源坚定地表示，一定要把这次会议的精神带回去，牢记毛主席的教导，发挥“桥梁、骨干与带头作用”。带领群众把生产搞得更好，不辜负党和毛主席的期望！①

（三）刘少奇、周恩来等中央领导作报告

全国战斗英雄代表会议和全国工农兵劳动模范代表会议期间，刘少奇、周恩来等党和国家领导人先后到会给战斗英雄和劳动模范们作报告。

1950 年 9 月 26 日下午三时，全国战斗英雄代表会议和全国工农兵劳动模范代表会议的全体代表聆听了中央人民政府副主席刘少奇和中央人民政府人民革命军事委员会代总参谋长聂荣臻的报告。

刘少奇在讲话中首先向出席会议的全体代表表示敬意，并赞扬他们在推翻国民党的统治和建设新中国的斗争中的功绩。刘少奇指出，今天人民的力量把旧的社会制度推翻了，把反动政权推翻了，建立了以工人阶级为领导、工农联盟为基础的人民民主国家，劳动人民中有天才、有创造的人，才被重视、被尊敬起来。也就是说，新民主主义的社会制度可以保证劳动人民中的天才和创造力得到发扬。今后在国防建设和经济建设方面，一定会不断地产生数量更多、质量更高的英雄模范。刘少奇强调，在国防建设和经济建设的各方面，都需要有自己的英雄模范作为大家学习的榜

① 引自《工人日报》1950 年 9 月 23 日，第 1 版。

样。新中国的建设是需要数量更多、质量更高的英雄模范的。因此，共产党和人民政府必须到处注意对英雄模范人物的培养和提拔……大家要谦虚谨慎，戒骄戒躁，努力学习。①

聂荣臻在报告中号召全体英雄模范代表发扬爱国主义精神，彻底解放全中国，保卫世界和平。

9 月 27 日下午，中央重工业部长李富春、华北事务部长刘澜涛和中央农业部长李书城到会向全国工农兵劳动模范代表会议的全体代表作了报告。

9 月 30 日下午，参加全国工农兵劳动模范代表会议的全体代表到天安门西侧的中山公园，聆听中央人民政府政务院总理周恩来作的题为《为巩固与发展人民的胜利而奋斗》的政治报告。周恩来在报告中回顾了新中国成立一周年的伟大成就和解放战争的伟大胜利，精辟地分析了国内外的形势，总结了中国人民取得胜利的原因。他在报告中讲道，从 1946 年开始的中国人民解放战争，在 1949 年中华人民共和国成立的前夜，已经得到了基本的胜利……这样巨大的胜利绝不是历史上的偶然现象，而是中国人民近百年来无数次革命斗争的必然结果。没有千千万万人民的决死支持，绝对不可能设想有这样巨大、这样迅速、这样彻底的胜利。②

（四）英雄模范们对毛主席的祝词反响热烈

关于新中国成立后召开的第一次全国劳模代表会议，参加这次会议的劳动模范代表共有 464 人，其中来自工业战线的有 208 人，来自农业战线的有 198 人，来自部队的有 58 人。到会的全国工农兵劳动模范代表和战斗英雄代表们代表着全国和全军的劳动模范和战斗英雄，他们在这里聆

① 引自《工人日报》1950 年 9 月 27 日，第 1 版。

② 引自《工人日报》1950 年 10 月 1 日，第 1 版。

听了党和国家领导同志的报告，尤其是毛泽东代表中共中央在大会上的祝词。开幕仪式后，战斗英雄和劳动模范们仍久久沉浸在激动和兴奋中。

会上，在抗日战争期间大生产运动中闻名晋冀鲁豫边区的“炮弹大王”甄荣典激动地说，1944 年我在晋冀鲁豫山沟的一个小村子——南委泉那里第一次参加劳模大会，1946 年冬天我又一次参加劳模大会，开会地点就到了城里了，在山西长治。现在这次劳模大会到了北京了。把几次劳模大会拿来一比较，真是一年的胜利比一年大。今天来开会的人，有老解放区的，有新解放区的，也有少数民族地区的，还有世界民主青年联盟的代表团。这真是从来没有过的大场面，这是中国人民的伟大胜利。在毛主席的领导下，凡是劳动好的都会受到重视。今后我将更加努力，为国民经济的恢复和发展作出更大的贡献。铁路系统的著名劳模杨福春讲，今天看见了毛主席，就像见了亲人，心里乐开了花。看到毛主席身体健康，心中有说不出来的高兴。在会上听领导报告中讲，英雄有两种，一种是戴红花的，一种是无名的。无名英雄很多，若是没有他们，就没有我们今天这些戴红花的了。想到千千万万的无名英雄，我感到自己的成绩太小了，我作的贡献就像大海中的一滴水。东北地区劳模赵桂兰说，这次的劳模大会，是全国工农兵劳动模范的大团结的盛会，在中国历史上来说，是第一次，是很伟大的。在会议上，我们将交流全国各位劳模的先进经验，我代表旅大（大连）地区的工人，一定要虚心学习各地先进模范的生产经验，一定要把这些宝贵经验带回旅大，把旅大地区的工业建设推动起来，为实现毛主席的号召，为把新中国建设成一个工业化的国家而奋斗。

中国第一位女拖拉机手梁军给毛主席写信报告他们的萌芽学校发展与壮大的情形，她在信中深情地说，敬爱的毛主席，我们这群穷孩子能过着这样幸福的生活，都是共产党和您给我们的，今后我们一定更要好好干，把学校建设得更好，我们的生活就会更好起来。

四、参会英雄模范积极进行经验交流

全国战斗英雄代表会议和全国工农兵劳动模范代表会议从1950年9月26日开始进入经验交流阶段，其中，全国工农兵劳动模范代表会议经验交流会从9月26日始至30日止，其间有54名来自全国各地各行各业的模范人物介绍了他们的经验，这些劳模的演讲个个精彩，事迹生动感人，每个人的发言都赢得了热烈的掌声和大家的钦佩。

在9月26日上午举行的全国工农兵劳动模范代表会议上作典型经验介绍的劳动模范代表有：中华全国总工会直接评选的劳动模范代表、模范工会工作者、哈尔滨铁路局林口机务段工会主席杨富春，部队劳动模范代表、中南军区模范医务工作者丁志辉，中华全国总工会直接评选的劳动模范代表、天津中纺一厂工程师于松如，上海劳动模范代表、上海电力公司护厂模范张世宝，部队劳动模范代表、铁道兵登高英雄杨连第，内蒙古自治区蒙古族牧民劳动模范代表哈音金。六位劳动模范先后在大会上发言，他们一致表示热烈响应党中央、毛主席的号召，更虚心地在工作中学习，发挥好“桥梁、骨干与带头作用”，团结一致，为新中国建立强大的国防和强大的经济力量而奋斗。

哈尔滨铁路局林口机务段工会主席杨富春在大会上说，工会工作是为工人服务的，是为生产服务的。他积极配合行政抓生产，抓住生产中存在的责任不明、上下工序配合不协调等问题，在整个机务段建立了生产责任制。他经常深入工人中，关心工人的生活，他和工人一起在工余时间加班，先后盖起了职工食堂、职工活动室、乘务员休息室等，解决了职工的许多实际生活问题。职工的生产积极性大大提高，工作责任心大大增强，全段创造了228天安全行车114万公里没有出现一次责任事故的纪录。全段涌现出18名“铁牛机车队”队员，在全国铁路系统首屈一指。[①]

部队劳模丁志辉是中国人民解放军第四野战军中的一名为伤病员所爱戴的优秀医务工作者。她在大会上介绍道，1939年她参加革命队伍，12年多来，随部队转战华东、东北、华北和中南各地，一直在紧张的战斗生活中全心全意地为伤病员服务。1941年日本鬼子扫荡苏北盐城时，战斗十分紧张，不少同志在战斗中负了伤，她就化装成挖野菜的姑娘，到一些地方为多名伤员治疗。抗日战争胜利后，她随军北上，带了400多名伤员，在长城内外的风沙中行走，经过28天的长途跋涉，战胜了行军路上的饥饿、风雨、风沙等各种困难，胜利完成了安全转运伤员的任务。在解放天津的战役中，我军在攻城中有些同志牺牲，有些同志负伤，在战斗前线，她有时一个上午就连续开刀20多次，努力抢救伤员。天津解放后，针对伤员病情，她和同志们一起为负伤的战友们积极治疗，在一个月内治愈了600多名伤病员，使这些同志很快返回了部队[②]。

工程技术人员劳动模范代表、天津中纺一厂工程师于松如在会上讲述了他改进设备、降低生产成本、减轻工人生产强度的经验以及解放后他的思想转变。在生产中，他作为主管全厂设备的工程师，经常到工人中去，熟悉全厂的动力设备。他大胆提出了厂里锅炉改造的问题和检修透平机的问题，从而使中纺一厂每度电耗煤量由建厂以来平均最低纪录的1.202公斤减到0.632公斤，1950年1月至7月节约用煤达2600多吨，约合60万斤小米，他的这一经验已在天津全市推广。另外，经他研究制作的检修透平机也取得成功，使用后大大延长了机器的使用寿命，为国家节省的向国外订货的开支折合小米达30多万斤，在技术改造和创新上取得了成绩，大大降低了生产成本。在企业里，他和工人打成一片，因此他了解生产实

① 引自《工人日报》1950年9月28日，第1版。

② 引自《工人日报》1950年9月28日，第1版。

际情况，了解工人们的想法和辛苦。在技术上，他毫不保留地教工人学技术，他看到工人掏煤十分劳累，就和工人们一起研究解决的办法，凭着他深厚的理论功底和对实际情况的了解，最终从根本上取消了掏煤的工序，使工人的劳动强度大大减轻。①

上海工人劳动模范代表、上海电力公司护厂模范张世宝在会上介绍，1950 年 2 月 6 日，美国和国民党派飞机对上海进行了轰炸，企图破坏刚刚获得新生的上海人民的生活，张世宝所在的发电厂遭到了严重破坏。在工会的大力组织下，他和工人们一起，紧张地进行修复发电设备的工作，在敌机轰炸后的两天一夜的抢修中，他仅睡了三个小时。在他和工人们的齐力抢修下，很快将被炸坏的设备修好了，从而迅速使上海的电力供应开始局部恢复，之后其他被炸坏的电力设备也陆续修好，从而保证了我国第一大工业城市的工业用电和全市人民的生活用电。②

铁道兵一师一团二连登高英雄杨连第生动地讲述了他在抢修桥梁中的故事。在抢修洛河八号桥时，他凭着机智和勇敢，一个人登高到孤立在洛河中的高达 45 米的桥墩上，成功地完成了在桥墩回顶上进行爆破的任务。他高超的技术积极推进了项目施工工期进度，从而使这座桥的施工提前 20 天完工，还节约了 20000 根脚手架、5000 斤铁丝和 400 多个人工。③

内蒙古自治区蒙古族牧民的优秀代表哈音金在会上讲述了他新旧社会两重天的变化。在旧社会，他跟牧主放马数十年，却吃不饱穿不暖，还经常受牧主的打骂，过着奴隶般的生活。共产党来了，他翻身解放了，政府给他分了马和羊，由于他的勤劳，短短二三年，他家就达到“人畜两旺”，过上了幸福美满的生活。④

---

① 引自《工人日报》1950 年 9 月 28 日，第 1 版。

② 引自《工人日报》1950 年 9 月 28 日，第 1 版。

③ 引自《工人日报》1950 年 9 月 28 日，第 1 版。

④ 引自《工人日报》1950 年 9 月 29 日，第 1 版。

9月26日，全国工农兵劳动模范代表会议上六位各地各行业的劳动模范整整进行了一上午的发言，个个事迹生动感人，全体代表深受教育。

9月27日，全国工农兵劳动模范代表会议经验交流会继续举行。在热烈的掌声中，全国企业生产小组的旗帜、东北沈阳机器五厂生产小组组长马恒昌，东北铁路吉林列车段“群众号”列车客运车长李静华，模范厂长、沈阳冶炼厂厂长赵岚，北京电信局模范工程师侯德原，天津中国植物油厂改造榨油机的劳动模范魏振华，农业劳动模范、黑龙江省肇源县张家屯村村长王振堂，东北林业护林劳动模范王清恒，农业劳动模范、吉林省劳动互助优秀组织者韩恩先后发言，八位来自工业、农业、服务业等行业的劳动模范代表生动介绍了他们的事迹和经验。劳动模范代表在发言中一致谈到，只有在新社会，他们的劳动积极性和智慧才能充分发挥出来。一致表示要把这次会议的精神带回去，更加团结职工和群众搞好生产，为祖国的经济建设作出更大贡献。

9月28日上午，全国工农兵劳动模范代表会议经验交流会首先请护厂英雄赵桂兰作事迹报告，而后请了全国战斗英雄代表、中国人民解放军第二野战军某部英雄团长李长林及女战斗英雄郭俊卿两位战斗英雄在会上向全体劳动模范代表生动讲述了他们英勇的战斗事迹。护厂英雄和战斗英雄的报告赢得了全体劳动模范代表的深深敬佩。9月28日下午，经验交流会先后有13人发言，分别是荣誉军人、生产模范张树义，新中国第一位女拖拉机手梁军，大力推广机械化采煤法的黑龙江鹤岗煤矿模范采煤工人李乐亭，青海劳动模范、回族牧民韩寿堂，解放军某部生产劳动模范王仲勇，绥远（现属内蒙古）打狼模范宝音毕勒格，新疆工业厅模范工作者克里木，新疆军区部队劳动模范库尔班诺夫，云南丽江女劳模和国秀，青岛中纺三厂纺织女工陈淑德，山西省平顺县西沟合作社带头人李顺达，平原省（现属山东省）农业劳动模范成百福，辽宁瓦房店滚珠厂技术工人宋世发。

在9月28日的全国工农兵劳动模范代表会议经验交流会上，香港各界代表和国家有关部委的代表分别向大会献花、献旗、献礼，全国战斗英雄代表会议还向全国工农兵劳动模范代表会议致贺词，贺词中说，在人民解放战争中，我们深切体会到广大的劳动人民，抱着对敌人的无限仇恨和对于解放的热望，不顾艰险疲劳，不顾物质条件困难，出工出粮，参加担架救护，积极支援前线。如果没有你们的支援和鼓舞，我们敢说，我们的胜利是很困难的……[①]

在9月28日举行的全国战斗英雄代表大会上，除有战斗英雄介绍他们的英雄事迹外，还特地邀请了全国劳模代表、北京石景山发电厂厂长刘英源，荣誉军人张树义，73岁的部队模范工作者蒋维平三位同志向出席全国战斗英雄代表会议的全体代表作了模范事迹的报告。三位劳模代表在发言中一致讲道，劳动模范在生产战线上取得的成绩，是和人民解放军的伟大战绩分不开的，并表示要和战斗英雄们互相学习，提高文化和技术水平，为建设新中国而努力奋斗。[②]六位劳动模范代表全国工农兵劳动模范代表会议向全国战斗英雄代表会议献花、献旗，并由著名劳动模范赵国有向大会献祝词。

在9月29日的全国工农兵劳动模范代表会议上，先后有20位来自全国各地各行业的劳动模范介绍了他们的先进模范事迹和工作经验，分别是东北鞍山炼钢厂工人、“高炉卫士”孟泰，新疆伊宁地区畜牧场场长热吾什，安全送电的劳动模范、东北小丰满发电厂值日长赵庆夫，南京下关发电厂技工李士海，改造农业机械卓有成效的代表、湖北农垦处副工程师刘启宇，节省煤炭的模范、唐山发电厂锅炉工李秀俊，著名伐木大王、东北么河采伐区伐木工人刘金贵，水电劳动模范、平原省（现属山东省）鄄

① 引自《工人日报》1950年9月29日，第1版。

② 引自《工人日报》1950年9月29日，第1版。

城田楼村村长吴崇华，炼钢工人、太原钢铁厂炼钢部班长王贵英，护厂模范、云南昆明铁路局钳工韩连元，甘肃卓尼洮南乡拉力沟藏族护林模范申继昌，模范合作社工作者、吉林省汪清县大兴沟区鸡冠村合作社主任公方滋，农业劳动模范、陕西省绥德县王家坪王德彪，甘肃玉门油矿模范工人王曰才，模范工会工作者、天津私营恒源纱厂工会委员王世麟，园艺模范、甘肃兰州二区农会委员马文元，妇女劳动模范、河南西华县赤狼乡高庆村妇联主任高玉梅，支前英雄、福建泉州船工曾亦成，部队劳动模范、第二野战军医务工作者杜希良，农业劳动模范、察哈尔省延庆县（现属北京市）荒沟村农民高万红。此外，天津市总工会主席黄火青在大会上向全体代表作了题为《关于天津生产竞赛工作的经验介绍》的报告。

9 月 30 日，全国工农兵劳动模范代表会议继续进行经验交流，水利建设劳动模范、甘肃省高台县水利建设委员会副主任朱海南，农业劳动模范、湖北省云梦县城关区生产干部袁伯元，解放海南岛的渡海英雄、广东湛江船工王长英三位劳动模范向大家报告了他们的先进模范事迹和工作中的体会，与大会的劳模代表们分享经验。此外，东北职工总会生产部长张天民在大会上向全体代表作了题为《关于东北生产竞赛工作的经验介绍》的报告。

在短短的五天大会交流期间，来自全国各地各行业的 50 多名劳动模范在大会上介绍了他们的先进模范事迹和工作经验，还有三名劳动模范在全国战斗英雄代表会上作了经验介绍。劳模的事迹感人，劳模的经验可贵，劳模的精神穿越时空。一段段精彩发言朴实无华，一面面时代旗帜高高飘扬。

五、英雄模范在会议期间参加各项活动

党中央、政务院将全国战斗英雄代表会议和全国工农兵劳动模范代表

会议安排在新中国成立一周年国庆节前夕召开，会议期间又恰逢中秋节，这样的时间安排是经过精心谋划的。在会议期间，英雄模范们参加了各种活动，感受到党和政府给予他们的崇高荣誉。

（一）毛泽东宴请英雄模范欢度中秋节

1950 年 9 月 26 日，恰逢我国的传统节日中秋节。当天晚上，毛主席设宴招待出席全国战斗英雄代表会议和全国工农兵劳动模范代表会议的全体代表，出席宴会的还有朱德、刘少奇、周恩来、李济深、林伯渠、罗荣桓等中央领导。

朱德、周恩来在宴会上简单致辞，祝贺英雄模范们在战斗和生产工作中取得的优异成绩，并为英雄模范们在建立强大的国防军和强大的经济力量中更加努力而干杯。随后，来自全国各地各行业的战斗英雄代表和劳动模范代表纷纷走上宴会台致辞，表示今后要为加强国防军建设和恢复发展工农业生产而更加努力。据战斗英雄张英才回忆：

> 9 月 26 日是中秋佳节，晚上六时，毛主席在北京饭店宴请了参加全国战斗英雄代表会议的英模代表。朱德、刘少奇、周恩来、董必武等党和国家领导人与英模们共度中秋佳节。朱总司令、周总理为英模们干杯，为祝愿英模们在建立强大国防军和建立强大经济力量中更加努力而干杯！9 月 30 日晚，中华人民共和国在北京饭店举行成立一周年国庆招待宴会，部分英模代表参加了国宴。宴会开始后，毛主席端着酒杯就到我们桌上来敬酒，毛主席问了我是哪里人？哪年参加革命的？家里还有些什么人？当毛主席知道我是山西人后，就对工作人员说：“山西人爱吃面食，给这位同志下碗鸡蛋面，多放点醋！”我忙说：“谢谢主席。”毛主席说：“该我谢谢你们，你们是人民的大功臣。”在这次宴会上，我荣幸地被推选为西南二野的代表向毛主席敬酒。1950 年的中秋和国庆，是我这一生度过的最

快乐的节日，令我终生难忘！[①]

战斗英雄和劳动模范们沉浸在幸福中，他们做梦也没有想到，他们这些在旧中国受压迫、受剥削的穷苦人，如今和新中国党和国家领导人们一起欢度新中国成立一周年的节日，一起共同祝愿新中国的明天更加美好。

（二）英雄模范参加国庆阅兵式和群众游行观礼

1950 年 10 月 1 日，英雄模范们怀着激动的心情，早早就登上了天安门右侧的观礼台，参加新中国成立一周年国庆阅兵式和群众游行观礼。

出席新中国成立一周年国庆阅兵式和群众游行庆祝活动的党和国家领导人有毛泽东、刘少奇、宋庆龄、周恩来、李济深、张澜、林伯渠等。阅兵游行队伍中受检阅部队在前，群众游行队伍在后，游行队伍抬着孙中山、斯大林、毛泽东、刘少奇、周恩来、朱德等人的巨幅画像。游行队伍的最后由各民族文艺工作者组成，他们一边行进，一边表演各种民族舞蹈，游行队伍历时 3 小时 25 分才全部从检阅台前通过。庆祝大会于下午 4 点 25 分结束。

在阅兵式和群众游行开始前，英雄模范们相互交流感想和经验，劳动模范何金山、战斗英雄包文廷用蒙语和内蒙古文工团 63 岁的杜拉希老人交流新中国成立后蒙古族人民生活发生的巨变。朝鲜族的赵龙夏，蒙古族的斯琴、敖登高娃等文艺工作者，纷纷为劳动模范和战斗英雄们签字留念。尽管他们语言不通，但签名留念中的几句话却成了大家的共同语言："在毛泽东的旗帜下前进！""为建设新中国而努力！""向战斗英雄劳动模范学习！"

在群众游行开始后，手拿鲜花的群众走到天安门右侧战斗英雄和劳

① 张英才：《岁月足迹》，军事谊文出版社，2014 年。

动模范席位时，游行队伍中响起了“向战斗英雄学习”“向劳动模范学习”的震天口号声，许多游行群众都把鲜花投到劳动模范和战斗英雄手中。著名劳动模范、新中国第一位女火车司机田桂英在观礼中一直不停地鼓掌。发须皆白的农业劳动模范刘聚宝一直兴奋地挥着双手，他已经站了五六个小时，还回答周围关心他的同志说“不累”，而且紧接着补充说：“只有在毛主席领导下的新社会，我们才有今天，怎么会累呢？”①

群众游行结束以后，劳动模范们回驻地稍事休息，吃完晚饭，又兴高采烈地集合到天安门广场参加国庆之夜的活动，观看五彩缤纷的焰火表演和精彩的文艺节目。

（三）参加全国劳模代表会议闭幕仪式

1950 年 10 月 2 日是全国战斗英雄代表会议和全国工农兵劳动模范代表会议闭幕的日子，但参会的英雄模范们这天的活动依然被安排得非常丰富，多位中央领导人出席了当天的总结活动和闭幕仪式。

10 月 2 日上午，中华全国总工会副主席李立三对全国工农兵劳动模范代表会议作了总结，接着通过了全国工农兵劳动模范代表会议全体代表向毛主席致敬信。在欢快的乐曲声中，会议举行了颁奖仪式。大会奖品分为个人和集体两种：个人奖有毛泽东和朱德亲笔签名的领袖像两张、纪念册一份、纪念章一枚、制服一套、毯子一件、绒衬衣一件及其他日用品，颁发给与会的各位全国劳动模范。集体奖的奖品是以全国工农兵劳动模范代表会议主席团名义颁发的奖状。在工业方面向沈阳第五机器厂马恒昌生产小组等 26 个先进集体颁发了印有“生产战线上的模范”八个大字的奖状；在农业方面向山西长治平顺西沟李顺达劳动互助组等 19 个先进集体颁发了奖状；在部队方面向华北军区某部 602 团在永定河集体抢险的周华

① 引自《工人日报》1950 年 10 月 2 日，第 1 版。

营等七个先进集体颁发了印有“生产战线上的模范”八个大字的奖状。

10月2日下午，全国战斗英雄代表会议和全国工农兵劳动模范代表会议的全体代表共同出席了劳动模范成绩展览会和战绩展览会的开幕仪式，朱德剪彩并致开幕词，李立三作报告。随后，代表们参观了展览会，学习各地各行业英雄模范的优异成果。

10月2日晚上，中南海怀仁堂灯火通明，全国战斗英雄代表会议和全国工农兵劳动模范代表会议在这里举行闭幕仪式，罗荣桓代表会议主席团致闭幕词。罗荣桓首先祝贺会议的圆满成功，号召全体代表要永远保持英雄和模范的荣誉。罗荣桓指出，在我们这里的英雄模范，和历史上一切旧的所谓英雄人物是完全不同的。我们的英雄模范，是属于人民忠于人民的，是从广大群众的集体英雄主义中创造出来的……你们对于国家对于人民是有功劳的，你们的称号是最光荣的。但是，你们必须力戒自满。你们要永远站在群众之中，巩固与群众的联系；要永远跟着共产党走，跟着毛主席走；要永远保持荣誉的英雄称号，高举着胜利的旗帜迈进！①

中央人民政府政务院副总理董必武，中国人民政治协商会议全国委员会副主席陈叔通，中央人民政府水利部长傅作义，中华全国总工会副主席朱学范等领导同志到会祝贺并讲话，一致勉励代表们在保卫和建设伟大祖国的事业中取得更大的成绩。

大会在接受中华全国文学艺术界联合会的献花后，由劳动模范赵占魁、赵国有、王德彪、梁军和战斗英雄张英才、那的洛夫、李殿冰等致答词。他们一致表示，一定要认真贯彻落实会议精神，要为建立强大的国防力量和强大的经济力量而加倍努力。新纪录运动创始者赵国有在讲话中保证在生产竞赛中起带头作用，努力进一步改进生产技术，降低生产成本，

① 总政治部办公厅编：《中国人民解放军政治工作历史资料选编》（第11册），解放军出版社，2010年。

增加产量，为支援解放军、改善人民的生活作出更大的贡献。[①]

最后，中华全国总工会副主席李立三宣布大会胜利闭幕。

（四）参加座谈会、报告会等活动

1950 年 10 月 2 日，全国战斗英雄代表会议和全国工农兵劳动模范代表会议结束以后，中央国家机关各部委办和北京市又为战斗英雄和劳动模范们安排了一些活动。

10 月 2 日下午四点左右，北大、辅大等校的 2000 多名学生在北大红楼民主广场聆听了劳动模范赵桂兰、赵乃斌的精彩报告。10 月 3 日，中央国家机关各部委办邀请各自行业的劳动模范们回“娘家”座谈，了解行业发展状况，鼓励劳动模范继续奋斗，为新中国恢复经济建设贡献力量。10 月 4 日，从祖国各地来京开会的劳动模范们在京参观工厂、农村，交流生产经验。北京市妇联还在 10 月 4 日于北京市劳动人民文化宫召开全市妇女干部大会，邀请了战斗英雄和劳动模范代表魏来国、郭俊卿、赵桂兰、姜洁、冷常春五人作报告。10 月 4 日下午和 10 月 5 日上午，北京市人民政府先后在中山公园音乐堂召开全市干部大会，听取战斗英雄孙育民、刘梅树、郝青山和劳动模范李凤莲、李永、丁志辉、于松如、李景民八人的报告。北京市人民政府副市长吴晗、秘书长薛子正分别主持会议。

劳动模范们在京期间，受到各方面的热情邀请，从 10 月 2 日至 5 日，有近百位英雄模范应 20 多个机关、部队、学校、工厂等单位邀请，作了英模事迹报告。劳动模范和战斗英雄所到之处，都受到了热烈欢迎，他们生动朴实的报告，使大家实实在在地受到了教育。

---

① 《全国英雄模范两代表会议闭幕 罗荣桓主任号召代表们力戒骄傲自满永远站在群众之中 代表们保证为建立强大的国防力量与经济力量加倍努力》，《人民日报》1950 年 10 月 3 日，第 1 版。

（五）参加中央人民政府政务院举行的欢送晚会

10月6日晚，中央人民政府政务院在北京饭店举行盛大的欢送晚会，欢送将于7日起返回工作岗位的战斗英雄和劳动模范代表。

中央人民政府政务院总理周恩来出席欢送晚会，并即席讲话。他希望战斗英雄代表们要为建立强大的陆军、空军和海军而努力，希望工农兵劳动模范代表们加强工农兵团结合作，为恢复和发展工业农业生产而继续努力，并希望战斗英雄、劳动模范把战斗和劳动结合起来，为巩固和发展中国人民的胜利而奋斗。①

中华全国总工会副主席李立三，中央人民政府人民革命军事委员会总政治部副主任肖华，中央人民政府政务院副秘书长屈武，中央人民政府农业部副部长杨显东及农业、林垦、水利三部门代表先后在欢送晚会上讲话，他们一致勉励代表们回到工作岗位后，要保持荣誉，做好工作，发挥好带头、骨干和桥梁作用，为国防建设和经济建设作出更大的贡献。②

战斗英雄张明、劳动模范杜先扬分别代表战斗英雄和劳动模范致答词。他们都保证要在今后的实际工作中认真贯彻落实这次会议的精神，不辜负党、国家和人民对他们的希望。

会上，来京参加国庆一周年活动的西南各民族代表团、新疆文工团、吉林省延边文工团、内蒙古文工团的文艺工作者表演了精彩的民族歌舞，欢送晚会在热烈气氛中圆满结束，劳模们肩负重任，将开始新的征程。

六、参会代表将会议精神传达到全国各地

1950年9月25日，在中国劳模史上有着巨大意义的全国劳模代表会

① 引自《工人日报》1950年10月7日，第1版。

② 引自《工人日报》1950年10月7日，第1版。

议在北京隆重召开，会议历时八天，于 1950 年 10 月 2 日落下帷幕。之后，战斗英雄和劳动模范们又在北京进行了五天的参观学习，自 1950 年 10 月 7 日陆续返回各地。本次会议正式确定了劳动模范的称号，肯定了劳动模范的重要历史地位，极大地鼓舞了劳动模范的生产热情，进一步促进了国民经济的恢复和建设。

（一）关于全国工农兵劳动模范代表会议的总结报告

1950 年举行的全国劳模代表会议，在中国劳模史上具有深远的意义。会后，全国工农兵劳动模范代表会议筹备委员会对会议作了全面总结，并对今后开展劳动模范工作提出了明确指导意见。1950 年 12 月 14 日，周恩来签署批准了《关于全国工农兵劳动模范代表会议的总结报告》。

《关于全国工农兵劳动模范代表会议的总结报告》对全国工农兵劳动模范代表会议的基本情况、会议的目的、会议存在的问题一一进行了总结，同时对今后劳模工作的方向提出了明确具体的指导意见。

1. 会议基本情况及存在的问题

《关于全国工农兵劳动模范代表会议的总结报告》对新中国第一次全国工农兵劳动模范代表会议基本情况进行了总结：

（一）参加这次会议的劳动模范代表共 464 人，工业模范代表 208 人，农业模范代表 198 人，部队劳动模范代表 58 人，其中共有女劳动模范 39 人，占总数 1/10 弱；以民族来说，包括汉、满、蒙、回、藏、朝鲜 、哈萨克、维吾尔、摩些（纳西）族等；以地区来说，除西康、海南岛外，各省都有代表，还有香港护产模范代表参加。在工业代表中，各个产业部门有相当数量的代表，国营企业占 87 %，私营企业占 13 %；按成分说，工人占 54 % ，管理人员占 16 % ，工程技术人员占 26 % ，工会工作者占 4%。在农业代表中，农业（包括畜牧业）占 53 % ，林业占 28 % ，水利占 19％；农民占 80％，技术人员占 19％，其他占 1％。

会议在 9 月 25 日开幕，10 月 2 日闭幕，会后活动 5 天，代表 7 日离京，回返各地，先后历时两周。会议期间，参加了国庆典礼观礼，见了毛主席，听了中央负责同志讲话，出席了毛主席、苏联罗申大使及其他机关的招待宴会、座谈会。分头参观了工厂、农场，游览了故宫、颐和园，参加了 7 次晚会。

会议上有 54 个代表讲了话，介绍了劳模事迹和工作经验，并有东北和天津市总工会代表报告了组织生产竞赛与创新纪录运动的经验。最后作了会议总结，并通过了向毛主席致敬信，为体现会议精神的最重要的文件。在闭幕会议上又与战斗英雄代表会议联名发表了《告全国军队和劳动人民书》《声援朝鲜人民的正义战争》及《慰问革命烈属和荣誉军人》的电报。在会议中印发了劳动模范典型材料 119 份，事迹摘要 395 份，编写典型人物小册子 35 种，涉及工农业模范代表 104 人。还在编辑大会纪念刊。与会议同时举办的工农兵劳模成绩展览会，截至 10 月底，平均每日有观众万余人。

（二）事实证明这次会议的召开是适合时宜的。政务院决定颁布之后，全国各地即热烈响应。许多工厂的工人，以生产竞赛的实际行动回答了这一号召。会议期间，北京各工厂、机关、学校纷纷要求劳动模范代表讲话，共组织演讲会 20 次，听众约有 7 万人。参加大会采访的新闻机关、杂志社及各文艺团体的记者、作家共 195 人，先后经由通讯社、报社、电台发布的新闻、特写、通讯、访问记等，据不完全统计有 528 篇。像人数这样多、包括面这样广的新闻活动，在首都还是第一次。表现了各方面对会议的重视，也反映了群众的热烈情绪。大会情况的广播，受到各地群众的热烈欢迎。许多地区的工会干部都抽出时间来收听。有些工厂工人群众听了毛主席在开幕式的讲话后，非常兴奋，主动提出保证完成并超过生产任务。

（三）全体代表的情绪，自始至终都十分饱满，许多代表表示能到北京，在首都开会、讲话、见毛主席，过去做梦都没想过。代表们切身地感到劳动光荣，劳动人民受到无比的尊敬，真正从牛马不如的生活中翻了身。因而认识到了人民政府真正是自己的政府，共产党和毛主席真正是人民的救星。有许多代表兴奋得睡不着觉，尤其农民代表，很多人睡到后半夜又坐起来。平素不讲话的人，也滔滔不绝地讲话了。有些代表和毛主席握了手，感动得流眼泪。这都表露了群众对领袖的真诚的爱戴。经过这次会议，代表们在思想上提高了一步。毛主席指示的，要建立强大的国防军与强大的经济力量，成了到会代表的一致的思想。代表们纷纷表决心：回去一定要把生产提高一步，以实际行动推进国富兵强。许多代表把劳动模范的带头、骨干、桥梁作用，反复背诵，并且研究回去如何起这几个作用。一般都认识了，一切成绩的创造，离开群众是不成功的，都表示必须与群众结合。虽然也有少数代表，产生了骄傲情绪，留恋大城市花花世界，不愿回山沟，但是，会议基本上是达到了表扬功臣、鼓励模范、指出方向、树立榜样、教育群众的目的。

（四）会议的准备时间很仓促，但大多数地区都贯彻了政务院的指示，严肃认真地进行了这一工作。也有个别地区在评选工作上，表现出单纯任务倾向，忽视在群众中的宣传教育工作。结果，选出来的代表不够条件，有个别代表不是真正群众选出来的，而是上级指派的。有个别政治表现不好的分子也当了代表，这表现出某些地方在评选工作中缺乏应有的严肃负责的精神，也说明工作不深入，缺少检查与及时总结，对群众运动中的积极分子还不够了解。

会议的组织领导上有不少缺点，几个重要文件没有预先准备好，组织工作中出现了许多混乱现象，宣传工作没有很好地计划和组织，集体模范条件没有明确规定，使各地难于推选。同时对各地带队干部在思想上的领导与帮助不够及时，致使有的同志以代表自居，争待遇，发牢骚，没有发挥他们在代表中应有的作用，并增加了工作中的一些困难。[①]

《关于全国工农兵劳动模范代表会议的总结报告》对会议的基本情况、会议的目的、会议存在的问题都作了总结，简洁明确。特别对整个会议的组织领导工作存在的缺点不敷衍、不推诿、不泛泛而谈，而是实事求是又坦诚明确地向政务院作了汇报。这种对工作中的缺点实事求是的态度，也充分体现了认真负责的劳模精神。

2. 提出今后组织劳模运动的工作方向

《关于全国工农兵劳动模范代表会议的总结报告》对各地、各级工会在全国劳模代表会议后的工作提出了具体要求，使各地、各级工会开展劳模工作有了遵循，明确了工作的方向。《关于全国工农兵劳动模范代表会议的总结报告》中指出，对会后应进行的工作及今后组织劳模运动的工作，提出几点意见供中央及地方研究：

（甲）各地在代表回去后，一般都进行了不少宣传工作，如组织群众欢迎会，请代表作报告等。但我们觉得还不够广泛深入。因此提议各地工会组织要在每个工厂企业都召集群众会议或代表会议，传达这次会议的精神，宣读共产党中央致会议的祝词和会议向毛主席致敬信，并把它张贴在厂内各个车间、宿舍。要每个工会小组都作一次详细的讨论，要挑选一些典型模范材料，利用群众上工下工、吃饭的时间，或俱乐部举行晚会的时候宣读一两个，有必要和可能时组织小组讨论，这样来扩大会议的影响，提高广大群众的认识、觉悟和劳动热情。

（乙）各地可以利用会议的影响，在各工厂企业中组织生产竞赛，并有计划地使它逐渐成为经常的运动，而不让它成为时冷时热的突击运动。

① 引自《工人日报》1950年12月19日，第1版。

在生产已经正常化，工会组织已普遍建立的城市，可根据东北和天津的经验，组织全市的生产竞赛。但这样的竞赛有一个非常重的组织工作。要做好这样的竞赛，必须由市总工会为领导，通过工会组织，自下而上地发动。必须进行充分的准备工作，必须使每个工厂、车间、生产小组直到每个工人、职员都订立生产计划或竞赛条约。必须注意在竞赛运动中开展技术改进和合理化建议工作，而避免单纯地过分地加强劳动强度。必须注意发现生产过程中的各种缺点，改善生产组织和劳动组织。必须注意产品质量的提高，而不单纯是数量的增多。必须注意建立各种制度，特别是专责制。必须注意从竞赛中逐渐规定生产定额、推行计件工资制，制定正确的奖励制度。只有这样，才能达到生产竞赛的经常性和劳动生产率的不断提高，而不致发生在竞赛中数量增多、质量降低、机器损坏、病号增加和“竞赛一过，生产大减”等得不偿失的现象。

（丙）要把评选劳模形成固定的制度。每次总结生产工作时，都必须评选劳动模范，而这种评选要依靠平日的生产成绩的可靠记录，在生产有成绩的小组、车间、工厂，都应该选出有代表性的模范人物，然后在这个基础上产生市、省、大行政区，整个产业以及全国性的劳动模范。要注意对劳动模范的培养与教育工作，使他们不断地提高政治、文化、技术水平，继续发挥他们的模范带头作用，避免骄傲自满，加强与群众的联系，以永远保持劳动模范的光荣称号。

（丁）全市性的工业劳模，最好每年评选两次（在“五一”和国庆节前各评选一次），而全国性的、产业性的劳模大会每年或每两年可举行一次。全国性的劳模大会的作用，主要是表扬与鼓励，因为包括各方面的人物，不可能深入地交流经验，而真正的交流经验，推广先进生产方法，应按产业系统召开会议，所以各产业部门有必要时也可以召集本产业部门的劳模会议。

（戊）农民的劳模会议应在农闲时间举行。在土改完成了的地区，最好以区、县为单位，每年举行一次。全省与全国性的农民劳模大会，有必要时才召集，而不必每年举行。劳模的推选主要应注意善于起带头作用，组织群众实行团结互助，提高全村生产，或在改良农具种子、组织副业生产、植树造林等方面起模范作用的积极分子；由于个人勤劳耕作，提高产量有显著成绩的分子，亦可推选。在治水浚河方面可依照工厂中的办法组织竞赛，推选劳模，每次工程完结时均可举行劳模大会，给以物质和荣誉的奖励。有必要时，亦可召开某一地区或几个地区联合的劳模会议，以便交流经验，鼓励劳动热情。①

此外，《关于全国工农兵劳动模范代表会议的总结报告》还提议以后各地在生产中有功的人物只给以劳动模范的称号，而不称为劳动英雄。到了条件成熟时，由中央授予劳动英雄称号，作为全国劳动模范人物的最高称号。

《关于全国工农兵劳动模范代表会议的总结报告》对今后全国劳模工作提出的五点意见，实在、具体、明确。例如，总结报告在讲到贯彻全国劳模代表会议精神，把会议精神落到实处时提出的一条意见中指出：各地可以利用会议的影响，在各工厂企业中组织生产竞赛，并有计划地使它逐渐成为经常的运动，而不让它成为时冷时热的突击运动……只有这样，才能达到生产竞赛的经常性和劳动生产率的不断提高，而不致发生在竞赛中数量增多、质量降低、机器损坏、病号增加和“竞赛一过，生产大减”等得不偿失的现象。

关于将组织广大职工参加生产竞赛作为贯彻落实全国劳模代表会议精神的一个抓手的意见，《关于全国工农兵劳动模范代表会议的总结报告》从五个方面全面地进行了阐述。一是贯彻全国劳模代表会议精神，重要的

① 引自《工人日报》1950年12月19日，第1版。

工作是在企业里把生产搞上去，为国家经济的强大作出贡献。而生产竞赛是组织企业生产、调动职工生产积极性的一种好形式。二是组织生产竞赛，必须工会组织来领导。三是组织生产竞赛要实事求是，条件成熟的地方可借鉴东北和天津总工会组织生产竞赛的经验。四是从思想认识到行动实践，都要将生产竞赛的组织工作做好，而且要坚持“通过工会组织，自下而上地发动”。五是强调工会在组织生产竞赛工作中应注意的问题，总结报告一连用了多个“必须”，这些“必须”针对性很强，都是从当时生产竞赛中有些单位出现的问题里提出来的，对全国各地工会组织生产竞赛有极强的指导性。

《关于全国工农兵劳动模范代表会议的总结报告》发布十分及时，有针对性和指导性，各地工会组织在贯彻落实全国劳模代表会议精神中，注意充分发挥劳模的带头、骨干、桥梁作用，同时结合各地的实际情况，不断地将会议精神变成实际行动，进一步调动了广大职工的积极性，全国各地出现了学习劳模、争做劳模、搞好爱国主义生产竞赛的热潮。广大职工积极投身生产，促进经济发展、人民生活改善和新中国政权巩固，在建立强大的经济力量中作出了历史性的贡献。

3. 确立了劳动模范的光荣地位

在新中国第一次全国劳模代表会议上，毛泽东代表中共中央在会上致辞，对大会表示热烈的祝贺，他在致辞中称劳动模范“是全中华民族的模范人物，是推动各方面人民事业胜利前进的骨干，是人民政府的可靠支柱和人民政府联系广大群众的桥梁”[①]。这个评价是很高的，也是恰如其分的。无论是在瑞金中华苏维埃政府初创时期，还是在抗日战争大生产运动的艰苦岁月；无论是在解放战争时期，还是在新中国成立后百废待兴的日

① 中共中央文献研究室、中国人民解放军军事科学院编：《建国以来毛泽东军事文稿》（上），中央文献出版社，2010 年。

子里，劳动模范总是以甘愿献身的精神，在生产建设中处处起模范带头作用，吃苦耐劳，多生产，创新技术，在生产中创造出优异成绩，并带领群众一起为经济建设作贡献。劳动模范是在群众中产生的，是在伟大的劳动斗争中涌现出来的，是名副其实的“全中华民族的模范人物”。

4. 肯定了劳动模范的“三大作用”

毛泽东在全国劳模代表会议上代表中共中央致辞，称赞劳动模范“是推动各方面人民事业胜利前进的骨干，是人民政府的可靠支柱和人民政府联系广大群众的桥梁”。毛泽东高瞻远瞩，对劳动模范的巨大作用进行了高度概括，即骨干作用、支柱作用、桥梁作用。毛泽东对劳动模范这个英雄群体一贯重视、一贯支持、一贯信任。在抗日战争大生产运动中，陕甘宁边区政府召开劳动英雄和模范工作者表彰大会，毛泽东都亲临大会祝贺并讲话。1945 年 1 月 10 日，毛泽东在陕甘宁边区政府召开的劳动英雄和模范工作者大会上作了题为《必须学会做经济工作》的报告，他在报告中也非常明确地称赞劳动英雄和模范工作者有三种长处，起了三个作用，即带头作用、骨干作用、桥梁作用。

5. 明确了劳动模范肩负“两件大事”的重任

毛泽东在全国劳模代表会议上代表中共中央致辞，指出中国必须建立强大的国防军，必须建立强大的经济力量，这是两件大事。这两件事都有赖于同志们和全体人民解放军的指挥员、战斗员一道，和全国工人、农民及其他人民一道，团结一致，协同努力，方能达到目的。

全国劳模代表会议召开时，新生的人民政权刚刚建立一周年，百废待兴。而当时国内外形势错综复杂，国际上有人叫嚣要发动第三次世界大战，国内还尚有一些国土未解放，而且被推翻的反动政权和隐藏的敌特分子时时在进行阴谋颠覆和破坏活动。毛泽东审时度势，高瞻远瞩，发出了建立强大的国防军和建立强大的经济力量的伟大号召，为刚刚建立的新中国指明了前进的方向。

作为中华民族模范人物的代表，参加会议的劳动模范们在怀仁堂亲自聆听了毛主席的号召，深刻领悟到“两件大事”的重要性。大会闭幕以后，劳动模范们返回各自工作岗位，以实际行动，团结广大的工人、农民和知识分子，谱写出了建设新中国的辉煌乐章。

6. 确定了劳动模范的光荣称号

在中国共产党领导人民开展革命和经济建设中，对在劳动中有突出贡献的有功人员，都会给予表彰或授予称号。在抗日战争时期的大生产运动中，评出的先进模范人物被称为劳动英雄，这个称号一直延续到新中国成立前后一段时间。

1950 年 12 月 14 日，周恩来发布命令，公布《关于全国工农兵劳动模范代表会议的总结报告》。该总结报告中提出：提议以后各地在生产中有功的人物只给以劳动模范称号，而不称为劳动英雄……要把评选劳模形成固定的制度。在公布这个报告时，周恩来在该总结报告的批示中明确指出：关于全国工农兵劳动模范代表会议的总结报告，业经政务院第 59 次政务会议批准，兹公布之，作为今后全国进行劳模运动的指针。[①]

从此，劳动模范这个称谓在新中国成立后召开的全国劳模代表会议上正式确定，并且，中央人民政府政务院要求“要把评选劳模形成固定的制度”。全国劳模代表会议后，全国各地、各单位及各个行业召开的劳模表彰大会，对于从劳动者中评选出来的先进模范，都授予劳动模范的光荣称号。同时，劳动模范的评选也逐步形成制度化、经常化，揭开了新中国劳模史的崭新一页，推动了劳模运动的蓬勃开展。

例如，天津市人民政府 1951 年召开了全市性的劳模表彰大会。时隔两年多后，天津市人民政府又召开了全市性的劳模表彰大会，并于会前的 1953 年 9 月 30 日公布了《天津市工业、交通运输企业 1953 年评选劳动

① 引自《工人日报》1950 年 12 月 19 日，第 1 版。

模范标准》，明确了工人中劳动模范的评选标准，企业中党、团、工会工作者的评选条件，先进集体中模范小组评选标准、模范车间评选标准。对于不具备评选劳动模范条件的职工、小组、车间、工厂，而具备了天津市人民政府制订的条件之一者，可根据对国家贡献大小，分别给予物质或精神的奖励。同时，天津市对劳动模范评选办法也作了详细的规定：（1）领导与组织群众认真讨论评选劳动模范的标准，使工人掌握评选劳动模范标准的基本精神，明确今后努力方向，并酝酿本厂模范候选人。（2）领导主要根据日常积累的统计检查记录资料，结合群众讨论意见，研究提出劳动模范候选人名单，并列举各候选人在生产或工作上的主要成绩，在本厂公布。（3）发动群众根据评选模范标准，讨论模范候选人并提出意见。（4）领导干部研究审查群众意见，然后，召开职工大会或职工代表会议通过劳动模范候选人。（5）必须结合评选模范工作，将增产节约竞赛运动的成就与经验认识加以总结。天津市人民政府制订的劳动模范评选办法不是为评劳模而评劳模，而是在评选中广泛发动群众，让广大群众在评选劳模中受到教育，“明确今后努力方向”。要求评选劳模要“根据日常积累的统计检查记录资料”，用事实说话，强调劳动模范是在劳动和工作中干出来的，保障劳模评选工作的群众基础。

7. 树立了一批时代楷模

《关于全国工农兵劳动模范代表会议的总结报告》中指出，会议基本上是达到了表扬功臣、鼓励模范、指出方向、树立榜样、教育群众的目的。出席全国工农兵劳动模范代表会议的464位劳动模范，是新中国涌现出的第一批劳动模范的代表。他们都是各单位、各地区、各行业的精英，都是时代的楷模。他们中有爱厂如家的“高炉卫士”鞍钢工人孟泰；有面对爆炸危险，挺身保护国家财产的大连建新工厂普通女工赵桂兰；有迎难而上，带领班组全体成员不断创造优异生产成绩的沈阳第五机器厂车工组长马恒昌；有率先在企业建立严格的生产责任制，依靠工人和工会组织迅速恢复供电的北京石景山发电厂厂长刘英源；有在东北解放初期首先推行包乘制，为国家节约大量煤炭和油料的“毛泽东号”机车司机李永；有刻苦钻研技术，敢啃硬骨头，成为我国第一个女拖拉机手的黑龙江德都县萌芽学校女子拖拉机队队长梁军；有勤学苦练，迎难而上，成为我国第一个女火车司机的辽宁大连铁路机务段“三八号”机车女司机田桂英；有带领农民兄弟共同奋斗、共同富裕的山西平顺西沟劳动互助组长李顺达；等等。通过召开会议，劳动模范们的先进模范事迹广为流传，树立了一批时代楷模。

8. 弘扬了尊重劳动、崇尚劳模的道德风尚

作为新中国第一届全国劳模代表会议，这次会议是在新中国成立一周年国庆节前夕召开的。来自全国各地区、各行业、各民族的劳动模范们相聚北京，在中南海聆听党和国家领导人的讲话，与党和国家领导人一起学习讨论、交流工作，国庆节在观礼台上观礼，大会后纷纷被邀请到工厂、农场、机关、学校作报告。会议肯定了劳动模范的重要地位，在整个社会弘扬了尊重劳动、崇尚劳模的道德风尚。

毛泽东在会议开幕式致辞中指出：你们是全中华民族的模范人物……当此中华人民共和国开国第一个国庆纪念节日快要到来之际，你们在这里开会，是有巨大意义的。朱德主持会议时指出：今天大家聚集在人民的首都，来举行这样巨大规模、这样广泛群众性的劳模大会，这是中国劳动人民在中国共产党领导之下长期奋斗的结果，也是你们用自己的英雄行为和模范事迹与广大群众一道共同努力的结果。因此，这次会议具有十分重大的意义，在中国人民奋斗的历史上也应该值得纪念。陈云在开幕词中指出：在中华人民共和国成立后第一个国庆节的前夕，召开这两个盛大的会议，其意义是很重大的。

对于新中国成立后召开的全国劳模代表会议，党和国家领导人反复强调会议的重大意义，并充分肯定劳动模范的地位和作用。这不仅在于它是新中国成立后首次召开的全国劳模代表会议，更重要的是，它彰显了新制度下党和政府对劳动、劳动者的尊重，是向全国人民表达中国共产党和新中国的核心价值观的一次大规模的实践活动。

（二）参会的劳动模范代表将会议精神落到实处

载着荣誉、载着幸福、载着重担，参加全国劳模代表会议的劳动模范们踏上了返程的旅途。返回工作岗位后，他们认真学习党和国家领导人在会议上的讲话内容，将会议精神落到实处，积极开展生产建设。

1. 赵国有向广大职工下劳动竞赛挑战书

1950 年 10 月 8 日上午，东北地区的劳模代表回到沈阳，东北人民政府秘书长栗又文、东北职工总会主席张维桢、东北军区政治部秘书长李麟等负责同志都亲临火车站迎接。载誉而归的劳模们一下火车，立即就被欢迎的群众包围住。著名劳模赵国有激动地说，这次会议，我们的收获真大，我一定按照毛主席的指示办，团结工友，进一步搞好技术革新，提高产量，增加效率，为建立强大的国防军和强大的经济力量作出更大的贡献。

东北各地的劳动模范们回到本单位后，向工人们汇报了大会精神，并和大家一起商量如何以实际行动落实会议精神。在宣传贯彻全国工农兵劳动模范代表会议精神中，沈阳第三机器厂赵国有车工部向全东北的职工提出了开展爱国主义生产竞赛的挑战，以回击美国扩大侵朝、严重威胁我国边疆安全的嚣张气焰。东北职工总会及时抓住这个典型，于 1950 年 10 月 26 日致函东北全体职工、劳动模范、先进生产者和工会工作者，号召他们热烈响应沈阳第三机器厂赵国有车工部向全东北职工发起的革命友谊的生产竞赛，努力建立强大的国防力量和经济力量，反对美国扩大侵略战争，保卫祖国安全。

东北职工总会在致函中说，赵国有车工部提出的挑战条件是：（1）高度发挥积极性与创造性，提高产量和质量，提前完成生产计划。（2）提高技术，严守技术操作规程，保证质量，消灭事故。（3）厉行节约，反对浪费，贯彻经济核算制。（4）提高警惕性，加强防空、防特、防火、防盗工作，保卫工厂，制止敌特的一切破坏活动。（5）继续加强工人阶级内部的团结，发挥工人阶级的组织性与纪律性，在任何困难条件下，坚决克服困难，不离开工作岗位，坚决完成国家交给的任务。以实现毛主席的指示：努力建立强大的国防军，建立强大的经济力量。

东北职工总会在致函中号召全体职工、劳动模范、先进生产者和工会工作者立即结合时事学习，讨论赵国有车工部的挑战条件，提出参加竞赛的计划，展开个人与个人的、小组与小组的、车间与车间的、厂与厂的爱国主义生产竞赛。为此，各级工会应立即认真领导与组织这一伟大的爱国主义运动，召开厂、矿的，产业的或市的代表会议，召开生产模范与先进生产者的代表会议，通过与会代表把全体职工发动起来。各级工会并应注意正确地领导这一运动，防止突击一时，单纯体力比赛和不注意产品质量与机器（设备）的现象。

以赵国有为代表的劳动模范大力宣传贯彻落实全国工农兵劳动模范代表会议精神，通过开展爱国主义生产竞赛的实际行动，将会议的精神宣传贯彻到东北地区广大职工中。

2. 李顺达向广大农民倡议开展爱国主义生产竞赛

10 月 7 日、8 日，河北、山西、内蒙古等华北地区的劳动模范分别回到了各自的地区，都受到了当地党、政、工领导及群众的热烈欢迎。山西省劳动模范代表们到达太原时，中共山西省委书记赖若愚、山西省人民政府副主席王世英、太原市长韩纯德等领导和群众代表 3000 多人到车站迎接，并在车站月台上举行了热烈的欢迎大会。王世英在大会上致欢迎词。他说，劳模们把我省的经验带到了首都，同时也将全国的经验带回了山西，这将会变成我们发展生产繁荣经济的强大力量。劳模代表甄荣典在答词中讲，我们受到了大家的热烈欢迎，是我们的光荣，也是大家的光荣。我们一定要把大会精神和学习到的经验传达到山西的各个地方，并身体力行地去落实大会精神和经验，为发展经济作出我们的新贡献。

著名农业劳动模范李顺达回到家乡长治平顺西沟村后，没顾上休息，就和全村的村民在一起学习全国劳模代表会议的精神。他们决心以实际行动贯彻全国劳模代表会议精神，以实际行动回击美国的侵略。李顺达领导的劳动互助组提出了开展爱国主义生产竞赛的倡议，并向全省农民兄弟提出了挑战。李顺达劳动互助组经全体成员讨论提出的生产竞赛条件是:（1）保证秋地普耕一遍。（2）改良土壤二亩半。（3）结冻以前要将新旧堰岸垒起三分之二，余下三分之一明年下种前全部完成。（4）施肥要重视提高技术和讲究质量，实行什么地上什么肥，明年每亩地平均施肥 105 担（比今年增加五担）。（5）全组要准备够八个月的燃料。（6）组织八个劳力、四头毛驴运输赚米五担，并全部投入再生产上。（7）增加出口物资，压种党参六亩。（8）今冬明春要盖新房七间。（9）今冬要置买四张手把锄，三张宽把空心锄，三张改良犁，一张改良耘锄，明年采用单把犁、新式耕锄、喷雾器等新式农具进行耕作，以提高生产力。（10）切实贯彻护林保林。

李顺达劳动互助组提出的这十条挑战条件，切实而又具体，很快在全省广大农村引起了巨大反响，一场“学劳模、掀竞赛”的热潮在全省迅速掀起。

山西全省各地、市、县及厂矿企业贯彻全国劳模代表会议精神，纷纷召开劳模大会，对符合劳动模范条件的工人、农民、干部及时进行表彰。1950 年 11 月 20 日，山西省人民政府在太原人民大礼堂举行全省劳模表彰大会，来自全省各地区、各行业的 540 多名工农业劳动模范齐聚省会，受到了省委和省人民政府的表彰。中共山西省委书记赖若愚还特地为劳模大会题词：劳动最光荣，劳动人民最光荣，劳动模范尤其光荣。劳动模范之所以光荣，是因为他们可以而且正在带领广大劳动人民跟着毛主席前进。

3. 全国劳模代表会议精神传向四方

华北、华东、中南、西南、西北各地的劳动模范代表陆续返回各地后，各地党、政、军及工会领导和群众代表都到车站迎接劳动模范和战斗英雄们载誉归来。

1950 年 10 月 9 日早上六点多，载着劳动模范和战斗英雄的列车驶入武汉汉口大智门火车站时，早已等候在车站月台上的中南地区党、政、军及工会领导迎上前去，热烈欢迎中南地区和西南地区到汉口的 254 名劳动模范和战斗英雄代表。当天，大智门火车站广场还举行了盛大的欢迎会，有 6000 多名群众参加。中共中南局秘书长杜润生、中南军政委员会秘书长张执一、中南军区暨第四野战军组织部长梁必业、中南总工会筹委会副主任何英才以及武汉市领导张平化等参加欢迎大会并即席讲话，号召广大人民群众向英雄们、模范们学习，把我们的国家建设得更富强，让人民生活得更幸福。第二野战军战斗英雄桑金秋、第四野战军战斗英雄卢锡勤、西南地区劳动模范王景文、中南地区劳动模范刘启宇代表战斗英雄和劳动模范在欢迎大会上讲话。他们一致表示，坚决响应毛主席、朱总司令的号召，把大会精神和全国各地英雄模范们的宝贵经验带回到各单位和部队中去，为建立强大的国防军和经济力量作出更大贡献。欢迎大会结束后，在战斗英雄和劳动模范从车站到驻地的沿途，数万名武汉市民涌到路旁，形成了夹道欢迎之势，向战斗英雄、劳动模范们挥手致敬。有的群众还大声喊着战斗英雄和劳动模范的名字。

10 月 8 日午夜，出席全国工农兵劳动模范代表会议的南京市劳模代表和出席全国战斗英雄代表会议的华东军区及第三野战军的战斗英雄代表抵达南京。华东军区、第三野战军驻南京各部和南京市有关领导及各界代表冒雨到车站欢迎。第二天，南京举行了盛大的欢迎会。会上，华东军区和第三野战军副参谋长周骏鸣、南京市副市长李乐平、南京市民主党派代表邵恒秋先后致辞，勉励全体代表一定要把会议精神和各地代表的宝贵经验带回去，并贯彻到今后的实际工作中去，在军事战线上和经济战线上创造更加辉煌的成绩。

10 月 9 日上午，参加全国工农兵劳动模范代表会议的上海、福建和浙江的代表抵达上海。华东军政委员会副主席马寅初、秘书长吴克坚，上海市总工会主席刘长胜等领导及各界群众代表 1500 多人到上海北站欢迎。当劳动模范的列车驶近车站月台时，军乐声、欢呼声响彻整个车站。劳模们走下列车时，“向劳动模范学习”“向劳动模范致敬”的口号声此起彼伏。

10 月 11 日下午，西北地区从北京返西安的劳动模范代表和战斗英雄代表举行座谈会，进一步学习领会全国工农兵劳动模范代表会议的精神。与会劳模代表纷纷表示，一定要把毛主席的指示和大会精神带回工厂，带回农村，广泛动员工人和农民，提高技术，推动生产，发展经济，为巩固边疆、保卫世界和平提供强大的物质基础。新疆工业劳动模范克里木说，在共产党、毛主席的领导下，我们各族人民的生活逐渐改善，兄弟民族的团结日益巩固，我要把大会精神带回去，争取把工作做得更好。农业劳动模范刘玉厚、王德彪、梁秀英、朱海南等讲述他们过去过着牛马不如的生活，而现在过着幸福生活的事实，说明只要跟着毛主席、共产党走，我们的人民就一定会过上幸福生活，我们的祖国就会更强大。[①]

---

① 引自《工人日报》1950 年 10 月 14 日，第 1 版。

CHAPTER EIGHT **第八章**

发展国民经济与先进生产者运动

新中国成立后，面对数十年战争造成的巨大创伤，恢复和发展国民经济的任务十分艰巨。当时的中国制造业十分落后，甚至一些生产技术并不高端的产品如火柴、钉子、水泥等都需要从国外进口，被称为洋火、洋钉、洋灰。摆在新中国面前的是一个烂摊子。我们很穷，缺乏资金，工业基础差，科学技术不发达。我们的技术力量，我们对现代大企业的经营管理能力都很缺乏。我们有广大的农村，而农村的生产水平很落后，农民的生活水平很低。这就是新中国成立后我们的实际情况。①

在中国共产党的领导下，在全国各族人民的共同艰苦奋斗下，国民经济恢复时期，新中国发生了巨大变化。在这个过程中，活跃在生产建设中的劳动模范和先进生产者功不可没。为了交流和总结先进生产经验、工作经验，动员全国一切可以动员的力量，促进中国社会主义建设事业加速发展，经中共中央、国务院倡议，1956 年 4 月 30 日至 5 月 10 日，中华全国总工会主持在北京召开了全国先进生产者代表会议。出席会议的正式代表和特邀代表共 6000 多人，中共中央、国务院在会上授予 853 个组织全国先进集体称号，授予 4703 人全国先进生产者称号。

一、先进生产者运动加快新中国工业化建设

新中国成立后，经过全国各族人民的艰苦奋斗，在短短三年的时间内，国内政治、经济、社会等方面都日趋稳定，从根本上扭转了国民党政权时期的混乱局面。1952 年 9 月，毛泽东及中共中央审时度势，统筹全

① 《胡绳全书》（第三卷，下），人民出版社，1998 年。

局，及时提出了“中国怎样从现在逐步过渡到社会主义去”的问题，后经中央政治局扩大会议讨论，并经党的七届四中全会通过决议，确认了党在社会主义过渡时期的总路线。从1953年起，我国开始执行发展国民经济的第一个五年计划，揭开了社会主义建设的序幕。全国广大职工掀起社会主义竞赛的热潮，为完成和超额完成第一个五年计划，贡献着聪明才智和无穷力量。

（一）开展先进生产者运动的决议

在第一个五年计划中，全国广大职工积极行动，满腔热情地投身到火热的经济建设中，全国各地、各条战线捷报频传。为保护和引导广大职工的积极性，进一步推动社会主义革命和建设的深入发展，党中央在新的形势下，发出了积极领导先进生产者运动的号召。1956年2月9日，在中共中央、国务院的倡导下，中华全国总工会第七届执行委员会主席团第十次会议作出了《关于开展先进生产者运动的决议》，对开展先进生产者运动的指导思想、原则等问题，提出了具体意见。

会议指出，工会各级组织的任务就是要在当地党委和企业党委的领导下，切实地把先进生产者运动组织起来，并且坚持下去，使它成为有组织的、有计划的、全面改进生产的强大动力。就是要根据先进生产者的要求和各种先进的倡议，发动广大群众，克服落后保守思想，会同行政制订先进的技术定额，制订先进的生产计划。

会议中，中华全国总工会对各级工会组织领导开展先进生产者运动提出了具体意见和应采取的措施。

第一，工会基层组织应该会同企业行政召开职工代表大会或群众生产会议，广泛发动群众，讨论国家计划，制订出提前完成国家计划的具体措施，开展自下而上的批评和自我批评，大胆揭发一切阻碍生产发展的错误和缺点，积极提出合理化建议，挖潜力，找窍门，突破生产上的落后环节。企业管理机关应该大胆发扬群众的主动性，发动群众自下而上地讨论计划指标，通过层层讨论、逐级平衡的办法来重新审查各种定额，修改落后的定额，改善工艺过程，改进管理制度，制订出先进的生产技术财务计划。

第二，大力地组织职工群众学习苏联先进经验和我国先进生产者的经验，务必使先进经验成为广大职工群众所掌握的财富。工会组织应该会同行政普遍举办先进经验学校，邀请先进生产者传授自己的经验。各产业工会和地方工会还应该通过厂际竞赛和同工种竞赛，在更大范围内交流先进生产者的经验。在推广先进生产者经验的同时，必须组织好职工群众的技术学习，首先应该提高先进生产者的技术水平，以便从中培养出大批掌握现代技术的新人才。

第三，经常地教育职工提高产品质量和增加产品品种，在保证提高产品质量和增加产品品种的前提下做到增加产量，节约原料、材料、燃料、电力，降低成本，不断地提高劳动生产率。

第四，广泛地组织职工之间的互助合作，培养先进帮助落后的共产主义的高尚道德。组织先进工人帮助落后工人，组织科学工作者、工程技术人员同生产工人密切合作，组织老工人帮助新工人，组织企业内部各个单位协同配合。发动群众签订教学合同、师徒合同、联系合同。组织先进的企业帮助落后的企业，以求共同提高。

第五，工会各级组织必须会同行政从各个方面来支持先进生产者运动的开展，特别是要帮助职工群众解决一切阻碍运动发展的困难，为运动的顺利开展创造条件。工会组织必须督促和协助行政认真严肃地处理来自职工群众的每一个建议，积极地支持先进生产者的倡议，及时地总结先进生产者的经验，改善管理部门特别是技术部门供应部门的工作，做好一系列的技术措施和组织措施，以便保证先进经验得到迅速推广，并且提倡签订部门和部门之间的联系合同，以便保证均衡生产。同时，还必须采取积极措施来改善劳动条件，防止工伤事故，教育职工群众严格遵守安全技术规程，不要片面强调“打破常规”，任意违反；热情地关怀群众的生活，改进工资和奖励工作。开展先进生产者运动的结果，必然要大大地提高劳动生产率，因而也必须相应地保证职工生活能够得到适当的改善。

第六，工会各级组织必须在党委的领导下，积极改善自己的工作，消除目前还存在着的领导落后于群众的严重现象。克服落后保守的关键在于深入群众，深入生产。为此，工会各级组织的领导干部必须深入基层，深入群众，帮助基层干部，掌握情况，总结经验，指导运动，尤其是要加强深入细致的具体组织工作，坚决反对一切只赶浪头，不务实际的形式主义，使这个运动能够广泛地持续地开展起来。①

此外，中华全国总工会还强调，我们希望各级党组织十分重视社会主义竞赛的这个新发展，积极加强对社会主义竞赛的领导，充分支持先进生产者运动。这样，广大职工的热情就会更加饱满，社会主义竞赛就会进一步开展起来……目前正在蓬勃开展的各产业的厂际竞赛和同工种竞赛，对发展生产、加快建设速度有重大的作用。必须迅速加强产业工会的工作，使工会组织切实地按照各产业的特点，从生产方面同广大职工群众密切联系起来，并且促使国民经济中同一部门的职工在全国范围内联合起来，更有效地开展社会主义竞赛。②

从以上开展先进生产者运动的具体办法和措施看，中华全国总工会对各级工会组织在领导先进生产者运动中提出的任务非常明确，同时在具体工作中给出了办法，讲清楚了应该注意的问题和解决问题的思路。这些针对性强、从实际工作出发的意见对广泛深入地开展先进生产者运动起到

---

① 《中华全国总工会第七届执行委员会主席团第十次会议关于开展先进生产者运动的决议》（一九五六年二月九日中华全国总工会第七届执行委员会主席团第十次会议通过）。

② 《积极开展社会主义竞赛，为提早完成五年计划而奋斗》，《人民日报》1956年2月29日，第1版。

了很好的引导作用。所谓先进生产者运动，是社会主义竞赛的一种形式，其实质就是打破旧的生产定额，创造新的先进生产定额的运动。开展先进生产者运动的目的，就是要求先进的帮助落后的，落后的赶上先进的，先进的更先进，使先进生产者的先进经验变成广大职工的共同财富，使广大职工都能按先进的技术和方法进行生产，以达到共同提高，促进生产的发展。

（二）中共中央号召全国职工广泛开展运动

中华全国总工会在中共中央、国务院的倡导下，作出了关于开展先进生产者运动的决议。1956 年 3 月 12 日，《中共中央关于积极领导先进生产者运动的通知》正式发布。《中共中央关于积极领导先进生产者运动的通知》指出，在目前的社会主义革命高潮中，全国职工群众的劳动热情空前高涨，社会主义竞赛正在以更加广泛的规模开展起来……中共中央认为我国工人阶级这种以革命精神进行社会主义建设的表现是十分宝贵的。中华全国总工会第七届执行委员会主席团第十次会议，根据全国职工群众加速社会主义工业建设的要求和行动，作出了关于开展先进生产者运动的决议，这是完全必要的、及时的和正确的。

《中共中央关于积极领导先进生产者运动的通知》要求，全国一切工业、农业、交通运输业等国民经济部门的工人、工程技术人员和企业管理人员，科学、文化、教育、卫生和国家机关的工作人员，都应该站在自己的工作岗位上，高度地发挥积极性和创造性，而又密切配合、相互帮助，在又多、又快、又好、又省相结合的方针下，把我国的经济建设更推进一步；都应该努力提高自己的业务水平和熟练程度，学习先进经验，使自己成为一个先进生产者或先进工作者。同时，每一个先进生产者、先进工作者都要积极帮助落后者达到先进水平，以求共同提高，争取提前和超额完成我国发展国民经济的第一个五年计划。

《中共中央关于积极领导先进生产者运动的通知》强调，中共中央认为，各级党委、行政部门、工会组织和青年团组织，都必须加强对于先进生产者运动的领导，反对右倾保守思想和官僚主义作风，都必须以自己的积极行动和公开的自我批评吸引群众，发动群众的批评，支持职工的一切合理化建议，抓紧总结先进经验和推广先进经验这一重要环节，采取切合实际的具体的技术组织措施，以便保证先进生产者运动的广泛开展，使这个运动成为最广泛、最深刻的群众运动，成为发展我国社会主义经济的强大动力。①

（三）先进生产者运动在全国广泛展开

全国广大职工热烈响应中共中央的号召，先进生产者运动在全国迅速开展起来。重工业部副部长吕东指出："运动的第一个目的是保证全面完成国家计划；第二个目的是向先进水平看齐。先向国内先进水平看齐，再向国际水平看齐……为此，要根据企业的特点、生产的特点、劳动组织的特点，来组织劳动竞赛，开展先进生产者运动，不能生搬硬套机械厂的经验。总的来说应以同工种竞赛为主。先以推广先进经验为主，把一般水平提高到先进水平。毛主席说过：'抓到先进经验，就是抓到一切。'因此要认真总结厂内先进经验，首先推广本企业的先进经验，同时开展厂际之间的学习，学习推广厂外先进经验，取长补短，共同提高，还要认真学习国际的先进技术、先进经验。"②

在开展先进生产者运动过程中，各级工会组织充分发挥工会工作的优势，做好具体的组织发动群众的工作，使广大职工以更加昂扬的斗志积极投入社会主义竞赛和先进生产者运动中，在生产上不断打破旧的定额，创

① 《中共中央关于积极领导先进生产者运动的通知》，《人民日报》1956年3月30日，第1版。

② 吕东：《吕东经济文集》，冶金工业出版社，1995年。

造着新的先进的生产定额，总结经验，提高水平。在企业、在矿山、在建筑工地、在科研单位……到处呈现出“学先进，帮后进，先进更先进”的可喜局面。

素有重工业大省之称的辽宁，1956 年初，全省就有 160 多万名职工投入社会主义竞赛的热潮中。对沈阳、抚顺、旅大（大连）、鞍山、本溪、安东（丹东）、阜新、锦州、营口的不完全统计显示，1956 年前两个月就涌现出 36448 名先进生产者和 2448 个先进班组，推广了先进经验 16482 项，提出合理化建议 104637 件。全省大部分企业都全面超额完成国家计划。①

1956 年初，鞍钢各级工会组织为贯彻中华全国总工会《关于开展先进生产者运动的决议》精神，发动鞍钢职工广泛开展了社会主义竞赛和先进生产者运动。1—6 月，鞍钢各厂矿、工程公司以及各车间班组，不断提出和超额完成国家计划的先进指标，例如第一炼钢厂掀起的快速炼钢竞赛热潮，使平炉炼钢系数由 1955 年的 7.49 吨 / 平方米 · 日提高到 8.40 吨 / 平方米 · 日，平均每炉熔炼时间缩短 1 小时零 3 分钟，生产能力提高 15%。与上年同期相比，鞍钢的产值增长了 44.3%，劳动生产率提高了 31.3%。运动中共涌现出先进集体 1574 个，先进生产者 5886 人（占职工总数的 6.5%）。鞍钢生产系统的 26580 名职工提出各种合理化建议 34150 项，共创造价值 1400 余万元。②

黑龙江省的先进生产者运动也蓬勃开展。1956 年，全省有 15 个产业的职工积极投入，其中，对第一机械、铁路、煤矿、林业、纺织、轻工业、公路运输等产业的不完全统计显示，共涌现出 26252 名先进生产者。在先进生产者运动中，广大职工学习先进经验、提高技术水平的积极性非

① 引自《工人日报》1956 年 3 月 10 日，第 1 版。

② 鞍钢史志编纂委员会:《鞍钢志》（下），人民出版社，1994 年。

常高。据统计，黑龙江省五个机械厂就推广了152种先进经验。齐齐哈尔第二机床厂齿轮车间的199种加工部件中，有124种部件进行了技术改进，先后推广了快速切削、一刀多刃等五种先进经验，最快的提高了效率五倍。松江机械厂全厂389道工序中，有219道工序突破了生产定额，这个厂的隋文凤小组推广“大走刀切削法”经验后，成批“阀门”生产时间由16小时缩短到9小时。佳木斯电机厂全厂550名工人订立了个人争当先进的计划，其中200名工人被评为了先进生产者。伊春林业局在两个月时间内涌现出了441名先进生产者，而其中有227名工人原来不能很好地完成生产任务，伊春林业局工会组织通过推广先进的伐木技术，并组织帮扶小组，有力促进了职工技术水平的提高，职工生产积极性大大增强，先进生产者不断涌现。据哈尔滨林区14个二级单位的统计，这些单位在几个月时间内就涌现出1462名先进生产者、187个先进小组和31个基层伐木队。在先进生产者的带动下，这个林区的职工提出了3000多条合理化建议，其中1600条已经被采纳，改善了职工的生产条件，促进了生产的发展。

吉林省广大职工积极投入先进生产者运动中，纷纷提出超额完成生产定额的计划并付诸行动。1956年，在先进生产者运动的热潮中，长春、吉林、四平等地的220个厂矿提前一年或一年以上完成各自的第一个五年计划指标。据工业生产、基本建设、交通运输等战线的40个单位的统计，广大职工提出了近两万条合理化建议。这些合理化建议绝大部分是从生产实际出发，为解决生产中的技术、工艺甚至设计中出现的问题而提出的。如长春第一汽车制造厂车工胡年荣创造了“掏内眼管刀”工作法，提高工效30倍；吉林省农具厂第二车间工段长李延来经过多天的钻研，提出了改进碾片机等10项技术改革，使全工段一年内可以完成10年的工作量。全省有40个单位涌现出了6500名先进生产者。

上海市在先进生产者运动中更是一马当先，开展得既轰轰烈烈又扎扎实实，有序推进运动的开展。据媒体报道，1956 年，全市钢铁、机械、纺织、轻工、建筑等 10 个产业，先后推广和总结了 2824 项先进经验。上海全市广大职工学习先进经验的积极性非常高。上海大孚橡胶厂职工素质高，生产形势很好，但在先进生产者运动中，职工们仍纷纷找差距。厂领导先后派人到 11 家橡胶厂学习参观，还真学到了不少先进经验，在提高生产质量、增加产量、降低成本、提高职工技术水平等方面都起了很大作用。全市做雨鞋的橡胶厂普遍推广了“缝中底套楦”的先进经验，按全市的产量计算，一年就可以节约生胶 24000 公斤、汽油 124000 公斤和大量的棉毛布。[①]

武汉市在全市各条战线、各个企业广泛开展了先进生产者运动。1956 年，全市的建筑、机械、纺织、铁路、钢铁等产业，有计划地重点推行了行之有效的先进经验 54 项。第一机械工会武汉市委员会组织推广著名劳模庄铭耕的“庄铭耕工作法”，在全市机械厂巡回表演。他们通过现场操作表演、讲课、座谈、现场辅导等方式，帮助工人掌握这项先进的操作法，受到广大职工的热烈欢迎，许多机械加工企业在职工中纷纷进行推广。武汉动力机械厂金工车间第三工段的职工学习这个操作法的积极性很高，在生产中运用学到的经验进行加工，生产效率普遍提高，车工鲍启宏过去车一个三头口要用 20 分钟，现在仅用五分钟。武汉纺织系统集中总结和推广了清花、钢丝、粗纱、细纱四个工种 60 多个工人的先进操作法，效果显著。武昌第一纱厂南场细纱车间纺 26 支的八名工人学习了著名劳模朱早弟的先进操作法后，回花大大降低。申新纱厂清花车间的车工们，过去正卷率一般都在 95% 上下，经过学习武汉第一棉纺厂丁鸿海“落卷生头法”的先进经验后，他们又结合本厂生产实际作了改进，全车

① 引自《工人日报》1956 年 3 月 16 日，第 1 版。

间 90% 的工人正卷率达到了 100%。[①]

在全国各地方工会大张旗鼓地组织广大职工投入先进生产者运动的同时，我国各个产业工会注意发挥产业工会的优势，在各条战线上深入开展先进生产者运动，掀起了一波又一波高潮。

我国是机械工业生产大国，在以工业化强国的口号声中，从事机械工业生产的广大职工积极投入先进生产者运动，不断总结和推广机械制造先进经验，向科学技术进军，逐步把中国机械工业建成一个独立完整的、现代化的、强大的机械工业系统。在先进生产者运动中，上海机械工人不断创造新的生产成绩。1956 年，上海机床厂大件车间车工韩如强在加工一种平面磨床胶木板时，改进操作方法，结果用 1 小时 45 分钟完成了 12 小时 15 分钟的工作量。上海柴油机厂职工投入先进生产者运动，人人争做先进生产者，短短几天就出现了 72 件新的生产纪录。南京市先进铣工郭绍江创造了一套比较完整的先进操作法，使刀具使用时间延长了 2 倍到 15 倍，生产的产品质量经严格检验，件件都合格。北京第一机床厂发动职工投入先进生产者运动，经过全厂职工热烈讨论，决定多为国家生产 10 台万能铣。北京第一机床厂工会同行政分工种、分区域帮助工人掌握新技术，突破新定额，使超产的计划落到实处。

在先进生产者运动中，无论是机械产业还是纺织、轻工、化工、石油、煤矿、建筑、铁路、交通运输、邮电等各个产业，千千万万的广大职工都积极参加运动，在神州大地创造一个又一个生产奇迹，涌现出一批又一批的先进生产者和劳动模范，为早日实现祖国的工业化和提前完成第一个五年计划作出了贡献。

在全国人民参加和支援工业化建设的热潮中，工人阶级一马当先。中华全国总工会发出号召：进一步开展增产节约劳动竞赛，保证全面完成国

① 引自《工人日报》1956 年 3 月 13 日，第 1 版。

家生产计划。鞍钢技术革新能手王崇伦发明和改进了“万能工具胎”，一年完成了三年的劳动定额。大同煤矿工人马六孩和他的伙伴们创造了一套“巷道快速掘进法”，大大提高了劳动生产率。青岛青年女工郝建秀的“细纱工作法”在纺织系统全面推广，各地棉纺厂不断刷新生产纪录。“每一秒钟都为创造社会主义社会而劳动”——这种充满时代精神的口号，反映了第一个五年计划的宏伟目标正在化为千百万职工的实际行动，鼓舞着中国工人阶级忘我地为实现社会主义工业化而奋斗。[①]

二、积极开展先进生产者代表的评选表彰

蓬勃开展的社会主义竞赛和先进生产者运动，大大促进了我国工业化的进程，同时也使数以万计的先进生产者和先进集体涌现出来。为了总结和推广各方面的先进经验，进一步动员广大职工积极投入提前和超额完成第一个五年计划的行动，迎接党的第八次全国代表大会的召开，党中央同意中华全国总工会关于召开全国先进生产者代表会议的请示。

中共中央在批示中指出，在当前社会主义建设高潮中，工业生产战线上捷报频传，先进生产者不断涌现，争取提前和超额完成第一个五年计划的口号已成为广大职工群众的实际行动。在这种情况下，召开全国先进生产者代表会议，将会有力地鼓舞广大职工群众的社会主义积极性，对保证提前完成和超额完成第一个五年计划将会起到重要的作用。中央各有关部门和各级党委要认真地指导和帮助各产业工会和各地方工会组织，密切结合当前工作，总结和推广各方面的先进经验，选好出席全国先进生产者代表会议的代表，并通过这项工作，加强对广大职工群众的教育，发动广

① 中共中央党史研究室：《中国共产党的九十年》（社会主义革命和建设时期），中共党史出版社、党建读物出版社，2016年。

大职工群众进一步全面地开展社会主义劳动竞赛。

（一）全国先进生产者代表会议筹备委员会成立

1956年2月16日，党中央批示同意中华全国总工会关于召开全国先进生产者代表会议的请示报告。根据党中央的指示精神，1956年3月10日，全国先进生产者代表会议筹备委员会在北京成立，并举行了第一次会议，国务院副总理李富春任主任委员，具体名单如下。

主任委员：李富春

副主任委员：薄一波、林枫、王首道、李四光、贾拓夫、曾山、赖若愚、刘宁一、朱学范、吴玉章、蔡畅、胡耀邦

委员：王志杰、王炯、王鹤寿、叶季壮、刘子久、刘仁、刘达潮、刘秀峰、刘澜波、安力夫、沙千里、李景韩、李聚奎、李德全（女）、李颉伯、沈雁冰、吴晗、何英才、宋川、竺可桢、陈少敏（女）、陈郁、金直夫、邵井蛙、马文瑞、栗再温、夏菲（女）、梁希、章乃器、章伯钧、张天民、张兆美、张修竹、张奚若、张维桢、张庆春、张霖之、许之桢、康永和、傅作义、程子华、贺瑞林、冯宿海、黄敬、杨一辰、杨之华（女）、杨秀峰、董昕、廖鲁言、赵尔陆、赵国强、蒋光鼐、滕代远、蔡书彬、蔡树藩、郑仁、顾大椿

秘书长：董昕

副秘书长：顾大椿、周巍峙、岳欣、石磊、江牧岳、丁一（女）、王之光、王炯

在全国先进生产者代表会议筹委会第一次会议上，确定了召开全国先进生产者代表会议的方针和任务。会议一致认为，全国先进生产者代表会议的召开，就是要促进全国广大的职工群众和全国广大的农民群众、广

大的知识分子的大团结，向社会主义建设进军，广泛开展社会主义竞赛和先进生产者运动，不断提高劳动生产率，为提前完成我国第一个五年计划而奋斗。会议还讨论了全国先进生产者代表会议的日程、宣传工作计划及办事机构的工作等问题。①

中华全国总工会根据中央批示精神，很快发出了关于召开全国先进生产者代表会议的通知。通知指出，为了动员全体职工开展社会主义竞赛，迎接中国共产党第八次全国代表大会，提前完成第一个五年计划，根据中华全国总工会第七届执行委员会第四次全体会议的决议，决定1956年4月30日在首都北京召开全国先进生产者代表会议，工会各级组织应进一步发动全体职工全面开展社会主义竞赛，把生产和工作做得更多、更快、更好、更省，涌现出更多的先进生产者，并选派其中优秀的代表参加全国先进生产者代表会议。②

中华全国总工会对出席全国先进生产者代表会议代表的条件作出了明确规定：（1）提前完成第一个五年计划规定指标的先进生产者。（2）达到优等质量指标的先进生产者。（3）在学习与推广先进经验或在掌握先进技术试制新产品方面有成就的先进生产者。（4）在节约方面有优良成绩的先进生产者。（5）优秀的合理化建议者和合理化建议工作的组织者。（6）能够经常帮助达不到定额的工人提高到先进生产水平的先进生产者。（7）先进的工程技术人员和职员。（8）在工作中有优秀成绩的先进工作者（如优秀的教育工作者、科学工作者、商业工作者等）。（9）先进小组、车间、企业的代表。

中华全国总工会对出席全国先进生产者代表会议代表的产生办法也作出了明确规定：（1）先进生产者代表原则上按产业系统选出产业代表，

---

① 《全国先进生产者代表会议筹委会成立》，《人民日报》1956年3月11日，第1版。

② 《中华全国总工会关于召开全国先进生产者代表会议的通知》，《工人日报》1956年2月21日，第1版。

各地方选出地区性的代表（其中包括尚未组织全国产业工会的企业代表）。（2）各企业单位召开先进生产者大会或代表会议，评选出席产业或省市地方先进生产者代表会议的代表。（3）各产业工会全国委员会（筹委会、工作委员会）会同相应的经济部门召开先进生产者代表会议（或劳动模范大会），选出出席全国先进生产者代表会议的产业代表，组成产业代表团，不召开先进生产者代表会议的产业工会可用推荐办法产生出席全国先进生产者代表会议的代表（但被推荐出席全国先进生产者代表会议的代表，必须是经基层选出的先进生产者），各省市地方工会会同省市人民委员会召开先进生产者代表会议（或劳动模范大会）选举出席全国先进生产者代表会议的地区代表，组成省市地方代表团。

中华全国总工会对各产业、各省市出席全国先进生产者代表会议的代表名额作了分配。出席会议的代表共5800名，名额分配如下：（1）按产业选出的代表4540名。（2）按省市地方选出的代表1000名。（3）特邀代表260名。①

在党中央和各级党委的领导下，中华全国总工会和各产业工会、各地方工会有序进行全国先进生产者代表的评选工作。全国各省、自治区、直辖市和各产业纷纷举行先进生产者代表大会，交流经验，并将优秀的先进生产者推荐出来，参加全国先进生产者代表会议。

（二）各省、自治区、直辖市举行先进生产者代表会议

在热烈的社会主义竞赛和先进生产者运动中，各省、自治区、直辖市纷纷举行先进生产者代表会议，从1956年2月至4月，北京、天津、上海、四川、河北、黑龙江、吉林、山东、浙江、江苏、安徽、湖南、湖北、

① 《中华全国总工会发出通知召开全国先进生产者代表会议》，《人民日报》1956年2月21日，第1版。实际参会人数为6156人。

河南、江西、广西、贵州、甘肃、陕西等省、自治区、直辖市分别召开了劳动模范会议或先进生产者代表会议。这些会议表彰了先进生产者、先进工作者，交流了先进经验，推选出了出席全国先进生产者代表会议的代表。

1956 年 3 月 31 日，北京市工会联合会召开了先进生产者代表会议，表彰全市工业、交通运输、建筑、商业、科学、文教和卫生系统的先进生产者、先进工作者。中华全国总工会书记处书记董昕出席会议并讲话。会上，北京市工会联合会主席王炯指出，社会主义竞赛在全市不断高涨。全市 111 个单位的职工，1956 年 1 月至 2 月纷纷提出了 13443 条合理化建议，超过了 1955 年全年合理化建议的总和。全市广大工人群众积极参加竞赛，企业的工程技术人员、职能部门和生产辅助部门的人员也热烈地参加了竞赛。科学、文化、教育和卫生部门的广大知识分子，参加社会主义竞赛的积极性空前高涨。会上有 16 位来自全市各产业的工人、技术人员、教授、医生、售货员先后发言，介绍了他们的先进经验，并一致表示，他们将以更大的热情参加社会主义竞赛和先进生产者运动。

1956 年 3 月 30 日，天津市工会联合会召开了全市先进生产者代表会议，进一步动员广大职工投入先进生产者运动，为第一个五年计划指标的完成作出新的贡献。天津动力机械厂青年铣工范以贤、国营天津第二棉纺厂织布工孙桂珍、天津市百货公司售货员张淑华等在会上介绍了他们的先进经验。他们一致表示，今后要更好地带动职工掌握新技术，保证完成第一个五年计划指标。出席这次先进生产者代表会议的代表来自全市各个产业，共有 1100 多人。到会代表一致通过了天津市出席全国先进生产者代表会议的 50 名代表人选。

1956 年 4 月 5 日到 6 日，上海市召开劳动模范和先进生产者代表会议，参加会议的劳动模范和先进生产者达 11000 多人。本次会议奖励了 2035 个劳动模范和 285 个先进单位。在本次受奖励的劳动模范中，有上海汽轮厂叶片车间副主任朱顺余，他在生产中善于动脑，仅 1955 年一年就提出了对提高劳动生产效率很有帮助的15条建议。他领导的车间，90%是青年工人，在他的传帮带下，青年工人技术提高很快，很多人也成了车间的生产骨干。受奖励的劳动模范中还有著名劳模、高速切削能手盛利，上海汽轮机厂杨金泉，以及自第一个五年计划开始就月月完成生产定额的纺织女工黄宝妹、张小妹、王桂芳等。在社会主义竞赛和先进生产者运动中，上海全市先进模范人物不断涌现。1956年初评选的上海市劳动模范有2035人，比1954年增加了2倍多；评选的先进生产者有47000多人，比1954年增加了一倍以上。本次评选出来的劳动模范和先进生产者不仅有工人、科室人员，还有医务工作者、教师、营业员、演员、炊事员等279个工种的普通劳动者。在大会上，中共上海市委第一书记柯庆施、上海市副市长曹荻秋、中华全国总工会主席团委员杨之华先后讲话。会议选出了上海市出席全国先进生产者代表会议的65名代表。①

1956年3月，在全省如火如荼的社会主义竞赛和先进生产者运动中，四川省召开了历史上第一次全省劳动模范表彰大会，525名四川省劳动模范出席了表彰大会。会上，出席大会的525名劳动模范向全省工业、交通运输、基本建设战线的广大职工发出倡议，将全省的工业技术水平大大提高一步，在1956年底前，使四川的各个厂矿企业达到或接近国内同产业同等规模、设备近似的先进企业的生产水平。当时，四川大部分厂矿企业的生产水平落后于国内先进厂矿企业。如炼铁，四川一般高炉有效容积利用系数平均是1.003立方米，而国内先进水平平均已达到0.747立方米。四川各纺织厂每人看纱锭能力一般是500锭，而国内先进纺织厂平均每人看纱锭达800锭。在当时举办的成都商品博览会上展出的187种产品中，质量低于外省的达118种。其中双轮铧犁的生产成本比先进厂的成本高30%。省内一家电工器材厂生产的拉线开关，价格比上海市的同等产

① 《上海市奖励1955年劳动模范》，《工人日报》1956年4月7日，第1版。

品高90%，而且还经常出毛病。出席会议的劳动模范们认为，四川全省广大职工有责任消除这种落后的状态，最好的办法就是广泛开展先进生产者运动，总结和推广先进经验，形成一个人人学先进，先进带后进，先进更先进的生动局面，争取早日改变目前的落后面貌。劳动模范们的倡议受到全省广大职工的热烈响应，先进生产者运动在四川全省广泛深入地开展起来。[①]

在社会主义竞赛和先进生产者运动中，各省辖市也纷纷召开劳动模范和先进生产者表彰大会，总结推广先进经验，推荐优秀的先进生产者参加全省的先进生产者表彰大会。其中，武汉、重庆、哈尔滨、昆明、旅大（大连）、唐山等工业城市，都在1956年初陆续召开了表彰大会，号召广大职工积极开展先进生产者运动。

1956年3月5日到7日，重庆市召开了第三届工业、基本建设、交通运输劳动模范表彰大会，出席会议的329名劳动模范向全市职工发出了广泛开展先进生产者运动，人人争做先进生产者的倡议。会上，劳动模范和先进生产者们一致表示，要带头学习先进经验，争取达到更先进的水平，和职工们一起提前超额完成第一个五年计划指标。重庆机床厂工人柏凤池提出一年完成三年的工作量，他还保证教会三个学徒达到四级工的技术水平。

1956年3月8日，出席辽宁省旅大（大连）市劳动模范和先进生产者代表会议的1025名代表，向全市职工发出倡议信，号召全市职工全面开展先进生产者运动，提前完成第一个五年计划指标，向党的第八次全国代表大会献礼。会上，有15名劳动模范和先进工作者介绍了他们的先进经验。其中，有刻苦钻研技术，做到八年不出废品、不出事故，多年如一

---

① 《四川省525名劳动模范向全省职工倡议迅速赶上国内厂矿生产水平》，《工人日报》1956年3月28日，第1版。

日地工作，总是超额完成生产任务的市特等劳动模范詹水晶；有技术革新能手马文鑫等。劳动模范们的精彩发言，受到与会者的高度赞扬。

1956年2月29日至3月1日，哈尔滨市第二届劳动模范和先进生产者表彰大会隆重举行，并向全市职工发出倡议，热烈响应中华全国总工会第七届执行委员会第四次全体会议通过的“开展先进生产者运动，提前完成第一个五年计划”的号召。在会上，发言的劳动模范和先进工作者一致表示，要团结和带领所在单位的职工积极投入先进生产者运动，提前完成第一个五年计划指标。哈尔滨机务段1191号机车包乘组司机长王振起代表全组职工在会上表示：在1956年将进一步推广快速超轴经验和先进焚火法，全组提前完成第一个五年计划指标，并继续推行小组经济核算制，使1956年在1955年节约9000元的基础上再降低成本20000元。已经提前完成第一个五年计划工作量的著名劳模、哈尔滨机车修理厂铣工苏广铭在会上提出在第一个五年计划内完成八年的工作量。参加大会的422名劳动模范和132个先进集体的代表一致通过了向全市职工的倡议书。[①]

各省、自治区、直辖市和省辖市召开先进生产者代表大会，各地党委和政府都十分重视，各级工会认真做好具体的组织工作，经各地各单位层层推选，参加先进生产者代表大会的劳动模范和先进生产者都十分优秀，再经过各省推选，优中选优，确保了全国先进生产者代表会议的先进性和代表性，为全国先进生产者代表会议的召开奠定了坚实的基础。

（三）各产业先后在京举行先进生产者代表会议

1956年春，在国务院各部委的组织下，在短短几十天的时间里，先后有数万人来京参加全国产业先进生产者代表会议，总结交流先进经验，

① 《哈尔滨市劳动模范和先进集体代表大会热烈响应全国总工会号召》，《工人日报》1956年3月3日，第1版。

推选产业的排头兵出席全国先进生产者代表会议。

1956年3月20日，重工业部和铁道部在同一天召开了本系统的先进生产者代表会议，率先拉开了在京召开全国产业先进生产者代表会议的序幕。

在第一个五年计划期间，重工业一直被摆在国民经济优先发展的地位。在重工业系统第一次先进生产者代表会议上，共有来自生产、建筑安装、地质、设计等单位的代表869人，大家都是产业内的佼佼者。其中，有用三年时间为国家多生产三万多吨钢的鞍钢八号模范平炉的代表王守文；有一年完成三年任务，被誉为跑在时间前面的著名劳动模范、鞍钢青年工人王崇伦；有五年来发明创造20多种先进施工工具的抹灰小组代表杨德重；有和工人密切结合，刻苦钻研技术，采用先进方法提高“666”农药质量的天津化工厂技术员茹膺；有领导职工试制成功六种水泥新品种的建筑材料工业综合研究所工程师左万信等。此外，还有企业管理人员、医务人员、保育人员、炊事人员等各个岗位的优秀人才。

重工业部长王鹤寿在会上作了工作报告。他在报告里说，学习新技术和推广先进经验是保证提前完成第一个五年计划的重要方法。三年多来，重工业部各企业职工由于学习新技术和推广先进经验，在很少增设备的情况下，为国家增产上百万吨钢铁、水泥和化学肥料，并且增加了几百种新的产品。王鹤寿说，成千上万的先进生产者，在学习和推广新的技术经验方面起了很大作用，今后，更应该在生产和建设中同广大职工一起作出更大成绩，并且帮助其他职工达到先进水平。①

中华全国总工会书记处书记董昕等领导到会祝贺并讲话。会议期间，中国重工业工会全国委员会主席赵国强作了报告。

重工业部先进生产者代表会议开了八天，会议交流了190多项经验，

① 《重工业和铁路两个产业先进生产者代表会议昨天分别开幕》，《工人日报》1956年3月21日，第1版。

并对1956年在重工业系统推广先进经验作了规划。会议推选出重工业系统出席全国先进生产者会议的500名代表。

1956年3月20日，规模空前的全国铁路群英会在北京的政协礼堂开幕。来自全国铁路系统的生产、设计、施工、维修、包乘、运行等各个工作岗位上的劳动模范和先进生产者们在会议期间交流了先进经验，聆听了领导同志的工作报告。

参加会议的1290名正式代表和特邀代表中，有842人是从全国铁路运输战线和国家重点工程兰新铁路、宝成铁路建设施工项目中，由广大职工推选出来的先进生产者和劳动模范。代表中有闻名全国的丰台机务段“毛泽东号”机车组的代表蔡莲兴，有快速超轴能手、青年火车司机曹俊杰，有九年安全行车无事故的绥化机务段火车司机姜济国，有全国闻名的戚墅堰机车车辆修理工厂先进车工庄铭耕（他仅用两年零八个月的时间就完成了五年的工作量）。参加会议的先进生产者和劳动模范代表还有对宝成铁路施工设计提出合理化建议，为宝成铁路建设节省了6000万元费用的老工程师罗孝傅以及满腔热情为旅客服务的女列车长骆琴明等。

铁道部长滕代远向大会作了报告。他在报告中介绍了许多先进生产者的事迹。他说，全国铁路职工在社会主义竞赛中涌现出了千千万万的先进生产者，今天出席会议的都是从他们之中评选出来的。在职工评选中，各个单位都认真总结了先进经验，并且经过了技术鉴定和群众鉴定，许多先进经验非常好。经专家和群众鉴定总结出有影响的先进经验197项，我们将在全路进行推广，争取又多、又快、又好、又省地提早完成和超额完成第一个五年计划中铁路运输、建设新铁路的任务。①

① 《重工业和铁路两个产业先进生产者代表会议昨天分别开幕》，《工人日报》1956年3月21日，第1版。

中华全国总工会主席赖若愚、中国新民主主义青年团[①]（共青团）中央委员会书记胡克实、中华全国民主妇女联合会[②]（全国妇联）副主席许广平、铁道兵司令员王震等领导到会祝贺并讲话。会议期间，中华全国铁路总工会主席王志杰作了报告。会议选出了铁路系统出席全国先进生产者代表会议的300名代表。

此外，在1956年三四月，煤矿、纺织工业、农业水利、交通运输、地质、邮电等产业的先进生产者代表会议也都在北京召开，全国各个产业的先进模范人物一起交流经验，畅谈感想，积极促进了先进生产者运动的开展。

在1956年各个产业召开先进生产者代表会议的过程中，有两个特点值得关注。

第一，党中央、国务院及国务院所属各部委高度重视各产业召开的先进生产（工作）者代表会议。

毛泽东、刘少奇、周恩来、朱德、陈云等党和国家领导人先后接见了出席全国人民警察、治安保卫功臣模范代表会议，全国煤矿先进生产者代表会议，全国纺织工业先进生产者代表会议，全国机械工业（含第一机

---

① 中国共产党领导建立的先进青年群众组织。抗战胜利后，为适应新形势，1946年10月前后，中共中央作出重建青年团的决定。1949年1月1日，中共中央正式发出了《关于建立中国新民主主义青年团的决议》。1949年4月11日至18日，中国新民主主义青年团第一次全国代表大会在北平（北京）举行，通过了团的工作纲领、团章、团的任务，选出第一届中央委员会。1957年5月改称中国共产主义青年团。引自王宗华主编：《中国现代史辞典》，河南人民出版社，1991年。

② 1949年3月24日至4月3日，中国妇女第一次全国代表大会在北平(北京)召开，成立了中国统一的妇女组织中华全国民主妇女联合会。1957年9月9日至20日召开的第三次全国妇代会上改称中华人民共和国妇女联合会。1978年9月8日至17日召开的第四次全国妇代会上改称中华全国妇女联合会。引自李盛平主编：《中国现代史词典》，中国国际广播出版社，1987年，第117—118页；熊月之等编著：《大辞海（中国近现代史卷）》，上海辞书出版社，2013年。

械部和第三机械部）先进生产者代表会议，全国轻工业先进生产者代表会议，全国农业水利先进生产者代表会议，全国文化先进工作者会议，全国交通运输先进生产者代表会议，全国第二机械工业第一次先进生产者代表会议，地质部先进生产者代表会议，全国邮电先进生产者代表会议，全国电业先进生产者代表会议的全体代表。

会议期间，国务院各部长都到相关的先进生产（工作）者代表会上作报告，并听取先进生产者的先进经验介绍和对推动先进生产者运动的意见。在一段相当集中的时间内，国务院各部委先后召开全国先进生产（工作）者代表会议，将产业内的英雄模范和先进人物集中起来，总结交流先进经验，动员各个产业的广大职工积极投入先进生产者运动，这在历史上是空前的。

第二，各产业先进生产者代表会议期间，关于先进经验的交流活动丰富多彩、生动活泼，并提出了多个在同产业、同工种中推广学习先进经验的倡议书，有力推动了先进生产经验和技术创新工作的推广、普及。

在全国纺织工业先进生产者代表会议期间，先进生产者们利用一切机会进行先进经验的交流传授。纺织、煤矿机械等产业还特地安排到生产现场进行实地交流。1956 年 4 月 14 日，在北京第二棉纺织厂，来自全国纺织系统的先进生产者和北京市棉纺织产业的工人们，兴致勃勃地在现场学习先进经验。国营上海第十七棉纺织厂细纱女工黄宝妹、国营青岛第六棉纺织厂细纱女工吴桂云和国营上海第一棉纺织厂布场女工杨富珍等，分别在现场传授了绞车面操作法、拔管解捻接头操作法和使用三朵红花巡回检查布面的方法。在场的各地先进生产者和北京市棉纺织产业的工人们一边观摩，一边试着操作。武汉市裕华纱厂的细纱女工沈桂英，观看了黄宝妹的实际传授经验后，找到了自己存在的差距。沈桂英过去接一根头要 4 秒钟，而黄宝妹接一根头只要 2.8 秒，而且质量好。沈桂英当场向黄宝妹请教，并按黄宝妹的方法操作了几次，很快就掌握了黄宝妹的操作法，接头时间也缩短了。在北京第一棉纺织厂生产现场，来自各地的先进生产者观看国营邯郸第一棉纺织厂粗纱工人翟东彦传授的巡回法，上海鼎新纱厂的先进生产者顾阿大当场向翟东彦请教，并终于学会了翟东彦先进的巡回法。

为了把会议的成果变成全产业广大职工的实际行动和宝贵财富，各产业的先进生产者们纷纷提出倡议。全国纺织系统的先进生产者代表们针对提高纺织产品质量、增加产品品种规格、提高劳动生产率和降低生产成本的目标，向全国纺织战线上的广大职工先后提出 21 项倡议。

在全国纺织工业先进生产者代表会议期间，275 个纺织厂的代表签订了全国纺织工业 1956 年厂际竞赛的协议。全国轻工业先进生产者代表会议的代表们在会议期间交流了 452 项先进经验，造纸、橡胶、医药等 29 个产业的代表提出了以提高产品质量、增加新品种、节约原材料、安全生产、提高劳动生产率为主要内容的 34 项倡议，同时还作出了推广 255 项先进经验的规划。全国地质系统先进生产者在会上交流推广了 178 项先进经验，并按不同专业向全国职工发出了倡议，积极推广先进经验，为提前和超额完成第一个五年计划作出贡献。全国民用航空系统的先进工作者们，倡议飞行、航空、机务、电讯、商务、供应、计划等不同工种，都以“安全航行”为中心，开展竞赛。全国煤矿先进生产者代表会议的代表，提出了应在全国推广 55 项先进经验的倡议。这 55 项先进经验涵盖了从地质勘探、设计、矿井建设到采煤、运输、安全生产的方方面面。如果这些先进经验都得到推广，我国煤矿生产将出现一个新面貌，跃上一个新台阶。

为迎接全国先进生产者代表会议的胜利召开，1956 年春，全国各个产业纷纷在北京召开先进生产者代表会议，总结先进经验，表彰先进模范，推选出席全国先进生产者代表会议的代表。各个产业的先进生产者大会内容丰富，特色鲜明，大大促进了各个产业先进生产者运动的深入开展，也为全国先进生产者代表会议的召开打下了坚实的基础。

三、全国先进生产者代表会议胜利召开

在党中央的正确领导下，全国先进生产者代表会议筹备委员会统筹兼顾，狠抓各项准备工作的落实，在各省、自治区、直辖市和各有关部门的密切配合下，1956年4月30日，全国先进生产者代表会议在北京顺利召开，党和国家主要领导人出席会议并讲话，各产业发布了先进生产者运动相关报告，号召全国广大职工为提前完成和超额完成发展国民经济的第一个五年计划积极贡献自己的力量。

（一）刘少奇代表党中央致祝词

1956年4月30日，全国先进生产者代表会议在北京隆重开幕，来自全国21个民族、20多个产业的6156名先进生产者、先进工作者和各界特邀人士参加了会议。毛泽东、刘少奇、周恩来、朱德、彭真、董必武、张闻天、彭德怀、邓小平等党和国家领导人出席了开幕式，刘少奇代表中共中央致祝词。

刘少奇表示，全国的农民在农业生产战线上正进行着空前的努力，为逐步地实现1956年至1967年的12年农业发展的伟大计划而奋斗。在他们中间，出现了大批的农业劳动模范，他们团结着广大的农民群众，成为农业战线上的中坚。同样，在工人阶级中间，在工业战线以及其他经济战线和文化战线上，在各个工作部门的工作岗位上，也出现了空前规模的社会主义建设的热潮，出现了大批的先进生产者和先进工作者，他们发起了先进生产者运动，领导着广大的工人群众和知识分子群众，为又多、又好、又快、又省地实现伟大的社会主义建设计划而斗争。你们就是工人阶级中间这些优秀分子的代表。

刘少奇指出，人民群众是历史的创造者。人类社会的历史，归根结底，是生产的历史，是生产者的历史。生产是永远处在发展变动的状态中的，新的生产技术不断地代替着旧的生产技术。因此，在任何时代，在任何生产部门中，总是有少数比较先进的生产者，他们采用着比较先进的生产技术，创造着比较先进的生产定额。随后，就有愈来愈多的生产者学会了他们的技术，达到了他们的定额，直至最后，原来是少数先进分子的生产水平就成为全社会的生产水平，社会生产就提高了。如果有重大的生产技术的发明，就要引起生产技术的重大改革，带来生产的巨大高涨。因此，先进生产者是人类经济生活向前发展的先驱，也是人类社会历史向前发展的先驱。

刘少奇指出，千百万劳动者在先进生产者率领下为消除落后而斗争，就是社会主义社会不断前进的一种动力。正因为这样，先进生产者在我们的时代里才能发展成为如此强大的群众性的运动，才能在社会生活中居于如此光荣的地位。大家知道，毛泽东同志曾经说过，劳动模范有三种作用，即带头作用、骨干作用和桥梁作用。这就是说，在人民民主制度的条件下，先进生产者不但是人民群众的先驱，而且成了人民群众的核心，成了国家和人民群众之间的重要纽带。先进生产者是社会和国家的领导力量不可缺少的组成部分；没有先进生产者，也就不可能有完全正确的领导。

刘少奇还强调，我们希望你们每一位代表，你们所代表的每一位先进生产者和先进工作者，以及农民、手工业者、人民解放军的指战员和其他爱国人民中的每一位先进分子，在党中央和国务院的领导下，都能够密切地联系群众，带领群众不断地向先进的水平看齐，不断地前进再前进，那么，我们大家就一定能够完成我们共同的历史任务。①

① 《刘少奇代表中共中央在全国先进生产者代表会议上的祝词》，《人民日报》1956 年 5 月 1 日，第 1 版。

国务院副总理、全国先进生产者代表会议筹备委员会主任委员李富春致开幕词。

李富春说，出席这次会议的，有工人、工程技术人员和企业管理人员中的先进人物的代表，有科学工作者、文化工作者、教育工作者和医务工作者的先进人物的代表，有国家机关工作人员中的先进人物的代表，这些先进代表人物，代表着我国社会主义建设高潮中涌现出来的成千上万的先进生产者、先进工作者和先进单位，代表着中国劳动人民在建设社会主义斗争中的坚强毅力、创造精神和伟大智慧。

李富春强调，我们希望，在这次会议以后，全国范围的先进生产者运动能够更进一步地开展起来，使这个运动成为最广泛和最深刻的群众运动，成为发展我国社会主义经济和社会主义文化的伟大动力。①

全国人民代表大会常务委员会副委员长沈钧儒、郭沫若、陈叔通，国务院副总理邓子恢、李先念，中国人民政治协商会议全国委员会副主席李济深、黄炎培、李四光、章伯钧，国务院各办公室、各部、各委员会负责人，以及各人民团体的负责人，也出席了开幕式。

全国先进生产者代表会议会场设在北京体育馆。当天，在这个雄伟的建筑物上端，飘扬着中华人民共和国国旗和各色彩旗。会场正门上端挂着巨大的会议纪念章。在纪念章中间，镌刻着手执红旗前进的工人阶级队伍的形象和“劳动光荣”四个金字。会场主席台上方，一幅浅蓝色的帷幕上挂着毛主席的画像。主席台对面高悬着会议向全国各个战线上的人们发出的战斗口号：“改进技术、提高技术，学习与掌握新技术！”“把各项事业做得又多、又快、又好、又省，提前完成第一个五年计划！”“向社会主义进军！”②

① 《全国先进生产者代表会议开幕词》，《人民日报》1956年5月1日，第2版。

② 《迅速地把先进的生产水平变为全社会的生产水平 全国先进生产者代表会议在京开幕》，《人民日报》1956年5月1日，第1版。

（二）内容丰富、具有特色的报告

在1956年“五一”国际劳动节期间召开的全国先进生产者代表会议，内容丰富，特点鲜明。

5月1日，50多万人民群众在首都北京举行了声势浩大的游行活动，庆祝“五一”国际劳动节。毛泽东、刘少奇、周恩来、朱德等党和国家领导人在天安门城楼上检阅了游行队伍，北京市长彭真致辞。在游行队伍中，6000多名全国先进生产者代表走在队伍的前面，他们受到了热烈欢迎。

5月2日下午，中华全国总工会主席赖若愚向全国先进生产者代表会议的全体代表作报告。赖若愚的报告主题是关于如何把先进生产者运动在广大职工中广泛持久开展下去的问题。报告的第一部分指出了全体职工劳动积极性和创造性是建设社会主义的首要保证。报告的第二部分、第三部分、第四部分对于社会主义竞赛的任务和原则，在竞赛中贯彻“多、快、好、省”的方针及我国工人阶级在社会主义建设大潮中应迅速掌握文化、科学技术等问题作了详细说明。报告的最后一部分特别强调了打破保守思想、反对官僚主义的问题，要求各地要加强对社会主义竞赛和先进生产者运动的领导，要不断地扩大先进生产者的队伍，努力推广先进经验，使先进生产者运动成为推动社会主义事业向前迅速发展的一个强大动力。①

会议期间，国务院负责经济工作的有关领导及相关部委、人民团体的领导到会作报告，这些报告时效性强，内容丰富，大大开拓了先进生产者代表们的视野，这是本次先进生产者代表会议的一个突出特点。

5月3日，国务院第三办公室主任薄一波到会给全体代表讲话。他说，为了把我国建设成为一个独立的富强的社会主义工业化的大国，从

① 《赖若愚在全国先进生产者代表会议上的报告》，《工人日报》1956年5月3日，第1—2版。

1953年起，在医治好了我国多年战争的创伤以后，在我国国民经济恢复的基础上，开始了以发展重工业为中心的第一个五年计划。他在讲话中对几年来重工业取得的巨大成绩作了回顾，对面临的困难作了说明，对社会主义竞赛高潮作了充分肯定，对新的任务提出了要求。[①]

5月4日，中国科学院院长郭沫若作了以《向科学进军》为主题的讲话。他对新中国成立六年来科学技术取得的巨大成就作了回顾，详细阐述了科学技术对人类社会发展的巨大作用、我们党和国家对科学技术重视的实际情况，郭沫若在讲话中还对我国科学技术的发展前景作了展望。[②]

5月5日，国务院第五办公室主任李先念、林业部长梁希到会讲话。李先念围绕财政贸易方面的工作任务提出，广大职工要积极投入社会主义竞赛和先进生产者运动中。同时他讲道，党和国家非常重视职工的生活福利问题。他说，只要把职工群众的政治觉悟和物质利益结合起来，职工的劳动积极性就能够持久和巩固下去。[③]

5月7日，国务院副总理兼第七办公室主任邓子恢和国务院第六办公室主任王首道到会讲话。邓子恢围绕农业问题讲话，他对农业生产和农业合作社的巨大成就作了回顾。同时也讲了存在的问题，并提出发展农业生产的任务。他希望各行各业都要帮助支援农业，特别是先进生产者和先进工作者要用自己的先进经验来启发农民、教导农民、帮助农民，不断地创造和推广先进经验。[④]王首道在会上作了关于进一步发展运输和邮电部门先进生产者运动的讲话。他在讲话中回顾了运输和邮电部门取得的巨大成就，高度赞扬了运输和邮电部门涌现出来的先进生产者和先进工作者，称赞他们在平凡的岗位上作出了不平凡的业绩。他们这种积极负责、钻

---

① 《国务院第三办公室主任薄一波的讲话》，《工人日报》1956年5月4日，第2版。

② 《向科学技术进军》，《工人日报》1956年5月5日，第2版。

③ 《国务院第五办公室主任李先念的讲话》，《工人日报》1956年5月6日，第3版。

④ 《国务院副总理兼第七办公室主任邓子恢的讲话》，《工人日报》1956年5月8日，第2版。

研业务、忠诚地为国家为人民服务的精神和作风，是值得人人尊敬和学习的。[①]

5月8日，国务院第四办公室主任贾拓夫，中国文字改革委员会主任、中国教育工会全国委员会主席吴玉章和中华全国民主妇女联合会主席蔡畅先后在会上讲话。贾拓夫从轻纺工业和人民生活密切相关的话题讲起，讲到了新中国成立后轻纺工业的巨大成就，讲到了轻纺工业发展中落后同先进的差距。贾拓夫提出了解决问题的办法，关键就在于如何充分发挥职工群众的积极性和创造性，如何打破某些领导的保守主义和官僚主义，使领导与群众相结合，把先进的经验很好地总结和推广，帮助落后的提高技术、改善管理，赶上先进的水平。他强调，要进一步地深入开展在全国范围内蓬勃发展着的先进生产者运动。[②] 吴玉章在讲话中对有250名先进科学工作者代表参加大会作了高度评价，认为这是科学教育界的莫大光荣。他在会上向代表们着重介绍了文字改革和推广普通话的方针、意义，并希望先进生产者、先进工作者同时成为推行文字改革、推广普通话的先进人物。[③] 蔡畅在讲话中高度赞扬了广大女职工同男职工一样，以高度的劳动热情，积极地投入社会主义竞赛。同时她希望，大家不仅要在生产上和工作上成为先进者，而且在对待家庭关系上也应该成为建立社会主义家庭，帮助全家成员共同前进的榜样。[④]

5月9日，国务院第二办公室副主任钱俊瑞、青年团中央委员会书记处书记胡耀邦和交通部长章伯钧先后在会上讲话。钱俊瑞在会上作了题为《积极和稳步地建设社会主义的文化》的讲话。他首先肯定了新中国成

① 王首道：《进一步开展运输和邮电部门先进生产者运动》，《工人日报》1956年5月8日，第2版。

② 《国务院第四办公室主任贾拓夫的讲话》，《工人日报》1956年5月9日，第2版。

③ 《吴玉章的讲话》，《工人日报》1956年5月9日，第2版。

④ 《蔡畅的讲话》，《工人日报》1956年5月9日，第2版。

立六年来，我国的文化、教育、科学和卫生事业取得了极大的发展。同时他指出，我国目前还是一个文化落后的国家，科学技术处于严重落后的状态。为此，他向全体代表提出：加紧学习，百家争鸣，向科学进军；更多和更好地培养国家建设人才；积极和稳步地开展群众性的文化、教育和卫生工作。[①]

章伯钧回顾了新中国成立六年来尤其是开展社会主义竞赛以来交通部门取得的巨大成就，高度赞扬了先进生产者和先进工作者的模范事迹。他对交通系统的同志提出：在先进生产者运动中，先进生产者的队伍必将扩大，这是我们国家的宝贵财富，是我们事业大踏步前进的强大动力，因此，对先进人物的培养教育、正确使用，就成为我们生产领导者的一项重大政治任务，我们将以足够的精力，经常耐心地教育他们，减少不必要的社会活动，使他们把全部精力集中在生产方面，不断提高觉悟，提高技术，克服缺点，经常保持谦逊、谨慎，密切联系群众，充分发挥带头作用、骨干作用和桥梁作用，不仅个人先进，而且带动所在单位共同先进。[②]

5 月 10 日，全国先进生产者代表会议闭幕，中华全国总工会副主席朱学范致闭幕词。朱学范在闭幕词中指出，这次会议的收获是丰富的，这次会议必将推动我国的先进生产者运动蓬勃地、持久地开展下去，这次会议也必将对我国的社会主义建设事业产生深刻的影响。朱学范在闭幕词中高度赞扬新中国成立后我国劳动人民的新的劳动态度和道德品质。他指出，革新和首创精神、克服困难的精神、对待平凡工作的任劳任怨精神、劳动中的同志互助合作精神、顽强的学习精神、对国家利益及群众切身利益的高度负责精神，就是我国劳动者新的劳动态度和新的道德品质的几个

① 钱俊瑞：《积极和稳步地建设社会主义的文化》，《工人日报》1956 年 5 月 10 日，第 2 版。

② 《交通部部长章伯钧的讲话》，《工人日报》1956 年 5 月 11 日，第 2 版。

主要表现。这次会议集中地、具体地显示了这种新的劳动态度和新的道德品质；参加会议的全体代表都认为受到了一次深刻的共产主义教育，这种认识是正确的、有益的……这种劳动态度和道德品质在我国劳动者中普遍地、扎实地树立起来，就能够更充分地发挥积极性和创造性来从事社会主义建设。①

会上，来自全国工业、科技、教育、文化、卫生等各条战线上的6000多名先进生产者和先进工作者代表，一致通过了《全国先进生产者代表会议全体代表给全国职工的一封信》。信中写道，我们知道：目前我国正处在一个新的历史时期，全国人民，首先是我们工人阶级当前的历史任务，就是要在不太长的时间内，把我国建设成为一个完全现代化的、富强的社会主义工业大国。这不仅要求我们在工业、农业、基本建设、交通运输、商业和科学、文化、教育、卫生各个方面，提前完成和超额完成发展国民经济的第一个五年计划，而且要求我们又多、又快、又好、又省地完成我国的社会主义建设事业。这个历史任务的完成，将大大地改变祖国的面貌。信中还写道，在我们这里，劳动是为了我们自己和我们的国家。劳动得越多、越好，我们的国家也就越强大，我们的生活也就越富裕。为了我们亲爱的祖国的繁荣昌盛，为了我们的幸福生活，我们愿意和全国职工一道在互相学习、互相帮助、取长补短、共同提高的原则指导下，把先进生产者运动更广泛地开展起来。我们希望人人都争取做一个先进生产者。我们每一个人都要在又好、又省的基础上把工作做得又多、又快，以提前完成和超额完成第一个五年计划的实际行动，来迎接中国共产党第八次全国代表大会！②

---

① 《中华全国总工会副主席朱学范的闭幕词》，《工人日报》1956年5月11日，第1版转第4版。

② 《全国先进生产者代表会议全体代表给全国职工的一封信》，《工人日报》1956年5月11日，第1版。

《全国先进生产者代表会议全体代表给全国职工的一封信》将历史的重任和时代的担当讲得很清楚、很明确，这是向全国各行各业的广大职工吹响了前进的号角——广泛持久地将先进生产者运动开展起来，把我们的祖国建设得更强大，让人民的生活更富裕。

会议期间，会议筹备委员会还安排了丰富的文艺活动。5月5日晚，北京市在中山公园举办了盛大的游园晚会，招待全国先进生产者代表会议的全体代表，周恩来、彭真、赖若愚等领导来到中山公园参加游园活动。中国杂技团、中央人民广播电台说唱团、北京市戏曲学校、北京市工人业余艺术团和来自四川、长春等地的文艺工作者，为先进生产者代表表演了精彩的节目。会议还安排了游览颐和园、天坛等名胜古迹和联欢活动等。

（三）会议期间丰富的经验交流活动

在全国先进生产者代表会议期间，来自全国各地、各产业、各民族的劳动者中的先进模范们，怀着虚心学习先进经验的真诚，同时也毫不保留地传授他们各自的“绝活”，会场内外，甚至餐厅、宿舍都成了他们互相学习、互相交流的场所。

1956年5月2日至10日，全国先进生产者代表会议进入经验交流阶段，先后有76位代表在大会上介绍经验。

5月2日上午，广东、广西、上海、浙江、江苏、福建和黑龙江七个省市的先进医务工作者们进行经验交流。北京、上海两个直辖市市政建设方面的代表们在一起探讨了市政建设的经验。中国森林工业的50名代表同苏联林业加工方面的专家进行了交流。其他一些代表团与对口行业、兄弟省市的交流也非常热烈。

5月3日，全国先进生产者代表会议召开首场经验交流大会，全国著名伐木能手、哈尔滨森林工业管理局铁骊森林工业局伐木工马永顺介绍了他在国家建设急需大量木材的时候，在十分艰苦的环境下创造了全国手工伐木的最高纪录。他还亲手教会了300多名伐木手，坚持和工人们一起进步。他总结的“安全伐木法”“四季锉锯法”“流水作业法”等，深受职工的欢迎。和马永顺同一天作大会发言的还有大连机车车辆厂产品设计科科长宋伟仁。

5月4日，青岛市交通公司“青年服务线”售票员张德香、西藏军区工程兵王鹤卿、沈阳农业机械厂铆焊车间钣金工人周德朋、哈尔滨市百货公司第一商店副主任吴桂兰、浙江省公路运输管理局杭州运输处客车驾驶员陈荣材、内蒙古食品公司黄旗牧场放牧工好尔拉、建筑工程部东北工程管理总局第三工程公司混凝土工李学义、四川省城市建设局第二工程公司木工林瑞庭、上海锦江饭店厨师肖良初、国营上海第十四棉纺织厂织布女工钱芳娣、交通部公路工程总局第一设计分局工程师齐树椿11人在大会上交流了他们的经验和事迹。公路勘探设计专家齐树椿在大会上作了题为《雪山冰川拦不住我们》的发言。他作为修建康藏公路的先行者，五年多时间里，长年工作生活在自然条件十分恶劣的康藏线上，爬雪山、蹚冰水，在人迹罕至的荒山野岭中勘探出既经济又适合修路的最佳路线。他深情地说，当我离开康藏的时候，看到沿着公路出现了许多新楼房，有了电灯，有了农场和拖拉机，藏民也能吃到盐，穿上花衣服，我心里真高兴，过去的苦都变成了甜，艰苦都变成了幸福。

5月5日，全国先进生产者代表会议继续召开经验交流大会，在大会上发言交流经验的有迅速掌握新技术的转业军人、伊春森林工业局拖拉机手李小学，重工业部建筑局鞍山冶金化学建筑总公司土方工程公司二号挖土机手贾吉庆，用2年11个月完成了第一个五年计划工作量的上海机床厂车工盛利，一切为了读者、为群众千方百计提供精神食粮的新华书店哈尔滨支店第一门市部营业员牛福亭，研究防治蝗虫工作取得巨大成绩的科研工作者、华北农业科学研究所研究员邱式邦，仔细研究猪的生活规律、大大降低了生猪死亡率的长沙市第一生猪仓库主任潘瑞，被誉为“铁道建设的突击队”的铁道兵某部代表孙致远，北京石景山钢铁厂青年高炉炉长王才，建筑工程部东北第三工程公司第四工程处工会主席刘世章，电针疗法的创新者、陕西西安第一卫生学校教员朱龙王，和男同志一样修公路、勇挑重担的云南省交通厅第一支女子筑路中队队长张地囡。

5月6日是周日，大会休会，许多代表抓住自由支配时间的机会，积极进行各种对口交流、同行交流、小型交流。在北京西苑旅社，各产业中的设计工作者们在一起畅谈工作中的体会。参加座谈的重工业、机械、建筑、煤矿、电业、民航等产业的设计工作者们对纪经本、张凤台两人介绍的如何消灭施工图纸差错和提高制图效率的经验进行了热烈讨论。冶金产业的鞍钢轧钢组参会人员和上海、太原钢厂轧钢的同行们进行了交流。新疆、贵州代表团的木工代表怀着极大的兴趣参观了北京市光华木材厂，并同厂里的技术工人们进行了座谈，交流了经验。在北京同仁医院，来自四川、西藏、云南、广西等八个代表团的医务工作者，同该医院的眼科专家们交流了经验，并观摩了专家进行治疗的情景。全国铁路系统的两位著名先进生产者，北京丰台机务段304号机车司机长岳尚武和哈尔滨机务段1191号机车司机长王振起，他们都放弃了休息，聚在一起热烈讨论互相帮助、互相学习等问题，并签订了一份304号机车包乘组和1191号机车包乘组互相帮助、互相学习合同。合同全文如下：

为了贯彻“互相学习、互相帮助，取长补短、共同提高”的精神，我们两个机车包乘组今后保持经常联系，至少每季度通信一次：

一、交流联系群众，向群众学习的经验和问题。

二、交流技术和思想工作方面的经验和问题。

今年第二季度304号机车包乘组将安全行驶、发挥小组集体作用、机车保养方面的经验，介绍给1191号机车包乘组。1191号机车包乘组将推行班组经济核算和爬坡超轴的经验介绍给304号机车包乘组。

为了实现合同，互相主动联系，及时答复对方的要求。

304 号机车包乘组代表司机长岳尚武
1191 号机车包乘组代表司机长王振起
（1956 年）5 月 6 日于北京

5 月 7 日，全国先进生产者代表会议继续召开经验交流大会，会上有 11 位代表发言。戚墅堰机车车辆修理工厂青年车工庄铭耕作了题为《节约每一分钟》的精彩发言。他在发言中讲道，他是获得解放翻了身的工人，一想到这就增加了力量，有了钻研技术的动力。他努力学习老工人的技术，不断提高自己的技术能力，不断改进生产工艺，节约每一分钟，以两年零八个月的时间完成了五年的工作量。著名作家老舍在会上作了题为《举起千千万万支火把，前进，前进》的发言。他在发言中讲，我是一个作家。我说不上来，写小说和剧本有什么窍门。假若有人一定要追问我，我只能说，我有政治热情，所以我才肯勤学苦练，才写出不少的东西来……我们向科学进军，向文化进军，使每个人的智慧都发出最强最美的光彩来。[①] 当天在会上发言的还有梅山水库工程指挥部木工中队副队长顾思仁，华南区海运管理局南海 163 号轮船长谷源松，新疆军区生产建设部队某部排长刘学佛，淮北盐务管理局第七制盐厂女工刘雨英，长江航运管理局“人民一号”船长莫家瑞，吉林省榆树县保寿区完全小学分校教师张玉芹，清华大学水利系水工结构教研组教授张光斗，特邀代表、铁道兵桥梁工程师王志道和吉林省蛟河“幸福之路”农业生产合作社主任韩恩。

5 月 8 日，全国先进生产者代表会议继续召开经验交流大会，先后有

① 老舍：《举起千千万万支火把，前进，前进》，《工人日报》1956 年 5 月 8 日，第 3 版。

13位代表在会上介绍了经验。来自万里长江第一桥建设者的代表、铁道部工程总局武汉长江大桥工程局工程师顾懋勋在会上给全体代表带来喜讯：我们全体职工保证要提前一年零三个月，在1957年10月大桥铁路通车；提前一年，在1957年底公路桥也胜利通车。他还介绍了他在增产节约运动中针对设计中的问题提出更合适的设计方案，仅此一项就为国家节约投资62万多元。[①] 在会上发言的代表和特邀代表还有：浙江民丰造纸厂女工程师陈志蔚，民航局专业航空队驾驶员李启驰，中南地质局404队"五四"青年突击号钻机机长王国骥，安徽省宿县砖瓦窑厂烧火车间主任李汉江，中国科学院生理生化研究所副所长、研究员王应睐，东北矿山凿岩工那宝玥，黑龙江省双鸭山矿务局岭东矿康拜因司机宋继武，福建省地方国营南平电厂生产技术股股长钟贻煊，抚顺石油一厂原油车间五、六工段流动班班长张同义，山东省卫生厅副厅长兼山东省中医院院长刘慧民，北京铁路管理局北蜂窝职工家属委员会主任孙瑞芝，上海公私合营大中华橡胶总厂总工程师刘学文等。

5月9日，共有13位代表在全国先进生产者代表会议经验交流大会上发言，其中有六位科技工作者。著名科学家、中国科学院力学研究所所长钱学森在会上作了题为《让科学技术突飞猛进》的发言。他讲道，我深深地感到生活在新社会里是多么快乐、多么光荣！我们的科学工作已经不是关在研究室里面的工作，它已经是整个国家社会主义建设事业的一部分，它得到全国劳动人民的支持。所以科学工作者的事业也是整个劳动人民的事业，高级知识分子也正在脱离他们从前的阶级地位，正在加入劳动大军的队伍里。我个人也是如此，这使我感到无上的光荣。在脑力劳动工作中，我永远要争取做一个先进工作者。[②] 在会上发言的还有中国科学院

① 《全国先进生产者代表会议继续发言》，《工人日报》1956年5月9日，第1版。

② 钱学森：《让科学技术突飞猛进》，《工人日报》1956年5月12日，第3版。

土壤研究所研究员熊毅，国营上海精密医疗器械厂技术员周鼎新，上海公私合营安达第一棉纺织厂试验科原棉检验技术员曹振华，上海灯泡厂工程师郑良永，四川长寿狮子滩水电工程局总工程师李鹗鼎，中国人民银行上海分行储蓄处干部顾士范，地质部华北地质局224队副队长王士民，国营上海第三棉纺织厂托儿所所长沈淑萍，河南省博爱农场拖拉机助手李来财，天津市公私合营大明轧钢厂保全工单书，山东烟台酒厂厂长邢治义和北京铁路管理局丰台机务段304号机车司机长岳尚武。

5月10号，是全国先进生产者代表会议闭幕的日子，但大会的经验交流仍未停歇，先后有14位代表发言。北京市邮政局的一名投递员，后来成长为著名劳模、全国邮电工会主席的罗淑珍在大会上作了题为《风雨无阻准确迅速》的发言。她在发言中表示，每当我带着大批邮件开始工作的时候，我就想到我们所投递的是前方和后方、城市和乡村来来往往的成千上万的信件，而且有大量的期刊、报纸以及国家领导机关的指示、命令和来自全国（各地）的报告、文件，要是送错了，就会给国家造成很大损失。所以我在工作中时刻要求自己迅速、准确地把信件送到收件人手里，完成国家和人民交给我的任务。[①] 从1953年8月到1956年3月，罗淑珍共投递了信件和报刊746277件，连续32个月没发生任何差错。当天，在会上发言的还有河南省新乡市第二铁工业生产合作社车间主任王进才，柳州市人民医院眼科主任徐延安，河南焦作王封矿职工食堂办事员闫树旺，山西塑县神头镇供销合作社货郎担（代购代销员）张光义，西藏昌都地区人民解放委员会建设处藏族工人安都，河北深县护驾池乡接生站站长田秀芬，江西丰城砖瓦厂厂长甘成正，辽宁大连造船公司水门厂铸工李凤琴，甘肃玉门油矿钻井公司第一队技术钻井技师田文宽，重庆铁路管理局重铁列车段旅客车长陈显富，中国丝绸公司山东省公司科员宋

① 罗淑珍：《风雨无阻准确迅速》，《工人日报》1956年5月16日，第3版。

凌云，地质部西北地质局632队技术员韦思槐，辽宁阜新发电厂锅炉分厂副司炉靳素珍。

全国先进生产者代表会议还有91位代表已准备好在大会发言的发言稿，由于时间关系，这91位代表的发言稿被打印出来作为会议材料分发给全体代表。

值得一提的是，代表们在全国先进生产者代表会议上作经验交流的发言稿，都在会议期间，由《工人日报》先后刊出，而且每篇发言稿刊登时都有发言代表的亲笔签名。

出席全国先进生产者代表会议的代表，无论是生产一线的普通工人，还是企业的高管；无论是在顶级科研单位从事尖端科学研究的大科学家，还是在企业里从事生产技术革新的工程技术人员；无论是在繁华都市工作的工作者，还是在祖国边陲奋斗的工作者。他们都有一个共同点：为了早日实现祖国的工业化，为了超额完成发展国民经济的第一个五年计划，他们都在各自的岗位上创造条件，作出了不平凡的业绩。接下来，他们还要将先进生产者的宝贵经验带回去，使更多的人加入先进生产者的队伍当中来。就如《人民日报》所说的，出席会议的先进生产者代表带着一个重要的任务回到自己的岗位上去。这个任务就是：不断地前进，前进，再前进，使自己达到更高的生产水平。并且同那些没有出席会议的先进生产者一起，同广大群众一起，把自己所达到的先进水平，迅速地变为全体工人的生产水平，把先进生产者运动更加持久深入地开展下去。①

（四）全国先进生产者代表会议意义深远

1956年4月30日，全国先进生产者代表会议在北京隆重开幕，并于5月10日闭幕，历时11天。毛泽东、刘少奇、周恩来、朱德等党和国家

① 《持久地深入地开展先进生产者运动》，《人民日报》1956年5月11日，第1版。

领导人参加了会议。刘少奇代表中共中央致祝词，国务院副总理、全国先进生产者代表会议筹备委员会主任李富春致开幕词，国务院有关部委的领导同志和人民团体的负责同志纷纷到会讲话，中华全国总工会主席赖若愚主持会议并向大会作工作报告，中华全国总工会副主席朱学范致闭幕词。会议还邀请了苏联 11 个产业的先进生产者代表参会，并到我国的一些城市传授经验。

在全国先进生产者代表会议上，中共中央、国务院授予 4703 人全国先进生产者称号，授予 853 个集体全国先进集体称号，为全国工人阶级树立了一批学习的榜样。这些先进模范人物和先进集体，有的发扬了刻苦钻研、大胆革新的精神，取得了科学技术上的新成就；有的发扬了艰苦奋斗的精神，战胜了各种困难，完成了党和国家所交付的艰巨任务；有的以高度负责、为人民服务的精神，在平凡的工作中创造了不平凡的事迹；有的发扬了社会主义互相合作精神，主动帮助别的同志和单位提高生产水平……这些先进事迹，对全体代表都起了很大的教育作用，这些先进事迹的传播，对全国广大职工有着深远的影响。参会代表们在全国先进生产者代表会议经验交流大会上的发言，集中反映了我国工人阶级艰苦奋斗、砥砺奋进的高贵品质。

全国先进生产者代表会议胜利闭幕后，代表们载着收获的喜悦，载着责任的重担，载着党和人民给予的崇高荣誉，作为先进生产者运动的火车头，从北京出发，驶向祖国社会主义建设的各条战线，去做好大会精神的宣传，去落实先进生产者“先进更先进，先进帮后进”的任务，在全社会营造了“学先进，赶先进，人人做先进”的良好氛围。

中华全国总工会为了使全国先进生产者代表会议的精神宣传贯彻到每个企业中去，使每一位先进生产者、普通生产者和生产领导者都被动员起来，抓住总结推广先进经验这一中心环节，对会议作了认真总结，并对会后如何贯彻会议精神提出了具体的意见。为了加强大会精神宣传，党中央同意了中华全国总工会1956年5月31日提交的《关于全国先进生产者代表会议的总结报告》。

《关于全国先进生产者代表会议的总结报告》指出，在全国先进生产者代表会议结束后，各地必须在党委统一布置下做好三件工作：

第一，必须做好传达工作和宣传工作。组织有关干部认真学习会议的几个主要文件，采取多种形式，在群众中进行广泛而深入的宣传。宣传先进生产者运动的意义，宣传又多、又快、又好、又省的方针，宣传互相学习、互相帮助、取长补短、共同提高的社会主义竞赛的原则，宣传向科学、文化、技术进军的重要意义，宣传先进人物的事迹。在宣传先进人物时，必须注意避免发生过分渲染个人、抹杀集体作用的现象。

第二，要做好推广先进经验的深入细致的组织工作。根据已总结出来的先进经验，各国民经济部门应制订出产业的、企业的推广先进经验的具体规划和具体组织措施计划，运用先进经验学习、个别辅导、同工种竞赛和厂际竞赛等形式，具体帮助落后工人和落后单位提高到先进水平。应该继续推广班组经济核算的经验，以便从分析经济效果中发现先进经验。此外，生产领导者应该注意加强对推广先进经验和合理化建议工作的具体领导；建立与健全推广先进经验和管理合理化建议的组织机构；组织工人和工程技术人员，生产企业与科学研究机关工作者之间的合作。

第三，要关心职工群众的切身利益。企业领导同志应树立安全就是为了生产，生产必须保证安全的观念。注意改善职工的劳动条件，切实解决当前群众迫切要求解决的生活问题。特别是要在即将开始的工资改革工作中，做好群众工资工作，建立与健全必要的奖励制度。要注意解决劳动保护、劳动保险、住宅、食堂、生活供应、交通、托儿所、困难补助等问题，从物质利益上来巩固职工群众的劳动热情。

在党中央的正确领导下，在中华全国总工会和各级工会组织的具体实施中，一个宣传贯彻全国先进生产者代表会议精神的热潮迅速在广大职工中开展。会议精神深入人心，榜样力量引导前行。

1956年召开的全国先进生产者代表会议在中国劳模史上具有重要意义，它的召开极大地推动了先进生产者运动在全国广泛深入地开展，为发展国民经济的第一个五年计划的胜利完成和建设工业化国家提供了重要保障。

CHAPTER NINE **第九章**

鼓足干劲积极建设社会主义

1959年10月，新中国成立十周年。在新中国成立的第一个十年里，发展国民经济的第一个五年计划胜利完成，国家建立了较完整的工业体系。对农业、手工业和资本主义工商业的社会主义改造，到1956年也基本完成。社会主义基本制度的确立，为当代中国的一切发展进步奠定了根本政治前提和制度基础。工人、农民、知识分子等中国的劳动者们，为新中国的建设，为社会主义的建设，源源不断地贡献着聪明才智。

新中国成立十年来，各条战线上都涌现了大量的英雄模范人物和先进集体，为了表彰他们的先进事迹，总结和推广他们的先进经验，1959年10月26日至11月8日，中共中央、国务院在北京主持召开了全国工业、交通运输、基本建设、财贸方面社会主义建设先进集体和先进生产者代表大会，又称全国群英会。中共中央、国务院在大会上授予全国先进集体称号2565个，授予全国先进生产者称号3267人。1960年6月1日至11日，中共中央、国务院又在北京主持召开全国教育和文化、卫生、体育、新闻方面社会主义建设先进单位和先进工作者代表大会[①]，亦称全国文教群英会。出席会议的代表共5806人，大会上，中共中央、国务院授予全国先进单位称号3092个，授予全国先进工作者称号2686人。

这两次全国性的群英大会，召开于“大跃进”这一特殊的历史时期，其内容与过程有着鲜明的时代特征与不可避免的历史局限，但先进模范们

① 本次大会在中共中央和国务院发出通知时称“全国教育和文化、卫生、体育等方面社会主义建设先进单位和先进工作者代表大会”，大会正式召开时称“全国教育和文化、卫生、体育、新闻方面社会主义建设先进单位和先进工作者代表大会”，相关资料见《全国文教群英会六月一日在京召开》，《人民日报》1960年5月24日，第1版；《全国文教群英大会隆重开幕》，人民日报1960年6月2日，第1版等。

在各行各业的艰苦奋斗、无私奉献的精神，广大人民群众意气风发、勇往直前、改天换地的英雄气概，追求并实现美好理想的顽强意志和坚强决心，仍然闪耀着独有的光辉。这两次会议是继1956年全国先进生产者代表会议之后，规模较大、影响较深的表彰先进的大会，对发扬先进思想，推广先进经验，推进经济建设和文化建设，推动技术革新和生产改良都起到了积极的作用。

一、表彰社会主义建设中的先进模范

1958年，中国开始实施发展国民经济的第二个五年计划，全国广大职工建设社会主义的积极性高涨，不断涌现出社会主义建设的先进集体和先进生产者，在社会主义建设事业中起到了引领作用和模范作用。为了总结推广在社会主义建设中涌现出来的先进集体和先进生产者的先进经验，党中央和国务院作出了召开全国工业、交通运输、基本建设、财贸方面社会主义建设先进集体和先进生产者代表大会（全国群英会）的决定。

（一）表彰先进集体和先进生产者的决定

1959年3月21日，党中央和国务院联合发出通知，第四季度在北京开会，表彰工业、交通运输、基本建设和财贸战线上涌现出的先进集体和先进生产者，总结和推广先进经验。

通知指出，为了表扬在工业、交通运输、基本建设和财贸战线上涌现出的先进集体和先进生产者在社会主义建设事业中的模范行动，总结和推广他们的先进经验，迎接今后更加伟大的社会主义建设的任务，中共中央和国务院决定于1959年第四季度在北京召开全国工业、交通运输、基本建设、财贸方面社会主义建设先进集体和先进生产者代表大会。在上述这些系统中的企业和单位，凡是提高了劳动生产率，在生产上有突出成绩，在企业管理上有重大改进，在钻研先进科学技术和创造发明方面有贡献的先进集体和先进生产者，都可以选派代表出席这次会议。

通知强调，各省、自治区、直辖市党政领导机关和工会、共青团、妇联、科学技术协会组织接到这个通知后，应当立即在广大职工群众中广泛深入地进行宣传工作，充分发动群众，推广先进经验，并在这个基础上动员和组织广大职工继续鼓足干劲，力争上游，学先进，赶先进，掀起一个更为巨大的生产和建设的新高潮，力争经济战线上的各方面工作中涌现出更大量的先进集体和先进人物，用更多、更好、更卓越的成就来迎接这次大会的召开。①

（二）全国群英会筹委会成立

中共中央和国务院决定召开全国群英会的同时，又指定了有关方面的领导人组成大会筹备委员会，负责整个大会的领导和组织工作。筹备委员会由 75 人组成，中共中央政治局委员、国务院副总理李富春任主任委员。

筹备委员会主任委员、副主任委员、委员名单如下。

主任委员：李富春

副主任委员：李先念、薄一波、李雪峰、刘宁一、曾山、马明方、蔡畅、胡耀邦、李颉伯

委员：王炯、王震、王志杰、王首道、王鹤寿、叶季壮、戎子和、孙志远、朱学范、刘谦、刘宁一、刘长胜、刘达潮、刘秀峰、刘澜波、宋川、宋任穷、宋劭文、安力夫、沙千里、杜延庆、何英才、余秋里、李四光、李先念、李春明、李雪峰、李登丰、李富春、李景韩、李颉伯、李烛

① 《中共中央和国务院联合发出通知　召开先进集体先进生产者代表大会》，《工人日报》1959 年 3 月 24 日，第 1 版。

尘、邵子言、陈少敏、范长江、罗琼、罗玉川、荣高棠、姚依林、郑天翔、郑晶华、赵尔陆、赵国强、胡耀邦、栗再温、郗占元、马文瑞、马明方、康永和、梁步庭、许之桢、许德珩、黄民伟、曹菊如、曾山、彭涛、程子华、傅作义、张静、张天民、张庆春、张兆美、张修竹、张维桢、张劲夫、张霖之、杨之华、贾拓夫、贾庭三、蔡畅、顾大椿、蒋光鼐、廖鲁言、滕代远、薄一波、韩光

秘书长：李颉伯

副秘书长：张修竹、刘谦、顾大椿、康永和、高登榜、陈继祖、张继民、李宝光

筹备委员会成立后，统筹兼顾，紧张有序地开始了会前的各项领导和组织工作，扎扎实实地推动会前各项工作的开展。

二、以实际行动迎接全国群英会的召开

中共中央和国务院决定1959年第四季度在北京召开全国群英会的消息公布后，各有关人民团体，各省、自治区、直辖市和各产业纷纷响应，决心以实际行动迎接全国群英会的召开。

（一）全国工、青、妇组织和全国科协发出号召

在中共中央和国务院发出通知后，1959年3月23日，中华全国总工会发出了告全国职工书，号召全国工会组织和工会工作者要在社会主义劳动竞赛中，在党的领导下，协同行政和各有关方面积极地开展工作。深入基层，深入群众，与群众同吃同住同劳动。在群众中进行深入的政治工作，努力提高广大职工的共产主义觉悟。采取多种多样的形式，组织发动个人与个人、小组与小组、车间与车间的竞赛。大力组织厂际竞赛。抓住

典型，总结和推广先进经验，带动全局。热情关心职工的政治、文化、技术学习，关怀职工的物质文化生活，认真贯彻一手抓生产、一手抓生活的“两条腿走路”的方针。把竞赛运动不断推向新的高潮。[①]

1959 年 3 月 24 日，中国共产主义青年团中央委员会向共青团各省、自治区、直辖市委员会发出通知，要求全体青年职工，以出色的工作成绩来迎接全国群英会的召开。

团中央要求各级团委在党委的统一领导下，立即向全体青年职工进行广泛深入的宣传动员，并根据各省、自治区、直辖市，各厂矿企业的具体情况，向青年职工提出具体的奋斗目标和行动口号，充分发挥青年职工的劳动热情，积极开展增产节约运动，大搞技术革命，大大提高劳动生产率，以超额完成 1959 年宏伟计划的出色成绩来迎接大会的召开。[②]

1959 年 3 月 25 日，全国妇女联合会发出号召，要求全国女职工要和男职工一起，以更大、更好、更卓越的成就来迎接全国群英会的召开。

全国妇联要求，各级妇联组织应在党的统一领导和全面安排下，与工会组织及各有关方面互相协作，向全体女职工进行广泛深入的宣传动员工作，不断地发现、培养和支持各项生产中涌现出来的先进集体、先进人物，还要切实注意女职工生活上的特殊困难，充分发挥群众的力量，办好各项集体生活福利事业，为支持女职工在生产上做出突出的成就创造更好的条件。[③]

1959 年 3 月 25 日，全国科协向全国各级科协发出通知，号召全国科学技术工作者鼓足更大的干劲，以更多更好的新成就来迎接全国群英会。

---

① 《响应党和政府号召 超额完成国家计划 全国总工会告全国职工书》，《工人日报》1959 年 3 月 24 日，第 1 版。

② 《团中央号召全国青年职工创造出色成绩迎接大会召开》，《工人日报》1959 年 3 月 25 日，第 1 版。

③ 《全国妇联要求女职工鼓起冲天干劲迎大会》，《工人日报》1959 年 3 月 26 日，第 1 版。

全国科协要求各级科协和广大会员，应当在各级党委的统一领导下，配合工会、共青团和妇联，在广大工农群众中，大力普及科学技术知识，提高工农群众的科学技术水平。在全国范围内促进一个更加广阔、更加深入的技术革命群众运动。不断提高工农业劳动生产率，用更多更好的新成就迎接大会的召开。①

为了组织好新中国成立十周年全国群英会的准备工作，全国工、青、妇组织和全国科协有针对性地发出号召，动员相关领域的广大职工，以实际行动迎接全国群英会的召开，并提出层层发动、层层落实的各种措施。各有关人民团体积极参与，互相配合，形成合力，这种做法无疑会更深入地、更全面地推动全国劳模运动的开展，更有利于促进社会主义经济建设的大发展。

（二）创造优异成绩向全国群英会献厚礼

党中央和国务院决定召开全国群英会的通知发出后，各省、自治区、直辖市党委和政府及有关部门立即行动，进一步发动职工群众以优异成绩迎接全国群英会的召开。全国广大职工纷纷行动，创一流成绩，向全国群英会献上厚礼。

1. 京津地区职工表示要当好生产建设的排头兵

北京是首都，天津是离首都较近的大城市，两市的职工数量多、素质高。在党中央、国务院决定于1959年第四季度表彰工业、交通运输、基本建设和财贸战线上涌现出的先进集体和先进生产者及中华全国总工会发布告全国职工书后，广大职工表示要创造优异成绩，当好生产建设的排头兵，以实际行动迎接全国群英会的召开。

正以昂扬斗志投入“优质高产低成本”竞赛的北京电子管厂的职工，

① 《全国科协号召大力促进技术革命运动》，《工人日报》1959年3月26日，第1版。

在党中央、国务院决定召开全国群英会消息见报的1959年3月24日，就结合厂里的生产实际，对党中央和国务院的决定及中华全国总工会的告全国职工书，进行了热烈的讨论。大家一致表示要超额完成1959年的生产任务，为国家多作贡献。荣获向秀丽满堂红红旗小组称号的三极车间许文英小组和孙秀荣小组经讨论后，许文英小组提出，力争全年红旗飘，件件优质，消灭废品，超额完成任务；孙秀荣小组提出，超额完成生产任务，把成品率由原来的平均90%提高到95%。[①]

石景山发电厂党委在1959年8月的全厂职工大会上，提出“大干八九月，迎接国庆十周年，参加全国群英会”的号召。运行方面，工厂标兵刘光金在经济和安全方面始终处于领先水平。全厂49个班组就有48个实现了绝轻伤、灭障碍。九台炉全面完成计划，创造了最好生产纪录。检修方面，工厂集中全力消除设备缺陷。工厂在8月安全大检查中发现缺陷1377件，当月就消除了513件，并对暂时不能消除的缺陷加强了防范措施。专业班都主动成立了维护组，加强设备维护，为安全生产服务。工厂标兵宋殿贵夜以继日地修复了12号给水泵。铸工组修订了工艺规程，废品率由23%下降到5%。[②]

北京市财贸系统的职工表示，要把服务工作做得更好，让消费者满意，为企业创造更好的效益。天桥百货商场先进工作者徐桂香说，看到党中央、国务院的号召，干劲更足了。她表示要进一步改进服务态度和商品陈列工作，增添花色品种，减少差错，帮助组内两个同志达到先进售货员的水平。北京市王府井百货商店（现为王府井百货大楼）的著名劳模张秉贵得知党中央和国务院的决定后，同商店的47名红旗手讨论，向商店的全体职工提出倡议，积极做好服务工作，让顾客满意。新街口西大街人民

---

① 《京津工人响应党的号召和告职工书》，《工人日报》1959年3月25日，第1版。

② 中共北京市委党史研究室：《社会主义时期中共北京党史纪事》（第四辑），人民出版社，1998年。

银行储蓄所的职工决定在所内展开竞赛，保证超额完成吸收存款的计划，为国家建设积累更多的资金。①

在迎接大会召开的日子里，北京市广大职工齐心奋战，取得了一个又一个优异的成绩。1959 年 1—9 月，北京市累计完成工业总产值 46.9 亿元，完成全年计划的 72%，超过了 1958 年全年的工业总产值。全市有 30 多家企业提前超额完成了全年的生产计划。全市涌现出 7700 多个先进集体和近 6 万个先进生产者。人民大会堂建设工地的工人们创造了我国建筑史上的奇迹，总面积 17.18 万平方米的宏伟建筑，仅用了十个月时间就建成了，留下了中国建筑史上的一段佳话，同时也涌现出著名劳模李瑞环、张百发等一批先进生产者。长辛店机车厂（后改为二七机车车辆厂）锻工车间的边孝正、刘文小组，不断进行技术革新，锻锤的产量比 1958 年提高四倍，达 710 吨。北京市公共汽车公司白宝琴小组，安全行车 57 万公里无大修，并且摸索出一套安全行车的经验和节约汽油的办法。

天津市广大职工积极开展劳动竞赛，以提前和超额完成国家计划的实际行动，迎接大会的召开。天津电解铜厂的 12 名劳动模范和先进生产者在一起，认真学习讨论党中央和国务院的通知，纷纷提出各自的行动计划。劳动模范、反射炉炉长王钖九提出，通过学习上海的经验，他们已把炉铜的熔炼时间由 100 多个小时缩短到 40 个小时，他们决心依靠全组同志的智慧，加强操作，提高火力，要把每炉铜的熔炼时间缩短到 24 小时。天津第一建筑公司第五工区木工组的同志们召开小组会进行讨论，决心继续搞好技术革新，在 1959 年“五一”前放下全部落后的工具，实现木工技术的机械化，保证 1959 年效率比 1958 年提高 98%。

之后，天津市又在全市职工中开展了“大评大比，大树标兵”的活动。通过“大评大比，大树标兵”的活动，各单位普遍总结先进模范人

① 《京津工人响应党的号召和告职工书》，《工人日报》1959 年 3 月 25 日，第 1 版。

物和集体的经验，克服了生产和管理上的薄弱环节，推动了生产效率的提高。天津河西区一边树标兵，一边总结推广先进经验。据不完全统计，1959年统计时已总结出80项企业管理的经验。天津河东区树立标兵2000多名，总结了1564项先进经验，推广364项。天津市针织厂在“大评大比，大树标兵”活动中，各车间普遍建立了总结推广先进经验的学习园地，全厂总结推广了105项经验，有力推动了全厂各项工作的开展，提前完成了国家生产计划。在全市“大评大比，大树标兵”活动中，天津市共评出了2500多个先进集体和10300多名先进生产者，并在全市职工中掀起了增产节约竞赛的高潮，新气象不断出现，技术革新项目不断出新成果，仅1959年9月提出的革新建议就达12万多件，1959年9月工业总产值增加42%。①

2. 上海职工提出“创造新成就，争取上北京”口号

党中央、国务院关于召开全国群英会的决定传到中国最大的工业城市上海，“创造新成就，争取上北京”的口号成了全市200万名职工议论的中心话题，决心以实际行动迎接大会的召开。

上海10万名钢铁工人受到极大鼓舞，一致表示要在社会主义劳动竞赛中大显身手，大搞技术革命和技术革新，坚决完成160万吨钢的生产任务。上钢三厂第二转炉车间工人朱孝儒说，这是党和国家给我们发出的伟大号召，我们一定以实际行动响应号召，创造出生产的优异成绩，争取上北京。上海机电战线上的20万名职工雄心勃勃，保证保质保量地完成国家急需的六套轧钢设备，以卓越的成绩迎接大会的召开。连续几年被评为先进生产者的上海柴油机厂工人王槐甫保证1959年内改进15项到20项工具，一年内完成14年的工作量。1959年4月，上海纺织工会和全国纺织工会、上海市工会联合会、上海市妇女联合会会、上海国棉二厂党委一

① 《天津一万二千多先进生产者带头上阵》，《工人日报》1959年10月10日，第1版。

起总结了著名劳模裔式娟小组“抓思想，抓关心人”的工作，抓住以生产为中心的小组经验，先在全厂推广，在厂里召开了有1000多位班组长参加的经验交流会，并在上海纺织系统推广，以扎扎实实的工作迎接全国群英会的召开。

上海市广大职工在迎接全国群英会的日子里，通过算细账、明目标、攻关键、提措施、立标兵、推经验，大力开展从厂到车间班组和个人的竞赛及厂际、行业的竞赛，生产形势一浪高过一浪。上海10万名钢铁工人，创造了最好的生产纪录。上海机械制造行业的广大职工提出“不让一份合同过年”的誓言，大力开展劳动竞赛活动。到1959年9月，全市机械行业已有成百上千的工厂、车间、小组和个人，完成了全年的生产任务，以胜利的姿态跨入1960年。截至1959年9月底，上海全市工业总产值已达到167.5亿元，比1958年同期增长47.1%，全年工业总产值将比1958年增长40%以上。

3. 全国其他地区广大职工纷纷向大会献礼

全国各地广大职工在喜迎盛会召开的日子里，创造了一个又一个生产佳绩。就连一些工业基础相对薄弱，职工人数不多的地区，职工的积极性也十分高涨，创造出各种生产佳绩。

河南是农业大省，但全省广大职工的劳动竞赛同样开展得热火朝天。1959年，全省涌现出先进集体18000多个、先进模范人物31万多人。如安阳钢铁公司水冶炼铁厂技师陈世和，他积极钻研技术，不断革新，创造了风管不停燃蒸汽清灰、后烟道停燃不休风清灰等先进经验，保持了高炉的长寿高产，为国家创造了很大的财富。开封机械厂钳工王本祯，五年来创造、改进工具595种，大大提高了生产效率。漯河市财贸系统先进工作者、生猪押运员孔庆全，三年半押运生猪15000多头，没有发生一例死亡、失落的事故。劳动模范刘群章在劳动竞赛中，先后帮助30多位同志改进工具和操作，使整个集体的生产效率提高了几十倍。[①]

宁夏回族自治区是少数民族地区，1959 年全区职工总数仅 13 万人，但全区职工的劳动竞赛同样开展得如火如荼。1959 年 1 月至 9 月，全区工业总产值已经完成全年计划的 85.7%，比 1958 年同期增长 161.2%。主要产品产量和 1958 年同期比较，原煤增长四倍，土焦炭增长三倍，发电量增长二倍，耐火材料增长五倍，肥皂增长 15 倍，交通运输、基本建设、财贸等方面也取得了巨大成绩。在劳动竞赛中，全区涌现出了众多的先进集体和先进生产者。宁夏建筑行业的标兵曾文通，他带领的施工队，九个月承担了 11 项工程，每个项目都提前完成，质量全部达到优等，并为国家节约了 5.9 万多块砖、6000 多斤水泥。银川毛纺织厂创造了优异成绩，提前 120 天完成了国家计划。

（三）积极做好社会主义的人民勤务员

在积极建设社会主义的过程中，全国各条战线的劳动者鼓足干劲，学先进，赶先进，掀起了一个生产和建设的高潮，各行各业涌现出一大批先进集体和先进生产者，大家立足自身岗位，积极参与社会主义建设和服务，时传祥就是其中的一个代表。

时传祥，1915 年出生于山东省齐河县一个贫苦农民家庭。1929 年，因家乡遭遇灾荒，他 14 岁便逃荒流落到北京城郊，受生活所迫当了淘粪工。那时城市清理厕所主要靠人工来做，因而产生了淘粪工这一职业。时传祥的工作就是每天用粪勺挖、用粪罐提、用粪桶背、用粪车运，清理城里的粪便。旧北京城的路非常难走，时传祥每天推着送粪的破轱辘车，由六部口到广安门，再到姚各庄、小井一带，来回二三十里，常常是“一步三歪，步步打转”。无论刮风下雨，严寒酷暑，他都要每天往返四趟，工

① 《先进经验百花争妍 各个战线英雄辈出》，《工人日报》1959 年 10 月 22 日，第 1 版。

钱则少得可怜，一个月挣不到三块银圆。他们住的地方更是简陋，13 个伙伴跟一头驴睡在一起，即使这样的住所还时常待不住。他们常常是吃在马路上，睡在马路上，头枕半块砖头，一条破棉裤补了又补，穿了整整八年。

在旧中国，城里人的居家生活虽然离不开淘粪工，却又非常瞧不起这一职业。尤其是有钱人，常常把这些淘粪工蔑称为“屎壳郎”。淘粪工不仅要受到社会的白眼，还要受行业内部一些恶势力的压榨和盘剥，时传祥在这些粪霸手下一干就是 20 年，受尽了压迫与欺凌。有一次，他给京城的一个大律师家淘粪，干完之后想讨口水喝，谁知那家的阔太太竟然藏起了水瓢，盖严了水缸，让女佣人拿喂猫的盆子给他盛了一点水。日伪统治时期，粪霸逼他到日本兵营淘粪，进门的时候，他因为双手推着轱辘车，无法给站岗的日本兵摘帽敬礼，被日本兵用枪托和皮靴打得遍体鳞伤。日本战败投降之后，北京城里又住了美国兵，他们开着吉普车在街道上横冲直撞，有一次竟故意撞翻了时传祥的粪车，撞伤了他的腿。面对倒在地上的时传祥，美国兵却不顾他死活扬长而去。

新中国成立之后，中国共产党和人民政府清除了粪霸等恶势力，时传祥真正感到翻身得了解放。1952 年，他加入了北京市崇文区清洁队，继续从事城市清洁工作。此时，北京市人民政府为了体现对清洁工人劳动的尊重，不仅为他们规定的工资高于别的行业，而且想办法减轻淘粪工人的劳动强度，把过去送粪的轱辘车全部换成汽车。时传祥所在的崇文区清洁队就有 11 辆汽车，清洁工人只需把粪淘好装上车，再由汽车送至郊外。

运输工具改善之后，时传祥合理计算工时，挖掘潜力，把过去七个人一班的大班，改为五个人一班的小班，带领全班由过去每人每班背 50 桶增加到 80 桶，他自己则每班背 90 桶，最多时每班淘粪背粪达 5 吨。管区内居民享受到了清洁优美的环境，而他背粪的右肩却被磨出了一层厚厚的老茧，也因此赢得了人们的普遍尊敬，获得了很多荣誉。1954 年，时传祥被评为先进生产者，1956 年当选为崇文区人民代表，同年 6 月加入中国共产党。1959 年，时传祥作为全国先进生产者参加了全国群英会，还被选为全国群英会主席团成员，同年被选为北京市政协委员。[①] 在全国群英会上，国家主席刘少奇对时传祥说：你掏大粪是人民的勤务员，我当主席也是人民的勤务员，这只是革命分工的不同，都是革命事业中不可缺少的一部分。

三、全国群英会在首都北京隆重召开

1959 年 10 月 1 日，为庆祝新中国成立十周年，北京举行了盛大集会，以人民大会堂、北京火车站为代表的北京十大建筑，在中国工人的努力奋战下，于新中国成立十周年国庆前夕陆续建成，并于 10 月开始投入使用。10 月 25 日，来自全国各地各条战线的 6576 位建设社会主义的英雄模范人物齐聚北京。

（一）全国群英会盛大开幕

1959 年 10 月 26 日，全国工业、交通运输、基本建设、财贸方面社会主义建设先进集体和先进生产者代表大会（全国群英会）在北京隆重开幕。参加会议的 6000 多位先进模范人物代表着全国近 30 万个先进集体和 300 多万名先进生产者在人民大会堂胜利会师。

中共中央副主席朱德代表中共中央致祝词。朱德在祝词中指出，我们党一贯认为，人是生产力的最积极的因素，人民群众是历史的创造者。无论是革命或者建设，唯有最广泛地动员人民群众，最充分地发挥人民群众的积极性和创造性，才能最迅速、最彻底地取得胜利。我国在过去十年

① 徐焰等著：《红家谱》，解放军文艺出版社，2012 年。

中特别是最近两年中之所以能够以所有资本主义国家望尘莫及的速度发展国民经济，获得了我国历史上空前的成就，归根结底，是党所领导的群众运动的伟大胜利，是党的群众路线的伟大胜利。参加这次大会的有这样多的先进集体和先进生产者，我国今天出现这样多的英雄人物，其根本原因也正在这里。

朱德在祝词中说，同志们，你们是工业、交通运输、基本建设、财政贸易战线上的先进单位的代表和先进生产者，是我们党和国家的最宝贵的财产，你们的成就是人民的光荣。在我们的国家里，先进单位和先进生产者的伟大历史作用，不仅在于他们以自己的卓越成就促进了我国的社会主义建设事业，而且在于他们能够帮助别人和别的单位迅速提高到先进的水平上来。我们希望在座的先进单位的代表和先进生产者们不仅要不骄不躁，虚心学习，努力使自己的单位和自己保持先进的称号，而且要发扬共产主义的风格，帮助别的单位和别人赶上先进的水平。党中央相信你们一定能够完成这个光荣的任务。①

党和国家领导人刘少奇、周恩来、朱德、林彪、邓小平出席了全国群英会。出席会议的还有中共中央政治局委员林伯渠、彭真、罗荣桓、李富春、刘伯承、贺龙、李先念、谭震林，政治局候补委员陆定一、薄一波，中共中央书记处候补书记杨尚昆，国务院副总理聂荣臻、习仲勋，全国人大常委会副委员长沈钧儒、郭沫若、黄炎培、陈叔通、程潜、林枫，国防委员会副主席叶剑英、张治中、傅作义，政协全国委员会副主席包尔汉，最高人民法院院长谢觉哉，最高人民检察院检察长张鼎丞，以及中央国家机关各部门、各人民团体的负责人。

会上，中共中央政治局委员、国务院副总理，全国群英会筹备委员会主任李富春作了工作报告。李富春在工作报告中指出，国民经济迅速发展

① 中共中央文献研究室编：《朱德年谱（新编本）》（下），中央文献出版社，2006 年。

的形势，要求我们召开这样一个先进集体和先进生产者的代表大会。我国社会主义建设事业的巨大发展，广大工人、职员和工程技术人员共产主义觉悟的很大提高，人民群众对于党的总路线全心全意的拥护，在各个战线上涌现出来愈来愈多的先进集体和先进生产者。现在参加这次大会的代表共有 6576 人，代表着全国工业、交通运输、基本建设、商业、财政、金融等部门近 30 万个先进集体和 300 多万名先进生产者。这是一次空前盛大的群英会。

李富春在报告中强调，为了不断地发展生产和建设，必须把技术革新和技术革命运动不断地推向新的高潮。在 1959 年的增产节约高潮中，各个经济战线上出现了几百万件的技术革新和技术革命的事例，这是极其宝贵的，同时出现了几十万名技术革新的能手，这是尤其值得宝贵的。像沈阳变压器厂的王凤恩、重庆钢铁公司的黄荣昌、北京市第三建筑工程公司的张百发、武汉重型机床厂的马学礼、上海锅炉厂的李福祥、哈尔滨车辆厂的苏广铭、青岛木材综合加工厂的徐呈龙、汕头机械厂的罗木命等同志，都是大家熟知的技术革新的能手。千百万技术革新能手的出现，表现了我们的工人阶级不仅有冲天的革命干劲，而且有无穷的智慧，不仅能够苦干实干，而且能够巧干。只要我们能够继续解放思想，开动脑筋，努力钻研科学技术，就一定能够创造出更多的奇迹。

李富春在报告中还指出，为了胜利地担负起愈来愈大的建设任务，所有的职工同志们必须努力学习，不断地提高自己。毛泽东同志教导我们说：“工人阶级要在阶级斗争中和向自然界的斗争中改造整个社会，同时也就改造自己。工人阶级必须在工作中不断学习，逐步克服自己的缺点，永远也不能停止。”不但新工人、青年工人要努力学习，而且老工人、先进生产者也要努力学习。许多老工人和先进生产者之所以能够不断地革新技术，就是由于他们发扬了实事求是、敢想敢说敢做的精神，能够勤学苦钻、掌握生产技术……每个同志都应当根据自己的不同情况，努力学习文化。所有的先进生产者，尤其应当虚心学习，在已有成就的基础上继续前进，并且更好地发挥带头作用、骨干作用和桥梁作用。

中华全国总工会主席刘宁一宣布大会正式开幕，并在会上致开幕词。刘宁一在开幕词中指出，你们有着高度的工人阶级主人翁责任感和旺盛的革命干劲，为着党和人民的利益，毫不考虑个人的得失，贡献出了自己的全部力量；你们大公无私，先人后己，发扬了崇高的集体主义精神，发扬了共产主义协作精神；你们有着敢想敢说敢做的革命胆略，顽强钻研，虚心学习，大胆革新，创造了惊人的生产成绩；你们有着不计报酬的共产主义劳动态度，任劳任怨，全心全意为人民服务，在平凡的劳动中，作出了不平凡的事业。你们集中地表现了我国工人阶级艰苦奋斗的优良传统，表现了我国工人阶级高度的共产主义觉悟和战斗意志，你们不愧是中华民族最优秀的儿女。有了这样一支对党、对祖国、对人民无限忠心的英雄队伍，我们的事业就会无往而不胜。①

（二）中央领导和有关部门负责人与会作报告

新中国成立十周年召开的全国群英会内容极其丰富。会议期间，中央领导和有关部委负责人纷纷到会，向来自全国各地的先进集体的代表和先进生产者作报告、讲形势、提出工作要求，并认真听取代表们的建议和呼声。

10月27日，中共中央政治局候补委员、国务院副总理薄一波到会，向全国群英会代表作报告。薄一波在谈到劳动竞赛的问题时指出，劳动竞赛要目标明确、措施具体。企业的计划应当成为竞赛的奋斗目标。广大职工应当热烈参加计划的讨论和制订，并且积极提出实现计划的各种技术组织措施。每个车间、每个小组、每个工作班，都要了解自己在每年、每月、每旬、每日所要完成的任务和完成任务的方法，并且要逐日地、全面

① 引自《工人日报》1959年10月27日，第3版。

地检查完成情况。薄一波还指出，在劳动竞赛中，要发扬集体主义精神，互相学习、互相帮助、共同提高、共同前进。在这方面，先进生产者要满腔热情地帮助同伴赶上自己的水平，这是光荣的职责。先进生产者的旁边不应当有落后的人。“一朵鲜花不是春，万紫千红才是春。”先进小组集体帮助落后小组，在青岛（其他地方也有）已经形成广泛性的群众性的运动。仅在 1959 年 9 月，就有 2002 个先进小组帮助 2063 个小组达到了先进水平，使先进集体取得了大面积丰收。①

10 月 28 日，中共中央政治局委员、国务院副总理谭震林和李先念分别到会作报告。谭震林强调，我在这里向到会的先进生产者同志提出，要求同志们以更大的努力，为我国农业现代化提供更多更好的农业机械，提供更多更强的具有现代科学知识的技术人才。农业是国民经济的基础，农业高速度的发展会大大地促进整个国民经济高速度发展。没有强大技术装备的支援，农业更大速度地发展是不可想象的。现在是我们提出这个问题的时候了，也是我们必须强调这个问题的时候了。我相信全体到会英雄们，全国的工人弟兄姊妹们是会以全力来支援农业发展的，是会满足五亿几千万农民兄弟的要求的。②

中共中央政治局委员、国务院副总理李先念在会上强调，我们培养先进、树立旗帜的目的，就是扩大先进，带动落后，推动工作不断向前发展。一切先进单位和先进人物，应当把帮助和带动其他单位和其他同志共同前进，当作自己的一项光荣的政治任务。我们希望，一切先进集体、先进生产者和先进工作者，永远保持谦虚谨慎、戒骄戒躁的优良作风，努力学习马克思列宁主义，努力学习毛泽东同志的著作，不断地改造思想，提高觉悟，精通业务，提高技术，提高文化，永远做又红又专的先

① 《大搞群众运动，使生产高潮滚滚向前》，《工人日报》1959 年 10 月 28 日，第 2 版。

② 《为农业现代化提供更多更好的机械和人才》，《工人日报》1959 年 10 月 29 日，第 2 版。

进战士。[①]

10月29日，国务院副总理聂荣臻到会，向全国群英会代表作报告。聂荣臻的报告对科技现状和科技界的任务都作了明确的分析。在谈到要不断加强科学技术工作时，聂荣臻指出，我们是一个经济技术比较落后、情况复杂的大国，科学技术战线是非常广阔的。任何技术上的进步，都是需要的。如果不把全国最大多数人的积极性调动起来，如果不能开辟一个使广大群众在不同岗位、不同条件下都能够发挥天才、大显身手的广阔道路，如果不能造成一个亿万人民一起动手的局面，要全面广泛地提高我国的劳动生产率和科学技术水平是不可能的，要赶上世界科学技术水平也是不可能的。因此，不断地采用和掌握现代化先进技术与使现有生产工具、生产方法不断"推陈出新"，两者必须同时进行，并使之成为一个广泛的群众运动。一方面要反对妄自菲薄、因循守旧，不积极地尽快争取最先进技术的保守观点；另一方面，只是等待先进技术、等待机械化，而轻视现有生产技术的改革、放松由土到洋逐步提高的做法，也是错误的。科学技术的发展，是永远不会停止的，我们必须从多方面来千方百计地提高技术，不断地革新技术，努力创造采用世界先进科学技术成果的条件，使我国的经济建设和国防建设能够加速发展。聂荣臻最后指出，科学技术的研究试验是探索和发现新事物的工作，而先进经验和先进技术的采用、推广，则是以新代旧的工作。在进行这些工作中，不可避免地要碰到许多客观困难和保守思想、因循守旧习惯的阻挠，以致受到挫折。这就要求先进集体和先进人物，带头同困难做斗争，同右倾和保守思想做斗争。先进集体和先进生产者是广大群众的核心，是骨干。先进集体和先进生产者要永远同广大群众在一起，团结千百万群众，为社会主义和共产主义的伟大目

① 《在财贸战线上大搞群众运动，促进社会主义建设事业高速度发展》，《工人日报》1959年10月29日，第2版。

标而奋勇前进。

10 月 30 日，中共中央政治局候补委员、国务院副总理陆定一向全国群英会代表作了报告。陆定一在报告中论述了扫盲、普及中小学教育、农业中学、厂矿企业办学、培养和建立工人阶级的工业技术干部队伍和农业技术人员，以及相应发展科学技术、文化艺术、卫生体育事业和其他文教事业等各方面的问题。陆定一在谈到厂矿企业办学的问题时指出，现在厂矿企业的教育事业，是在各级党委领导下，由工会主办，由教育部门和政府的其他有关部门积极地加以协助。各级工会为此拨出了不少经费，这是很好的。但是，光有工会的经费，还是不够的，需要各个厂矿企业拨出一部分“工厂基金”来办学。社会主义的工矿企业，不仅要生产物质的产品和创造新产品，还要努力培养共产主义的新人。这是我们社会主义的厂矿企业同资本主义厂矿企业根本不同的地方。人——劳动者和管理工作者的文化技术水平、政治觉悟和道德品质，直接影响和决定着物的生产。我们的厂矿企业，有责任逐步做到全体职工人人都具有高度的共产主义政治觉悟和道德品质，又有很高的文化科学水平。这是一件极其伟大的革命事业，需要我们坚持不懈地去进行工作。因此，我们不仅要彻底克服过去学校教育中存在着的脱离生产、脱离实际的倾向，还必须克服过去某些厂矿企业工作中“见物不见人”、忽视人的政治思想教育和不注意提高工人文化科学知识水平的倾向。在工矿企业中，要把生产同教育结合起来。陆定一接着说，培养和建立起一支强大的工人阶级的工业技术干部队伍，是我国建成社会主义必不可少的重要条件；也是不断提高技术水平和劳动生产率，保证我国工业继续高速度发展的重要条件。

从 11 月 2 日到 7 日，全国群英会按系统、产业分别召开各种形式的会议。国务院所属的 20 多个部委的部长或副部长到相关产业召开的会上，向全国群英会的代表们作报告。如余秋里在全国群英会石油工业系统经验交流会上发表了重要讲话，余秋里表示，我们石油工业以更多的产品来支援农业、工业、交通运输业和国防建设日益增长的需要，这就要求我们石油工业各个部门，大家协调一致担负起这个光荣而艰巨的任务。石油工业战线上的同志们，一定能够圆满回答全国人民的期望，一定能够实现这个光荣的任务。①

（三）先进模范代表进行大会发言

全国群英会的经验交流大会，在大会开幕的第二天，即1959年10月27日开始。代表们在经验交流大会上的发言介绍了各行各业的先进事迹，为与会人员提供了宝贵的经验，具有鲜明的时代特征和催人奋进的强大力量。

1959年10月27日，上海市第六钢铁厂党委书记兼厂长李维功在大会上介绍他们企业的经验。他说，在上海比不了上钢一厂、三厂、五厂，他们六厂是小企业，设备落后，在生产中碰到过土铁高硫、化铁炉熔化、转炉炉龄短等问题，但他们不服输，困难一个个都克服了。化铁炉工人为了降低铁水含硫，冒着1300多度高温的辐射，采取炉外脱硫，一次不行两次，三个班的工人开展了去硫效果竞赛，去硫率由30%提高到60%。在工人同志们的全力配合和精心操作下，找到了多种办法，高硫铁被"吃"下来了，钢的合格率达到98%以上，而且用高硫铁炼出了几百吨优质电焊条钢。在全厂职工的共同努力下，全厂生产面貌大大改观，钢产量直线上升。②

北京市第三建筑工程公司钢筋工、青年突击队队长张百发在会上发言，介绍了他们的事迹。他们建队以来转战过33个工地，四年来完成了七年零两个月的工作量。

① 《加快石油工业的发展速度——石油工业部部长余秋里在全国群英会石油工业系统经验交流会上的讲话（摘要）》，《人民日报》1959年11月18日，第3版。

② 《叫高硫低头 要土铁成钢》，《工人日报》1959年10月29日，第5版。

1959年10月28日，辽宁省代表团团长金直夫，上海江南造船厂先进钳工小组代表郊显康，陕西省西北工业建筑设计院女青年技术员徐永基，木工出身的青岛市木材综合加工厂工程师徐呈龙，重庆钢铁公司转炉炼钢厂副厂长黄荣昌，沈阳变压器厂工程师王凤恩，江苏省徐州煤矿基本建设局吴修伦掘进班代表吴修伦七位代表在大会上发言。

重庆钢铁公司转炉炼钢厂副厂长黄荣昌在发言中表示，他从1951年起先后创造、仿造、改装了70多部机器，不仅把木工、手工操作改为机械化操作，而且和公司的耐火材料车间以及加料工、运输工、石工、泥工等工种的同志们一起研究，成功地提出了一些办法，制造了一些设备，以机械化解决了部分笨重体力劳动。1957年至1959年，他们又创造出15部大型运输设备和三部转炉、化铁炉出渣、加料等设备，生产效率大大提高。

沈阳变压器厂工程师王凤恩在发言中表示，他们的企业过去只是个修配、拆装的小型电器综合修理厂。通过大力开展技术革命和技术革新，大大加速了企业面貌的改变，1959年企业生产的一台大型变压器的容量就等于新中国成立前全国一年生产的变压器的总容量。他和企业的工人同志们一起，总结生产经验，大胆革新，成功地进行了130多项技术革新，创造性地研制了新设备，大大提高了生产效率，有力促进了企业的生产，超额完成了国家计划。①

1959年10月29日，北京市代表团团长王炯发言汇报了北京市工业、交通运输、基本建设、财贸系统1959年的经济形势和全市职工开展得热火朝天的社会主义劳动竞赛的喜人情景。他说，在欢度新中国成立十周年的喜庆节日后，全市广大职工又创造出无数优异的生产成绩，作为迎接和庆祝全国群英会的献礼。

① 根据《工人日报》1959年10月29日第1版大会发言综合整理。

作为少数民族先进生产者代表的新疆维吾尔自治区六道湾煤矿掘进队队长阿合尼牙孜在发言中说，1959年，由于搞技术革新，推行了“少头多循环快速掘进法”，使工效比原计划提高了，不仅减少了材料消耗，使炮眼的布置愈来愈合理，而且保证了巷道的规格质量和安全生产，进一步提高了全队同志的技术水平。

1959年10月30日，著名劳模、陕西省西北国棉一厂细纱挡车工赵梦桃在会上介绍，她为了掌握新的接头经验，在车上练了又练，手指磨破了，她仍然坚持苦练，就这样，她终于使接头的速度由原来每分钟接15根提高到20根。她从1952年5月到1959年9月，按月均衡全面地超额完成计划，节约棉花12000多两，并且帮助了12位同志成了先进生产者。①

1959年10月31日，闻名全国的劳动模范、北京市崇文区环卫工人时传祥在会上激动地说，我从15岁开始至今已30多年一直当淘粪工，在旧社会里谁也看不起我们，叫我们“屎壳郎”“臭屎蛋”，淘粪工连老婆也娶不上。新中国成立后，共产党来了，过去那些苦日子再也看不见了。国家为了减轻粪便清除工人的体力劳动，改用汽车拉粪。我一个月工资70多元，穿上了毛衣、毛裤，住上了瓦房，还有了收音机，病了有公费医疗，我们的政治地位也大大提高了，就连托儿所的小朋友见到我们也叫“工人叔叔”。由于党的培养教育，我光荣地参加了共产党，当选了区人民代表和市政协委员，这次又光荣地参加全国群英会。

徐学惠在会上作了题为《永远做党的忠实女儿》的发言。徐学惠说，她是一个银行营业员，在祖国西南边疆中国人民银行云南省德宏瑞丽陇川农场营业所工作，营业所离中缅边境很近。1959年3月3日早晨四点钟，有六个逃往缅甸的国民党残匪偷越国境，窜到徐学惠所在的营业所抢劫。

---

① 《四方高歌猛进 到处万马奔腾》，《工人日报》1959年10月31日，第1版。

徐学惠奋勇反击，和同志们一起保护了国家财产。[①]

11 月 8 日下午，国家测绘总局第一地形测量队队长王洪伟在会上介绍，测绘工作是经济建设的尖兵。他们队承担的测区分布较广，横跨甘东南的武都，陕南的秦岭，川北的大巴山、米仓山一带，自然环境恶劣，但全队职工团结奋战，克服了严寒酷暑、高山密林和野兽偷袭等各种困难，9 月就提前和超额完成了 1959 年的生产任务。

王洪伟还介绍，他们在全队开展了流动红旗竞赛活动，鼓励大家比先进、学先进、赶先进、帮后进。许多同志为了创造优异成绩，向新中国成立十周年献礼，起五更睡半夜，有的同志带病坚持工作。为了抢时间，他们夜宿山顶，以篝火取暖，以积雪解渴，同大自然展开斗争。由于全体职工忘我的工作精神，不仅使生产任务提前和超额完成，而且做到了人人节约，事事节约，千方百计精打细算，不给国家浪费一分钱。为国家节约的思想深入人心，克勤克俭成为全队的风气。在抓增产、节约每一分钱的同时，他们很注意抓职工生活，千方百计解决野外工作人员的食品供应，保证职工吃好住好，从而进一步调动了职工的生产积极性。

这些从生产一线评选出来的先进生产者，他们立足本职岗位，千方百计在平凡的岗位上把工作做到极致，创造出了不平凡的业绩。工作岗位就是这些英雄模范人物闪光的战场，在工作中遇到困难时，他们总是想尽办法克服，从而取得工作上的进步。他们爱岗敬业，不断奋进，不仅赢得了荣誉，也赢得了党和人民的尊重。

（四）形式多样的行业交流活动

新中国成立十周年召开的全国群英会，从 1959 年 11 月 2 日至 7 日，

---

① 徐学惠:《永远做党的忠实女儿》，中国人民银行总行编:《金融战线上的标兵》，金融出版社，1960 年。

大会分 39 个行业进行会议交流和现场交流，交流活动形式多样、生动活泼，把单位和个人的经验推广至行业乃至全社会，有力地推动了劳模运动的开展。

11 月 2 日，全国群英会分行业进行交流。煤炭、机械、水电、石油、化工、纺织、轻工、铁道、交通、邮电、地质、建筑工程、林业、农垦、粮食等部的部长或副部长，分别向先进集体和先进生产者们作了报告，他们报告了相关部门的经济形势，并提出了今后的任务，殷切希望各位代表继续发挥带头作用、骨干作用和桥梁作用，许多相关产业工会的负责同志也到会讲了话。冶金、机械、石油、轻工、纺织、建筑、水电、商业、水产、林业、气象等部门的上百位代表，在各相关部门举行的会议上交流了他们的经验，其中有获得小高炉大面积丰产的安徽省芜湖专区先进集体的代表张杰，有五年来进行了 595 项技术革新项目的河南省开封机械厂工人王本祯，有紧紧依靠职工成功试制 1500 瓦发电机的广东省西村发电厂副厂长王生保，有连续创造钻井新纪录的克拉玛依油矿钢铁钻井队代表张云清，有连续 77 个月全面完成生产计划的上海国棉二厂裔式娟小组代表裔式娟，有著名的红旗单位北京市东四邮电局代表关洪林，有提前 107 天超额完成全年纸产量计划的公私合营安东（现为丹东）镇江造纸厂代表张清中，有提前四个多月完成丰产船生产任务的烟台水产公司代表邵茂荣，有大力支持农村大搞多种经营获得突出成绩的河北省青龙县亮甲台中心商店代表郑连玉，有积极配合农民进行丰产试验获得很好成绩的陕西省乾县烽火公社农业气象观测员张超影，有刻苦钻研科学技术终于摸清了鱼群洄游规律的研究人员郑联品，有参加修建人民大会堂的北京市第一建筑公司的代表刘志贤等先进模范人物。

冶金行业的经验交流，分为炼铁、炼钢、设计、基本建设、地质矿山、有色金属、运输、行政八个专业。他们根据行业内的实际情况，细分专业组进行交流，使交流活动更细致、深入、活泼。机械系统分为铸造、锻焊、车工、铣刨、钳磨、电工、县以下农机修配、群众运动和企业管理八个专业组进行交流。轻工行业分成轻工、食品、手工、造纸、制盐五个专业组进行交流。铁道系统分成运输、基本建设、电务等九个专业组进行交流。公路运输行业分成公路短途运输、汽车运输管理、汽车驾驶、汽车保养修理、公路修建养护五个专业组进行交流。地质行业分成地质钻探、山地机械等四个专业组进行交流。对外经贸系统分成丝绸、食品、土产、畜产、矿产、茶叶、运输、海关八个专业组进行交流。粮食系统分成农村购销、市场供应、仓储保管、粮食工业、油脂加工、计划调运、财务价格、基本建设八个专业组进行交流。

机械行业车工专业组的100多位代表，在还未进行正式会议交流前，同行们就三五成群地聚在一起，热烈交流。他们有的在纸上画着自己改进的工具图形，有的请教询问，有的则一丝不苟地在那里聆听，还有的认真地将同行画的改进工具的图描绘下来。在会场的一个角落里，洛阳矿山机械厂第二金工车间青年姑娘小组的组长刘玉华和重庆建设机床制造厂25车间巧姑娘小组的组长庞开桂谈得津津有味。刘玉华说，她找庞开桂好几天了，但都忙，今天总算找到了。她们在一起交谈着车工的卡活、刀具的改进及班组管理等方面的经验。济南第二机床厂21岁的年轻姑娘曲淑姿是一位优秀的车工技术革新能手，一年多来提出了100多条技术革新的建议。当时一般车床只能加工圆形的零件，但她学习别人的经验，结合自己操作的实际，可熟练地在车床上加工四角形、六角形、八角形的零件，效率高、质量好。会议交流结束后，同行车工兄弟姐妹们近100人，围在会场的黑板前向曲淑姿取经，看她在黑板上画的刀具和夹具的图形，很多车工照着认真地画下来，准备回单位后推广。[①]

我国工人阶级的杰出代表、著名劳动模范王进喜，1959年他还在甘

① 《群英会英雄们按系统分专业继续交流经验》，《工人日报》1959年11月4日，第2版。

肃玉门油矿工作，担任玉门油矿钢铁钻井队队长。新中国成立十周年召开的全国群英会，他作为代表光荣地出席了会议。在分行业经验交流的会上，他听了西安地质勘探仪器厂代表陈俊德创造电动井底取芯器的经验介绍后，受到很大启发。回旅馆后，他怎么也睡不着，翻来覆去思考着。大半夜了，他突然冒出来一个想法，如果将这种仪器改装到电测仪上，就可以防止经常发生的电缆被卡事故。在第二天的讨论会上，王进喜把这个想法提出来了，立即受到参会的石油工业部钻井总工程师姜辅智的赞同，他表示王进喜提出的这个建议很好，并要求在西安地质勘探仪器厂试制这个设备。①

时任石油工业部长的余秋里曾在回忆录里提及其了解的王进喜的往事：在全国群英会期间，王进喜在北京街头，看到来往的公共汽车背着一个鼓鼓囊囊的煤气包。他觉得石油工人没有搞到油，让国家作难，感到心中有愧。有同志在北沙滩附近，看见王进喜蹲在马路边一声不吭，愁眉苦脸，闷着头抽烟。就问他："为什么愁眉苦脸的？"他说："难受！""啥事难受？""你看嘛！"王进喜指着街上背着煤气包的汽车，说着就流下了眼泪。当王进喜听说松基 3 井喷油以后，乐得直蹦高，逢人便说："谁说中国贫油？我们非打出个大油田给他们看看不可！"回到玉门以后，王进喜心情激奋，再三请战，要求带队出征。王进喜认为国家没有石油，是石油工人的耻辱，为国家分担困难，是石油工人义不容辞的责任。②

在新中国成立十周年召开的全国群英会期间，纺织、运输、轻工、财贸等许多行业的代表纷纷走出会场，到生产现场，一面参观学习，一面进行现场交流。代表们在现场进行互动，有问有答，并进行实际操作表演，使许多成熟的经验看得见、印象深、学得到。

---

① 《群英会各系统先进经验交流会出现新的高潮》，《工人日报》1959 年 11 月 5 日，第 1—4 版。

② 《余秋里回忆录》（下册），人民出版社，2011 年。

纺织系统的全体代表分成小组，分别到北京市13个纺织企业参观学习，并现场操作表演。在北京市纺织企业进行现场操作表演的有武汉国棉一厂值车工陈爱娥，西北国棉二厂细纱织车工刘濯尘，唐山华新纺织厂细纱工徐秀敏，天津国棉二厂织布工孙桂珍，青岛国棉六厂引穿工杨坡兰，上海章华毛纺织厂细纱挡车工张梅兰等20几位代表。接头能手陈爱娥在表演中，一次又一次地把自己接头的单向操作技术耐心地做给大家看，观看的代表和企业的纺织同行对她精湛的技术大为赞赏。在北京国棉三厂做技术表演的刘濯尘操作完后，北京国棉三厂的细纱女工们马上感到学到了真功夫。大家说刘濯尘的操作计划性强，清洁工作抓得紧，接头质量好，单项动作快，巡回均匀，操作娴熟，启发很大。在北京毛纺厂，上海第一针织羊毛衫厂的挡车工马学礼在开司米机操作中表演了三个新的操作法。由于他的操作方法使产量提高了一倍，而且减少了次品，引起了北京毛纺厂职工的极大兴趣，立刻掀起了学习的劲头，“当场教，当场学”，而且学得快的同志马上见到了效果……代表们不仅毫无保留地把自己的经验传授给同行，同时他们在观看其他同志的表演时，也学到了不少经验。代表们纷纷说：现场交流，生动活泼，互动性强，收获大。①

出席公路运输系统先进代表会的代表们，他们分别按汽车驾驶、保养、公路运输、短途运输四个专业组，兵分五路，参观了北京市的汽车保养厂、运输公司和市郊公路。一些做运输服务工作的代表，则几人一组乘上了北京市公交系统模范车队13路公交车，跟班学习服务员的服务经验。代表们一面观摩学习，一面互助交流经验。去观摩学习机械化养路操作的代表们冒着雨参观，一些代表还登上机械操作台亲自进行操作。

建筑系统的代表参观了北京十大建筑工程的模型展览会，十大建筑工

① 《群英会各系统先进经验交流会出现新的高潮》，《工人日报》1959年11月5日，第1—4版。

程指挥部的工地主任都到场向代表们介绍情况，并解答代表们提出的设计和施工中的一些问题。在人民大会堂建设过程中参加绑扎和悬挂脚手架的架子工任国利当上了义务讲解员，向来自全国各地建筑行业的英雄模范们详细讲解施工中的情景，受到代表们的一致赞扬。哈尔滨市第一建筑公司抹灰队队长李升华在参观现场特别兴奋。这位从13岁起就进入建筑行业，当学徒，做抹灰工，在建筑行业已干了30多年，积累了丰富经验的老模范。他在参观时对同行们说，他从来没有见过像人民大会堂这样宏伟的工程，这真是中国工人阶级创造的一个奇迹，在这里学到的经验太多了，回去后要好好推广。①

铁道系统的代表分别到长辛店通信工厂和北京市铁路局等单位参观学习。轻工系统的服装工艺美术小组的代表参观了服装厂和全国工艺美术展览会。对外贸易系统的代表参观了北京房山野生饲养场和蚕种场。银行系统信贷、信用方面的代表分别到北京市丰台区银行办公处、海淀区人民公社信用部学习参观，而储蓄、会计、出纳方面的代表，则到北京市宣武区银行办事处参观了机器点钞的操作表演。

（五）周恩来设宴为各路英雄庆功

1959年11月5日，中共中央副主席、国务院总理周恩来在人民大会堂宴会厅举行盛大晚宴，招待来自祖国各条战线上的英雄模范代表。傍晚六时，宴会正式开始。周恩来走上主席台，举起酒杯向在座的各路英雄们致辞。他代表中共中央、国务院，向在座的先进集体和先进生产者代表们致以热烈祝贺。

宴会上，周恩来、彭真、李富春同全国著名劳动模范孟泰、裔式娟、

---

① 《群英会各系统先进经验交流会出现新的高潮》，《工人日报》1959年11月5日，第1—4版。

袁文舟、扎喜洋季、王凤恩、苏广铭、刘九学、张百发、李川江、黄昆、高凤琴、胡振芳等坐在一起。他们同英雄们亲切交谈，询问英雄们的工作和生活情况。据《周恩来年谱》记载，周恩来在全国群英会的闭幕宴会上特意叮嘱吉林省四平植物油厂的李川江要挖油源，多出油。周恩来说：现在国家食油供应量很低，吉林每人每月才吃三两，最低应吃五两，最好要吃七两。人民生活水平提高需要油，国家工业建设更需要油。光种大豆不行，我们还需要粮食和棉花，要靠挖油源、多出油来解决。①

在宴会大厅，国务院副总理贺龙、李先念、聂荣臻、薄一波、陆定一，中共中央书记处候补书记杨尚昆，全国人大常委会副委员长沈钧儒、陈叔通、林枫，国防委员会副主席叶剑英、傅作义，政协全国委员会副主席包尔汉，最高人民法院院长谢觉哉，最高人民检察院检察长张鼎丞以及中央国家机关各部门和各人民团体的负责人分别同各个地区、各个行业的代表们坐在一起，庆贺代表们在社会主义建设伟大事业中作出的卓越贡献。

周恩来致辞后，中华全国总工会主席刘宁一和老英雄孟泰等 12 位著名的劳动模范一起走上讲台，代表全国群英会全体代表致辞，感谢党对他们的关怀和培养。刘宁一在致辞中说，我们大会的全体代表衷心地、热烈地响应党中央提出的伟大战斗号召，感谢党的关怀和培养，我们保证提前超额完成 1959 年的国家计划。我们要做好一切准备，在生产建设上实现 1960 年的开门红、月月红、满堂红、全年红。②

之后，上海代表团团长钟民，辽宁代表团团长金直夫，四川代表团团长彭光伟，西藏代表团团长张英，中国人民解放军总后勤部和铁道兵代表团团长张志安，全国著名劳模、纺织女工赵梦桃，湖北代表团团长陈克

① 中共中央文献研究室：《周恩来年谱（1949—1976）》（中卷），中央文献出版社，1997 年。

② 《周总理设宴为各路英雄庆功》，《工人日报》1959 年 11 月 6 日，第 1 版转第 5 版。

东，中央文教卫生科学技术部门代表团副团长张锡军，分别代表来自全国各省、自治区、直辖市和中央国家机关各部门的全体代表，向党和国家的领导人致辞、敬酒，表示他们一定响应党的号召，为建设祖国作出贡献。①

在宴会将要结束时，周恩来再一次举杯，他提议全体代表再干一杯，预祝我国 1959 年生产建设事业取得“满堂红”，1960 年继续取得“月月红”的胜利！大厅里再次响起热烈的掌声。

11 月 5 日晚，苏联芭蕾舞团在人民大会堂为全国群英会 6000 多名代表演出了著名的古典芭蕾舞剧《天鹅湖》。苏联艺术家们的精湛表演，受到全国群英会代表们的热烈欢迎。正如有学者所说：“无论是在政治待遇还是生活待遇上，劳模们都深切体会到社会主义国家对普通劳动者的尊重和关怀。此时国家经济正处于严重困难时期，能够倾注如此大的力量安排这两次表彰大会（另为全国文教群英会），可见劳模表彰在党和国家政治生活中占据着多么重要的位置。”②

（六）全国群英会胜利闭幕

1959 年 11 月 8 日晚，全国群英会在 6000 多位代表长时间的热烈掌声中落下帷幕。历时 14 天的会议，使代表们进一步认清了形势，明确了今后的任务，提高了思想认识，大大增强了克服困难的信心和勇气。

党和国家领导人周恩来、董必武、李富春、李先念、陆定一、薄一波、沈钧儒、郭沫若、陈叔通、何香凝、林枫、谢觉哉，政协全国委员会副主席包尔汉，国防委员会副主席张治中、傅作义等出席了闭幕式。

在热烈的掌声和轻快的音乐声中，周恩来把红色丝绒上绣着“为把

① 《周总理设宴为各路英雄庆功》，《工人日报》1959 年 11 月 6 日，第 1 版转第 5 版。

② 姚力等著：《生命叙事与时代印记：新中国 15 位劳动模范口述》，人民出版社，2017 年。

我国建设成为一个具有现代工业、现代农业、现代科学文化的社会主义国家而奋斗”的金字奖旗，授给来自全国各省、自治区、直辖市的代表团，中国人民解放军总后勤部、铁道兵代表团，中央直属单位第一、第二代表团以及中央国家机关代表团、中央文教卫生科学技术部门代表团。大会还把2000面奖旗授给全国各地区、各产业系统的先进基层单位，并且给代表颁发了奖品。在热烈的掌声中，全体代表一致通过《大会向党中央、毛主席的致敬电》《大会致全国职工书》《大会向全国农民兄弟姊妹致敬书》《大会向中国人民解放军致敬电》。

《大会向党中央、毛主席的致敬电》表示，工人阶级要在阶级斗争和同自然界的斗争中改造整个社会，同时也改造自己。工人阶级必须在工作中不断学习，逐步克服自己的缺点，永远也不能停止……我们一定戒骄戒躁，虚心学习，努力使自己的单位和自己先进再先进，全心全意帮助别的单位和别的同志赶上先进的水平。①

《大会致全国职工书》表示，在这次大会上，我们充分交流了各个方面的先进经验，显示了各个地区、各个产业、各个部门建设社会主义的积极性和创造性，显示了各个地区、各个产业、各个部门都有丰富的先进技术和先进方法。我们今后仍要继续和大家一道，大力推广先进经验，开展“比先进、学先进、赶先进、帮后进”的社会主义劳动竞赛，使技术革命和技术革新的花朵开遍全国，迅速把今天的先进水平变成社会生产水平。②

中共中央委员、中共中央交通工作部长、大会执行主席曾山致大会闭幕词。他在闭幕词中充分肯定了大会所取得的成绩，对参加会议的同志们提出了殷切希望：大家要向广大群众宣传这次大会的精神，传播大会上所

① 《大会向党中央、毛主席的致敬电》，《工人日报》1959年11月9日，第1版。

② 《大会致全国职工书》，《工人日报》1959年11月9日，第2版。

介绍的先进思想和先进经验，并且要以实际行动迅速投入紧张的生产战斗中去。我们要牢牢记住党的教导，“不仅要不骄不躁、虚心学习，努力使自己的单位和自己保持先进的称号，而且要发扬共产主义的风格，帮助别的单位和别人赶上先进的水平”。我相信，到会的代表同志们一定能够响应党的号召，更好地发挥带头作用、骨干作用和桥梁作用，团结千百万群众，为实现党所提出的远大目标——把我国建设成为一个具有现代工业、现代农业和现代科学文化的伟大的社会主义国家而英勇奋斗！[①]

（七）全国群英会精神的贯彻落实及影响

在新中国成立十周年这一特殊时期，在北京举行全国群英会，这次劳模盛会规模大、影响深远、意义重大。1959年11月11日，参加全国群英会的代表们肩负重任，陆续离开首都北京，返回他们各自的工作岗位，进一步将全国群英会的精神传向四方。

1. 大会精神的传达与学习

出席全国群英会的工业、交通运输、基本建设和财贸方面各条战线的代表返回工作岗位后，迅速投入贯彻大会精神的行动中。不少企业都召开大会，宣传和贯彻全国群英会精神。

北京电子管厂厂长、全国群英会代表周凤鸣积极传达大会精神，生动讲述了各地先进人物，尤其是云南徐学惠勇斗匪徒保卫国家财产的英雄事迹，使北京电子管厂的职工深受感动。全厂职工表示一定要向英雄模范人物学习，把生产搞得更好。[②]

在全国群英会中，天桥百货商场获全国群英会红旗奖。[③]天桥商场出

① 《曾山同志致闭幕词》，《工人日报》1959年11月9日，第2版。

② 《英雄回厂虎归山 群众运动卷巨浪》，《工人日报》1959年11月15日，第1版。

③ 中共北京市委党史研究室：《社会主义时期中共北京党史纪事》（第三辑），人民出版社，1997年。

席全国群英会的代表崔广成向商场职工传达大会精神，特别是财贸战线上的一些先进经验，职工们听后很受启发，提出了在服务上要向黑龙江财贸战线职工总结的经验学习，在经营管理上要向湖南衡阳的同行总结的经验学习，同时在全商场开展服务管理等全方位的比武大赛和学先进、人人先进的竞赛活动。①

北京农业机械厂不仅请代表们作报告，举行座谈会，而且还在厂里办刊物、出墙报，宣传各地的先进经验，结合本厂工作的实际，把一些先进经验列入操作流程。康拜因车间的女工们在听了本厂出席群英会的代表张艳荣讲解“砂轮分层”“自动运料”等先进经验后，就讨论如何将先进经验学到手。②

北京市第五建筑公司出席全国群英会的代表李庆仁和先进生产者宋宽回到公司后，迅速传达大会精神，举行座谈会，决心将大会精神和先进经验落到实处。③

出席全国群英会的上海代表李福祥回到上海后，将学习到的北京第二机床厂的刨车夹固刀排、重庆长安机器厂的不停车夹具等先进技术与几十份有关资料带回车间，并组织工人们集中学习，积极进行创新，为国家作出更大的贡献。④

河南省组织出席全国群英会的160名代表，分成几个小分队，深入工交财贸各条战线，向广大职工宣传全国群英会精神，并推广了460多项先进经验，推动全省“比学赶帮超”群众竞赛运动的深入开展。

福建省委和省人民政府召开全省广播大会，欢迎从北京归来的劳动模范们，全省有46万名职工收听了广播。会上，出席全国群英会的福建

① 《英雄回厂虎归山　群众运动卷巨浪》，《工人日报》1959年11月15日，第1版。
② 《英雄回厂虎归山　群众运动卷巨浪》，《工人日报》1959年11月15日，第1版。
③ 《英雄回厂虎归山　群众运动卷巨浪》，《工人日报》1959年11月15日，第1版。
④ 《英雄归来》，《工人日报》1959年11月15日，第1版。

省代表团团长朱含章传达了全国群英会的精神。南安化工厂党委书记伍仍、南坪汽车修配厂副厂长任根等出席全国群英会的代表介绍了他们对大会精神的学习体会，并一致表示，要认真贯彻大会精神，在生产中多作贡献，以实际行动落实全国群英会精神。

2. 先进经验技术的推广与落实

全国群英会后，全国各地各行业企业学习先进经验技术，纷纷进行创新，大大提高了工作效率。

北京第一机床厂食堂在全国群英会代表张维箴和锅炉房几位工人的大力帮助下，共同研究，发挥敢想敢干的精神，制成了洗菜机、平擦床、多刃滚刀、保温送饭车、拣碗车、蒸饭箱、去鱼鳞器等多种小型炊具，提高工作效率几倍到十几倍。①

天津市的100多位代表返回单位后，纷纷将在全国群英会上学到的宝贵经验向大家传经送宝。天津市有名的技术革新能手、华北缝纫机厂青年钳工王叔田，一下火车就直奔厂里的车间，向伙伴们介绍全国群英会期间学到的真经。他结合学到的先进经验和本厂生产中急需解决的关键问题，提出了解决问题的八条措施，经厂里研究后，大力支持他的技术革新设想。②

天津建筑行业的先进集体代表、著名的钢筋工青年突击队队长卢珊和瓦工队队长刘长合回到单位后，介绍了全国群英会的盛况、党中央领导的教导、兄弟单位的先进经验和英雄们的感人事迹。他们认为，同行业北京市第三建筑工程公司张百发的经验非常有借鉴意义，要学习和推广张百发钢筋队的经验。不久后，张百发的经验在天津建工系统得到推广，并取

① 中央档案馆、中共中央文献研究室编：《中共中央文件选集（一九四九年十月至一九六六年五月）》（第33册），人民出版社，2013年。

② 《英雄回厂虎归山 群众运动卷巨浪》，《工人日报》1959年11月15日，第1版。

得了显著成效。[①]

上海冶金行业大力推动企业的技术革新，全市冶金行业很快出现了一个你追我赶的生动局面。机械、电机系统针对大件加工等薄弱环节，在全系统全面推广强力刨刀、先进钻头、立车切削等先进经验，使这些先进经验在全市各有关企业普遍开花结果。纺织系统将出席全国群英会的先进生产者和本市有关行业的技术尖子们组织起来，举办先进经验交流学习班，传授纺纱、织布等生产上的先进经验。建筑行业大力推广以“一条龙”生产服务为中心的先进经验，积极开展技术革新活动，向全面采用施工机械和实施先进的施工技术进军。[②]

广西壮族自治区参加全国群英会的代表回单位后，一方面大力宣传大会精神；另一方面把在会议期间学到的经验在生产实际中进行运用和推广。梧州火柴厂装盒能手韩秀珍在回厂的当天晚上，就向姐妹们传授了北京火柴厂的先进经验——装盒操作法。她当晚实际操作的装盒效率提高了30%。先进集体代表、梧州市印刷厂党支部书记韩建昌回厂后，很快召集会议，研究他收集整理的29条先进经验在企业的推广工作。[③]

重庆市在落实全国群英会精神中，将出席全国群英会的先进生产者和本市的先进生产者300多人组成了20个观摩团，分赴各工矿企业，一方面宣传大会精神，推广先进技术；另一方面了解企业的先进经验和生产中的问题。通过既献“宝”又取“经”的活动，帮助解决企业生产中的实际问题，这样的观摩团很受企业欢迎。[④]

全国群英会后，各地掀起了一股宣传学习大会精神的高潮，引导广大职工联系生产实际，使大会精神落到实处，为胜利完成1959年的生产

---

① 《英雄回厂虎归山 群众运动卷巨浪》，《工人日报》1959年11月15日，第1版。

② 《上海掀起推广先进经验新高潮》，《工人日报》1959年11月24日，第1版。

③ 《群英传经送宝 生产立竿见影》，《工人日报》1959年11月24日，第1版。

④ 《群英传经送宝 生产立竿见影》，《工人日报》1959年11月24日，第1版。

任务和实现1960年国民经济计划“开门红”“月月红”做好了准备，并不断推动企业的技术进步和生产发展。

3. 劳模精神永耀光辉

新中国成立十周年召开的全国群英会，是诞生在“大跃进”时期的特殊盛会。1958年5月，中共八大二次会议正式通过了“鼓足干劲、力争上游、多快好省地建设社会主义”的总路线。《中国共产党的九十年》中指出，“社会主义建设总路线的提出，反映了党和广大人民群众迫切要求尽快改变我国经济文化落后状况的普遍愿望，体现了党中央、毛泽东关于社会主义建设的思路。在社会主义建设中，如果既能保持鼓足干劲、力争上游的精神状态，又能保持科学冷静的头脑，尊重客观规律，把多快与好省统一起来，社会主义建设事业是可以顺利发展的。但是由于这条总路线是在批评反冒进的过程中形成的，是在急躁冒进、急于求成的思想指导下制订的，忽视了国民经济的综合平衡，夸大了主观意志的作用，因而存在严重的缺陷”[①]。总路线在后来的执行过程中，出现了许多忽视经济发展的客观规律、放弃国民经济计划的综合平衡的现象，以及夸大主观意志和主观努力的现象，“大跃进”的发生使盲目求快压倒了一切，给社会主义建设造成了不应有的严重损失。

中共中央在《关于建国以来党的若干历史问题的决议》中指出：这场运动由于对社会主义建设经验不足，对经济发展规律和中国经济基本情况认识不足，更由于中央和地方不少领导同志在胜利面前滋长了骄傲自满情绪，急于求成，夸大了主观意志和主观努力的作用，没有经过认真的调查研究和试点，就在总路线提出后轻率地发动了“大跃进”运动和农村人民公社化运动，使得以高指标、瞎指挥、浮夸风和“共产风”为主要标志的

① 中共中央党史研究室：《中国共产党的九十年》，中共党史出版社，党建读物出版社，2016年。

“左”倾错误严重地泛滥开来。[①]

在“大跃进”中召开的全国群英会，同样也有着“大跃进”特有的历史话语与时代特征，有其不可避免的局限性。但亦如《中国共产党的九十年》中指出的，“社会主义建设总路线的提出，反映了党和广大人民群众迫切要求尽快改变我国经济文化落后状况的普遍愿望”。这是广大人民群众的普遍愿望，更是躬亲实践、积极建设祖国的劳动模范们的普遍愿望。在新中国的头一个十年中，他们“鼓足干劲、力争上游”，进行技术革新，提高劳动生产率，踏实肯干，吃苦耐劳，在探索社会主义建设的道路中贡献自己的汗水与辛劳，积极践行党和国家的政策措施，发挥着带头作用、骨干作用和桥梁作用，他们凝结出的劳模精神不因时代而褪色。

这次大会交流了我国工人阶级在社会主义建设中开展劳动竞赛的经验，检阅了我国工人阶级的伟大力量，对于鼓舞我国工人阶级生产建设的干劲，激发广大职工艰苦创业的精神，推动增产节约运动的开展，都起到了积极的作用。就如朱德代表中共中央在全国群英会上的祝词中所说：“同志们，你们是工业、交通运输、基本建设、财政贸易战线上的先进单位的代表和先进生产者，是我们党和国家的最宝贵的财产，你们的成就是人民的光荣。”[②]

四、新中国的第一次全国文教群英盛会

（一）全国文教群英会的发起与筹备工作

1960年2月9日，中共中央、国务院发出了《关于召开全国教育和文化、卫生、体育等方面社会主义建设先进单位和先进工作者代表大会的

① 《关于建国以来党的若干历史问题的决议》，人民出版社，1981年。

② 《朱德同志代表中共中央致祝词》，《工人日报》1959年10月27日，第1版。

通知》，表彰在社会主义建设中的文教战线和卫生、体育、新闻等方面的先进单位、先进工作者。

《关于召开全国教育和文化、卫生、体育等方面社会主义建设先进单位和先进工作者代表大会的通知》指出，全日制、半日制、业余制高等学校在校学生已有一百零一万人，各类中等学校的在校学生已有一千二百余万人，学龄前儿童的入学率1959年已经达到87%，农村中参加扫盲和业余教育的达一亿二千万人，厂矿企业中参加各类业余学校的达一千六百多万人，进幼儿园和托儿所的幼儿已经接近五千万人。以除“四害”、讲卫生、消灭主要疾病为中心的爱国卫生运动，取得了很大成绩；文化艺术事业出现了空前繁荣的景象；体育等其他文教事业也有了极为迅速的发展和提高……为了表扬在教育战线上和文化、卫生、体育等战线上涌现出来的先进单位和先进工作者，为了总结和交流经验，中共中央和国务院决定1960年6月在北京召开全国教育和文化、卫生、体育等方面社会主义建设先进单位和先进工作者代表大会。

《关于召开全国教育和文化、卫生、体育等方面社会主义建设先进单位和先进工作者代表大会的通知》最后提出，各省、自治区、直辖市的党委、政府机关和工会、共青团、妇联等组织，接到通知以后，应当立即向文教战线上所有的工作干部和群众进行广泛的、深入的宣传，充分发动群众，学先进、赶先进，总结和推广先进经验，努力提高工作质量……力争在文教战线上涌现出更多的先进单位和先进人物，用更多的、更卓越的成就迎接这次代表大会的召开。①

中共中央和国务院《关于召开全国教育和文化、卫生、体育等方面社会主义建设先进单位和先进工作者代表大会的通知》发出的同时，中央

① 《中共中央、国务院关于召开全国教育和文化、卫生、体育等方面社会主义建设先进单位和先进工作者代表大会的通知》，《人民日报》1960年2月10日，第1版。

成立了以中共中央政治局候补委员、国务院副总理陆定一为主任委员的全国教育和文化、卫生、体育等方面社会主义建设先进单位和先进工作者代表大会（全国文教群英会）筹备委员会。筹备委员会名单如下：

主任委员：陆定一

副主任委员：陈伯达、林枫、郭沫若、吴玉章、谭政、李雪峰、胡乔木、曾山、马明方、蔡畅、宋任穷、张际春、刘宁一、杨秀峰、胡耀邦、沈雁冰、李德全、张奚若、周扬、廖鲁言、钱俊瑞、李颉伯、张子意、荣高棠

委员：丁西林、王鹤寿、王昭、王新元、王维纲、邓拓、叶圣陶、刘宁一、刘凯风、刘子载、刘向三、刘建章、刘型、刘亚雄、刘志坚、包之静、孙志远、戎子和、庄希泉、朱穆之、陆定一、陈伯达、陈正人、陈国栋、陈维稷、陈克寒、张际春、张劲夫、张奚若、张子意、张磐石、张稼夫、张凯、张修竹、张克侠、张文松、沈雁冰、李雪峰、李四光、李颉伯、李德全、李卓然、宋任穷、宋平、吴玉章、吴晗、吴冷西、吴子牧、吴绪、肖桂昌、林枫、林砺儒、林默涵、周扬、周文龙、范长江、胡乔木、胡愈之、胡耀邦、胡克实、姚依林、姚溱、荣高棠、钟夫翔、赵志刚、姜思毅、郭沫若、马明方、马辉之、夏衍、徐运北、徐迈进、高文华、高登榜、涂长望、许广平、许立群、许世平、章夷白、黄中、梅益、程子华、程今吾、曾山、曾涌泉、冯仲云、杨秀峰、杨显东、董纯才、雷任民、廖鲁言、蒋南翔、蔡畅、蔡廷锴、钱俊瑞、萨空了、谭政

秘书长：徐迈进

副秘书长：刘凯风、夏衍、张凯、董纯才、刘子载、张修竹、胡克实、高登榜、姜思毅、黄中、吴子牧、程今吾、武振声、包之静

筹备委员会成立后，有序推进各项工作的开展。全国教育和文化、卫

生、体育等各条战线上的广大工作者，热烈响应中共中央和国务院的号召，用更多的、更卓越的成就迎接全国文教群英会的胜利召开。

（二）文教战线工作者以实际行动喜迎盛会

1. 教育战线积极推动教学改革

20 世纪五六十年代，教育战线上长期坚持教育与生产劳动相结合的原则，在喜迎全国文教群英会的日子里，北京教育战线有二万多师生纷纷下厂、下乡参加生产劳动，投身技术革命和技术革新运动中，到生产一线拜工人、农民为师，取得了很好的效果。清华大学的师生在几个月的时间里同企业合作完成了 179 项技术革新项目，其中有 60% 已投入生产，有的师生还提前完成了科研任务。北京矿业学院（现为中国矿业大学）和企业结合组成支农大队，到农村帮助农民建农业机械修理厂，为农民们制造了平地机、点种机等 40 多种农业机械，大大减轻了农民的劳动强度，提高了效率。北京师范大学数学系组织师生编写教材，在较短的时间内编写了 82 万字的试用教材。

到 1960 年，北京全市大、中、小学生和中等专业的学生总数已达 135 万多人，教育质量不断提高；全市参加业余文化学习的职工已达 100 多万人，工业部门建立了从扫盲班、中等技校直到业余大学的教育体系，进入业余学校学习的职工占全体职工的 70% 以上，全市业余大学的人数达 4 万多人，业余中等技术学校的人数达 3.9 万多人。[①]

江苏省为了适应教学改革的需要，积极组建了教材编辑委员会，组织南京大学、南京师范学院、江苏师范学院、南京体育学院和部分中学的教师总共 1600 多人参与工作。为了使教材内容更好地联系生产实际，江苏省还组织南京市师范专科学校的 100 多名师生到工厂、农村、矿山去调查

① 中共北京市委党史研究室编：《社会主义时期中共北京党史纪事》（第四辑），人民出版社，1998 年。

研究，收集资料。江苏省新编的各种教材，加强了理论与实践的结合，同时又吸收了国内外的最新科技成果。参加编写教材的同志目的明确，在任务很紧的情况下，加班加点，在全国文教群英会前出版了教材的初稿，以实际行动迎接全国文教群英会的召开。①

安徽省在全国文教群英会的鼓舞推动下，业余教育遍地开花。如安庆专区的民校，在1960年4月上旬仅有140多所，到1960年5月已发展到800多所，入学人数已达2万人。合肥市区工厂企业大办业余大学，到1960年5月已由原来的13所增加到23所，入学人数比3月增加了56%。根据对陕西省52个县、市的统计，到1960年5月已有425万名青壮年全部脱盲，其中250万人已升入业余学校学习。内蒙古自治区赤峰市，在紧张的备耕、春耕生产中坚持扫盲工作，全市15个乡在1960年3月就完成了扫盲任务，并且普及了业余高小。②

许多高校根据教学和社会需要，在教学中联系实际进行科学技术研究。甘肃农业大学进行的“养猪全面丰产”的课题，总结研究了快捷肥育、母猪和公猪的饲养管理等15项经验，送到农村后，深受广大农牧民欢迎。他们还完成了“我国西北地区高山草原”课题的研究，系统阐述了我国西北地区草原的形成、分类、放牧方法和改良的措施，较好解决了生产实际中急需解决的问题。西安军医大学以提高教学质量、医学质量为中心开展科学研究，他们研究制造的“呼吸停止自动警报器”等多种医学教学工具，在医疗实际工作中深受医务工作者的欢迎。南京工学院的师生齐力奋战，在几个月的时间内，完成科研项目1998项，试制新产品287种，其中有些产品居于国内前列。

① 《用出色成绩迎接文教群英会》，《人民日报》1960年5月25日，第7版。

② 《把祖国文教事业推向更高水平各地掀起“学比赶帮”群众运动向文教群英会献礼》，《人民日报》1960年5月26日，第7版。

2. 文艺战线连续推出优秀新作品

北京文艺界的广大文艺工作者欢欣鼓舞，创作和工作的积极性空前高涨，他们不断推出新作品，迎接全国文教群英会的召开。北京电影制片厂出席全国文教群英会的先进集体——《为了六十一个阶级兄弟》摄制组，该摄制组创作人员坚持贴近生产生活，创作了反映农村生活的故事片《春暖花开》。在全国文教群英会前，北京电影制片厂还完成了反映藏族儿童新生活的彩色故事片《五彩路》和彩色戏曲艺术片《杨门女将》。《杨门女将》摄制组在拍摄工作中创造了一天拍摄83个镜头、有效长度832米的全厂新纪录。中国评剧院采取专业和业余相结合的方法，创作了大型评剧《生活的凯歌》。该剧由于贴近现实，贴近生活，剧目上演后深受观众欢迎，连续演出了一个多月，场场客满。

上海的文艺工作者坚持百花齐放、推陈出新的方针，不断推出新作品，喜迎全国文教群英会的召开。上海天马制片厂赶拍了一部反映文教战线新面貌的纪录片向大会献礼。上海海燕制片厂抓紧时间拍摄了彩色故事片《摩雅傣》作为献礼。上海美术电影制片厂拍摄了一部水墨动画片，并创作拍摄了一部反映技术革命主题的美术片。上海科学教育电影制片厂全厂职工齐动员，日夜奋战，拍摄了《飞向天空》等六部科教片和一部幻灯片。上海各艺术团体纷纷到工厂、农村，演出反映现实生活的剧目和文艺节目。

天津京、评、梆、越、豫、话剧等剧种的30多个专业戏曲团体，普遍开展了现代剧的创作、排演活动。在1960年5月间，已经上演和即将陆续上演的现代戏剧，据不完全统计有20多个，还有几十个正在创作、加工整理。这些戏剧从不同的角度反映了技术革命大风暴，宣扬了共产主义思想风貌，富有教育意义，因此在公演以后，引起了各行各业观众的广泛关注。许多工厂、人民公社、商店、学校把这些戏剧当作形象化的教材，纷纷组织职工、社员和教师、学生前去观看。许多观众还给演出单位、报纸杂志写信、写评介文章，推荐、赞扬这些戏剧。这一时期出现在戏曲舞台上的现代剧，无论是京剧、评剧或是越剧，一般都保持了本剧种的特色，但也不拘泥于传统，而有了不少的革新和创造。[①]

南京艺术学院的师生创作出极为精美的泥塑、雕刻、漆器、刺绣等各种艺术品，向全国文教群英会献礼。

全国各地的文艺工作者，不负时代的呼唤，创作出了一批时代的经典作品、经典剧目、经典电影、经典艺术形象，留下了文学与艺术的魅力及满园万紫千红的春色。

3. 卫生战线广泛开展提高医疗质量运动

卫生战线上的广大医务工作者积极投入以“除害灭病，提高医疗质量”为中心的运动中，造福人民，以实际行动迎接全国文教群英会的召开。

北京卫生战线上的医务工作者，为提高疗效，不断进行科学研究和技术革新。据北京卫生战线 11 家医院的不完全统计，这些医院为提高疗效，提出科研项目和技术革新 19000 多项，在全国文教群英会前已完成 8100 多项，其中的重大项目有 200 多项。

云南省广南县掀起了一场“学太阳（村名）赶太阳，村村寨寨变太阳”的卫生模范村运动。全县 1960 年 2 月下旬仅有 19 个“太阳村”，到 3 月 9 日，该县“太阳村”已发展到 63 个。[②]

为提高诊断和治疗质量，各地在研发制造医疗器械方面不断传出喜讯。上海在研发制造医疗器械上狠下功夫，研发制造了一批具有先进水平的医疗器械，对于诊断肿瘤、传染性肝炎、葡萄胎等，不仅诊断迅速，而且准确率也大大提高。上海江南造船厂职工医院研发制造的诊疗机，能自动测量病人的脉搏、血压、经络穴位等。北京中医医院研发制造了“按

---

① 《歌唱新时代歌唱新人物 文艺界以大批新影片新剧目献给文教群英会》，《人民日报》1960 年 5 月 30 日，第 5 版。

② 《把祖国文教事业推向更高水平 各地掀起“学比赶帮”群众运动向文教群英会献礼》，《人民日报》1960 年 5 月 26 日，第 7 版。

摩手”“下肢疾病运动仪”等康复医疗器械，提高了医疗质量和效果，是中医治疗上的一项创举。贵州省中医医院关注中药的炮制，实现了切、碎、碾、筛的机械化。贵阳市卫生系统开展比武竞赛，进行人对人、科对科的竞赛和互相参观学习，有力促进了医务工作者学医术、钻研医术的风气。在喜迎大会的日子里，贵阳全市完成科研和技术革新项目一万多项，其中重大项目有300多项，完成论文400多篇。吉林省长春市人民医院在全院职工中开展“树雄心、立壮志、攻尖端、攀高峰”的技术革命、技术革新活动，短短几个月就提出了科研和技术革新项目906项，有的项目已胜利完成。

4. 体育战线不断创造优异成绩

体育战线上的广大职工在喜迎全国文教群英会的日子里，同文化、教育、卫生、新闻出版等各条战线上的职工一样满怀激情，不断创造优异成绩向大会献礼。

我国登山运动员王富洲、屈银华和贡布三人，历经艰辛，完成了人类历史上的一个伟大创举——沿着珠穆朗玛峰北坡，于1960年5月25日北京时间清晨4点20分，成功登上了海拔8882米的顶峰。[①]藏族运动员贡布从背包里拿出了运动员们放在他背包里的一面五星红旗和一座小型的毛主席石膏像。他把国旗和毛主席石膏像放到顶峰的一块大岩石上，然后用一些小石块围住保护起来。这时王富洲从背包里找出“体育日记”本，用黑色自动铅笔在上面写道：“王富洲等三人征服了珠峰。1960年5月25日4时20分。”由于天黑且手已冻伤，王富洲费了很大劲才歪歪斜斜地写下这行字。贡布将这张有意义的字条放进一只羊毛织的手套里，然后用石块压在了珠峰之巅。

5月31日，中国登山队发电报给即将召开的全国文教群英会，向大

① 中国采用过国外测定的8882米作为珠峰高程。2005年5月22日，中国精确测量珠峰峰顶岩石面海拔高程为8844.43米。

会报捷。电报中说，当我们胜利地征服了世界最高峰——珠穆朗玛峰的时候，全国文教战线上的英雄们也将在祖国首都北京举行大会，这使我们异常振奋。大会的召开，给我们全体登山队员以极大的鼓舞，增强了战胜困难的信心和力量。现在，我们以万分兴奋的心情向你们报捷：在党和政府的亲切领导关怀下，全体登山队员经过了两个月的艰苦奋斗，已经胜利地完成了任务。5 月 25 日北京时间 4 点 20 分，三位年轻的登山队员在世界登山史上第一次成功地从珠穆朗玛峰的北坡，登上了它海拔 8882 米的顶峰。电报最后说，我们在世界屋脊上预祝大会成功，并祝全体代表同志们身体健康。①

5 月 30 日，中国登山队队长史占春从珠峰的中国登山队大本营回到拉萨，代表中国登山队出席全国文教群英会。史占春，这位中国登山队的领导者和组织者，在攀登珠穆朗玛峰的第三次适应性行军中，曾和队友王凤桐沿着不到一米宽的山脊，翻过巨大的岩坡，登上了珠穆朗玛峰北坡海拔 8600 米的著名“第二台阶”顶部附近的地方，并冒着零下 40℃的严寒，在雪洞里住了一夜，第二天为第四次行军突击顶峰侦察了一条安全的路线，为王富洲、屈银华、贡布三位年轻登山运动员成功登上珠峰创造了条件。

在全国文教群英会召开的前夕，中国登山队成功地从珠穆朗玛峰的北坡登上珠峰之巅，创造了人类的奇迹，向全国文教群英会献上了一份厚礼。

（三）全国文教群英会在北京隆重召开

在全国各方面的共同努力下，1960 年上半年，国内的文教事业出现了新的发展高潮，各行各业都取得了令人瞩目的成就，涌现出更多的先进模范代表。在此基础上，1960 年 6 月 1 日至 11 日，全国文教群英会在北

① 《中国登山队向文教群英会报捷史占春回京参加群英会前感谢西藏工委和人民的大力支援》，《人民日报》1960 年 6 月 1 日，第 2 版。

京隆重召开。

1. 全国文教群英会盛大开幕

1960 年 6 月 1 日，全国文教群英会在人民大会堂隆重开幕。这是我国文教战线的一次空前盛会，是对新中国成立以来文教事业的一次大检阅，也是继续推动我国文教事业发展的一个动员会。

党和国家领导人刘少奇、周恩来、朱德、宋庆龄、董必武、邓小平等出席大会。中共中央政治局候补委员、国务院副总理陆定一代表中共中央和国务院向大会致祝词。

陆定一指出，我代表中国共产党中央委员会和中华人民共和国国务院，向全国教育和文化、卫生、体育、新闻方面社会主义建设先进单位和先进工作者代表大会致以热烈的祝贺。并且通过你们，向全国 700 多万专业的文化教育工作者和 3000 多万业余的文化教育工作者，致以热烈的祝贺。陆定一强调，文化教育战线上许多先进单位和先进工作者的出现……配合乡村和城市的人民公社化运动，配合技术革新和技术革命运动，大大地促进我国的社会主义建设。陆定一最后指出，在文艺和学术领域中，必须坚持“百花齐放、百家争鸣”的政策。在鼓足干劲、力争上游的同时，必须注意劳逸结合的原则。在敢想、敢说、敢做的同时，必须注意一切经过试验。我们必须有雄心壮志，同时必须注意踏踏实实的工作作风。[①]

中共中央委员、全国人民代表大会常务委员会副委员长林枫在大会上作了工作报告。林枫在报告中指出，为了多快好省地发展各项文化教育事业，必须在党的领导下，继续放手发动群众，坚决走群众路线，继续贯彻执行“两条腿走路”的方针，团结一切可能团结的力量，充分发挥各个地方、各个部门和广大群众的积极性和创造性，运用他们的力量，推动各项文化教育事业大普及和大提高。林枫在报告最后强调，我国全体文化教

① 《陆定一同志代表中共中央和国务院在全国文教群英会上的祝词》，《人民日报》1960 年 6 月 2 日，第 1 版。

育工作者，一定要永远保持实事求是的优良作风，学先进、比先进、赶先进、帮后进，积极地为加速社会主义建设，为将来实现共产主义而奋斗。

出席开幕式并在主席台就座的还有中共中央政治局委员彭真、陈毅、李富春、刘伯承，中共中央书记处书记王稼祥、候补书记刘澜涛，国务院副总理罗瑞卿、习仲勋，全国人民代表大会常务委员会副委员长沈钧儒、郭沫若、黄炎培、赛福鼎、何香凝，国防委员会副主席张治中、傅作义，政协全国委员会副主席李四光，最高人民法院院长谢觉哉。

中共中央委员、国务院文教办公室主任张际春宣布大会开幕。

2. 中央领导和有关单位负责人与会作报告

在全国文教群英会期间，中央领导和社会团体负责人及政府有关部门负责人纷纷到会讲话、作报告，从国内到国外，从政治、经济、文化、生活等方方面面讲起，内容丰富，深入浅出，既有宏观的情况，也有微观的现实，大大开阔了与会代表的眼界。

1960 年 6 月 2 日，中华全国总工会主席刘宁一作了题为《永远做文教战线上的促进派》的讲话。他在讲话中着重叙述了我国职工开展的学习马克思列宁主义、学习毛主席著作的运动，以及职工业余教育和职工的文化艺术、体育、卫生事业的发展情况。他说，全国厂矿企业职工参加业余学习的已达 2200 多万人，参加半工半读的职工已达 17 万多人，1959 年以来增长幅度都比较大。许多企业都建立了从初中到大专的职工业余教育体系。各地形成了企业自办合办、厂校联办的职工业余学习教育网。他强调，大办职工业余教育，对促进生产的发展，提高职工的政治、文化、技术水平，培养国家建设人才，起着重要的作用。①

6 月 3 日，中国人民解放军总政治部副主任肖华在会上作了题为《不断加强国防力量保卫祖国建设》的讲话。他在讲话中指出，我们国家的经

---

① 《永远做文教战线上的促进派》，《人民日报》1960 年 6 月 3 日，第 3 版。

济和文化事业的大发展，是实现国防现代化的必要前提和根本保证。国防力量就是国家政治力量、经济力量、科学技术力量的综合表现。毛泽东同志在领导我国历次革命战争中，在新中国成立以来的许多指示中，都一再强调了发展经济建设对于争取战争胜利，对于加强国防力量的重要意义。我们要看到经济建设是国防建设的基础，国防的加强必须以经济的发展为前提，也要看到国防建设是保障我国经济建设的必要条件。我们的任务是既要集中力量尽快地建设社会主义，也要在经济发展的基础上不断加强国防力量，来保卫社会主义建设。几年来的实践完全证明，这样做的结果，既有利于国家经济、文化建设，又增强了国防力量。这是一条完全正确的富国强兵的道路。①

6月3日，中国共产主义青年团中央书记处书记胡克实在大会讲话中号召共青团员和青年做无产阶级的文化教育战士。他说，我国两亿多青少年是文化教育工作的主要对象。他们正处在成长时期，在政治思想上需要确立自己的世界观，在知识上需要科学文化的武装，在体质上需要更好地锻炼和增强。把他们培养成既有共产主义觉悟，又有现代科学文化知识，既能从事体力劳动，又能从事脑力劳动的新一代，是高速度建设社会主义的直接要求，也关系着伟大祖国的未来，关系着我们革命事业的继承和发展。②

6月3日，全国妇联副主席杨之华在全国文教群英会上号召把三亿妇女动员起来，发挥更大力量。她说，现在已有几千万妇女摆脱了文盲状态，并且积极参加了业余学习；在中等和高等学校的女学生，已经由1951年的50多万人发展到1960年的347万人……特别值得高兴的是，在工农妇女群众中，已经涌现出来一大批科学技术研究人员和土专家，她们在技术革新和技术革命中起了很大的作用。广大妇女普遍参加了爱国卫生运

① 《不断加强国防力量保卫祖国建设》，《人民日报》1960年6月4日，第7版。

② 《胡克实在全国文教群英会上号召共青团员和青年做无产阶级文化教育战士》，《人民日报》1960年6月4日，第7版。

动，成为群众性的除害灭病运动中的一支主力军。千百万妇女经常参加体育锻炼，大大提高了我国妇女的健康水平，仅在女职工中就有 70 万人左右达到了等级运动员的标准，还有 26 个女运动员先后 11 次打破八项世界纪录。在文学、艺术、新闻、出版等方面，不仅有许多妇女工作得很出色，而且许多劳动妇女能诗会画，能歌善舞，发挥着文艺创作的才能。在这个会议上，就有 1362 名上述各方面的优秀妇女代表。广大妇女在文化教育事业的卓越贡献，是我国文教事业大发展的一面镜子。

6 月 4 日，中共中央政治局委员、国务院副总理李先念在全国文教群英会上作了报告。李先念在报告中首先讲了近年来我国经济上出现困难及党中央领导全国人民战胜困难等情况。李先念在报告中强调，在我们的工作中，必须进一步贯彻勤俭建国、勤俭办企业、勤俭办社、勤俭办一切事业的方针。我们要在各方面提倡勤俭节约，精打细算，反对贪污，反对浪费，努力加速建设，并且充实后备力量。在一切领导机关中，要反对官僚主义、形式主义、命令主义的作风，踏踏实实地把工作做好。我们的成绩是伟大的，我们的干部绝大多数是好干部，但是在工作中缺点和错误总是会有的，有些由于缺乏经验是难以避免的。对于这些缺点和错误，必须认真对待，切实纠正。应当像毛泽东同志所经常教导我们的那样，天天洗脸，天天打扫灰尘。我们要在战略上藐视困难，同时又要在战术上重视困难，认真地克服困难。①

6 月 5 日，中共中央统战部副部长徐冰在全国文教群英会上讲话。徐冰说，批评和自我批评的方法，是自我教育和自我改造的基本方法。经过几年来的学习，批评和自我批评已经在资产阶级知识分子当中推行开了。这是一件值得高兴的事。我们在帮助资产阶级知识分子进行自我改造中，

① 《更高地举起三面红旗，完成和超额完成今年国民经济计划》，《人民日报》1960 年 6 月 5 日，第 2 版。

应当继续贯彻说服教育的精神，本着“团结——批评——团结”的方式，采取和风细雨的方法，启发自觉，揭露矛盾，解决矛盾。在学校和文艺领域内继续贯彻“百花齐放、百家争鸣”的方针，促进不同学派、不同见解的自由争论，促进不同形式、不同风格的自由竞争。他希望知识分子一心一意地为社会主义服务。①

6月6日，中国科学院副院长张劲夫在全国文教群英会上以《全民办科学，更快登高峰》为题作了讲话。张劲夫说，11年来我国科学事业的一个根本变化，就是过去那种少数人冷冷清清搞科学研究的局面，已经一去不复返了，全民办科学的声势愈来愈壮阔。特别是由于以机械化、半机械化，自动化、半自动化为中心的全民规模的技术革新、技术革命运动蓬勃发展以后，使科学研究与生产建设相结合的群众运动，走向了一个新阶段，形成了一个历史上从未有过的全民的科学技术大普及运动，又是一个历史上从未有过的全民的科学技术大提高运动。②

在全国文教群英会上，党和国家领导人作报告，群众团体的负责人和政府部门的负责人也纷纷到会作报告，这是从延安大生产运动延续下来的优良传统。相关领导到会讲话、作报告，向会议的代表们表达了党和国家对劳动者们的关心、尊重。同时，这些报告的内容很丰富，涉及党和国家的方针政策及方方面面，大大开阔了代表们的眼界，使代表们从中受到了极大启发。

在全国文教群英会期间，中央有关部门举办了高等教育、普通教育教学改革，注音识字、文化艺术，除“四害”、讲卫生，技术革新、技术革命等方面的小型展览会。这些展览会展示了我国各地区的高等学校、中小学、业余学校、文化艺术团体、医疗卫生系统在开展教学改革、技术革

① 《一心一意为社会主义建设》，《人民日报》1960年6月6日，第4版。

② 《全民办科学，更快登高峰》，《人民日报》1960年6月7日，第4版。

新、技术革命、科学研究工作、文字改革工作等方面取得的成就。会议组织有关代表到小型展览会参观学习，使代表们开阔了视野，取得了真经。陆定一、林枫等也前往参观，并接见了工作人员。

3. 先进模范代表进行大会发言

按照全国文教群英会的日程安排，从 1960 年 6 月 2 日开始，会议既有大会经验交流，也有同行业交流、小型对口交流，形式多样、内容丰富。在经验交流会上发言的代表，来自不同地区、不同民族、不同岗位，有着不同的经历，他们从自己的事、从身边的事说起，向大会汇报了文教战线蓬勃发展的新局面。

在 6 月 2 日举行的全国文教群英会首场经验交流会上，解放军警卫部队特邀代表王福如，中国登山队队长史占春，中共山西稷山县委书记仪耀文先后发言。

中国登山队队长史占春作为先进集体的代表，在大会上生动介绍了中国登山运动员沿北坡登上珠穆朗玛峰顶端的经过。他说，党的关怀和人民的支持，是这次登山取得胜利的根本性保证，也使我们受到极大的鼓舞和鞭策。我们知道，这不仅是我们 100 多人在登山，我们是在代表全中国六亿五千万人民完成具有历史意义的任务。在登珠峰的整个过程中，全体登山队员发挥了集体主义、团结互助的精神，为了集体荣誉不惜自我牺牲。

据中国登山队队员回忆：

敬爱的周总理高度评价了这次攀登珠峰在国内外的影响，对执行毛主席革命外交路线所做出的贡献。周总理还在全国文教群英会上接见了我队的代表，热情祝贺我们胜利完成了攀登珠峰的艰巨任务，并十分关切地询问队员们的健康情况，嘱咐要好好休息，保证大家体力早日复原。当我们汇报到登山中有的同志献出了鲜血和生命时，周总理用毛主席的教导亲切地勉励我们："要奋斗就会有牺牲"，"为人民利益而死，就比泰山还重"。

并要我们认真总结经验教训，做出更大的成绩。[①]

6月3日，先后有8位代表在全国文教群英会上发言，介绍他们的经验。他们是辽宁省黑山县北关小学代表贾桂枝，新疆维吾尔自治区伊犁女子中学代表在艾乃提·伊敏，北京市第三建筑公司木工青年突击队队长李瑞环，吉林省和龙县德化人民公社柳洞管理区幼儿园教员申淑子，甘肃省农业大学饲料生产教研组代表任继周，山西省昔阳县代表张怀英，江西省余江县代表杨龙祥，上海市中小学课程革新委员会代表刘佛年。

北京市第三建筑公司木工青年突击队队长，后来曾长期担任党和国家重要领导职务的李瑞环，作为特邀代表在会上作了题为《用毛主席的战略思想打生产仗》的发言。李瑞环在1958年春担任木工青年突击队队长后，坚持学习毛主席的《实践论》《矛盾论》《中国革命战争的战略问题》《关心群众生活、注意工作方法》等著作，深刻领会毛主席著作的精髓，在工作中用毛主席的思想解决实际中的问题，因此他领导的青年突击队总是超额完成生产任务。1959年完成生产任务平均达到定额的155.3%，还进行了198项技术革新。李瑞环还通过长期努力，改革了“木工做活先放大样”这一费时费力费料的传统，摸索出了代替放大样的一套计算方法，并在人民大会堂建设施工中取得了成功。之后，他继续努力探索，又形成一套木工简易计算法。后来，李瑞环还将自己的工作经验整理成书出版，投放市场后，深受广大建筑工人的欢迎。

6月5日，清华大学工程化学系教授张子高、复旦大学数学系代表谷超豪在大会上发言，介绍了他们实施教学改革，理论联系实际进行科学研究的体会。

---

① 中国登山队：《敬爱的周总理鼓舞我们勇攀世界高峰》，人民出版社资料组编：《人民的好总理 纪念敬爱的周恩来同志》（下），人民出版社，1977年。

张子高在会上作了题为《老当益壮 不断革命》的发言。张子高从事教育工作近半个世纪，到1960年已是74岁高龄，但他仍然活跃在教学第一线。他和年轻教员一起，将教学、科研、生产紧密结合起来，取得了很好的成绩。在攻克一项科研项目时，他和师生们坚持不懈，不断探索，在试验室经过26次试验后，终于取得了成功。后来又经过三个月的努力，建立起生产这项尖端产品的中间工厂。此后，他们又取得了五个科研项目的成功，建立了四个试验室和四个中间工厂，生产出了十几种产品。通过教学、科研和生产劳动，既锻炼了教师，提高了他们的教学水平，同时也培养了学生们刻苦学习的风气，增长了他们的才干。在党组织的支持下，在同志们的帮助下，张子高仅用了两年多的时间，就成功地撰写出了15万字的《中国化学史》初稿。他说："我深刻体会到，在教学、科研等一切业务领域中，必须坚决贯彻马克思列宁主义。只有这样，才能使学术研究有正确的方向，才能更好地为社会主义建设服务，才能切切实实做出成绩。"①

从1960年6月2日至9日，全国文教群英会先后举行了多次大会经验交流，发言的都是来自全国各地区、各行业、各民族的代表。尤其是来自基层一线的代表，他们的发言各有特点，充分反映了那个年代全国文教战线蓬勃发展的形势，以及那个年代一大批为国家的发展、为人民精神生活的丰富、为培养一代又一代学子而甘愿奉献的先进模范人物的高尚品质。同时，本次大会还举行了几十场业务系统的会议，有数百人在会上发言交流经验，不时引起同行业代表们的共鸣，将一个个宝贵的经验变成了大家的共同财富。

4. 全国文教群英会胜利闭幕

1960年6月11日，全国文教群英会在首都北京胜利闭幕。大会闭幕

① 《老当益壮 不断革命》，《人民日报》1960年6月7日，第11版。

式由中共中央候补委员会、中共中央宣传部副部长周扬主持。

在闭幕式上，林枫代表大会向代表们颁奖。出席会议的各省、自治区、直辖市和中央机关以及解放军部队的代表团各获一面红旗。先进单位荣获先进单位奖状，先进工作者和特邀代表获得了毛泽东选集等奖品。

中共中央委员、国务院文教办公室主任张际春致闭幕词。他说，这次大会是在党中央和国务院直接领导和关怀下进行的，大会已经达到了预定的目的，胜利地完成了任务。张际春说，现在，同志们就要带着党和国家所给予的光荣任务，带着大会的革命精神，带着学习到的先进思想和先进经验，回到各自的工作岗位，投入新的战斗了。张际春指出，毛主席教导我们，事在人为，人民群众决定历史的命运。我国人民能够移山倒海，改造世界，也就一定能够创造出光辉灿烂的社会主义和共产主义文化，使我国以一个具有高度文化的民族出现于世界。①

全国人大常委会副委员长沈钧儒、郭沫若、黄炎培、陈叔通、何香凝，全国人大常委会委员徐特立，政协全国委员会副主席李四光，国防委员会副主席张治中、傅作义，中国人民解放军总政治部副主任肖华和国务院各有关部门负责人吴玉章、杨秀峰、沈雁冰、李德全、周扬、钱俊瑞等出席了闭幕式。

（四）召开全国文教群英会的深远影响

本次召开的全国文教群英会是新中国召开的第一次全国文教群英盛会。会议检阅了新中国成立 11 年来全国文教战线上的巨大成就，总结和交流了多方面的经验，各位代表受到了应有的表彰与奖励。更重要的是，这次会议极大地鼓舞了新中国文教战线上的广大工作者，使他们以更高昂的斗志投入社会主义文化建设中。这是一次表彰教育、文化、卫生、体

---

① 《张际春在全国文教群英会闭幕式上的闭幕词》，《人民日报》1960 年 6 月 12 日，第 1 版。

育、新闻方面先进模范人物的大会，更是一次交流经验的大会、一次动员再出发的大会，对全国教育和文化、卫生、体育、新闻等事业起到了振奋、激励和导向作用。

在本次大会的全体代表中，有女代表1362人；有80多岁高龄的老模范，也有10来岁的年轻代表；工人和农民出身的比例占绝大多数；属于汉、蒙古、回、壮、维吾尔、藏、满、苗、朝鲜、彝、布依、侗、瑶、仫佬等不同民族；有65.4%是教育工作者。这些有力的数据突出展示了本次全国文教群英会的多样性与广泛性，深刻昭示了全国文教工作的坚实群众基础。在这次大会上，全国文教战线上各方面的优秀人物，交流了先进经验，传播了先进思想。

1960年是新中国经济建设遭遇严重困难的一年，但在这种情况下，党中央和国务院仍决定召开规模庞大的全国文教群英会，充分说明党中央和国务院对文教战线的重视，对文教战线上先进劳动模范人物的尊重和支持。虽然本次大会召开于"大跃进"与"三年困难时期"这一特殊历史时期，导致全国文教群英会有其不可避免的历史局限，但这次大会总的来说还是在文化战线上树立了一大批先进模范，团结了更多的知识分子，推动了文教事业的继续发展。

百年大计，教育为本。教育水平的高低对国家发展有重大而深远的影响。这次大会让教育工作者学习到了诸多经验，受到了深刻的教育。以参加大会的西藏自治区林芝县民办小学教师洛桑次仁为例，他过去为农奴主当佣人，翻身后当了小学教师，又当了三个民办小学教师教学研究的小组长，经常背着青稞、干粮，翻山涉水到三个乡的小学，和老师们研究教学问题，并取得了很好的成绩。他说：这次大会收获很大，学习了很多经验，很受启发和教育，我一定要把大会的精神和各地区兄弟民族在教育工作方面的先进经验带回西藏，结合西藏的情况坚决予以贯彻。

在科技战线上，全国文教群英会后，1962年11月，中央成立以周恩来为首，包括贺龙、聂荣臻、罗瑞卿在内的 15 人专门委员会，负责组织和领导“两弹一星”的研制。我国科研工作者克服重重困难，终于取得胜利。1964 年 10 月 16 日，我国第一颗原子弹爆炸成功。1965 年，中国科学院生物化学研究所和北京大学化学系、中科院上海有机化学研究所等单位联合在国际上首次人工合成牛胰岛素结晶，在世界上处于领先地位。人工合成牛胰岛素的成功标志着人类在探索生命的征途上向前跨出了重要的一步，开始了用人工合成方法来研究蛋白质结构与功能的新阶段。

著名文学家茅盾一直致力于推动群众文化的普及工作，茅盾曾在全国文教群英会上作了专题报告，继续为文化的普及工作鼓与呼。1959 年 1 月，作家出版社将茅盾在新中国成立后十年间写的文章整理出版，书名为《鼓吹集》。茅盾在书的后记中对书名作这样的解释：宣传党的文艺方针的小册子。在这个小册子里，可以看到茅盾为建设新中国文艺大厦付出的心血。①

全国文教群英会后，文学与艺术领域的工作者创作推出了一批精品，有些作品伴随了几代人的成长。如 1961 年公映的电影《红色娘子军》《革命家庭》；根据巴金 1961 年 8 月发表在《上海文学》上的中篇小说《团圆》改编的电影《英雄儿女》；曾在重庆“中美特种技术合作所”集中营中受尽折磨的罗广斌、杨益言二位作家 1961 年 12 月出版的长篇小说《红岩》；著名诗人贺敬之 1963 年创作的长诗《雷锋之歌》等。这些作品都成了经典之作。又如 1964 年推出的反映中国革命历史的大型音乐舞蹈史诗《东方红》，其以恢宏壮美的场面、众多的民族表演等艺术形式，在中国文艺史上谱写了一曲动人的乐章，留下了永恒的记忆；大型声乐套曲《长征组歌》艺术地再现了毛泽东的伟大军事思想和红军战士为中国人民革命事业不畏艰险、不怕牺牲的革命精神，成为永远的红色乐章。

① 钱桂松著：《茅盾传》，东方出版社，1996 年。

CHAPTER TEN 第十章

掀起“工业学大庆”建设高潮

1976年10月，粉碎“四人帮”后不久，中共中央决定动员全党、全国工人阶级，把工业学大庆的革命群众运动推向一个新阶段，为普及大庆式企业而奋斗。1977年4月20日至5月13日，全国工业学大庆会议先后在大庆油田和首都北京召开。会议由中共中央、国务院主持召开，出席会议的代表有7000人。大会上，中共中央、国务院授予大庆式企业、全国先进企业称号2126个，授予全国先进生产者称号385人。在全国工业学大庆会议结束后，党中央又及时作出了召开全国财贸学大庆学大寨会议的决定。1978年6月20日至7月9日，全国财贸学大庆学大寨会议在北京举行。会议由中共中央、国务院主持召开，出席会议的代表有5000多人。会上，中共中央、国务院授予全国财贸战线大庆式企业称号736个，授予全国劳动模范和全国先进生产者称号381人。

一、大庆石油勘探开发大会战

在新中国工业发展史上，大庆油田的勘探与开发建设是一面耀眼的旗帜，也在新中国社会主义建设伟大进程中写下了辉煌的篇章。1963年底，经过专家与石油工人的多年奋战，大庆油田基本完成了勘探与初步建设，结束了中国人靠“洋油”过日子的时代。1964年，党中央对全国工业战线提出号召，开展“工业学大庆”运动，学习大庆自力更生、艰苦奋斗的精神，以推动全国工矿企业和社会主义建设向前发展。

（一）发现了一个大油田

新中国成立后，党和国家高度重视石油工业的发展。我国著名科学家李四光创立了地质力学，以力学的观点研究地壳运动现象，探索地质运动与矿产的分布规律，确立了新华夏构造体系[①]的概念，通过分析其特点，并运用这些理论研究我国的地质条件和石油形成条件，提出了中国的陆地一定有石油的观点。毛泽东、周恩来在认真听取了李四光的汇报后，肯定了他的观点，并根据他的建议，决定在松辽平原和华北平原开展大规模的石油普查。

1956年，李四光开始主持中国石油勘探普查工作。中国地质工作者和石油工作者根据李四光的地质力学观点，在党中央和国务院的大力支持下，从1958年起，将石油勘探的战略作了调整，把石油勘探的重点从祖国西部转移到东部，石油工业部把地处东北的松辽盆地作为石油勘探战略东移的主战场之一。1958年四五月，石油工业部成立了由宋世宽带领的石油勘探大队，并从玉门、新疆、青海、四川的石油管理局抽调了一些干部到东北工作，还特地把原来的松辽石油勘探大队升级为东北石油勘探处，仅仅一个月后，又成立了松辽石油勘探局，短短三个月，勘探单位在组织机构上连升三级，由此充分显示出石油工业部对于这一地区勘探工作的重视。8月，任命石油工业部劳动工资司司长李荆和担任松辽石油勘探局局长、党委书记。新组建的松辽石油勘探局人数达到3000多人。[②]

松辽石油勘探局钻井队先后钻了两口井，第一口井钻探深入达1879米，但结果一无所获，之后又打了一口井，结果也很不理想。石油工业部和地质部参加松辽盆地石油勘探的技术人员联合召开会议，经过深入地讨论，终于达成共识，将松基3井井位定在黑龙江省肇州县大同镇高台子隆

① 简称新华夏系，是亚洲东部濒太平洋地区特有的，中生代形成并持续活动的一个巨型多字型构造体系。它由一系列北北东方向的大型隆起带和沉降带构成，并有斜交的扭断裂和直交的张断裂相伴生。参见吕古贤，曹钟清，郭涛等：《长江中下游中生代构造岩相体系分布与成矿规律——新华夏构造体系的“长江式”构造研究》，《大地构造与成矿学》2011年第4期。

② 吴继宽主编：《峥嵘岁月 纪念大庆油田发现建设五十周年》，人民出版社，2009年。

起上，因为这里同前面打的两口井相距 90 公里以上，略成三角形，符合基准井位分布原则。松辽石油勘探局向石油工业部汇报了情况。[①]

1959 年 2 月 8 日，石油工业部召开会议讨论松基 3 井问题。会议由石油工业部副部长康世恩主持，会议一连开了三天，经反复论证，一致认为松基 3 井选址位置十分理想，决定为开钻做好一切准备。

松基 3 井的钻井任务由松辽石油勘探局 32118 钻井队负责。他们克服设备、技术上的种种困难，冒着严寒，做好相关准备工作，1959 年 4 月 11 日，松基 3 井正式开钻了。经过近五个月的艰苦作业，1959 年 8 月 29 日，松基 3 井钻探、固井作业完成。9 月 6 日，松基 3 井第一次射孔试油，但当技术人员射开 1357—1382 米井段的三个薄油层时，井口无任何显示。为了把原油抽出来，康世恩提出采用轻提深部捞水的方法。工人们不辞辛劳地奋战在井台，一桶桶地将清水捞上来，经过近 20 天的努力，井底的泥浆才被清洗干净。1959 年 9 月 26 日，松基 3 井终于喷出了棕褐色的原油。[②]

松基 3 井是松辽盆地的第一口喷油井。这口井的喷油，标志着一个大油田的发现，它是中国石油工业发展史上的一个里程碑。正如余秋里在他的回忆录中所说：“松基 3 井的喷油，松辽油田的发现，不是偶然的碰运气，而是在正确的理论指导下，贯彻了正确的方针，采取了正确的方法，进行了大量艰苦工作的结果。”

1959 年 11 月 8 日，黑龙江省在安达市大同镇召开油田勘探成果庆祝大会，欧阳钦、李范五、强晓初、李剑白、陈剑飞等黑龙江省党政领导亲临会场，省委第一书记欧阳钦在会上发表了热情洋溢的讲话。他说，此地出了油，是天大的喜事。听了你们的介绍，感到石油事业在黑龙江大有希

---

① 吴继宽主编：《峥嵘岁月 纪念大庆油田发现建设五十周年》，人民出版社，2009 年。

② 吴继宽主编：《峥嵘岁月 纪念大庆油田发现建设五十周年》，人民出版社，2009 年。

望。你们搞油的是野战军，找油、开发以及将来的建设是很复杂的，也是困难的。你们的事业，是全党的事业，是我们社会主义建设事业的重要组成部分。石油大发展可以带动我们的机械化、现代化，使国家更富强。我们黑龙江省委、省政府，有关的县、乡和广大人民群众是这里的“地主”，要尽“地主之谊”。他还说，石油工人都是好样的。你们大部分同志是从部队转业的，为了改变我国石油工业的落后面貌，继承和发扬了我们解放军不怕困难、一往无前的战斗精神，我们要像热爱解放军那样，热爱我们的石油工人。欧阳钦在讲话中提出了要把松基 3 井所在地的大同镇改为大庆镇。这是欧阳钦在从哈尔滨到大同镇的路上突然产生的想法，在征得其他领导人的同意后在会上提了出来。

当时和欧阳钦一道去参加庆祝大会的黑龙江省委书记处候补书记、省委秘书长李剑白后来回忆时说：“11 月 8 日，在大同镇召开了庆祝大会，我怀着十分喜悦的心情同黑龙江省委第一书记欧阳钦同志前往祝贺。在途中，欧阳钦同志非常高兴地说：在我们北大荒发现了油田，看来我国石油发展大有希望，苏联在石油上卡我们的脖子卡不住了，我们自己出油了。这在我国经济发展的困难时期，是一个关键而伟大的发现，对全国经济发展具有重大的贡献，全省人民都应该庆贺这一具有伟大历史意义的事件。我说：很值得庆贺，松基 3 井喷油正值新中国成立十周年大庆的前夕，是向国庆献了大礼，喜上加喜，应该大庆。欧阳钦同志脱口而出：那咱们就给油田改个名字吧，把大同改为大庆，你说好不好？我回答说：太好了！名副其实。山西省已有个煤城大同市，我们再叫大同市就重复了，改了吧！”

黑龙江省人民委员会根据欧阳钦的提议，作出了《关于成立大庆区和将大同镇改为大庆镇的决定》。对此，余秋里曾表示：“欧阳钦同志命名的‘大庆’，言深意切，含义深远。后来制订松辽油田勘探、开发方案时，我们都同意把这个新发现的油田，命名为大庆油田。”

（二）在大庆组织石油会战

经过艰难的勘探工作，大庆油田终于揭开了面纱。在党中央和国务院的坚强领导下，在国家有关部委、黑龙江省及有关省市的大力支持下，1960 年 3 月，石油工业部下达了战令，在大庆组织石油会战。

1. 广大职工迎难而上参与大会战

1960 年正处于“三年困难时期”，大庆石油会战就是在这个困难的年代、困难的地区、困难的条件下进行的，许多困难超出了人们的想象，但从石油工业部长到一线工人，大家抱着早出油、多出油的信念，克服了一个又一个困难，取得了一个又一个胜利。

1960 年 3 月底，余秋里、康世恩来到会战指挥机关临时驻地——黑龙江省安达县城。3 月底至 4 月上旬，石油工业部机关党委、各司局参加会战的干部和原驻吉林省长春市的松辽石油勘探局机关先后搬到了安达，会战领导机关正式成立。这时，参加石油会战的人员已达四万人，其中总工程师、总地质师、大学教授、工程师和地质师等各类工程技术干部达 1000 多人。同时，从全国各地运到大庆的各种器材、设备等物质已有几十万吨。[①]

根据石油勘探的情况，大部队挥师北上，进军萨尔图。萨尔图在蒙语和满语中是“多风之地”“大酱缸”的意思。清朝时期，这里曾是满族贵族游牧的地方。这里自然环境恶劣，茫茫草原，有一米多厚的冻土。在这片只有几处民房和少许牧场住房的荒野上，数万人的到来，首先居住就成了一大难题。在零下 30 多度的严寒中，许多职工只能住在牛棚、马厩、地窖或临时搭起的帐篷里，有的甚至就在荒草里过夜。吃饭也很困难，缺粮少菜，连锅灶、厨具都不够，有时只好用脸盆煮汤，用铝盔盛饭。余秋

---

① 吴继宽主编：《峥嵘岁月 纪念大庆油田发现建设五十周年》，人民出版社，2009 年。

里、康世恩等会战指挥部领导的办公室，也只是找了一个闲着不用且没有顶盖的牛棚，由石油工业部机关的同志动手，找来草苇铺在牛棚顶上，将和好的泥压在草苇上，把牛棚改成了办公室。

石油会战的生产条件很艰苦。从安达站到萨尔图站，沿途 50 多公里的铁道线上，每个站都要下人、卸货，铁道两旁堆满了各种钻机、设备、器材和行李。由于缺少吊车和运输设备，物资一时无法疏散，从全国各地运来的货物几天都运不到施工现场。没有工业水源，靠农村的土井，连职工的生活用水也难以保证。

当地的自然环境恶劣，而 1960 年春季的连绵春雨使境况更加艰难。由于雨衣、雨靴不足，很多职工只能蹚水去上班，衣服也经常处于潮湿的状态。帐篷里阴冷潮湿，常常积水，外面下大雨，屋内下小雨，夜晚需要挪动床位来躲雨，很多职工因此病倒。

因油田面积大，作业人员分散，各个小分队散布在 100 多里的荒原里，生活用品、器材设备、支援队伍都供应困难，甚至有时会断绝音讯。曾经有一个小分队，在荒原深处施工，由于遇上暴风雨，与总部失去联系，导致被困在荒原深处七天七夜，最终经过不懈努力，才终于与总部取得联系而获救。

那时，康世恩等指挥部的领导几乎天天都冒着雨在现场向职工了解情况。他们披着雨衣，挽着裤腿，在现场边调查边和职工商量，就地进行试验。大家在实地取得第一手经验后，再在面上推广，因此油田勘探、开发、建设进展很快。①

2. 石油会战万人誓师大会

随着从全国各地调来的石油职工陆续到达大庆石油会战的战场，设备陆续运到位，前期到达的勘探职工也经受住了考验。会战指挥部领导小组

① 吴继宽主编：《峥嵘岁月 纪念大庆油田发现建设五十周年》，人民出版社，2009 年。

认为组织大庆石油会战的条件已经基本成熟，下一步就是如何调动来参加大会战的几万人的积极性，去夺取大会战的更大胜利。经领导小组研究，决定召开一个万人参加的石油会战誓师大会，也让全体职工统一思想、统一步调、统一行动去夺取胜利。

1960 年 4 月 26 日、27 日，康世恩在一间牛棚里主持召开了检查落实誓师大会各项准备工作的干部会，并听取各单位五六月的会战准备、工作任务和工作要求。会上，康世恩强调，这次誓师大会要内容实在，目标明确，典型突出。在形式上要隆重热烈，生动活泼。

1960 年 4 月 29 日，大会在萨尔图会场召开。石油工业部长余秋里、副部长康世恩，黑龙江省委组织部副部长曲常川和先进井队代表王进喜等人被选为大会主席团成员。参加誓师大会的还有地质部地质调查大队的代表，当地人民公社的社员，当地的工人、商业工作者、学校老师等，共有一万多人。

上午 10 时，大会在震耳欲聋的礼炮声和雄壮的《社会主义好》军乐声中开始。余秋里主持大会，他对会议的召开表示热烈祝贺，并对大会战作了动员。他对前一段时间的工作作了总结，高度赞扬了职工们在艰苦条件下克服重重困难、勇往直前的大无畏革命精神，分析了当前的大好形势，提出了下一阶段的工作任务。曲常川受黑龙江省委省政府的委托在会上讲话，他要求附近地区，从机关到每一个工作人员，各行各业都要全力以赴，为早日拿下大油田做好后勤保障工作。

下午，康世恩代表石油工业部党组宣布，石油会战第一战役从 1960 年 5 月 1 日正式开始，同时下达了第一战役的总任务是：拿下大油田，探明几个构造是否含油，并且还要搞出一块油田开发的生产试验区。接着，他对钻井、采油、后勤保障等油田的各个部门都下达了明确的任务。

康世恩的报告结束后，大会进行自由发言。主席台旁排了许多要求发言的工人、技术人员、干部，大家纷纷走上主席台，在大会上发言表决心，表示一定要在这场石油会战中贡献自己的智慧和力量。王进喜在人们的欢呼声中登上主席台。他激动地说：盼了多少年了，大油田终于找到了。我们 1205 钻井队一定要克服一切困难，尽快安装，尽早开钻。石油工人一声吼，地球也要抖三抖！我们要把地球钻穿，让大油海翻个，把大金娃娃抱出来！说到这里，他把戴着的前进帽举过头顶，大声地说：人活一口气，拼死干到底，只要能把贫油落后的帽子摘掉，宁可少活二十年，拼命也要拿下大油田！

铁人王进喜慷慨激昂的发言，说出了广大石油职工的心声，他的话感染着在场的每一个人。为早日拿下大油田，早出油、多出油而共同努力成为大家的共识，形成了强大的战斗力量。

二、中国工业发展的一面旗帜

（一）铁人王进喜与大庆精神

在大庆石油会战中，王进喜的感人事迹和英雄壮举，在中国石油工业和中国工业的发展历史上留下了深刻的印记。

王进喜出身贫寒，1938 年玉门油矿一成立，年仅 15 岁的他就被拉去当民工。新中国成立后，在党的培养教育下，他入了党，当了钻井队的队长。在他的带领下，他们的钻井队成了玉门油矿的“标杆钻井队”“钢铁钻井队”。1959 年，王进喜参加全国群英会，被评为全国先进生产者。会议期间，他听说在东北发现了大油田的消息，就找到了石油工业部的领导，要求去新油田工作，这个新油田就是后来在中国石油工业发展史上占有重要地位的大庆油田。在大庆油田大会战中，王进喜率领的钻井队被编为 1205 钻井队。王进喜和他们那一代石油工人，为改变中国石油的落后状况作出了非凡的贡献。

人拉肩扛运钻机，是王进喜率领的1205钻井队踏上茫茫草原艰苦创业，奋战在大庆油田上的第一场硬仗。1960年3月25日，王进喜率领1205钻井队日夜兼程，从玉门油矿转战到大庆参加会战。1960年4月2日，从玉门发来的钻井机到达了萨尔图火车站，但因条件所限，当地没有吊车，也没有汽车等运输工具。王进喜说：这就像打仗一样，不能等！我们有条件要上，没有条件创造条件也要上！没有吊车，我们37个人就是37台吊车，没有汽车，我们37个人就是37辆汽车，我们手拉肩扛也要把钻机卸下来，运到井位上去安装起来！全队同志都同意王队长的意见，大家很快动手，把整部钻机拆散，化整为零，一件件从火车上卸下来，然后将零部件往井场运。经过三天三夜的奋战，大家终于将全部设备运到了井场，队员们几乎个个肩肿了，手也被钢丝绳磨得伤痕累累，但没有一个人叫苦。钻机的各个零部件和设备运到井场后，进行组装并竖立起来也并非易事，但王进喜团结全队职工想办法，苦干加巧干，终于在荒原上将横卧在地上的长达40米的井架立了起来。

破冰取水保开钻，王进喜钻井队开创了大庆会战开钻采油的历史篇章。井架立起来后，由于生产现场的供水管线未接通，无法配置泥浆，不能开钻。面临这种情况，为了早开钻，早为国家出油，王进喜决定破冰取水，他带领大家到离井架二里远的水泡子里去破冰取水。附近的老乡们闻讯也纷纷跑来支援，驻队工作组跑到机关求援，机关干部们也加入了端水挑水的队伍，很快组成了100多人的运水大军。经过紧张有序的工作，泥浆池子满了，水池子也满了，人们用各种土办法，一天一夜端水达60多吨，为1205钻井队到大庆打第一口井准备了充分的用水。1960年4月14日，王进喜再一次检查了各个岗位，工友们也各就各位，八点整，王进喜大声宣布：“开钻！”萨55井从4月14日开始起钻，到4月19日完钻，仅用了五天零四个小时就钻到1200米，创造了当时大庆油田钻井进尺的最高纪录，而且质量达到了全优。

跳进浆池压井喷，是王进喜铁人精神的生动写照。在胜利完成萨55井后，根据油田指挥部的统一安排，王进喜率领的1205钻井队转战到另一油区——杨四屯，开钻开发试验区的第一口井——2589井。这口井地处高压区，当钻机打到700多米时，突然发生了井喷，强大的高压液柱把方补心冲出井口，液柱越喷越猛，呼啸着一直冲向井架，很快达到10几米、20几米，眼看一场大事故就要发生。为了压住井喷，当时唯一的办法是往泥浆池中加水泥和黄土。王进喜果断地组织大家迅速搬来水泥往泥浆池里倒，不一会儿就将几十袋水泥和黄土加到泥浆池里了。可大量的水泥沉入池底，泥浆融合不好，比重上不去，而且还糊住了池底的上水管口，泵不上水来，而现场又没有搅拌工具。井还在喷，水柱越喷越高，危险越来越大。在这个十分危急的关头，王进喜不顾自己腿上有伤，不顾泥浆烧人，不顾一切危险，扔掉双拐跳进了泥浆池中，他手划脚蹬，用自己的身体搅拌起了泥浆。紧跟着，戴祝文、丁国堂、许万明、杨天元、张志训等同志也纷纷跳进泥浆池中，不停地搅拌。而后，上水管线终于通畅了，由水泥和黄泥配置的泥浆也升高了。经过整整三个小时的紧张搏斗，井喷终于被压住了，王进喜腿上的伤口被碱性很强的泥浆浸泡得血肉模糊，身上、脸上、手上也被泥浆中的烧碱烧出了血泡，工友们刚把他拉上来，他就昏倒在工地。工友们把他送回队部休息，他清醒后大声说："不要管我，赶快大排量循环，别让水泥凝固了，快点儿处理泥浆！"

王进喜的忘我工作被同志们看在眼里，也被当地群众看在眼里。当时，王进喜借住在一位赵姓大娘家，大娘却日夜见不到王进喜的人，大娘不放心，就去看望他，看着王进喜拼命工作的样子，大娘感慨地说道："我活了大半辈子，除了那些打日本鬼子的人，没见过这么拼命的人。你们的王队长可真是个铁人啦！"这件事很快反映到了指挥部驻1205钻井队工作组。工作组组员、钻井大队书记李玉生立即向指挥部党委副书记李光明作了汇报，李光明和李玉生又一起在党委会上作了汇报。党委书记宋振明听完汇报后高兴地说：“大娘叫得好，王进喜当之无愧！我们要立即向上级汇报！”也在会战指挥部一线工作的石油工业部长余秋里听到“铁人”王进喜的事迹汇报后，当即对宋振明说：“好！这是一个好典型，老百姓的眼睛是最亮的，我们以后就叫他王铁人。”余秋里继续说道：“王进喜代表大会战的方向，铁人就是我们的旗帜。我看，大会战的第一个英雄就树他。”

1960 年 4 月 9 日至 11 日，大庆油田在安达火车站铁路俱乐部召开了第一次技术座谈会，参加会议的有工人、专家、教授、工程技术人员及各级领导干部 180 多人，第三天的会扩大了，人数达 500 多人。

本次会议是大庆油田召开的一次大型会议。会议开得热烈、生动，各路代表踊跃发言。主持会议的余秋里、康世恩、唐克、张文彬等领导不时插话提问。会议最后一天，余秋里作总结。他讲完了形势和任务，提出了大会战的目标：就是要高速度、高水平地拿下大油田。讲到怎样完成目标时，他高声说：“我们必须具有猛攻猛打、敢拼敢干、严肃认真、扎扎实实的工作作风，刻苦耐劳、艰苦奋斗、顽强拼搏、克服困难的精神和把困难留给自己，把方便让给别人的共产主义风格。”而后他又提高声音说：“总之，我们每个队、每个单位、每个人，都要有革命战争时期那种向前冲的精神和压倒一切困难而不被困难所压倒的气概！”

会上，余秋里郑重向大家介绍了王进喜，说：“这就是王进喜，大会战中的第一个英雄，我们的王铁人。他来到这里一不问吃，二不问住，先问钻机到了没有，井位在哪里，这里的最高纪录是多少。钻机到了，没有吊车拖拉机，他就带领全队靠‘人拉肩扛’把钻机运到了井场，立了起来。为了工作，他连续 54 个小时没有离开井场，把自己买的摩托车用来跑配件，这是工人阶级的高度觉悟。房东大娘叫他‘铁人’，这是一个非常光荣的称号。因此，会战指挥部号召参战的全体职工都要向铁人王进喜同志学习。”讲到这里，余秋里振臂高呼：“向王铁人学习！向王铁人致敬！”这次会议后，各个单位都开展了“学铁人、做铁人”的活动。

在大庆油田的开发建设史上，乃至我国石油工业发展史上，王进喜都占有重要的地位，王进喜留下的铁人精神是永远激励着大庆人乃至中国各行各业广大职工前进的强大动力。直接领导了大庆石油会战的余秋里曾说：“铁人精神，概括地说就是：为国分忧、为民争气的爱国主义精神；宁可少活20年，拼命也要拿下大油田的忘我精神；有条件要上，没有条件创造条件也要上的艰苦奋斗精神；干工作要为油田负责一辈子，经得起子孙万代检查的认真负责精神；不计名利、埋头苦干的无私奉献精神；当了干部还是个钻工，永做普通劳动者、廉洁奉公的公仆精神；同志间互相关心、互相帮助的团结友爱精神等。”

在以王进喜为代表的大庆人艰苦奋斗、顽强拼搏、敢闯禁区、敢为人先的精神激励下，通过广大石油工人的不懈努力，中国终于成功建设了一个世界级的大油田，创造了新中国工业建设发展史上的辉煌。大庆石油会战的成功，使中国石油工业的发展实现了历史性的转变。

（二）进口“洋油”的时代即将一去不复返

1963年12月3日，全国人大二届四次会议在人民大会堂召开，周恩来在会上庄严宣告：“我国经济建设、国防建设和人民生活所需的石油，不论在数量或者品种方面，基本上都可以自给了！中国人民使用‘洋油’的时代，即将一去不复返了！”

在大庆石油会战初期，出于战备和一些因素的考虑，会战是在极其保密的状态下进行的，对外一律称单位为“安达农垦总场”。随着中国石油实现基本自给的喜讯传遍大江南北，大庆石油会战的情况逐渐揭开了面纱。据记载，1963年12月24日，康世恩应邀在北京向一万多名干部报告了大庆石油会战的情况，这是第一次公开进行的关于大庆石油会战的报告。康世恩在报告中系统地介绍了大庆石油会战的历程、成果、做法和经验等，使全国人民开始认识并了解了大庆人和大庆石油会战。[①]

12 月 25 日，新华社对外发布了一条关于大庆石油会战成功的消息。第二天，中国的主流报纸都头版头条刊载了这条消息：《从国外进口“洋油”的时代即将一去不复返》。1963 年底，随着对大庆石油会战成功的宣传，大庆经验、大庆精神、大庆的“王铁人”迅速在中国大地上传播。

1964 年元旦，石油工业部党组正式向党中央写出了《关于大庆石油会战情况的报告》。报告分为两部分，第一部分为大庆石油会战所做的事情和所取得的成果，第二部分总结大庆石油会战的基本经验。

石油工业部党组在报告中概括地讲了六个方面的成果：第一，拿下了一个大油田，这个油田是目前世界上的特大油田之一，现在已经探明的储量，大体上可以适应我国石油工业发展的需要。第二，建成了年产原油几百万吨的生产规模和大型炼油厂第一期工程，而且质量良好。第三，三年多累计生产原油 1000 多万吨，油田管理水平不断提高。第四，进行了大量的科学研究工作，解决了油田开发上的几个重大技术难题。第五，经济效果好，国家投资已经全部收回，并开始为国家积累资金。第六，更重要的是，锻炼和培养了一支有阶级觉悟、有一定技术素养、干劲大、作风好、有组织、有纪律、能吃苦耐劳、能打硬仗的石油工业队伍，并且取得了比较丰富的经验，培养和锻炼了一大批人才。

石油工业部党组在报告中总结了大庆石油会战的九条基本经验：第一，社会主义现代化必须革命化。革命化就是用毛泽东思想武装广大职工的头脑，讲人的作用，讲阶级觉悟，讲工人阶级的革命精神、革命干劲和革命风格。第二，高度的革命精神必须与严格的科学精神相结合。要把人们的革命干劲鼓到搞科学研究上去，鼓到搞第一手资料上去，鼓到掌握自然界的客观规律上去，鼓到扎扎实实的工作上去，鼓到生产上去。第三，

① 吴继宽主编：《峥嵘岁月 纪念大庆油田发现建设五十周年》，人民出版社，2009 年。

现代化企业要认真发动群众。大庆石油会战本身就是大规模发动群众，以搞生产为目的，充分调动了职工群众的积极性，始终保持着旺盛的士气。第四，认真做好基础工作，狠抓基层建设，把各项工作的根基打得扎扎实实、牢牢靠靠。第五，领导干部亲临前线，一切为了生产。做到在前线调查研究，组织队伍，发现、解决问题，总结先进经验；坚持面向基层，面向生产，面向群众，积极为基层创造方便条件，为生产的需要服务。第六，积极培养和大胆提拔年轻干部。坚持党的德才兼备的干部政策，打破"唯资格论"和"唯学历论"的框框，从一个干部的全部历史和全部工作出发来了解干部，做到看根本、看主流，大量发现和培养人才。第七，培养一个好作风。遵循毛主席关于实事求是、理论联系实际、密切联系群众、批评和自我批评等教导和中央历次指示，以解放军为榜样，针对石油工业的具体情况，强调树立企业的优良作风，提高队伍的战斗力。第八，全面关心职工生活。坚持一手抓生产，一手抓生活，组织职工搞农副业生产，组织家属开荒种地，走生产自给自足的道路，对职工生活负起全部的责任，使职工保持充沛的精力、饱满的情绪。第九，认真学习解放军的政治工作经验。结合石油工业的特点，在政治工作中树立生产的观点、群众的观点和革命化的观点。坚持以提高思想觉悟为主、以表扬为主、以正面说服教育为主、以群众性的自我教育为主，全面做好思想政治工作，从生产实际出发，为生产服务。

石油工业部党组对大庆石油会战进行的总结，受到党中央的高度重视。1964 年 2 月 5 日，中共中央发文要求在全国交通、财贸、文教系统和各级机关、团体、部队中传达这个报告。中共中央为传达这个报告所发的通知中指出："大庆油田的经验虽然有其特殊性，但是具有普遍意义。""它的一些主要经验，不仅在工业部门中适用，在交通、财贸、文教各部门，在党、政、军、群众团体的各级机关中也都适用，或者可做参考。"

仅用短短五年多的时间，大庆人就成功地开发建设了一个世界级的大油田，探索出了一条中国工业的发展之路，为中国工业的发展树立了一个标杆，成为中国工业发展的一面旗帜。

（三）毛泽东号召“工业学大庆”

在大庆开发建设的过程中，党中央、国务院始终高度重视和关心，毛泽东多次听取大庆的情况汇报，周恩来、刘少奇、朱德、邓小平、陈云、董必武、李先念等党和国家领导人都先后到大庆考察指导工作，到生产一线了解工作情况。

1964 年 1 月下旬，毛泽东在中南海丰泽园会客厅同余秋里谈起石油会战的相关问题，周恩来、邓小平、陈云、李富春、李先念等领导人也一同参与了解情况。余秋里向毛泽东和其他中央领导同志汇报了大庆石油会战的基本情况和基本经验，原本半小时的会议最后延长到了两个半小时。听完余秋里的汇报，毛泽东感到很满意。他笑着说：“我看这个工业，就要这个搞法，向你们学习嘛！要学大庆嘛！”

这次汇报后不久，1964 年 1 月 25 日，《人民日报》就在头版头条通栏刊出毛泽东的号召：“工业学大庆。”大庆石油会战的成功极大地振奋了全国人民自力更生、奋发图强的精神，促进了各行各业比学赶帮超运动的深入开展。

1964 年 12 月，第三届全国人民代表大会第一次会议在北京举行。周恩来在《政府工作报告》中多次讲到大庆的先进事迹，总结了大庆的经验。周恩来指出，大庆油田的建设，是靠“两论起家”的，通过学习《实践论》和《矛盾论》，用辩证唯物主义的观点，去分析、研究、解决建设工作中出现的矛盾和问题。这个油田的建设，也是学习解放军，具体运用解放军的政治工作经验的典范。这个油田的建设，自始至终地坚持了集中领导同群众运动相结合的原则，坚持了高度革命精神同严格科学态度相结合的原则，坚持了技术革命和勤俭建国的原则。同时，他还在《政府工作报告》中讲道：第二个五年计划期间建设起来的大庆油田，是根据我国地质专家独创的石油地质理论进行勘探而发现的。它的全部开发工程，包括设计、钻探、采油以及现代化的炼油厂的建设，完全是依靠我们自己的力量进行的。周恩来在报告的最后强调，要在全国各行各业开展学大庆的热潮。

1965年1月14日，中共中央将周恩来的这个报告发至党内团级以上干部进行学习。随着报纸、电台等新闻媒体的大力宣传，“大庆”这个原来鲜为人知的名字开始渐渐为全国人民所熟悉。“向大庆学习”“向铁人王进喜学习”成为那个时代的新风尚。

三、召开全国工业学大庆会议

1976年12月，国务院在北京召开全国工业学大庆会议筹备会议，宣布：为了动员全党，动员全国工人阶级，在深入揭发批判“四人帮”的基础上，掀起“工业学大庆”的高潮，进一步发展革命和生产的大好形势，中央决定于1977年“五一”节前召开全国人民盼望已久的全国工业学大庆会议。①

1977年1月19日，中共中央发出《关于召开全国工业学大庆会议的通知》。这是继1959年新中国成立十周年召开全国群英会和1960年召开全国文教群英会后，相隔17年再次召开的表彰先进单位、先进模范人物的盛会，是一次规模大、规格高的全国性的劳模表彰大会。

《关于召开全国工业学大庆会议的通知》指出，中央决定，今年“五一”节前召开全国工业学大庆会议，动员全党、全国工人阶级，把工

① 《中央决定明年“五一”节前开全国工业学大庆会议》，《人民日报》1976年12月19日，第1版。

业学大庆的革命群众运动推向一个新的阶段，为普及大庆式企业而奋斗。《关于召开全国工业学大庆会议的通知》指出，十几年来，大庆坚决贯彻执行社会主义建设总路线，自力更生，艰苦奋斗，在党的领导下大搞群众运动，组织大会战，实行“两参一改三结合”①，大搞技术革命和技术革新，建立了一套依靠工人阶级管好社会主义企业的规章制度，创造和运用自己的一套具有世界先进水平的油田开发新工艺、新技术，做到了原油产量以平均每年递增28%的高速度持续发展，使我国从过去依赖洋油变为出口原油和石油产品，大长了中国人民的志气，为社会主义建设事业立了大功。《关于召开全国工业学大庆会议的通知》最后指出，中共中央号召，全国广大职工要“以优异成绩迎接全国工业学大庆会议的召开”。②

《关于召开全国工业学大庆会议的通知》发出后，各地党委政府极为重视，纷纷召开工业学大庆会议。北京、上海、广东、山东、云南、陕西、湖南、江西、四川、青海、河北、黑龙江、吉林、辽宁、福建、甘肃、西藏等省、自治区、直辖市都召开了工业学大庆会议，总结了本地区工业学大庆的经验，表彰了一批学大庆的先进企业和个人，命名了一批大庆式企业，同时还发动先进企业和先进模范人物深入讨论学大庆的意义，制订进一步开展学大庆群众运动、普及大庆式企业的规划和部署，提出各地的奋斗目标和措施，把“工业学大庆”运动不断引向深入。如黑龙江省于1977年3月末召开了全省工业学大庆会议，向全省27个先进单位、

① “两参一改三结合”是“鞍钢宪法”的主要内容。“鞍钢宪法”是对20世纪60年代鞍山钢铁公司企业管理基本经验的称谓。“鞍钢宪法”的主要内容是：加强中国共产党的领导，坚持政治挂帅，大搞群众运动，实行“两参一改三结合”，大搞技术革新和技术革命运动。“两参”是干部参加生产劳动，工人参加企业管理；“一改”是改革不合理的规章制度；“三结合”是企业领导干部、技术或管理人员和工人相结合。引自廖盖隆主编：《中国共产党历史大辞典》（社会主义时期），中共中央党校出版社，1991年。

② 《中共中央发出召开全国工业学大庆会议通知》，《人民日报》1977年1月27日，第1版。

标杆单位赠送了锦旗，并向哈尔滨水泥厂等55个大庆式企业、83个学大庆先进企业、八个著名先进集体和57名铁人式模范标兵颁发了奖旗和奖状。[①] 全国各企业和广大职工积极响应中共中央的号召，在实际行动中掀起了一个学大庆的高潮。

（一）全国工业学大庆会议在大庆油田隆重开幕

1977年4月20日，由中共中央召开的全国工业学大庆会议在大庆油田隆重开幕。李先念、纪登奎、汪东兴、李德生、陈永贵、吴桂贤、苏振华、王震、余秋里、谷牧出席了会议。

中共中央政治局委员、国务院副总理李先念在会上致开幕词。他说，我们这次会议，是全国工业战线一次规模空前的盛会。参加会议的，有大庆油田的代表，有大庆式企业、学大庆先进企业和先进集体的代表，有战斗在三大革命运动第一线的先进生产者和先进工作者的代表，有关系国民经济全局的重点企业的代表，还有各省、自治区、直辖市，各地、市和部分县的负责同志，有党中央、国务院、中国人民解放军有关单位的负责同志。农业战线的红旗大寨和解放军硬骨头六连的代表，也参加了这次大会。到会代表共7000人。这次会议，也可以说是工业战线上的一次群英大会。李先念说，我们这次会议的任务，就是要动员全党、全国工人阶级更高地举起毛主席的伟大旗帜，掀起学习毛泽东思想的新高潮，进一步深入揭批“四人帮”，把工业学大庆的群众运动推向新的阶段，普及大庆式企业，为尽快地把我国建设成为社会主义现代化强国而奋斗。李先念号召大家，我们要以新的战斗姿态投入社会主义革命和社会主义建设的伟大斗争中去，作出更加优异的成绩。[②]

---

① 中共大庆市委党史研究室著：《大庆改革开放史（1978—2009）》，中共党史出版社，2010年。

② 《全国工业学大庆会议开幕词》，《人民日报》1977年4月23日，第2版。

开幕式上，中共大庆市委书记宋振明向大会代表介绍了大庆 17 年来的奋斗经验。

会议开幕前，党和国家领导人同中央各部委，各省、自治区、直辖市的负责同志及各路先进模范人物深入大庆的标杆钻井队、采油站、工农村等地参观，代表们还住在“干打垒”的房子和帐篷里感受大庆人昔日的艰辛和大庆精神。

4 月 21 日至 23 日，会议邀请了大庆油田的九位代表发言，介绍经验。他们分别是：大庆油田钢铁 1205 钻井队副指导员殷文著、大庆油田采油二部 49 队指导员李春好、大庆革委会副主任闵豫、大庆油田建设指挥部二大队三中队队长刘长坤、大庆石油化工会战指挥部党的核心小组副组长张泗存、大庆革委会副主任张瑞清、大庆生产办公室副主任张立中、大庆油田供应指挥部革委会副主任李泽清、大庆油田建设指挥部红一站先锋五队指导员高玉英。会议还为代表们提供了 10 个书面发言的材料。

（二）全国工业学大庆会议在北京继续举行

1977 年 4 月 27 日，全国工业学大庆会议在北京继续举行。7000 名代表从大庆来到北京，继续进行会议议程。27 日，与会代表在北京认真听取了黑龙江省委常委陈剑飞、湖南省委书记于明涛、常州市委书记何冰皓、遵化县委常委王云阁四位代表的发言。

大会经验交流是全国工业学大庆会议的重要议程。从 1977 年 4 月 27 日起至 5 月 3 日止，全国工业学大庆会议先后举行了五次大会和一些中小型会议，进行经验交流。在大会上发言的有 27 位代表，他们是山东省委书记厉日耐、四机部副部长刘寅、上海第三十三棉纺厂党委书记梅寿椿、四川汽车制造厂党委书记王黎山、上海市委书记林乎加、郑州铁路局党委副书记李克基、杭州丝绸印染联合厂负责人沈初云、北京市委常委杨寿山、广东省委常委刘田夫、石油工业部长康世恩、开滦煤矿党委书记王永武、鞍钢弓长岭矿党委副书记王君绍、天津第二建筑工程公司第二工区党总支书记胡宪法、西藏自治区日喀则地区加加公路养护段藏族青年女工普赤、中国人民解放军总后勤部副部长张元培、河南省辉县化肥厂党总支副书记袁志成、玉门石油管理局党委书记傅万祯、山东省昌潍地委书记魏坚毅、北京铁路局“毛泽东号”机车组司机长陈福汉、黑龙江省鸡西矿务局党委书记张秀亭、江西拖拉机厂党委副书记安金贵、四川新都机械厂党委副书记陈英、广西壮族自治区南宁市委书记郭耀卿和来京后第一天在大会上发言介绍经验的黑龙江省委常委陈剑飞、湖南省委书记于明涛、常州市委书记何冰皓、遵化县委常委王云阁。

在大会上发言介绍经验的企业代表们纷纷表示，我们向大庆学习，一定要学大庆人坚持自力更生、艰苦奋斗的创业精神，和大庆比，我们的工作还有很大差距。我们要借这次会议的东风，更深入地开展学大庆运动，把我们的企业办得更好。而省市县的领导们在会上既介绍了他们各自地区开展学大庆的经验，同时强调学大庆一定要不断提高认识，要用大庆精神学大庆，坚持走我国工业发展的路子，要为在本地区大力普及大庆式企业而努力奋斗。

（三）表彰一批大庆式企业和先进生产者

1977 年 5 月 3 日，全国工业学大庆会议经验交流环节结束。5 月 4 日，全国工业学大庆会议在人民大会堂继续举行，叶剑英、李先念、陈锡联、纪登奎、汪东兴、李德生、陈永贵、吴桂贤、苏振华、倪志福、郭沫若、徐向前、谭震林、李井泉、张鼎丞、邓颖超、周建人、许德珩、胡厥文、李素文、姚连蔚、王震、余秋里、谷牧、孙健、粟裕、沈雁冰、江华出席会议。

国务院副总理余秋里受党中央委托，在会上作了题为《全党、全国工人阶级动员起来，为普及大庆式企业而奋斗》的报告。

余秋里的报告分为六个部分：（1）发展大好形势，夺取新的胜利；（2）把揭批“四人帮”的斗争进行到底；（3）坚持走我国自己工业发展的道路；（4）加快我国工业发展速度，努力赶超世界水平；（5）关于整顿企业的若干问题；（6）普及大庆式企业，关键在省委、市委。

余秋里指出，毛主席亲自树立的大庆红旗，代表了我国自己工业发展的方向。1975 年，周总理在第四届全国人民代表大会的政府工作报告中，就曾号召我们要深入开展工业学大庆、农业学大寨的群众运动。①

5 月 13 日，全国工业学大庆会议在北京胜利闭幕，中共中央政治局委员、国务院副总理纪登奎在会上致闭幕词。闭幕仪式由中共中央政治局委员汪东兴主持。中共中央、国务院表彰了 2126 个大庆式企业（单位）、先进企业（单位）和 385 位先进生产者。

在闭幕仪式上，国务院副总理王震、谷牧向出席全国工业学大庆会议的大庆油田，各省、自治区、直辖市和中国人民解放军的大庆式企业（单位）、先进企业（单位）、先进集体和先进生产者（工作者）颁发《光荣册》，到会的 29 个省、自治区、直辖市和中国人民解放军各派出一名代表，代表 2511 个大庆式企业（单位）、先进企业（单位）、先进集体和先进生产者（工作者），从中央领导手中领受《光荣册》。中央领导同志同他们合影留念，会场上响起热烈的掌声，向在社会主义革命和社会主义建设中作出了卓越贡献的英雄模范们致敬。

全国工业学大庆会议，从 1977 年 4 月 20 日在大庆隆重开幕，到 5 月 13 日在北京胜利落下帷幕，历时 24 天。与会代表通过在大庆的亲身感受，听取大会经验交流发言，参观“全国工业学大庆展览”等方式，更加深切地体会到大庆是中国工业战线的一面旗帜，体会到以“铁人”王进喜为代表的大庆人“宁可少活二十年，也要拿下大油田”的大无畏精神的可

① 《余秋里副总理受党中央委托作重要报告》，《人民日报》1977 年 5 月 5 日，第 1 版。

贵，从而增强了决心和毅力，为早日实现四个现代化作出贡献。

（四）全国工业学大庆会议的影响

粉碎“四人帮”后，1977年4月20日至5月13日，全国工业学大庆会议终于得以召开。《〈中国共产党历史〉第二卷》曾评价全国工业学大庆会议，称：“在这次会议的号召下，全国各企业，特别是一些重点企业，加快了领导班子和生产秩序的整顿，广泛开展劳动竞赛和增产节约运动，努力使各项技术指标在短期内达到历史最好水平和国内先进水平，有力地促进了整个工业生产的恢复和发展。”[①]《〈中国共产党历史〉第二卷注释集》中还曾补充评价道：“这次会议对于清理‘四人帮’在生产战线上的错误影响，恢复全国工农业生产秩序有着积极的意义。”[②]这是对本次会议积极意义的充分肯定。

全国工业学大庆会议使“大庆精神”焕发新生。广大石油、地质工作者历尽艰辛发现大庆油田，翻开了中国石油开发史上具有历史转折意义的一页。大庆油田的卓越贡献已经镌刻在伟大祖国的历史丰碑上。大庆在为国家创造巨大物质财富的同时，又培育了以“爱国、创业、求实、奉献”为主要内涵的大庆精神和铁人精神。

在全国人民学大庆的热潮中，大庆精神愈来愈为人们所熟悉。大庆人那种为国争光、为民族争气的爱国主义精神；独立自主、自力更生的艰苦创业精神；讲求科学、“三老四严”[③]的求实精神；胸怀全局、为国分忧的奉献精神，是广大石油工人在石油会战中形成的独有而又具有普遍意义

---

① 中共中央党史研究室著：《〈中国共产党历史〉第二卷》，中共党史出版社，2011年。

② 中共中央党史研究室第二研究部著：《〈中国共产党历史〉第二卷注释集》，中共党史出版社，2012年。

③ “三老四严”是一种作风与精神：“对待革命事业，要当老实人，说老实话，办老实事；对待工作，要有严格的要求，严密的组织，严肃的态度，严明的纪律。”

的大庆精神。大庆精神是中华民族精神的一个重要组成部分。无论过去、现在，还是将来，大庆精神都是激励人们拼搏奋进的强大动力。

四、召开全国财贸学大庆学大寨会议

全国工业学大庆会议结束后，党中央又及时作出了召开全国财贸学大庆学大寨会议的决定。关于全国财贸学大庆学大寨会议的公开报道见于新华社 1978 年 3 月 10 日电：中共中央决定，原计划在今年内由国务院召开的全国城乡商业学大庆学大寨会议改为由中共中央主持召开全国财贸学大庆学大寨会议。会议定于 1978 年五六月在北京举行。①

为了将全国财贸学大庆学大寨会议开好，中央在北京专门召开了预备会议。参加预备会议的有各省、自治区、直辖市主管财贸工作的负责同志和国务院各财贸部门的负责同志，参加预备会议的同志一致认为，这次会议的召开，对于动员广大财贸职工高举毛主席的伟大旗帜，贯彻执行中国共产党第十一次全国代表大会的路线，完成第五届全国人民代表大会第一次会议提出的各项任务，在建设社会主义现代化强国的新长征中作出贡献，具有十分重要的意义。

得知中共中央决定召开全国财贸学大庆学大寨会议的消息，全国广大财贸职工意气风发，积极行动，立足工作岗位奋斗，以实际行动迎接全国财贸学大庆学大寨会议的胜利召开。为了迎接全国财贸学大庆学大寨会议的召开，北京、上海、天津、广东、湖北、湖南、四川、河南、山西、福建、安徽、辽宁、吉林、黑龙江 14 个省市的财贸系统，在饮食业、服务业等 28 个工种中，评选出 519 名技术精湛的专门人才，恢复和授予他

① 《中共中央决定主持召开全国财贸学大庆学大寨会议》，《人民日报》1978 年 3 月 11 日，第 1 版。

们专门技术职称并颁发了任命书。在这批评选出来的专门技术人才中，既有财贸战线老字号的杰出人才，也有新企业崭露头角的新秀，但他们的共同点是在本岗位技能超群、贡献突出。北京、广东等省市在这次评选专门人才技术职称中，不拘一格评选人才，对那些在生产一线的职工，凡真正有创新、有技能、有绝活的，不论年龄、资历，够条件的就给予职称和待遇。在这次评选中，还出现了师徒两代都被评为优秀技师的可喜现象。

（一）全国财贸学大庆学大寨会议开幕

1978年6月20日，全国财贸学大庆学大寨会议在北京隆重开幕。中共中央副主席叶剑英、邓小平、汪东兴等出席会议，中共中央副主席、国务院副总理李先念讲话。

本次大会是新中国成立以来全国财贸战线规模空前的一次盛会。来自全国财贸系统的各级领导干部、先进集体和先进模范人物的代表5000多人欢聚一堂，他们在这次大会上交流经验，讨论新时期财贸工作的任务，讨论如何促进四个现代化等，一批先进集体和劳动模范受到党中央和国务院的表彰。

中共中央副主席、国务院副总理李先念在会上讲话。李先念在讲话中热情地赞扬了全体财贸职工为社会主义革命和社会主义建设的胜利作出了卓著的贡献，不愧为中国工人阶级的一个重要的组成部分。他代表中共中央和国务院，向全体代表和全国1200万财贸职工表示崇高的敬意和真诚的感谢。

李先念在会上着重讲了四个问题：（1）充分认识财贸工作的作用；（2）抓好财贸战线的阶级斗争；（3）提高财贸工作的管理水平；（4）加强党对财贸工作的领导。李先念指出，工农业生产是财贸工作的基础。只有生产大发展了，财贸才能大发展。但这绝不是说，在社会生产总过程中，财贸工作只起一个被动的从属的作用。生产决定交换和分配，交换和分配反过来又对生产起着不可缺少的重要、积极的作用。这在社会主义制度下更加显著。从一定的意义上说，我们可以把财贸工作比作人体的循环系统，人每时每刻不能离开血液循环，我们的社会主义经济也每时每刻不能离开财贸工作，不能离开商品的交换和资金的分配。

李先念最后强调，同志们，我们已经开始一次新的伟大的长征，向四个现代化进军。我们财贸部门作为这个长征队伍的后勤部，一定要千方百计地保证长征的胜利。他号召，希望到会的同志们开动脑筋，活跃思想，出主意，想办法，下决心，通过这次会议，把财贸工作大大向前推进一步。党中央对这次大会寄予很大的希望，相信同志们一定不会辜负党中央的殷切希望。[①]

（二）举办大会经验交流会

全国财贸学大庆学大寨会议经过 1978 年 6 月 21 日至 24 日四天的分组讨论后，从 6 月 25 日至 29 日，全国财贸学大庆学大寨会议连续举办了五场大会经验交流会，大会代表们的发言从本地区、本单位和自己的实际工作讲起，内容充实、生动。

在 1978 年 6 月 25 日举行的第一场大会经验交流会上，被授予特级售货员职称的全国著名劳模、北京市百货大楼售货员张秉贵在会上作了《把党的温暖送到人民群众心坎上》的发言。他在发言中向大家介绍了他的“一团火”精神和“一把准”的事迹。他说，一个售货员在柜台上做几件好事并不难，难的是年年如此，月月如此，天天如此，接待每位顾客都如此。20 多年来，我接待了近 200 万位顾客，没有和任何顾客吵过架。有人问我：“难道你就没有碰到过个别不讲理的顾客？”我认为只要我们全心全意为人民服务，绝大多数顾客对我们是热情的、友好的。在柜台上，我

① 《全国财贸学大庆学大寨会议隆重开幕》，《人民日报》1978 年 6 月 21 日，第 1 版。

们售货员是为人民服务的，而顾客是我们服务的对象，即使有个别顾客态度冷淡，我们也应当以热对冷，耐心接待。也有人问："20多年来，你老那么热情，难道自己一点不顺心的事情都没有？"怎能没有呢？但是我想柜台就是我革命的岗位，一进入柜台，就要像解放军战士进入阵地一样，自己的事情就不能再想了。绝不能因为自己有了不顺心的事儿，就挂在脸上，向顾客撒气。想到这些，我就能像平常一样，热情地为顾客服务。张秉贵说，我们站柜台一不出钢，二不出粮，怎么为社会主义作贡献呢？我认为就是要在柜台上为顾客节约一分一秒的时间，使他们腾出更多的精力投入社会主义革命和建设。我在接待第一位顾客的时候，就问第二位顾客要什么商品，同时和第三位顾客打好招呼，让他做好准备。这种方法叫"接一问二联系三"。这样一来，虽然要多说很多话，但比过去快多了。在柜台上，我把接待每一位顾客的过程，分解为问、拿、称、算、包、收款六个环节，在每个环节上挖潜力。我过去称糖果时，不是抓多就是抓少，每次添称、减称都要浪费几秒钟，积少成多，就不是一件小事。为了攻下这一关，我经过几年苦练，现在基本上做到了"一抓准"。他说，大庆铁人有句名言："宁可少活二十年，拼命也要拿下大油田。"我们站柜台也要发扬这种铁人精神。我一进柜台，不仅称秤、包包、捆扎动作要快，还要眼睛观察四面八方，耳朵倾听多方面的意见，脑子里要算账，嘴里要回答顾客提出的各种问题，几部机器同时开动，不一会儿，就满头大汗了。我常想，站柜台就是干革命，干革命就得有个革命的样子，绝不能有丝毫的松懈。我们在柜台里面累一些，顾客在柜台外边也就方便一些，只要顾客满意，我们售货员再累也是高兴的。张秉贵最后说，前些年，我们小组的同志把我的工作和学习情况归纳为五个劲：学习毛主席著作的刻苦劲，站柜台的精神劲，接待顾客的热情劲，售货的迅速劲，一贯的持久劲。八个字，主动、热情、耐心、周到。这些都是党组织和同志们对我的鼓励，也是给我指出的努力方向，事实上我还有很大的差距。今后我一定要把心中的一团火越烧越旺，鼓足更大的干劲，迈开更大的步伐，向商业的机械化、科学化、现代化进军，在新的历史时期把工作做得更好，当好四个现代化的后勤兵，当好四个现代化的促进派！①

在1978年6月26日的会议上，大庆油田党委副书记郑耀舜等在大会上进行发言。郑耀舜在会上主要介绍大庆财贸工作如何坚持面向生产、面向群众，全心全意为油田生产建设和群众生活服务，促进油田生产建设高速度发展的四点经验。第一，坚持“有利生产，方便生活”的原则，建设适应矿区特点的财贸服务网，做到油田开发到哪里，财贸工作就跟到哪里；哪里有工农村，就在哪里建立财贸网点；哪里有人搞生产，哪里就有财贸服务工作。第二，坚持把钱管活，把有限的资金用在最需要的地方。大庆在财务工作上实行“钱归一家，物归一家，一个金库，一把钥匙”的财权集中制。大庆把有限的人力、物力、财力优先用于对全局有决定性作用的工程项目上，以缩短基本战线，提高投资效果。第三，坚持“会战到哪里，服务到哪里”的会战传统，千方百计保证前线打胜仗。第四，坚持“服务后方，巩固后方”的原则，解除前线职工的后顾之忧。许多商店、粮店的职工利用业余时间，一户一户地走访参加会战的职工家庭，掌握服务区的情况。有的建立了服务卡片，绘制了服务线路图，把在会战前线的职工家属、烈士家属和老弱病残等困难较大的户作为重点服务对象，定人、定时、定点为他们服务。郑耀舜说，大庆的760多个财贸网点实行“厂管财贸”。这种管理办法有利于厂矿党委一手抓生产，一手抓生活，使财贸工作更好地发挥为油田生产和群众生活服务的作用。②

1978年6月27日，中共山西省昔阳县委常委、县革委会副主任郭富银等在会上发言。郭富银在发言中说，近11年来，昔阳县人民发扬自力

① 《把党的温暖送到人民群众心坎上》，《人民日报》1978年7月2日，第2版。

② 《做好财贸战线工作，促进油田建设高速度发展》，《人民日报》1978年6月30日，第2版。

更生、艰苦奋斗的革命精神，把贫穷落后的昔阳县建成了“大寨县”。这期间，全县粮食总产量翻了三番，亩产量由1966年的200多斤增加到900多斤；1977年向国家交售的商品粮比1966年增加了16.7倍，财政收入增长了5.3倍；财政开支年年节余，经济建设投资增长了22倍，货币回笼及时，支援了国家，也支援了生产。全县从无到有地发展了外贸事业，现在出口商品已达61种，仅冻兔肉一项，去年出口就达450多吨。郭富银在会上着重介绍了他们县委在学大庆学大寨中，为了做好面向生产、面向群众的工作，还狠抓了四个结合。第一，把财贸工作的计划同县、社、队三级的建设计划结合起来。财贸部门制订每年的计划之前，都要先参加和了解县、社、队的建设计划。根据县、社、队的建设计划，再制订自己的计划。这样就使财贸部门弄清楚了县、社、队三级的全年生产计划，各个时期、各个季节需要物资的品种和数量，以及需要资金多少，货源是不是充足，从而能及早动手组织货源，保证供应工作走在生产的前面。第二，从生产需要出发，把完成购销任务同学大庆学大寨结合起来。粮食部门的职工通过调查研究，根据粮食流向调整了网点，实行就地直线运输和运粮捎煤的办法，既为农业节省了劳力，又给群众拉了煤。第三，把扩大生产资料的供应同支援社、队发展多种经营结合起来。广大商业职工积极为社、队两级发展生产出主意、想办法，大力帮助社、队发展多种经营和社办企业。支援社、队发展多种经营最突出的是大寨供销社，其支援发展的社、队果树园就有78处，猪、鸡、鹿、兔、肉牛场33个，还支援一些社、队发展了养蚕、养蜂、养鸡、养鸭等。第四，把开门营业同走乡串户为群众服务结合起来，既便利了群众，有利于生产，也进一步巩固了农村的社会主义商业阵地。①

① 《当好建设大寨县的促进派》，《人民日报》1978年6月30日，第2版。

（三）会议期间的其他活动安排

会议期间，除组织各种类型的交流经验会以外，大会还举办了几场大的报告会，邀请党和国家领导同志讲话，并举办了现场实际操作表演等经验交流。对于来自全国财贸战线的5000多名代表来说，他们在本次大会上收获巨大，进一步明确了财贸工作的方针、政策、路线和任务，鼓起了干劲，明确了方向。

1. 余秋里在会上作报告

1978年7月2日，中共中央政治局委员、国务院副总理余秋里在全国财贸学大庆学大寨会议上作报告，他报告的题目是《为促进国民经济的高速度发展而奋斗》。中共中央副主席、国务院副总理李先念主持了会议。

余秋里的报告在会前几天就发给了全体代表，让代表们先讨论，提出意见和建议，然后在集思广益的基础上再加以修改，最后形成定稿。因此，在7月2日举行的大会上，余秋里没有读发给全体代表的报告全文，只是分四个方面讲报告的要点。这四个方面是：第一，新时期财贸战线的光荣职责；第二，坚持我国财贸工作的正确道路；第三，财贸工作如何促进国民经济持续高速发展；第四，加强党的领导，深入开展学大庆学大寨运动。

在讲到深入开展学大庆学大寨运动时，余秋里强调，大庆大寨的根本经验有普遍意义，适用于财贸部门的各行各业。我们一定要真心实意地学，结合实际创造性地学，要学实质，不要学形式。一年多来，财贸学大庆学大寨群众运动有了很大发展。广大职工热烈开展了比学赶帮超的社会主义劳动竞赛，涌现出一大批先进人物和先进集体，不但有财贸工作搞得好的典型单位，而且有财贸工作搞得好的县、市和地区。运动有力地推动了财贸工作，有力地保证和促进了工农业生产的发展。

余秋里在报告中还提出了大庆式、大寨式基层财贸企业和单位的六条标准：一是认真学习马列主义、毛泽东思想，坚持党的基本路线，执行党的方针政策；二是有一个党性强、业务熟、联系群众、团结战斗、老中青三结合的领导班子；三是有一支又红又专，具有“三老四严”革命作风，全心全意为人民服务的队伍；四是完成和超额完成国家计划，年年都有新贡献；五是勤俭办企业，严格执行规章制度，不断提高管理水平；六是技术革新成效大，服务态度好，服务质量高。

余秋里最后号召财贸战线上的广大职工，用大庆大寨的革命精神，大力发展我国的社会主义财贸事业，在实现农业、工业、国防和科学技术现代化的伟大斗争中作出更大的贡献。①

2. 分系统深入学习和讨论

1978 年 7 月 4 日至 6 日，全国财贸学大庆学大寨会议的代表按系统分组，结合本系统工作的实际深入学习讨论，安排规划本系统的工作，推动工作的落实。

这些分系统的会议，由财贸所属的商业部、外贸部、财政部、全国供销合作总社、中国人民银行总行、工商行政管理总局、国家水产总局各单位分别主持召开。

商业、粮食、供销社系统的代表，以代表团为单位组成学习讨论组，着重讨论了商业部提出的《关于发展商业的若干问题》的初稿，这是一个关于中国发展商业的指导性文件，各代表团组织讨论时非常认真，商业部逐条吸取代表们的意见和建议，并进行修改。商业部还召集了各省、自治区、直辖市的商业局长座谈会，听取和分析了各地商业供销方面的情况。大家一致认为，随着国家经济的发展，市场已经出现了由供应紧张转向相当一部分商品比较充裕的喜人局面。商业工作必须适应这种形势，在收购、供应等方面有一个较大的改进。商业部还召开了各省的粮食局长会，

① 《为促进国民经济的高速度发展而奋斗》，《人民日报》1978 年 7 月 3 日，第 1 版。

结合会议精神，讨论了粮食的收购和供应等问题。

全国供销合作总社召集了各省、自治区、直辖市供销主任座谈会，学习会议精神，同时集中讨论了供销社如何支援扶持社、队发展多种经营，为农业积累资金，促进农业机械化的问题。湖南、湖北、四川、广东、山东五个省的供销社负责人介绍了他们的工作经验。座谈会还针对一些供销社工作中存在的问题研究了改进的措施和办法。

从事外贸工作的代表认真学习了中央领导同志的讲话精神，结合外贸工作的实际，讨论了今后八年外贸工作的发展规划，决心解放思想，创新工作思路，调动一切积极因素，进一步把外贸工作做好，为国家积累更多的外汇，为国家实现四个现代化作出更大的贡献。

财政、银行系统的代表们热议金融工作如何支援工农业生产，加速资金积累，在发展国民经济中更好发挥财政、银行的作用，真正把全国财贸学大庆学大寨会议的精神落到实处。

工商行政、水产等系统的代表热烈讨论会议精神，一方面领会会议精神和一些单位及模范人物的先进经验，另一方面讨论回去后如何贯彻全国财贸学大庆学大寨会议精神，把会议精神贯彻好、落实好。

在分系统学习讨论期间，财政部、中国人民银行总行、外贸部、全国供销合作总社、国家水产总局等国家部委的领导分别召集了本系统代表的全体大会，一方面欢迎大家、感谢大家，请大家对机关工作提出宝贵意见；另一方面希望大家珍惜荣誉，把全国财贸学大庆学大寨会议的精神带回去，宣传好、落实好，为国家四个现代化建设作出更大的贡献。

（四）全国财贸学大庆学大寨会议的意义

全国财贸学大庆学大寨会议对全国财贸战线的广大职工来说意义是非常巨大的。这是中共中央第一次主持召开的全国财贸系统群英大会，是一次新时期、新长征路上的动员大会、誓师大会。

1978 年 7 月 9 日，全国财贸学大庆学大寨会议在人民大会堂举行了隆重的闭幕式。中共中央政治局委员、国务院副总理纪登奎主持了闭幕式。

闭幕式上，中共中央政治局委员、国务院副总理陈永贵，国务院副总理王震、康世恩代表党中央、国务院，向受到党中央、国务院表彰的全国财贸战线大庆式企业和全国劳动模范、全国先进工作者的代表颁发了《光荣册》。全国财贸战线上先进集体、先进个人的代表，胸前戴着大红花，坐在会场的前排，更给大会增添了喜庆气氛。

中共中央政治局委员、国务院副总理方毅致闭幕词，他首先祝贺大会胜利完成了预定的议程，开了一个很成功的大会。方毅指出，这次全国财贸学大庆学大寨会议，进一步明确了财贸工作的路线、方针和政策，现在最重要的，是要在各级党委的统一领导下，结合本地区、本部门的情况，迅速地、切实地贯彻和落实。希望大家把大会的精神带回去，把先进经验带回去，把党中央和全国人民对财贸工作的殷切期望带回去，使会议精神成为推动整个财贸工作的强大力量。①

1978 年 7 月 10 日，中共中央副主席叶剑英、邓小平、李先念等党和国家领导人接见了全国财贸学大庆学大寨会议和全国物资战线学大庆会议的代表。

全国财贸学大庆学大寨会议结束后，代表们怀着激动和依依不舍的心情陆续返回他们的工作岗位，大力宣传、贯彻、落实大会精神，并在胜利完成新时期新任务的征程中作出了新的更大的贡献。

全国财贸学大庆学大寨会议，是新中国成立后党中央第一次召开的全国财贸系统表彰先进单位和劳动模范及先进工作者的大会，对于激励全国 1200 万财贸职工向四个现代化进军，推动财贸战线广大职工广泛深入

---

① 《全国财贸学大庆学大寨会议胜利闭幕》，《人民日报》1978 年 7 月 10 日，第 1 版。

开展比学赶帮超的社会主义劳动竞赛，具有重要的推动作用。正如《人民日报》的社论中所说:“这次会议极大地唤起了全党对财贸工作的重视，激励着一千二百万财贸职工向四个现代化进军的斗志，推动着财贸战线学大庆学大寨群众运动的开展，在我国财贸工作的历史上占有重要的地位，写下了光辉的一页。”①

① 《最重要的就是落实——欢呼全国财贸学大庆学大寨会议胜利闭幕》，《人民日报》1978 年 7 月 10 日，第 1 版。

CHAPTER ELEVEN 第十一章

积极投身四个现代化建设

粉碎“四人帮”后，我国进入新的发展时期，国家各条战线逐步得到恢复和发展。为了进一步解放生产力，发展生产力，发挥科学技术对于生产的重要促进作用，调动广大职工学先进，帮后进，积极促进四个现代化建设。1978 年 3 月 18 日至 31 日，中共中央、国务院在北京主持召开全国科学大会，全国各省、自治区、直辖市，中央国家机关，中国人民解放军和国防工业部门的 5586 名代表参加了会议。中共中央、国务院授予 826 个集体全国先进集体称号，授予 1213 人全国先进科技工作者称号。1979 年 9 月 28 日至 10 月 3 日，工业、交通、基本建设战线全国先进企业和全国劳动模范大会在北京举行。国务院授予全国 118 个企业全国先进企业称号，授予 222 人全国劳动模范称号。1979 年 12 月 28 日，农业、财贸、教育、卫生、科研战线全国先进单位和全国劳动模范大会在北京举行。国务院授予 351 个单位全国先进单位称号，授予 340 人全国劳动模范称号。

一、科学的春天与全国科学大会

（一）党中央决定召开全国科学大会

1977 年 9 月 18 日，中共中央政治局会议审议通过了《中共中央关于召开全国科学大会的通知》，决定于 1978 年春在北京召开全国科学大会。9 月 23 日，《人民日报》头版全文发布《中共中央关于召开全国科学大会的通知》。

《中共中央关于召开全国科学大会的通知》指出：全国科学大会的任

务是，高举毛泽东思想的伟大旗帜，贯彻执行党的第十一次全国代表大会的路线，深入揭批王洪文、张春桥、江青、姚文元“四人帮”，交流经验，制定规划，表扬先进，特别要表扬有发明创造的科学技术工作者和工农兵群众，动员全党全军全国各族人民和全体科学技术工作者，向科学技术现代化进军。①

在《中共中央关于召开全国科学大会的通知》中，中央号召全体科学技术工作者，坚持又红又专的方向，树雄心立壮志，不畏劳苦，勇于创新，攻克科学城堡，攀登世界高峰；号召广大工人农民和其他劳动者，不断提高思想政治觉悟，大搞技术革新和技术革命，实行科学种田，开展社会主义劳动竞赛，创造先进的劳动生产率；号召解放军指战员，努力学习军事科学技术，改进武器装备，加强我军革命化、现代化建设；号召全国青少年，发奋努力，学政治，学文化，树立爱科学、讲科学、用科学的风气；号召共产党员和共青团员，努力成为向科学技术现代化进军的模范。

《中共中央关于召开全国科学大会的通知》指出，我们能够学会我们原来不懂的东西。我们不但善于破坏一个旧世界，我们还将善于建设一个新世界。一个具有高度科学文化的中华民族，一个具有现代农业、现代工业、现代国防和现代科学技术的强大的社会主义的中国，必将屹立于世界。

《中共中央关于召开全国科学大会的通知》全文有8000多字，详细阐明了召开全国科学大会的目的和任务，深刻论述了科学技术的重要意义，我党关于科学技术及对知识分子的政策等，强调要把向科学技术现代化进军的运动扎扎实实地向前推进。

---

① 《中共中央关于召开全国科学大会的通知》，《人民日报》1977年9月23日。

（二）以实际行动迎接大会的召开

《中共中央关于召开全国科学大会的通知》鼓舞着我国各族人民，尤其是广大科技工作者。参加全国科学大会预备会议的与会同志，一致表示要进一步发动群众，勤奋工作，以优异成绩迎接全国科学大会的召开，加快步伐向科学技术现代化进军。

全国各省、自治区、直辖市党委认真贯彻《中共中央关于召开全国科学大会的通知》精神，把中央精神落到实处。例如，中共北京市委为宣传贯彻《中共中央关于召开全国科学大会的通知》精神，迅速行动，很快召开了由市委有关部门负责人、各区县局和高等院校负责人、科研单位和厂矿企业负责人、科技人员代表共18000人参加的大会，传达贯彻中央精神及市委的要求和部署。市委主要负责同志出席了会议，要求各级党委要切实加强对科技工作的领导，各级党委的主要负责同志都要亲自过问科技工作，并有一名书记主管科技工作，把科技工作列入党委重要议事日程，抓紧搞好整顿，抓紧落实党的知识分子政策，抓紧搞好规划。要坚持群众路线，实事求是，脚踏实地，埋头苦干，鼓实劲，不要鼓虚劲。要革命加拼命，拼命干革命，抢时间争朝夕，把被“四人帮”耽误的时间抢回来、补上去，以实际行动迎接全国科学大会和北京市科学大会的召开。

北京市委召开贯彻《中共中央关于召开全国科学大会的通知》精神的会议后，北京市的许多科研单位以及厂矿企业的科技人员和职工群众纷纷举行学习会、座谈会，认真讨论中共中央的通知，同时许多单位结合工作实际制定科研规划，在力所能及的范围和条件下，积极解决科技人员的实际困难，创造条件让科研人员专心投入科学研究工作。中国科学院北京自动化研究所党委专门组织了调查组，深入了解情况，着力解决科研人员每周必须保证有五到六天的时间进行科研业务的问题。北京植物研究所召开了全所大会，交流各个科室制定的科研规划，互相促进共同提高，以实际行动迎接全国科学大会的召开。

《中共中央关于召开全国科学大会的通知》发出后，上海市各科研单位、工矿企业和高等院校的广大科学技术人员、教职员工认真学文件，踏实做科研，不断传出科研项目取得成果的佳音。在全国科学大会召开前夕，上海市科技战线已经完成120多项科研成果。例如中国科学院上海生物化学研究所、有机化学研究所、实验生物研究所以及上海试剂二厂和中国科学院生物物理所、北京大学生物系、首都啤酒厂等单位共同协作，于1976年合成了核糖12核苷酸，1977年下半年又合成了核糖16核苷酸片段，为人工合成核酸打下了基础。而由中国科学院上海硅酸盐研究所研制成功的石英光导纤维，在全国科学大会前夕，先后在上海、桂林、北京等地用这种材料进行激光传送电话、电视的传递试验，图像清晰，传音清楚，取得了很好的效果。①

在迎接全国科学大会和武汉市科学大会的日子里，武汉市广大科技工作者奋战在科技一线，不断创新。489项具有一定水平和价值的科研成果在武汉市科学大会上受到表彰。这些成果中有武昌电厂利用旋风炉附烧钙镁磷肥，发电不减负荷，利用旋风炉附烧钙镁磷肥的煤耗与以往用高炉法相比，煤耗下降87%，成本降低了一半，企业效益大增。武汉水泵厂和武汉汽轮发电机厂合作研制成功的立式高扬程四米轴流泵，武汉冷冻机厂研制成功的15吨蒸喷式制冷机等，既解决了国家和市场的急需，企业也取得了可观的经济效益。②

（三）全国科学大会在北京隆重召开

1978年3月18日，中共中央召开的全国科学大会在北京隆重开幕。

① 《上海完成一批重点科研项目》，《人民日报》1978年3月18日，第1版。

② 《武汉去年科技成果多》，《人民日报》1978年3月18日，第1版。

中共中央副主席叶剑英、邓小平、汪东兴出席大会，并在主席台前排就座。在主席台前排就座的还有党和国家领导人郭沫若、韦国清、乌兰夫、方毅、纪登奎、苏振华、余秋里、张廷发、陈永贵、陈锡联、耿飚、聂荣臻、倪志福、徐向前、陈慕华、赛福鼎、王震、谷牧、康世恩，以及中央军委负责人粟裕、罗瑞卿。

1. 邓小平在全国科学大会上作重要讲话

1978 年 3 月 18 日，在全国科学大会上，中共中央副主席、国务院副总理邓小平作了重要讲话。邓小平说，四个现代化，关键是科学技术的现代化。邓小平接着讲了三个问题。

邓小平讲的第一个问题，是对科学是生产力的认识问题。他说，科学技术是生产力，这是马克思主义历来的观点。现代科学技术的发展，使科学与生产的关系越来越密切了。科学技术作为生产力，越来越显示出巨大的作用。当代社会生产力的巨大发展，劳动生产率的大幅度提高，最主要的是靠科学的力量、技术的力量。他指出，劳动者只有具备较高的科学文化水平和先进的劳动技能，才能在现代化的生产中发挥更大的作用。他还谈到，在社会主义社会里，无产阶级自己培养的脑力劳动者，与历史上的剥削社会中的知识分子不同了……他们的绝大多数已经是无产阶级自己的一部分。他们与体力劳动者的区别，只是社会分工的不同。从事体力劳动的，从事脑力劳动的，都是社会主义社会的劳动者。

邓小平讲的第二个问题，是关于建设宏大的又红又专的科学技术队伍。他说，我们向科学技术现代化进军，要有一支浩浩荡荡的工人阶级的又红又专的科学技术大军，要有一大批世界一流的科学家、工程技术专家，要打破常规去发现、选拔和培养杰出人才。邓小平说，这里一个重要的问题，是对又红又专要有正确的理解、合理的要求。毛主席提倡知识分子又红又专，鼓励大家改造资产阶级世界观，树立无产阶级世界观。世界观的根本问题是为谁服务。一个人，如果爱我们社会主义祖国，自觉自愿为社会主义服务，为工农兵服务，应该说这就是初步确立了无产阶级世界观，按政治标准来说，就不能说他们是白，而应该说是红了。社会主义事业是有分工的。各行各业的同志在坚持社会主义政治立场的条件下，努力做好本职工作，这不但不是脱离政治，而且正是为无产阶级服务的具体表现，是有社会主义觉悟的表现。邓小平在具体分析我国科技队伍的情况时指出，从政治立场这个基本方面来看，绝大多数科学技术人员应该说是站在工人阶级立场上的。这样的革命知识分子是我们党依靠的力量。他还特别强调，在人才的问题上，必须打破常规去发现、选拔和培养。这是被“四人帮”搞乱了的一个重大问题。他们把有贡献的科学家、教授、工程师诬蔑成为资产阶级学术权威，把我们党和国家培养成长的优秀中青年科学技术人员，诬蔑为修正主义苗子。我们要彻底清除“四人帮”的流毒，把尽快地培养出一批具有世界一流水平的科学技术专家，作为我们科学、教育战线的重要任务。

邓小平讲的第三个问题，是在科学技术部门中怎样实现党委领导下的分工负责制。邓小平讲，能不能把我国的科学技术尽快地搞上去，关键在于我们党是不是善于领导科学技术工作。他说党委的领导，主要是政治上的领导，保证正确的政治方向，保证党的路线、方针、政策的贯彻，调动各个方面的积极性。同时，是通过计划来领导的，要抓好科学研究计划，要知人善任，把力量组织好。另外，还必须做好后勤保障工作。科学技术的业务工作，应当放手让所长、副所长分工去做。对于学术上的不同意见，必须坚持百家争鸣的方针，展开自由的讨论。在科学技术工作中，必须听取专家的意见，充分发挥专家的作用，是使我们少犯错误、做好工作所必需的。这是我们科学研究机构党委实行群众路线的一个重要方面。①

接着，中共中央政治局委员、国务院副总理、国家科委主任方毅在会

① 中共中央组织部、中共中央文献研究室编：《知识分子问题文献选编》，人民出版社，1983 年。

上作了报告。报告共分三部分：（1）我国社会主义科学技术事业发展的新阶段；（2）树雄心立壮志向科学技术现代化进军；（3）全党动员，大办科学。方毅说，向科学技术现代化进军，是全党全军全国各族人民的共同任务。这是历史赋予我们的一场伟大的技术革命。我们党的各级组织，要扎扎实实地做好以下工作：整顿科学研究机构，建成科学技术研究体系；广开才路，不拘一格选人才；建立科学技术人员培养、考核、晋升、奖励的制度；坚持百家争鸣；学习国外的先进科学技术，加强国际学术交流；保证科学研究工作时间；努力实现实验手段的现代化；分工合作，大力协同；加快科学技术成果和新技术的推广应用；大力做好科学普及工作。

参加全国科学大会的有全国各省、自治区、直辖市，中央国家机关，中国人民解放军和国防工业部门的5586名代表。他们当中有来自全国各条战线的优秀科学工作者、技术革新能手、科学种田的模范，有做好科技管理工作的好管家等。这些代表来自24个民族，年龄最大的已是90岁高龄，最小的仅22岁。他们在各自的工作岗位上自力更生，艰苦奋斗，奋发图强，勇攀高峰，作出了卓越的贡献。代表们出席全国科学大会，聆听了党和国家领导人为早日实现我国的四个现代化发出的伟大号召，受到了极大鼓舞。正如有学者指出的，在如何看待知识分子阶级属性的问题上，新中国成立以来经历了几次曲折，在全国科学大会上，邓小平强调知识分子是“无产阶级自己的一部分”，是新中国成立以来对知识分子最彻底的一次脱帽加冕。邓小平的讲话，充分肯定了科学技术在社会主义现代化建设中的地位与作用，对“文化大革命”以来在知识分子问题上的“左”倾错误进行了全面而彻底的清算，透彻地阐明了知识分子政策上一系列的重大问题，引起了强烈反响。①

---

① 罗平汉：《春天：1978年的中国知识界》，人民出版社，2008年。

2. 代表们分组座谈发言踊跃

1978 年 3 月 19 日至 23 日，全国科学大会的代表们进行了分组座谈和观摩学习。代表们在短短的几天时间里，对邓小平的讲话和方毅的报告进行了认真学习，一致认为邓小平的讲话是科技战线上具有里程碑意义的讲话，从理论上武装了全党，武装了科技战线，准确地完整地阐明了毛主席的思想和毛主席关于科技领域的路线、方针和政策，使大家在思想上获得了一次大解放。这种思想的大解放，必将带来我国科学技术事业的发展。

著名科学家钱学森、朱光亚回顾了新中国科学技术的发展历程，他们谈到，20 世纪 50 年代我们人力物力都非常缺乏，但是在毛主席亲切关怀、周总理直接领导下，我们发扬自力更生、艰苦奋斗的精神，克服千辛万苦，只用了十多年的工夫，原子弹、氢弹爆炸了，把卫星也送上了天。现在我们国家的条件比 50 年代好多了，要实现四个现代化，赶超世界先进水平不是空话，而是历史的必然。这些老一辈的科学家，他们回顾过去、展望未来，更加珍惜今天来之不易的美好时光，钱学森连夜赶写出了关于发展我国科学技术的十条建议。

电子计算机技术是衡量一个国家现代化水平的重要标志。参加这次会议的好几位电子计算机专家在一起热烈地讨论我国电子计算机发展的广阔前景。研究电子计算机总体设计的高庆施是新中国成立后我国自己培养出来的专家。在大会前，他根据多年的研究，写出了五篇论文，向大会献礼。听了邓小平的报告后，他感到更坐不住了，他在会议座谈时坚定地表示，一定努力争取在最短时间内在计算机整体功能设计上尽快赶上国际先进水平。

在分组学习座谈期间，党和国家领导人方毅、苏振华、陈永贵、李井泉、王震等分别到会场参加了一些分组讨论，和代表们一起学习、座谈，听取代表们对我国科技发展的意见和建议。

1978 年 3 月 24 日，中共中央副主席叶剑英、邓小平、李先念、汪东兴等党和国家领导人出席了全国科学大会，邓小平主持了大会。1978 年 3 月 25 日至 26 日，全国科学大会的代表们继续进行讨论。

3. 大会发言经验宝贵

1978 年 3 月 27 日，全国科学大会开始进行大会发言。在 3 月 27 日大会上发言的代表有四位，他们是大庆革命委员会副主任、总地质师闵豫，中共湖南省委书记刘夫生，中国农林科学院院长金宝善，中国科学院数学研究所研究员陈景润。

陈景润在会上说，研究哥德巴赫猜想的实践，使我深深体会到，向科学进军，光靠个人奋斗是不行的。如果没有优越的社会主义制度，没有毛主席革命路线的指引，没有党中央的亲切关怀，没有各级党的领导和同志们的支持，像我这样一个病魔缠身的人，绝不可能有勇气和毅力去向世界难题挑战，也绝不可能有勇气和毅力去战胜病痛的折磨，党的亲切关怀，是我攀登科学高峰的动力！①

3 月 28 日，全国科学大会继续进行大会发言。山西省昔阳县大寨大队党支部委员贾承让作了题为《为革命种田，用科学种田》的发言；冶金工业部副部长叶志强作了题为《向冶金科学技术现代化进军，促进冶金工业高速度发展》的发言；冶金工业部钢铁研究院物理室主任陈篪作了题为《为发展我国科学事业贡献自己的一切》的发言；农林部副部长何康作了题为《深入开展农业科学实验运动，为建设社会主义现代化农业而奋斗》的发言。

3 月 29 日，全国科学大会继续进行大会发言。著名航天专家孙家栋在会上作了题为《毛主席的伟大旗帜指引着我国空间事业的发展》的发言；卫生部副部长钱信忠作了题为《向医学科学现代化进军》的发言；著

① 《党的关怀是攀登科学高峰的动力》，《人民日报》1978 年 3 月 30 日，第 3 版。

名理论化学家唐敖庆教授作了题为《加强基础理论研究，尽快培养科技人才》的发言。

3月30日，全国科学大会进行最后一天的大会发言。在会上，中国科学院副院长李昌作了题为《坚决把中国科学院整顿好，尽快把科学研究搞上去》的发言；中央上海市委书记韩哲一作了题为《为把上海建设成为先进的科学技术基地而奋斗》的发言；成都工具研究所工程师黄潼年作了题为《奋发图强，攀登齿轮测量技术高峰》的发言；全国科协代主席周培源作了题为《科学技术协会要为实现四个现代化作出贡献》的发言。

全国科学大会从1978年3月27日至30日，进行了四天的大会交流，先后有15位同志在大会上交流经验，有的畅谈了他们个人工作的经验体会或对工作的建议，有的则对他们所管工作及所辖地区的工作作了介绍，有的还谈到了他们的科学规划。总的来说，他们的发言十分提气、经验宝贵，充满了对中国科学发展的信心！与会代表一致认为，这次全国科学大会的召开，不仅是我国科学史上的一件大事，而且也是我国社会主义革命和社会主义建设史上的一件大事。它是我国向四个现代化进军的里程碑，是一次向科学技术现代化进军的动员大会和誓师大会。①

在大会发言期间，会议还安排了参观学习讨论《1978—1985年全国科学技术发展规划纲要（草案）》等活动。

（四）迎来中华民族科学的春天

1978年3月18日，全国科学大会在北京隆重开幕，历时14天，3月31日在北京胜利落下帷幕。这是新中国一次有重大现实意义和深远历史意义的大会，迎来了中华民族科学的春天。

---

① 罗平汉：《春天：1978年的中国知识界》，人民出版社，2008年。

1. 全国科学大会胜利闭幕

1978 年 3 月 31 日，全国科学大会在京胜利闭幕。中共中央副主席、国务院副总理邓小平，中共中央副主席、国务院副总理李先念等党和国家领导人出席会议，中共中央政治局委员、国务院副总理纪登奎主持会议并致闭幕词。

闭幕式上宣读了中国科学院院长郭沫若《科学的春天》的书面讲话。郭沫若说，科学的春天来了！从我一生的经历，我悟出了一条千真万确的真理：只有社会主义才能解放科学，也只有在科学的基础上才能建设社会主义。科学需要社会主义，社会主义更需要科学。郭沫若还说，我们中华民族在人类文明发展史上，曾经有过杰出的贡献。现在，在共产党的领导下，我们民族正在经历着一场伟大的复兴。恩格斯在谈到 16 世纪欧洲文艺复兴时曾经说过，那是一个需要巨人而且产生了巨人的时代。今天，我们社会主义祖国的伟大革命和建设，更加需要大批社会主义时代的巨人。我们不仅要有政治上、文化上的巨人，我们同样需要有自然科学和其他方面的巨人，我们相信一定会涌现出大批这样的巨人。

郭沫若强调，我的这个发言，与其说是一个老科学工作者的心声，毋宁说是对一部巨著的期望。这部伟大的历史巨著，正待我们全体科学工作者和全国各族人民共同努力，继续创造。它不是写在有限的纸上，而是写在无限的宇宙之间。①

在闭幕式上，最热闹的场面是各省、自治区、直辖市和中央各部门的领奖代表们戴着大红花、走上主席台领奖时，全场一片欢腾。数百名少年儿童挥舞着花束高呼着“向先进代表学习，向先进代表致敬”的口号涌向主席台，给领奖代表们戴上红领巾，在音乐声中、在掌声中、在欢呼声中，领奖代表们接受了中共中央政治局委员、国务院副总理方毅代表党和

① 《科学的春天》，《人民日报》1978 年 4 月 1 日，第 3 版。

国家给予他们的奖励。

在全国科学大会上，有 826 个先进集体、1213 名先进科技工作者、7657 项优秀科技成果的完成单位和个人受到党中央、国务院的表彰。

1978 年 4 月 2 日，中共中央副主席叶剑英、邓小平、李先念、汪东兴以及党和国家其他领导人在人民大会堂接见了出席全国科学大会的 5000 多名代表，并同他们一起照了相。参加接见的党和国家领导人还有乌兰夫、方毅、纪登奎、余秋里、张廷发、陈永贵、陈锡联、耿飚、聂荣臻、倪志福、徐向前、陈慕华、赛福鼎、王震、谷牧、康世恩。中央军委负责人粟裕、罗瑞卿也参加了接见。

2. 认真贯彻全国科学大会会议精神

全国科学大会结束后，全国各省、自治区、直辖市及中央国家机关各部门一方面认真传达贯彻大会精神，另一方面狠抓大会精神的落实。

辽宁省代表团团长、省委书记苏羽说，我们回省后，把全国科学大会的精神迅速传达下去，针对我们省的情况，抓紧抓好全省各级科研机构的整顿工作，把领导班子配齐配好。同时要进一步落实党对知识分子的政策，坚决把学非所用的问题解决好，保证科研人员的工作时间，放手让科研人员集中精力搞科研。①

安徽省代表团团长、省委书记顾卓新说，切忌空谈，扎扎实实地干。这次我们代表团回省不搞敲锣打鼓欢迎欢送，光敲锣打鼓是实现不了四个现代化的。谈到加强党的领导时，顾卓新说，党委要调动知识分子的积极性，就要真心实意创造条件，让他们安心搞科研工作。党委如何领导科技，这是一个新问题，我们必须认真学习，和知识分子搞好团结，真正做到一要热心、二要全心全意、三要支持帮助，这样即使有的问题暂时解决不了，大家也会谅解的。科研人员的六分之五，业务时间一定要保证，星

① 《扎扎实实地开展工作 将大会精神落到实处》，《人民日报》1978 年 4 月 5 日，第 1 版。

期天也不占用，晚上也不占用，保证科技人员的科研时间和休息时间。顾卓新说，党委要抓规划，一个地区、一个县、一个研究所、一个大学都要搞规划，明确三年、八年、二十三年达到什么目标，怎样达到。为科研创造条件，我们要增加一些科研和教学经费，用来买仪器、搞实验室、搞技术等。只要搞科研需要，又有可能，要人给人、要钱给钱、要物给物，保证做好后勤保障工作。①

广东省代表团团长、省委副书记吴南生说，全国科学大会意义重大，对这次会议，我们首先要抓好宣传大会的精神，搞得扎扎实实，不搞形式主义。其次要根据全国科学技术发展规划纲要的要求，实实在在地制定出我们省的规划。最后，为实现新时期总任务的需要，要整顿科研单位的领导班子，调整科研机构，进一步落实党对知识分子的政策，加强科研队伍的建设等。总之，我们要做的工作很多，都要作出艰苦的努力，但是最根本的一条是统一思想、提高认识，使我们各级领导的思想能跟上形势的发展。吴南生说，不提高广大干部对科学技术现代化的认识，要领导四个现代化的建设是不可能的。我们省委已经作出决定，要求各级领导干部拿出一定时间学习科学技术知识，特别是业务技术部门的干部，更要抓紧学，至少要了解本部门的现状和先进水平的差距，明确主攻方向，制定出有力措施，去缩短差距，赶超先进水平。这样才能尽快改变长期当外行的状况。现在我们有些同志，有一种糊涂观念，一提学习就以为是政治学习，而一提要学点科学技术，就很不以为然。我们省委下决心，要通过各种形式，加强对干部有关自然科学知识的教育，同时要不断提高他们的认识，在这个科学的春天，不断开出科研之花，不断结出科研之果。②

全国科学大会的精神和全国科学大会制定的《1978—1985 年全国科

① 《扎扎实实地开展工作　将大会精神落到实处》，《人民日报》1978 年 4 月 5 日，第 1 版。

② 《扎扎实实地开展工作　将大会精神落到实处》，《人民日报》1978 年 4 月 5 日，第 1 版。

学技术发展规划纲要（草案）》，大大鼓舞了广大科技人员和各族人民，一场为四个现代化而奋斗的热潮，在中国大地风起云涌。在科学的春天，广大科技工作者和广大人民群众创作的中华民族的科学巨著，不只是写在有限的纸上，而是实践在无限的历史空间。中华民族必将以一个具有高度科学文化水平的民族屹立于世界先进民族之林。

二、工业、交通、基本建设战线劳模受到表彰

（一）评选工业、交通、基本建设战线劳模代表

1979 年 8 月 17 日，新华社发布了国务院决定国庆三十周年表彰劳动模范的消息。国务院决定：在庆祝中华人民共和国成立三十周年之际，表彰一批全国先进企业和全国劳动模范。国务院于 8 月 15 日向各省、自治区、直辖市革命委员会，国务院各部门，中华全国总工会和各省、自治区、直辖市总工会发出通知指出，表彰全国先进企业和全国劳动模范，是为了动员广大职工把精力集中到社会主义现代化建设上来，全面贯彻调整、改革、整顿、提高的方针，继续学大庆、普及大庆式企业，广泛、深入、持久地开展增产节约运动，保证完成和超额完成国民经济计划，加速实现四个现代化的步伐。①

1. 评选条件与方法出炉

国务院通知规定，表彰的范围、对象是工业、交通、基本建设战线的先进企业（事业单位）和劳动模范。每个省、自治区、直辖市推荐 1—3 个先进企业和 2—5 名劳动模范。有些工业集中、职工人数较多的地区，

① 《国务院向各省市自治区及有关部门发出通知　在今年国庆节表彰一批全国先进企业和劳模》，《工人日报》1979 年 8 月 18 日，第 1 版。

经国务院评选委员会同意可适当增加少数名额。全国先进企业将由国务院颁发嘉奖令。全国劳动模范由国务院发给奖章和证书。

关于评选条件，国务院通知规定，全国先进企业必须是大庆式企业中最先进的，是本地区、本行业学习的榜样。全国劳动模范必须是一贯表现好，并具有下列条件之一者：在完成生产建设任务，实现增产节约方面有重大贡献者；在生产技术上有重大改革或有重大合理化建议者；在创造发明、科学研究方面有重大贡献者；在其他方面有重大贡献者。

关于评选方法，国务院通知规定，各省、自治区、直辖市推荐的全国先进企业和全国劳动模范，必须经本企业的职工讨论同意并事先和国务院有关部门协商一致，由省、自治区、直辖市革命委员会审定，于9月5日以前把全国先进企业和全国劳动模范的名单、事迹，分别报国家经委和中华全国总工会。国务院设评选委员会负责审评。

国务院通知指出，对全国先进企业和全国劳动模范的事迹，要实事求是，认真核实，切实防止虚假浮夸……各有关单位要大力宣传推广全国先进企业和全国劳动模范的先进经验，动员广大职工向他们学习，开展比学赶帮超活动，努力提高生产水平、技术水平和管理水平，为加快社会主义现代化建设而奋斗……这次先表彰一批工业、交通、基本建设战线的先进企业和劳动模范。其他各条战线如农业、财贸、文教、卫生、科研等，也要积极准备，以后分批进行。①

2. 选出群众认可的模范代表

由于距工业、交通、基本建设战线全国先进企业和全国劳动模范大会只有一个多月的时间，评选委员会及其办公室进行了紧张而有序的工作，确保筹备工作如期完成。在1979年9月20日前，评选工作全部结束。

---

① 《国务院向各省市自治区及有关部门发出通知　在今年国庆节表彰一批全国先进企业和劳模》，《工人日报》1979年8月18日，第1版。

在整个评选工作中，各级领导机关坚决贯彻党的群众路线，自下而上，自上而下，充分协商，民主评选，反复沟通，把群众认可的在本企业、本地区、本行业的先进企业和模范人物评选出来。最后，经国务院评选委员会两次召开会议，进行了认真的审定，共评选出全国先进企业118个，全国劳动模范222人。

在本次评选中被评选出来的全国先进企业，既有大中型国有企业，也有中小型集体所有制企业。它们都在工业学大庆和社会主义现代化建设中作出了突出贡献，取得优异成绩，成为本地区、本行业排头兵企业。

例如，被评为全国先进企业的首都钢铁公司，该企业在工作中端正思想路线，一切从实际出发，打破禁区，改革不合理的规章制度，从而调动了广大职工的生产积极性，使企业生产面貌焕然一新。全公司有13项指标夺得全国冶金行业的冠军，精矿粉品位、高炉利用系数等七项指标进入国际先进行列。湖南醴陵国光瓷厂学习大庆岗位责任制的经验，结合他们厂的实际，在全厂建立了责任到人的制度，端掉了“大锅饭”，职工的积极性被充分调动了起来，产量上来了，产品质量保证了。1979年，该企业的产品质量及可比产品单位成本、利润等经济技术指标都在全国同行业中名列第一。江苏无锡无线电五厂是一个集体所有制的小企业，但在全国同行业中出口袖珍收音机最多，创汇率最高，成本在全国同类产品中最低，三年多时间里已实现利润206万元，为国家、集体、职工作出了贡献。①

在本次评选中被评选出来的全国劳动模范，有普通工人，也有工程技术人员和企业管理人员。他们有的在完成生产建设任务，实现增产节约中有重大贡献；有的在生产技术上有重大革新；有的在科学研究、创造发明上取得了突出成果；有的则在企业管理上创新管理思路，紧紧依靠职工

① 《小厂作出大贡献》，《工人日报》1979年9月28日，第2版。

群众，使企业生产蒸蒸日上。这次评选出来的全国劳模年龄最大的 73 岁，而最小的才 24 岁，女职工占 13% 左右。

被人们誉为“矿山机械化的开路先锋”的工人出身的工程师傅景新，这次被评为全国劳动模范，他是全国冶金战线有名的技术革新能手。30 年来，他和工人、工程技术人员一起，先后研究成功和革新了 40 多种矿山机械设备、工具。其中，有的被列为国家定型产品，在全国有色冶金矿山推广使用；有的产品已成龙配套，形成了系列，组成了平巷掘进、天井掘进和大型无轨掘进机械化作业线；有的产品则填补了我国地下冶金矿山机械化开采的空白。特别是 20 世纪 70 年代末，他认真学习国外的先进经验，在研制大型化、液压化、无轨化采掘技术的设备制造上作出了新的贡献，走在了全国同行的前列。同时，他不断提出新的课题，和他的同伴们一起研制大型无轨电动铲运机和其他先进设备，为我国矿山技术装备现代化，努力超越世界先进水平贡献了自己的聪明才智。①

“甘愿一身脏，换得城市净”的全国劳模张全维，是黑龙江省哈尔滨排水事业管理处第二管修工区的排水工。自 1958 年参加工作以来，他就一直从事排水工作，和污水打了 20 多年交道。他常说：没有人干这脏活累活，哪有城市的干净！我从小是要饭的，是共产党救了我，党要我干啥我就干啥！在工作中，他说到做到。钻井检查是又脏又累又危险的活，他总是抢着干，而且严把质量关。一次，在布管的时候，水泥管口已经对好了，他趴下对四米多长的管内进行检查，发现管内有一小块砖头，用手够不着。一起干活的同伴说，砖小不影响，他说管内有砖影响流速，而且容易堵塞。于是，他去找来劈子，趴在地上费了好大劲，才将小砖头掏了出来。他平时干活就是这样，一点也不马虎，几十年如一日。

为了掌握工作的主动性，他用了两年多的时间走街串巷，在对他们承

---

① 《矿山机械化的开路先锋》，《工人日报》1979 年 9 月 28 日，第 2 版。

担的道外区48条街道下的32公里长的管道、960个检查井和570个雨水井进行彻底普查后，画了48张管道图、井位图。他不仅在图上标明了管径、深度、流向、管道铺设和更换的时间，还特别用文字注明了哪个地段因受地势、建筑物、车辆震动而容易损坏，哪个地段受附近堆积物的影响雨天容易堵塞等。这48张管道图、井位图也一一装在了他的脑子里，哪里出了故障，他都能及时进行排除。

张全维不仅干活不怕脏、不怕累、不怕危险，而且善于用脑，不断进行技术革新，逐步改善工人的劳动环境和劳动条件。他和排水工人芦金发一起琢磨，设计制造出掏泥器和穿竹皮器，还把手摇卷扬机改为手扶拖拉机带动的卷扬机，用机械带动掏泥器和穿竹皮器，基本上实现了下水道清掏工作的机械化。张全维和芦金发的这项技术革新，在东北地区的许多城市得到推广运用，受到排水工人们的欢迎。①

（二）大会在北京隆重召开

1979年9月28日，国务院在人民大会堂召开大会，嘉奖工业、交通、基本建设战线的全国先进企业和全国劳动模范。由全国各省、自治区、直辖市从工业、交通运输、基本建设战线评选出来的118个全国先进企业的代表和222名全国劳动模范，胸戴大红花登上主席台，接受党和国家领导给予的崇高荣誉。

1. 开幕式与授奖仪式

中共中央副主席、全国人大常委会委员长叶剑英，中共中央副主席、政协全国委员会主席邓小平，中共中央副主席、国务院副总理李先念，以及中央政治局委员、候补委员，全国人大常委会副委员长，国务院副总理，中央军委负责人，政协全国委员会副主席，最高人民法院院长，最高

① 《甘愿一身脏 换得城市净》，《工人日报》1979年9月28日，第3版。

人民检察院检察长等领导同志出席会议，向受到嘉奖的全国先进企业和全国劳动模范表示热烈祝贺。

中共中央副主席、国务院副总理李先念在大会上讲话。他代表党中央和国务院向出席授奖仪式的全国劳动模范、全国先进企业的代表致以热烈的祝贺，同时也向战斗在全国各地各条战线上的劳动模范、先进企业和职工同志们表示亲切的慰问和敬意。

李先念指出，回顾新中国成立以来中国工人阶级所走过的光辉道路，所进行的艰巨斗争，所经历的严峻考验，可以充分证明：我们的工人阶级不愧是立场坚定、眼光远大的革命领导阶级；我们的劳动模范不愧是工人阶级的优秀分子，人民群众的学习榜样；我们的先进企业站在全国几十万个企业的前列，不愧是社会主义现代化建设的排头兵。在社会主义革命和社会主义建设的历程中，劳动模范和先进企业的同志们，满怀豪情，辛勤劳动，艰苦奋斗，作出了巨大的贡献，起到了推动历史前进的作用。国家和人民给你们以荣誉，这是完全应该的。光荣属于全心全意为社会主义事业贡献力量的劳动者！

李先念说，生产活动是人类最基本的实践活动。一部社会发展史，首先是生产发展史，是物质资料生产者的历史，也就是劳动群众的历史。在人类历史上，新的生产技术总是不断代替着旧的生产技术。掌握了先进科学技术的劳动模范、先进生产者，在生产上有所创造、有所发明、有所革新、有所前进，不断促进着生产的新高涨，带动整个社会生产水平的提高。劳动模范、先进生产者是推动历史向前发展的先进生产力的优秀代表。

李先念在讲话的最后强调，摆在工人阶级面前的历史任务是光荣而艰巨的。当前最主要的是，要坚决贯彻（十一届）三中全会“解放思想，开动脑筋，实事求是，团结一致向前看”的方针，认真解决思想路线问题，以保证四个现代化的顺利实现。劳动模范和先进企业的同志们，要带动广大群众，发扬艰苦奋斗、勤俭建国的光荣传统，学习大庆自力更生、艰苦创业的干劲，在全国各地轰轰烈烈开展的增产节约运动中，掀起一个比学赶帮超的社会主义劳动竞赛热潮，树立争当先进光荣、甘居落后可耻的社会新风尚，使少数先进生产者创造的先进水平迅速成为全行业、全社会的水平，不断提高劳动生产率，为完成和超额完成 1979 年的国民经济计划，打好四个现代化的第一个战役而奋斗。①

国务院副总理余秋里主持了授奖大会，宣读了《国务院关于表彰工业、交通、基本建设战线全国先进企业和全国劳动模范的决定》。该决定说明了表彰先进企业和劳动模范的重要意义，并要求全国先进企业和全国劳动模范谦虚谨慎，戒骄戒躁，再接再厉，积极作出新贡献。号召全国工业、交通、基本建设等战线的企业和职工，向全国先进企业和全国劳动模范学习，在增产节约运动中掀起一个比学赶帮超的社会主义劳动竞赛的新高潮。

在欢快的乐曲声中，党和国家领导人把国务院的嘉奖令授予全国先进企业的代表，把金质奖章和全国劳动模范证书授给了全国劳动模范。500 名少先队员手执鲜花，在全场热烈的掌声和欢呼声中，涌向了主席台，将鲜花献给全国劳模和全国先进企业的代表，并朗诵了《献给推动历史前进先驱》的献词。

著名劳模、北京铁路局丰台机务段“毛泽东号”机车第七任机车组司机长、北京铁路局总工会第一副主席陈福汉在会上宣读了《工业、交通、基本建设战线全国先进企业和全国劳动模范倡议书》。倡议书提出，我们在工作中作出了一点成绩，是党的领导、培养和同志们帮助的结果。国家给予我们如此崇高的荣誉，这个荣誉应当属于伟大的党，属于全国工人阶级。我们决心在新长征中继续发挥带头、骨干、桥梁作用，谦虚谨慎，戒骄戒躁，再接再厉，勇往直前，去争取更大的胜利。

---

① 《李先念同志的讲话》，《工人日报》1979 年 9 月 29 日，第 1 版。

授奖仪式结束后，党和国家领导人及党政军有关部门负责人同全国先进企业的代表、全国劳动模范合影留念。

出席授奖仪式的还有北京市工业、交通、基本建设战线上的先进单位、劳动模范的代表及群众代表，共9000多人。

2. 各条战线代表座谈会上踊跃发言

10月3日，国家经委、国家建委、国防工办和中华全国总工会在人民大会堂联合举办座谈会，邀请全国工业、交通、基本建设战线全国先进企业代表和全国劳动模范座谈。座谈会上，大家踊跃发言，气氛热烈，充满着工人阶级的豪情壮志。参会代表们一致表示：我们工人阶级一定要迅速动员起来，鼓足干劲，力争上游，充分发挥推动生产发展的先驱作用，为祖国现代化建设的伟大事业贡献自己的智慧和力量。

在人民大会堂举行的座谈会上，全国先进企业的代表和全国劳动模范一个接一个发言。全国先进企业的代表、上海嘉丰棉纺织厂党委书记梅寿椿说，我们工厂的代表最近一个月内两次来到首都北京，前一次是因为荣获国家优质产品的金奖，而这一次是因为接受国务院颁发的嘉奖，我们全厂职工深受鼓舞，无比自豪，同时也深深感到我们做得还很不够。我们要再接再厉，鼓更大的劲儿，争取创造更加优异的成绩，为人民生活和外贸出口生产更多的纺织品。全国先进企业杭州张小泉剪刀厂的代表在会上激动地说，我们厂是个集体所有制的小企业，这次被评为了全国先进企业。在授奖仪式上，我同党和国家领导人一起坐在人民大会堂，心情特别激动。这不仅是我们厂的光荣，也是我们所有集体所有制企业的光荣，充分说明党和国家对集体所有制企业的重视。今后我们要进一步提高产品质量，满足人民生活需要，同时增加出口产品，换回更多的外汇支援四化建设。全国先进企业首都钢铁公司的代表白良玉表示，我们一定借这次国务院表彰大会的东风，深化企业改革，推动全公司工作更上一层楼。全国劳动模范、被誉为大庆油田“活账本”的仓库管理员齐莉莉在会上说，党和国家对我们年青一代寄予无限希望，但我们目前在思想上和科学文化知识上同四个现代化建设的要求还不适应。我们年青一代一定要努力学政治、学文化、学技术，要又红又专，奋发图强，为四个现代化建设贡献我们的青春年华。全国劳动模范、成都工具研究所副总工程师黄潼年，他于1979年提出圆柱体齿轮整体误差理论，并主持研究齿轮整体误差测量新技术，之后于1980年获国家发明奖二等奖。黄潼年在会上很动情地说，党和国家对我们知识分子很重视，我和同伴们作了一点小小的贡献，党和国家就给予我这么高的荣誉。今后，我要虚心向老劳模学习，和同志们团结一致，努力钻研技术，百折不挠地攀登科学高峰，为四化建设作出更大的贡献。全国劳动模范王学礼、李临庄、陈亨、李良园纷纷发言，一致表示，一定不辜负党和人民的期望，在今后的工作中进一步发挥好劳动模范的带头、骨干、桥梁作用，团结带动广大职工把以增产节约为中心的劳动竞赛开展得更有成效，夺取四个现代化的第一个战役的全面胜利。[①]

国家经委副主任袁宝华主持座谈会，中共中央政治局委员、中华全国总工会主席倪志福在会上作了讲话。他说：一朵鲜花不是春，万紫千红春满园。先进企业和劳动模范要带动、帮助、团结大家一道前进，形成浩浩荡荡的大军。我们要借这次国务院表彰全国先进企业和全国劳动模范的东风，掀起一个比先进、学先进、赶先进、超先进、帮后进的热潮，大力推广先进单位、先进人物所创造的先进经验，使先进经验之花遍地开放，果实累累，把先进单位和先进人物创造的先进水平变成全行业、全社会的水平，推动社会生产力迅速发展。他还要求先进企业的代表和劳动模范们努力学习，尽快提高自己的科学文化技术水平，认真学习企业管理知识，使自己成为按社会主义经济规律管理现代企业的内行，还要努力学习马列主

① 《工人阶级要充分发挥推动生产发展的先驱作用》，《工人日报》1979年10月4日，第1版。

义、毛泽东思想，在改造自己的主观世界方面起带头作用。[①]

国家经委、国家建委、国防工办的负责同志也在会上作了讲话。

（三）大会的历史意义与现实意义

10 月 4 日和 5 日，全国先进企业的代表和全国劳动模范肩负使命、怀着依依不舍的心情，陆续返回他们各自的岗位，去宣传落实大会精神，团结动员职工为四个现代化建设作出新贡献。

1979 年国庆前夕，国务院在北京隆重表彰了工业、交通、基本建设战线全国先进企业和全国劳动模范，这次劳模表彰大会是新中国成立三十周年全国劳模代表和全国先进企业的代表会师北京的一次盛会。而这次大会也是中共中央 1978 年 12 月 18 日至 22 日召开具有深远历史意义的党的十一届三中全会后，国务院第一次主持召开的全国劳模盛会。这次劳模表彰大会是在党的工作重心转移到社会主义现代化建设上来，我国进入社会主义现代化建设新时期的背景下召开的。这对于动员全国亿万职工积极投入社会主义现代化建设，当好主力军，响应党中央关于实行改革开放的重大战略决策，是具有重大的现实意义和深远的历史意义的。正如李先念代表党中央和国务院讲话中指出的那样，回顾新中国成立以来中国工人阶级所走过的光辉道路，所进行的艰苦斗争，所经历的严峻考验，可以充分证明：我们的工人阶级不愧是立场坚定、眼光远大的革命领导阶级；我们的劳动模范不愧是工人阶级的优秀分子，人民群众的学习榜样……劳动模范和先进企业的同志们，满怀豪情，辛勤劳动，艰苦奋斗，作出了巨大的贡献，起到了推动历史前进的作用。这次大会是对全国工业、交通、基本建设战线广大职工、劳动模范和先进企业的一次大检阅，对于加快四个现代

① 《工人阶级要充分发挥推动生产发展的先驱作用》，《工人日报》1979 年 10 月 4 日，第 1 版。

化的步伐具有重大的意义。大会对进一步贯彻党的十一届三中全会“解放思想，开动脑筋，实事求是，团结一致向前看”的方针起到促进作用。①

三、农业、财贸、教育等战线劳模受到表彰

1979年9月28日，在新中国成立三十周年国庆前夕，国务院隆重举行了工业、交通、基本建设战线全国先进企业和全国劳动模范授奖仪式。根据国务院关于表彰全国先进企业和全国劳动模范的通知中指出的“其他各条战线如农业、财贸、文教、卫生、科研等，也要积极准备，以后分批进行”表彰的指示精神，1979年10月10日，国家农业委员会、国务院财贸小组、国家科学技术委员会、中华全国总工会向国务院提交了《关于表彰农业、财贸、文教、卫生、科研战线全国先进单位和全国劳动模范的请示报告》，提出在1979年底之前，在北京再举行一次表彰农业、财贸、文教、卫生、科研战线全国先进单位和全国劳动模范授奖仪式。②经国务院领导同意，国务院表彰农业、财贸、教育、卫生、科研战线全国先进单位和全国劳动模范大会定于1979年12月28日在北京举行。

本次农业、财贸、教育、卫生、科研战线全国先进单位和全国劳动模范大会由国务院主持召开，国务院授予全国先进单位称号351个，授予全国劳动模范称号340人。党和国家领导人邓小平、李先念等出席大会。

---

① 中华全国总工会编：《中国工会百科全书》上册，经济管理出版社，1998年，第706页。

② 国务院在决定召开大会时称将嘉奖和表彰一批“农业、财贸、文教、卫生、科研战线全国先进单位和全国劳动模范”，大会正式召开时称“农业、财贸、教育、卫生、科研战线全国先进单位和全国劳动模范大会”。相关资料见《关于表彰农业、财贸、文教、卫生、科研战线全国先进单位和全国劳动模范的请示报告》（1979年10月10日）；中华全国总工会办公厅编：《中华全国总工会文件选编》（1978—1979年），工人出版社，1982年；《国务院决定年底举行第二次授奖大会》，《人民日报》1979年11月13日，第1版；《国务院隆重举行第二次授奖仪式》，《人民日报》1979年12月29日，第1版。

国务院副总理余秋里主持大会并宣读了《国务院关于表彰农业、财贸、教育、卫生、科研战线全国先进单位和全国劳动模范的决定》，中共中央副主席、国务院副总理李先念向大会致辞，党和国家领导人向全国先进单位的代表颁发了《国务院嘉奖令》，向全国劳动模范颁发了证书和奖章。

（一）全国先进单位和劳动模范的评选

1. 评选条件和评选办法

关于表彰农业、财贸、教育、卫生、科研战线全国先进单位和全国劳动模范，国务院规定了全国先进单位和全国劳动模范的评选条件和评选办法。

关于评选条件，国务院要求全国先进单位必须是先进单位中最优秀的，是本地区、本行业学习的榜样。全国劳动模范必须是一贯表现好，并且有下列条件之一者：（1）在完成本职工作方面有重大贡献者；（2）在工作中有重大改革或有重大合理化建议并取得显著成效者；（3）在创造发明、科学研究方面有重大贡献者；（4）在其他方面有重大贡献者。

关于评选方法，国务院要求各省、自治区、直辖市推荐的全国先进单位和全国劳动模范，必须认真经基层单位的职工讨论同意，征求周围单位职工的意见，并事先和国务院有关部门协商一致，由省、自治区、直辖市革命委员会审定，于1979年11月20日前把全国先进单位、全国劳动模范的登记表和先进事迹（材料）报国务院评选委员会审批。

关于农业、财贸、教育、卫生、科研战线全国先进单位和全国劳动模范的奖励，对全国先进单位颁发《国务院嘉奖令》，对全国劳动模范颁发奖章和证书，与表彰工业、交通、基本建设战线的全国先进企业和全国劳动模范相同。

2. 评选结果揭晓

1979年12月15日，经国务院评选委员会第二次会议审议和评定，农业、财贸、教育、卫生、科研战线共评选出全国先进单位 351 个（其中农村先进社队 229 个），全国劳动模范 340 人（其中农民 106 人、职工 234 人）。

这次评选出来的全国先进单位和全国劳动模范，都是经基层群众认真讨论进行评选，并事先和国务院有关部门协商一致，由各省、自治区、直辖市革命委员会审定，最后报国务院评选委员会审批的。评选出来的全国先进单位都是各条战线最优秀的代表，是本地区、本行业群众学习的榜样。评选出来的全国劳动模范，有为改变农村面貌艰苦奋斗的普通农民和基层干部；有为发展生产、保障供给和进出口贸易辛勤劳动的财贸战线优秀职工；有为发展我国科学事业呕心沥血的科学工作者；有为培养四化建设人才尽职尽责的优秀人民教师；有为增进人民健康日夜操劳的白衣天使。这些劳动模范中既有几十年如一日为社会主义建设贡献才智的老模范，也有在新长征中贡献青春才华的后起之秀。年龄最大的是河北农业战线上的一面旗帜、“群众所信任的领袖人物”——79 岁的老劳模耿长锁；年龄最小的 22 岁，是天津市财贸战线的王娟、宋丽梅和湖北省农村生产队长盛国玉等。本次评选的劳动模范中，有教授、副教授 20 人，研究员、副研究员、助理研究员 27 人，研究所长、室主任 22 人，工程技术人员 15 人。劳动模范中除汉族外，还有藏族、蒙古族、朝鲜族、回族、维吾尔族、傣族、侗族等 14 个少数民族的代表，妇女占劳动模范总数的 21%。

（二）会议举行隆重的授奖仪式

1979 年 12 月 28 日，国务院在人民大会堂举行隆重的授奖仪式，嘉奖农业、财贸、教育、卫生、科研战线上的全国先进单位和全国劳动模范。

中共中央副主席、政协全国委员会主席邓小平，中共中央副主席、国务院副总理李先念以及中共中央政治局委员、候补委员，全国人大常委会副委员长，国务院副总理，中央军委负责人，政协全国委员会副主席，中共中央副秘书长，最高人民检察院检察长等领导同志出席了大会，向受到国务院表彰的全国先进单位和全国劳动模范表示热烈祝贺。

中共中央副主席、国务院副总理李先念代表中共中央、国务院在大会上讲话。他指出，党的十一届三中全会提出了“解放思想，开动脑筋，实事求是，团结一致向前看”的方针，明确肯定了实践是检验真理的唯一标准的原则，大大促进了全国人民的思想解放，并且使党的实事求是作风得到恢复和发扬。社会主义民主的发展和社会主义法制的加强，党的各项政策的贯彻执行，一大批冤、假、错案的平反，历史上遗留下来的一些原则性的是非问题的澄清，有力地推动了生动活泼的政治局面的形成和发展，调动了广大工人、农民、干部和知识分子的积极性和创造性。

李先念强调，在实现四个现代化这个宏伟的事业中，先进单位、劳动模范将充分发挥带头作用、骨干作用和桥梁作用，推动社会生产的发展。在社会经济活动中，总是有一部分单位，一部分个人，走到前面去了，他们在不同的方面突破了原有的水平，创造了新的水平。他们成为先进单位、劳动模范。在他们的示范和带动下，原来落在后面的单位和人们跟上来了，整个社会生产提高到一个新的水平，于是又会出现一批新的先进单位和先进个人。这样循环往复，不断推动社会经济的发展。这是一种合乎规律的现象。我们认为，正是因为各条战线的先进单位和劳动模范，在客观上起着如此重要的作用，所以理所当然地受到全国人民的尊敬。

李先念说，我们党和政府历来重视表彰和奖励先进单位和劳动模范。希望你们更加自觉地认识自己的责任，充分发挥自己的作用，比较快地使你们的技能和经验得到推广，为大多数人所掌握，从而推动社会生产的迅速发展。在新长征中，同工业、交通、基本建设等战线一样，农业、财贸、教育、卫生、科研以及其他战线，一定会有越来越多的单位成为先进单位，越来越多的工人、农民、知识分子成为劳动模范，一定会出现一个人人为四化作贡献，立功劳，争当劳动模范的热潮。我们相信，各条战线的劳动模范一定会努力保持自己的光荣称号，艰苦奋斗，勇于创新，不怕挫折，立志改革，向一切阻碍四化的旧势力进行坚决的斗争，为四化作出新的贡献。①

国务院副总理余秋里主持授奖仪式。他在大会上宣读了《国务院关于表彰农业、财贸、教育、卫生、科研战线全国先进单位和全国劳动模范的决定》。国务院的决定指出，在社会主义现代化建设的宏伟事业中，同工业、交通、基本建设等战线一样，农业、财贸、教育、卫生、科研战线涌现了大批先进单位和劳动模范，作出了优异的成绩。为了充分发挥先进单位和劳动模范的骨干作用、带头作用和桥梁作用，团结广大群众，胜利实现国民经济调整、改革、整顿、提高的各项任务，加快社会主义现代化建设的步伐，国务院决定表彰农业、财贸、教育、卫生、科研战线一批成绩卓著的全国先进单位和全国劳动模范。给全国先进单位颁发嘉奖令，给全国劳动模范颁发奖章和证书。号召各条战线的工人、农民、知识分子，向全国先进单位和全国劳动模范学习，掀起一个人人为四化作贡献，立功劳，争当劳动模范的热潮，为建设四个现代化和社会主义强国而努力奋斗。②

全国农业战线上的一面旗帜、全国著名劳动模范史来贺在会上宣读了《农业战线全国先进社队和全国劳动模范倡议书》，吉林省著名教师、全国劳动模范刘靖慧宣读了《农业、财贸、教育、卫生、科研战线全国先进单位和全国劳动模范倡议书》。

史来贺和刘靖慧在倡议书中表示，在这次大会上，李先念同志代表

---

① 《李先念同志的讲话》，《工人日报》1979 年 12 月 29 日，第 1 版。

② 《国务院关于表彰农业、财贸、教育、卫生、科研战线全国先进单位和全国劳动模范的决定》，《工人日报》1979 年 12 月 29 日，第 1 版。

党中央、国务院号召全国的工人、农民、知识分子，人人为四化作贡献，立功劳，争当劳动模范，争创先进单位，这是时代的要求，反映了全国人民的心愿。当前，就是要全国上下一致，认真贯彻执行调整、改革、整顿、提高的方针，人人献计献策，更加广泛深入地开展增产节约运动，打好四化建设的第一仗。史来贺和刘靖慧还在倡议书中就艰苦奋斗，讲求实效，争做四化建设的实干家；勤奋学习，努力实践，争做本行业的专家能手；解放思想，立志改革，争做革新的促进派；胸怀全局，以身作则，争做安定团结的模范等四个方面提出了倡议。

500 名少先队员手持五彩花束进入会场，向来自全国各地先进单位的代表和劳动模范们祝贺。少先队员的代表朗诵了题为《敬爱的伯伯叔叔阿姨，光荣应该属于你们》的献词。

授奖仪式结束后，党和国家领导人及党政军有关部门负责人同全国先进单位的代表和全国劳动模范合影留念。

北京市农业、财贸、教育、卫生、科研战线上的劳动模范、先进人物代表等 8000 多人参加了表彰大会。

（三）座谈会上各界代表踊跃发言

1980 年 1 月 2 日，农业、财贸、教育、卫生、科研战线全国先进单位和全国劳动模范评选委员会，邀请全国先进单位的代表和全国劳动模范在人民大会堂举行座谈会。

座谈会上，气氛热烈，发言踊跃，来自农业、财贸、教育、卫生、科研战线上先进单位的代表和全国劳动模范敞开心扉，畅谈他们激动的心情和为四化建设立新功的决心。全国劳动模范、大连工学院副院长兼工程力学研究所所长钱令希激动地说，我作为知识分子的一员，今天能和工人、农民一样被评为全国劳动模范，我感到特别幸福，这充分体现了党和人民对知识分子的信任、关怀。现在党和政府领导全国人民建设四个现代化，我要更努力地工作，把被“四人帮”耽误的时间抢回来。著名劳动模范、全国财贸战线上的一面旗帜、北京王府井百货大楼售货员张秉贵在会上说，我年岁虽大，但干劲不能减。过去搞传帮带，每年只带一两个。今后要进行成批带，让更多的同志变成先进。年仅22岁的全国劳动模范、天津人民商场售货员王娟说，1979年我被市里评为特等劳模，心就觉得不安。现在又被评为全国劳动模范，受到国务院的表彰，我更不安。我工作上离党和人民的要求还有很大的差距。北京的张秉贵师傅是我们财贸战线上的一面旗帜，今后我更要向张秉贵师傅好好学习，一定要在服务质量上狠下功夫，不断攀高峰。全国农业战线上先进单位的代表、江苏江阴华士公社华西大队党支部书记葛玉歧说，去年我们大队粮食平均亩产达到2214斤，向国家交售公购粮食86万多斤，超额一倍多完成国家征购任务，社员每人平均收入410元。在新的一年里，我们一定要进一步贯彻落实党在农村的各项政策，坚持农工副全面发展，让社员增加收入，更加富裕，为国家作出更大的贡献。全国劳动模范张济华、彭光贤等在发言中表示，党中央、国务院向我们发出了号召，我们一定珍惜党和政府给的荣誉，回去后好好宣传大会精神，团结更多的同志，为四化建设作出新的贡献。①

国务院副总理方毅、陈慕华、姚依林和国务院各有关部委的负责人出席了座谈会。中华全国总工会副主席康永和主持了座谈会。方毅、陈慕华、姚依林先后在会上讲话，强调要重视人才培养，先进单位和劳动模范要在工作中发挥好带头作用，把精力集中到四化建设上来，尽快把生产搞上去。

在农业、财贸、教育、卫生、科研战线全国先进单位和全国劳动模范大会期间，国务院举行的表彰活动，整个安排紧张有序，内容丰富。1979

① 《在新的一年里要为四化作出新贡献》，《工人日报》1980年1月3日，第1版。

年 12 月 28 日举行授奖仪式；12 月 29 日举行小组会，学习讨论李先念代表中共中央、国务院的讲话；12 月 30 日和 31 日进行分系统活动，国务院有关部委分别邀请本行业的先进单位代表和劳动模范座谈参观，有关部委的主要领导纷纷到会，在注意了解先进单位和劳动模范的先进事迹，认真听取他们的意见和建议的同时，向他们谈形势、讲任务、提要求，组织他们在京参观学习。

本次大会是在国民经济调整取得初步成效，迎接 20 世纪 80 年代新的战斗任务的时刻举行的。大会的召开有力地促进了国民经济调整、改革、整顿、提高的方针的进一步实施。①1980 年 1 月 3 日，农业、财贸、教育、卫生、科研战线全国先进单位的代表和全国劳动模范，载着荣誉、肩负使命，怀着依依不舍的心情，陆续返回他们各自的工作岗位，迎着改革开放的滚滚浪潮，满怀信心，宣传落实大会精神，团结广大职工努力为四化建设作出新贡献。

---

① 中华全国总工会编：《中国工会百科全书》上册，经济管理出版社，1998 年。

主要参考文献

1. 毛泽东:《论合作社》，冀中新华书店，1943 年。

2. 毛泽东:《经济问题与财政问题》，《毛泽东选集》，东北书店，1948 年。

3.《毛泽东农村调查文集》，人民出版社，1982 年。

4.《毛泽东选集》（第 3 卷），人民出版社，1991 年。

5. 中共西北中央局调查研究室编:《介绍南区合作社》，山东新华书店，1945 年。

6. 中国现代史资料编辑委员会:《苏维埃中国》，1957 年。

7. 史敬棠等编:《中国农业合作化运动史料》（上册），三联书店，1957 年。

8. 中华全国总工会中国职工运动史研究室编:《中国工会历史文献》（第 3 册），工人出版社，1958 年。

9. 中国登山队:《敬爱的周总理鼓舞我们勇攀世界高峰》，人民出版社资料组编;《人民的好总理纪念敬爱的周恩来同志》（下），人民出版社，1977 年。

10. 山西大学晋冀鲁豫边区史研究组:《晋冀鲁豫边区史料选编》（第 2 辑），1980 年。

11. 陈毅、肖华等:《回忆中央苏区》，江西人民出版社，1981 年。

12.《中国共产党中央委员会关于建国以来党的若干历史问题的决议》，人民出版社，1981 年。

13. 中华全国总工会办公厅编:《中华全国总工会文件选编》1978—1979 年，工人出版社，1982 年。

14.《上、新、武、代四县土地部长联席会议关于各种运动的竞赛条约》(1933 年 12 月 10 日)，才溪乡调查纪念馆编:《才溪革命史资料》，才溪乡调查纪念馆，1983 年。

15. 中共中央党校党史教研室:《中国共产党史稿（第 3 分册)》，人民出版社，1983 年。

16. 中共中央组织部、中共中央文献研究室编:《知识分子问题文献选编》，人民出版社，1983 年。

17. 中共吕梁地委党史资料征集办公室:《晋绥革命根据地资料选编》(第 5 集)，1984 年。

18.《陕甘宁边区政府文件选编》第 1 辑，档案出版社，1986 年。

19. 中国社会科学院经济研究所中国现代经济史组编:《革命根据地经济史料选编》(下册)，江西人民出版社，1986 年。

20. 肖劲光 :《肖劲光回忆录》，解放军出版社，1987 年。

21.《陕甘宁边区工运史料选编》(下册)，工人出版社，1988 年。

22. 马洪武等主编:《中国革命史辞典》，档案出版社，1988 年。

23. 中共中央党史资料征集委员会、中国人民解放军辽沈战役纪念馆建馆委员会、《辽沈战役》编审小组合编:《辽沈决战》(下册)，人民出版社，1988 年。

24. 中央苏区工运史征编协作小组编:《中央革命根据地工人运动史》，改革出版社，1989 年。

25. 李坚真:《李坚真回忆录》，中共党史出版社，1991 年。

26. 中央档案馆编:《中共中央文件选集》(第 10 册)，人民出版社，1991 年。

27. 中央档案馆:《中共中央文件选集》(第 12 册)，中共中央党校出版社，1991 年。

28. 廖盖隆主编:《中国共产党历史大辞典》（社会主义时期），中共中央党校出版社，1991 年。

29. 张杨:《抗日战争时期陕甘宁边区财政经济史稿》，西北大学出版社，1992 年。

30. 孟宪毅:《晋绥革命根据地工人运动史》，中国工人出版社，1992 年。

31. 刘益涛编:《毛泽东在延安纪事》，陕西人民出版社，1994 年。

32. 鞍钢史志编纂委员会:《鞍钢志》（下），人民出版社，1994 年。

33. 中共山西省委党史研究室:《中国共产党山西历史大事记述》，中共党史出版社，1994 年。

34. 齐武:《晋冀鲁豫边区史》，当代中国出版社，1995 年。

35. 吕东:《吕东经济文集》，冶金工业出版社，1995 年。

36. 哈尔滨铁路局志编审委员会编:《哈尔滨铁路局志（1896—1994）》下册，中国铁道出版社，1996 年。

37. 中央档案馆编:《1949—1952 年中华人民共和国经济档案资料选编》工业卷，中国物资出版社，1996 年。

38.《哈尔滨文史资料》（第 20 辑），中国人民政治协商会议黑龙江省哈尔滨市委员会文史资料委员会，1997 年。

39. 山西省史志研究院编:《根据地经济建设研究》，山西人民出版社，1997 年。

40. 中共中央文献研究室:《周恩来年谱（1949—1976）》（中卷），中央文献出版社，1997 年。

41. 刘明逵、唐玉良主编:《中国工人运动史》（第 5 卷），广东人民出版社，1998 年。

42.《胡绳全书》（第三卷，下），人民出版社，1998 年。

43. 中华全国总工会编:《中国工会百科全书》(上)，经济管理出版社，1998 年。

44. 中共北京市委党史研究室编：《社会主义时期中共北京党史纪事》（第四辑），人民出版社，1998 年。

45. 山西省档案馆编：《太行党史资料汇编》（第七卷），山西人民出版社，2000 年。

46. 王玉圣：《太行群英〈太行区第二届群英大会实录〉》，人民日报出版社，2001 年。

47. 张静如、梁志祥主编：《中国共产党通志》（第 3 卷），中央文献出版社，2001 年。

48. 刘明逵、唐玉良主编：《中国近代工人阶级和工人运动》（第 11 册），中共中央党校出版社，2002 年。

49. 中共中央党史研究室第一研究部、中共河北省委党史研究室编著：《苍茫大地主沉浮》，人民出版社，2003 年。

50.《中国工会运动史料全书》总编辑委员会，《中国工会运动史料全书·陕西卷》编委会编：《中国工会运动史料全书·陕西卷》（上），三秦出版社，2006 年。

51. 中共中央文献研究室编：《朱德年谱（新编本）》（下），中央文献出版社，2006 年。

52. 吕正操：《吕正操回忆录》（第 3 版），解放军出版社，2007 年。

53. 延安陕甘宁革命根据地史研究会编：《中共中央在延安十三年资料汇编》，现代出版社，2008 年。

54. 罗平汉：《春天：1978 年的中国知识界》，人民出版社，2008 年。

55. 吴继宽主编：《峥嵘岁月　纪念大庆油田发现建设五十周年》，人民出版社，2009 年。

56. 总政治部办公厅编：《中国人民解放军政治工作历史资料选编》（第 11 册），解放军出版社，2010 年。

57. 中共中央文献研究室、中国人民解放军军事科学院编：《建国以来毛泽东军事文稿》（上），中央文献出版社，2010 年。

58. 中国延安干部学院编：《延安时期大事记述》，中央文献出版社，2010 年。

59. 中共大庆市委党史研究室：《大庆改革开放史（1978—2009）》，中共党史出版社，2010 年。

60. 中共中央党史研究室：《〈中国共产党历史〉第二卷》，中共党史出版社，2011 年。

61.《余秋里回忆录》（下），人民出版社，2011 年。

62. 中共中央文献研究室中央档案馆编：《建党以来重要文献选编（1921—1949）》（第 11 册），中央文献出版社，2011 年。

63. 中共中央党史研究室第二研究部：《〈中国共产党历史〉第二卷注释集》，中共党史出版社，2012 年。

64. 蔡鸿源、徐友春主编：《民国会社党派大辞典》，黄山书社，2012 年。

65. 中央档案馆、中共中央文献研究室编：《中共中央文件选集（一九四九年十月至一九六六年五月）》（第 33 册），人民出版社，2013 年。

66. 中共中央文献研究室：《毛泽东年谱（1893—1949）（修订本）》，中央文献出版社，2013 年。

67. 陕西省档案馆、陕西省社会科学院：《陕甘宁边区政府文件汇编（第一辑）》，陕西人民教育出版社，2013 年。

68.《红色档案：延安时期文献档案汇编》，陕西人民出版社，2014 年。

69. 米晓蓉、刘卫平主编：《陕甘宁边区大生产运动》，陕西师范大学出版社，2014 年。

70. 谢增寿、何尊沛、张广华编：《张澜文集》（下），群言出版社，2014 年。

71. 张英才：《岁月足迹》，军事谊文出版社，2014 年。

72. 山西省地方志办公室编：《太行革命根据地史》，山西人民出版社，2015 年。

73. 本书编写组：《中国抗日战争史简明读本》，人民出版社，2015 年。

74. 贺海轮、刘杰：《延安时期著名人物》，陕西人民出版社，2015 年。

75. 山西省地方志办公室编：《太行革命根据地史》，山西人民出版社，2015 年。

76. 柯华主编：《中央苏区财政金融史料选编》，中国发展出版社，2016 年。

77. 中共中央党史研究室：《中国共产党的九十年》，中共党史出版社，党建读物出版社，2016 年。

78. 杨建中：《山西抗日战争史》，三晋出版社，2017 年。

79. 姚力等著：《生命叙事与时代印记：新中国 15 位劳动模范口述》，人民出版社，2017 年。

80. 廖醒中：《长冈乡春耕又做了光荣的模范》，《红色中华》第 167 期，1934 年 3 月 27 日。

81. 王观澜：《春耕运动总结与夏耕运动的任务》，《红色中华》第 194 期，1934 年 5 月 28 日。

82.《边区工人战斗的一月》，《解放日报》1941 年 5 月 23 日。

83. 朱德：《克服困难，向前迈进》，《解放日报》1942 年 5 月 1 日。

84.《向模范工人赵占魁学习》，《解放日报》1942 年 9 月 11 日。

85.《赵占魁同志》，《解放日报》1942 年 9 月 13 日。

86. 高长久：《继续展开赵占魁运动》，《解放日报》1942 年 12 月 22 日。

87. 邓发：《响应生产号召，开展赵占魁运动》，《解放日报》1943 年 2 月 7 日。

88. 朱德：《建设革命家务》，《解放日报》1943 年 5 月 1 日。

89.《开展大生产运动是全边区军民的神圣任务》，《晋察冀日报》1944

年2月13日，第1版。

90.《关于召开第二届群英大会及生产展览会的决定》，《晋察冀日报》1944年10月20日。

91.《晋察冀边区反“扫荡”战斗英雄奖励办法》，《晋察冀日报》1945年1月3日，第1版。

92. 刘景范：《更加推广劳动英雄和模范工作者运动》，《解放日报》1945年1月25日。

93.《中华人民共和国中央委员会发布庆祝“五一”劳动节口号》，《人民日报》1950年4月27日，第1版。

94.《准备迎接全国战斗英雄与劳动模范代表会议》，《人民日报》1950年7月26日，第1版。

95.《全国总工会发布通知 准备全国劳动模范代表会议》，《人民日报》1950年8月1日，第2版。

96.《农业部林垦部水利部联合发出指示认真选送农业劳动模范代表出席全国劳动模范代表会议》，《人民日报》1950年8月5日，第1版。

97.《全国总工会发布通知 准备全国劳动模范代表会议》，《人民日报》1950年8月1日，第2版。

98.《迎接劳模代表会议和首次国庆东北等地热烈展开生产竞赛四方铁路工厂赶制机车向毛主席献礼》，《人民日报》1950年9月10日，第2版。

99.《全国英雄模范两代表会议闭幕罗荣桓主任号召代表们力戒骄傲自满永远站在群众之中代表们保证为建立强大的国防力量与经济力量加倍努力》，《人民日报》1950年10月3日，第1版。

100.《中华全国总工会第七届执行委员会主席团第十次会议关于开展先进生产者运动的决议》（1956年2月9日中华全国总工会第七届执行委员会主席团第十次会议通过）

101.《中华全国总工会发出通知召开全国先进生产者代表会议》，《人民日报》1956 年 2 月 21 日，第 1 版。

102.《积极开展社会主义竞赛，为提早完成五年计划而奋斗》，《人民日报》1956 年 2 月 29 日，第 1 版。

103.《哈尔滨市劳动模范和先进集体代表大会热烈响应全国总工会号召》，《工人日报》1956 年 3 月 3 日，第 1 版。

104.《全国先进生产者代表会议筹委会成立》，《人民日报》1956 年 3 月 11 日，第 1 版。

105.《重工业和铁路两个产业先进生产者代表会议昨天分别开幕》，《工人日报》1956 年 3 月 21 日，第 1 版。

106.《四川省 525 名劳动模范向全省职工倡议迅速赶上国内厂矿生产水平》，《工人日报》1956 年 3 月 28 日，第 1 版。

107.《中共中央关于积极领导先进生产者运动的通知》，《人民日报》1956 年 3 月 30 日，第 1 版。

108.《北京、天津举行先进生产者代表会议》，《工人日报》1956 年 4 月 1 日，第 1 版。

109.《上海市奖励 1955 年劳动模范》，《工人日报》1956 年 4 月 7 日，第 1 版。

110.《刘少奇代表中共中央在全国先进生产者代表会议上的祝词》，《人民日报》1956 年 5 月 1 日，第 1 版。

111.《全国先进生产者代表会议开幕词》，《人民日报》1956 年 5 月 1 日，第 2 版。

112.《迅速地把先进的生产水平变为全社会的生产水平 全国先进生产者代表会议在京开幕》，《人民日报》1956 年 5 月 1 日，第 1 版。

113.《赖若愚在全国先进生产者代表会议上的报告》，《工人日报》1956 年 5 月 3 日，第 1—2 版。

114.《国务院第三办公室主任薄一波的讲话》，《工人日报》1956 年 5

月 4 日，第 2 版。

115.《向科学技术进军》，《工人日报》1956 年 5 月 5 日，第 2 版。

116.《国务院第五办公室主任李先念的讲话》，《工人日报》1956 年 5 月 6 日，第 3 版。

117.《国务院副总理兼第七办公室主任邓子恢的讲话》，《工人日报》1956 年 5 月 8 日，第 2 版。

118. 王首道：《进一步开展运输和邮电部门先进生产者运动》，《工人日报》1956 年 5 月 8 日，第 2 版。

119. 老舍：《举起千千万万支火把，前进，前进》，《工人日报》1956 年 5 月 8 日，第 3 版。

120.《全国先进生产者代表会议继续发言》，《工人日报》1956 年 5 月 9 日，第 1 版。

121.《国务院第四办公室主任贾拓夫的讲话》，《工人日报》1956 年 5 月 9 日，第 2 版。

122.《吴玉章的讲话》，《工人日报》1956 年 5 月 9 日，第 2 版。

123.《蔡畅的讲话》，《工人日报》1956 年 5 月 9 日，第 2 版。

124. 钱俊瑞：《积极和稳步地建设社会主义的文化》，《工人日报》1956 年 5 月 10 日，第 2 版。

125.《交通部部长章伯钧的讲话》，《工人日报》1956 年 5 月 11 日，第 2 版。

126.《中华全国总工会副主席朱学范的闭幕词》，《工人日报》1956 年 5 月 11 日，第 1 版转第 4 版。

127.《全国先进生产者代表会议全体代表给全国职工的一封信》，《工人日报》1956 年 5 月 11 日，第 1 版。

128.《持久地深入地开展先进生产者运动》，《人民日报》1956 年 5 月 11 日，第 1 版。

129. 钱学森:《让科学技术突飞猛进》,《工人日报》1956 年 5 月 12 日,第 3 版。

130. 罗淑珍:《风雨无阻准确迅速》,《工人日报》1956 年 5 月 16 日,第 3 版。

131.《加快石油工业的发展速度——石油工业部部长余秋里在全国群英会石油工业系统经验交流会上的讲话(摘要)》,《人民日报》1959 年 11 月 18 日,第 3 版。

132.《全国文教群英会六月一日在京召开》,《人民日报》1960 年 5 月 24 日,第 1 版。

133.《把祖国文教事业推向更高水平各地掀起"学比赶帮"群众运动向文教群英会献礼》,《人民日报》1960 年 5 月 26 日 ,第 7 版。

134.《歌唱新时代 歌唱新人物文艺界以大批新影片新剧目献给文教群英会》,《人民日报》1960 年 5 月 30 日,第 5 版。

135.《中国登山队向文教群英会报捷 史占春回京参加群英会前感谢西藏工委和人民的大力支援》,《人民日报》1960 年 6 月 1 日,第 2 版。

136.《全国文教群英大会隆重开幕》,《人民日报》1960 年 6 月 2 日,第 1 版等。

137.《多代表云集首都 代表包括三十四种民族绝大多数是工人农民出身》,《人民日报》1960 年 6 月 1 日,第 2 版。

138.《中央决定明年"五一"节前开全国工业学大庆会议》,《人民日报》1976 年 12 月 19 日,第 1 版。

139.《中共中央发出召开全国工业学大庆会议通知》,《人民日报》1977 年 1 月 27 日,第 4 版。

140.《中共中央关于召开全国科学大会的通知》,《人民日报》1977 年 9 月 23 日,第 1 版至第 2 版。

141.《中共中央决定主持召开全国财贸学大庆学大寨会议》,《人民日报》1978 年 3 月 11 日，第 1 版。

142.《关于表彰农业、财贸、文教、卫生、科研战线全国先进单位和全国劳动模范的请示报告》（1979 年 10 月 10 日）。

143.《国务院决定年底举行第二次授奖大会》，《人民日报》1979 年 11 月 13 日，第 1 版。

144.《国务院隆重举行第二次授奖仪式》，《人民日报》1979 年 12 月 29 日，第 1 版。

145. 刘萍：《对华北抗日根据地妇女纺织运动的考察》，《抗日战争研究》，1998 年第 2 期。

后 记

这本书，我用了近五年的时间编写，现在终于可以脱稿付印了。我庆幸，我生活在了一个好时代，享受着和平的阳光，在退休之后，还能闲中找忙，寻找一种适合自己的生活，看看书，读读报，写点儿自己喜欢写的文字，觉得很充实，也很快乐。

编写这本书的起因，大概是这样的。我和我们工人日报社的老社长郭国涌帮我俩共同的一个朋友、富有传奇色彩的老中医大夫郝其军撰写传记，介绍郝其军怎样从一名再生障碍性贫血患者，通过自学中医知识，不仅治好了自己的病，还帮助不少朋友和熟人治病，逐步走上从医道路的故事。后来《工人日报》驻陕西记者站长毛浓曦也加入了写作，从而加快了这本书的成稿和出版。

2015 年上半年的一天，我和郭社长聊天。他问我：“传记一书写完了，也出版了，你还准备写点什么吗？”我说：“还真没考虑。”他说：“我建议你研究一下中国劳动模范的历史，这个题目我国研究的人很少，你不妨试试。”由于我当时手头还有些别的工作，郭社长说完后，这事儿也就搁下来了。2015 年下半年的一天，《工会信息》杂志主编吴明福同我聊天，他希望我为《工会信息》杂志写点东西。由于我曾在《工会信息》杂志担任主编八九年，对这份刊物是很有感情的，而且对刊物的内容要求和读者对象也比较熟悉，因此就爽快地答应了吴明福主编的相邀。

之后，我就琢磨着写点什么？很快我就想到了郭社长的建议——对中国劳动模范的历史做点研究，我认为这是一个好选题。对我而言，我还确实有些便利条件。我在工人日报社当编辑记者20多年，曾长期负责工会工作的宣传报道，而其中对劳动模范的宣传报道，则是一项很重要的内容，这样，我自然对劳模的相关情况较为熟悉。实际工作中，我也先后接触过一些20世纪50年代到21世纪初的劳动模范、先进人物，对他们的先进事迹有所了解，也深深被他们那种艰苦奋斗、无私奉献、勇于创新、敢于担当的精神所感动。

当然，真正写起来也并非易事。因为对中国劳动模范的历史研究的人很少，找起资料来的确费劲。而且，我并无历史学科专业训练，几十年工作中也未研究过历史。因此，现在来做劳模历史的研究，还真不知从何入手。

经过一段时间查阅资料和思考，算是开始做了准备工作。我理出了一些头绪，并确定了写作的三条原则：第一，尽量采用第一手材料，查找当时的报刊、当事人、亲历者留下的历史记录和档案文件，力争做到准确，同时尽可能多用一些第一手材料，供有兴趣的后来人做更深入的研究。第二，突出重要历史节点，围绕重要的劳模表彰盛会及前前后后的史实展开，将一个又一个历史阶段的劳模运动呈现出来，反映时代精神，揭示时代特征，给人有益的启示。第三，突出劳模人物的先进事迹，力争将每个时代的代表性人物推出来，反映出劳模的精神、品质、力量乃至人格魅力，没有人物的历史是苍白无力、贫乏无味的。

写作上总的思路是：按照时间顺序，着重探索中国劳模产生的历史条件和起源；中国劳模运动（现象）的发展和时代特征；中国劳模评选逐步走上制度化、规范化；中国劳模的管理；中国劳模是时代的领跑者等问题。以劳模大会等重大会议为切入点，按时间顺序从中央苏区毛泽东主席参加瑞金的劳动模范表彰会开始到新中国成立，再到改革开放初，将这几十年期间中国劳模运动（现象）的历史状况呈现给读者。

在写作期间，根据重要的历史节点，我先后到江西的瑞金中央革命根据地历史博物馆、陕西的延安革命纪念馆、山西的武乡八路军太行纪念馆去查阅资料，之后又到江西省图书馆、陕西省图书馆、山西省图书馆和国家图书馆、北京大学图书馆、中国人民大学图书馆等单位借阅资料，还先后到上海市总工会、沈阳市总工会参观了他们举办的劳模展览。在中华全国总工会档案室、陕西省总工会档案室、山西省总工会档案室查找有关档案和资料。在此过程中，我得到各地工会同志热情的帮助。

现在的写作，用笔和纸的人愈来愈少了，而我至今仍习惯在稿纸上用笔写作。这30多万字的书稿，都是请工人日报社办公室周立红、单学和《工会信息》杂志的张军华、赛娜等同志一个字一个字帮我录入电脑的。在将书稿交付中国工人出版社前，我又重新将书稿从头到尾看了一遍，对自己觉得不合适的地方又做了一些修改，《工人日报》的李开同志帮我又做了录入工作，工作量很大。

特别要指出的是，中国工人出版总编辑董宽从《工会信息》杂志上读到了我的文章，他认为很好，建议我坚持写下去，这是促成这本书出版的一个重要原因，很感谢董宽！在成书过程中，中国社会科学院当代中国研究所历史学博士研究生徐雪晴为我提供了许多历史资料，并给我提了一些很好的建议，中央文献出版社原总编辑郭永文也多次为我提供参考资料。尤其是我的老社长郭国涌，他为我提供了他几十年积累的很多资料，供我参考。本书出版过程中，新冠肺炎疫情暴发，这也给这本书的出版增加了难度，感谢相关工作人员的付出。总之，这本书的写作与出版，帮助我的同志很多，我都记在心中，永远感谢他们。

本书的写作很辛苦，让我感到欣慰的是，虽然本书的编写花了几年时间，但在我的努力和诸多领导、朋友和同志们的热情帮助下，这本书终于出版了，而且这是我国第一本较系统地书写几十年中国劳动模范历史的图书。本书的出版，恰逢中华全国总工会成立九十五周年，同时中央将召开全国劳动模范和先进工作者表彰大会，谨以此书献给引领时代的劳动模范和为中国革命、建设和改革作出巨大贡献的中国劳动者。

由于本人能力有限、功底也不足，书中可能有不少不足之处甚至错误，希望专家学者和广大读者批评指正。

姚荣启

2020 年春于京城六铺炕